WAHL
LERNUMGEBUNGEN
ERFOLGREICH GESTALTEN

LERNUMGEBUNGEN ERFOLGREICH GESTALTEN
Vom trägen Wissen zum kompetenten Handeln

von
Diethelm Wahl

2., erweiterte Auflage

VERLAG
JULIUS KLINKHARDT
BAD HEILBRUNN • 2006

Für Dario, Deborah und Ruth

Foto auf Umschlagseite 1: © Dirk Krüll, Düsseldorf

Die Deutsche Bibliothek – Cip-Einheitsaufnahme
Ein Titelsatz für diese Publikation ist bei Der Deutschen Bibliothek erhältlich.

2006.6.Lk. © by Julius Klinkhardt.
Das Werk ist einschließlich aller seiner Teile urheberrechtlich geschützt.
Jede Verwertung außerhalb der engen Grenzen des Urheberrechtsgesetzes ist ohne Zustimmung des Verlages unzulässig und strafbar. Das gilt insbesondere für Vervielfältigungen, Übersetzungen, Mikroverfilmungen und die Einspeicherung und Verarbeitung in elektronischen Systemen.

Druck und Bindung: AZ Druck und Datentechnik.
Printed in Germany 2006.
Gedruckt auf chlorfrei gebleichtem alterungsbeständigem Papier.

ISBN 3-7815-1476-5

Inhaltsverzeichnis

1. Auf dem Weg zu einer theoretisch fundierten Praxis des Lehrens und Lernens 7

2. Eunuchenproblem, Osterhasenpädagogik und Pfingstwunderdidaktik – oder: Warum der Weg vom Wissen zur Handlungskompetenz oftmals so weit ist 9

3. Übersicht – Eine innovative Lernumgebung für den Weg vom Wissen zur Handlungskompetenz 29

4. Handlungssteuernde Strukturen bearbeitbar machen (1. Lernschritt) 41
   4.1 Selbstreflexionen 44
   4.2 Selbstbeobachtungen 51
   4.3 Wechsel der Perspektiven 56
   4.4 Pädagogischer Doppeldecker 62
   4.5 Szene-Stopp-Reaktion 67
   4.6 Weingartener Appraisal Legetechnik (WAL) 80
   4.7 Feedback durch Tandemperson (Intervision),
       Experten (Supervision) oder Betroffene 89

5. Verändern handlungssteuernder Strukturen durch Entwickeln neuer Problemlösungen (2. Lernschritt) 95
   5.1 Das Sandwich-Prinzip: Lernen mit Phasen subjektiver Aneignung
       5.1.1 Phasen und Gelenkstellen 103
       5.1.2 Beispiel für eine Sandwich-Struktur 113
       5.1.3 Einige Anregungen für das Arbeiten mit dem
             Sandwich-Prinzip 118
       5.1.4 Erfahrungen mit dem Sandwich-Prinzip 120
   5.2 Der Einstieg in das Sandwich 121
       5.2.1 Transparenz schaffen 123
       5.2.2 Kommunikation erleichtern 126
       5.2.3 Mitgestaltung ermöglichen 132
       5.2.4 Der Einstieg – selbst wieder ein Sandwich 134

Inhaltsverzeichnis

5.3 Die besondere Bedeutung einer früh („in advance")
im Lernprozess vermittelten Experten-Struktur („Organizer") 139
5.4 Die besondere Bedeutung des „Wechselseitigen
Lehrens und Lernens" (WELL) 154
5.5 Die besondere Bedeutung gedanklicher Landkarten 176
5.6 Der Ausstieg aus dem Sandwich 184
   5.6.1 Inhaltlicher Abschluss 186
   5.6.2 Den Transfer anbahnen 194
   5.6.3 Zur Reflexion anregen 197
   5.6.4 Emotionale Verarbeitung unterstützen 202
   5.6.5 Der Ausstieg – selbst wieder ein Sandwich 203
5.7 Kompetent handeln lernen durch eine sandwichartig
aufgebaute Lernumgebung 205

6. Neues Handeln in Gang bringen (3. Lernschritt) 213
   6.1 Konkrete Vorstellungen vom veränderten Handeln
       erhalten durch Praxisberichte, Video- und Livemodelle 214
   6.2 Handlungen planen 218
   6.3 Handlungen simulieren (Rollenspiele, Szene-Stopp-Reaktion,
       Micro-Acting) 221
   6.4 Vorgeplantes Agieren in realen Situationen 233
   6.5 Handeln flankieren durch inneres Sprechen 236
   6.6 Kommunikative Praxisbewältigung in Tandems und Gruppen 248

7. Literaturverzeichnis 265

8. Methodenverzeichnis (50 im Text beschriebene Methoden) 275
Methodensammlung von Annette Bernhart 277

1. Auf dem Weg zu einer theoretisch fundierten Praxis des Lehrens und Lernens

Was ist ein Praktiker? Dies ist ein Mensch, bei dem alles funktioniert, aber er weiß nicht, warum.
Was ist ein Theoretiker? Dies ist ein Mensch, der zwar weiß, wie es geht, bei dem aber nichts funktioniert.
Was ist eine theoretisch fundierte Praxis? Dies ist vermutlich die Verbindung beider Aspekte: ein Arbeitsfeld, in dem nichts funktioniert und keiner weiß, warum. Eigentlich wünschen wir uns das Gegenteil davon: Eine funktionierende Praxis, die durch aktuelle Lehr- und Lerntheorien begründet werden kann. In diesem Buch möchte ich zumindest den Versuch machen, erfolgreiche Formen des Lehrens und Lernens nicht nur darzustellen, sondern in ein ganzheitliches theoretisches Konzept einzubetten, das in möglichst vielen Punkten empirisch erprobt ist. Mein Erfahrungshintergrund sind dabei drei Tätigkeitsfelder:
Ein erstes Feld ist die Erwachsenenbildung. Seit 1984 leite ich das „Kontaktstudium Erwachsenenbildung" an der Pädagogischen Hochschule Weingarten (Nähe Bodensee). Es handelt sich dabei um ein dreisemestriges, berufsbegleitendes Studium, bei dem sich die Teilnehmenden in größeren zeitlichen Abständen freitags/samstags zu Kontaktphasen an der Hochschule treffen. Die Erwachsenenbildner wollen durch das Studium ihre Kompetenzen für das Leiten von Kursen erhöhen. Viele der in diesem Buch beschriebenen Vorgehensweisen sind in diesem Kontext ausführlich erprobt worden, manche sind dort entstanden.
Ein zweites Feld ist die Hochschuldidaktik. In Zusammenhang mit meiner Tätigkeit als Professor für Pädagogische Psychologie setze ich die in diesem Buch beschriebenen Vorgehensweisen in der Ausbildung von Lehrerinnen und Lehrern ein. Manchmal wird es in diesem Zusammenhang wirklich grenzwertig, wenn sich im Rahmen einer mit „Vorlesung" ausgeschriebenen Lehrveranstaltung mehrere hundert Studierende in einem großen Saal drängen und dort innerhalb von 90 Minuten individuelle Lernwege erwachsenengerecht zurücklegen wollen. Ergänzend informiere ich Kolleginnen und Kollegen verschiedener Hochschulen über Lehr- und Lernmethoden, die helfen sollen, die Kluft zwischen theoretischem Wissen und praktischem Handeln zu überbrücken.
Ein drittes Feld ist die Schule. Die in diesem Buch thematisierten Formen des Lehrens und Lernens erweisen sich nicht nur bei Erwachsenen als tragfähig, son-

1. Auf dem Weg zu einer theoretisch fundierten Praxis

dern auch im Unterricht. Dies lässt sich einerseits durch empirische Unterrichtsforschung nachweisen, die wir in Weingarten intensiv betreiben. Andererseits setzen zahlreiche Lehrerinnen und Lehrer in Deutschland, Österreich und der Schweiz, die an Lehrerweiterbildungen, Unterrichtsentwicklungen oder Schulentwicklungen teilgenommen haben, die in diesem Buch skizzierten Methoden in der Primarschule sowie in den Sekundarstufen I und II mit Erfolg ein.

Die vielfältigen praktischen Erfahrungen der letzten 20 Jahre in Erwachsenenbildung, Hochschule und Schule möchte ich – zusammen mit den entsprechenden theoretischen Einsichten über die Gestaltung von Lernumgebungen – in diesem Buch niederlegen. Es soll ein Buch sein, das allen, die mit lernenden Menschen umgehen, Anregungen für den nachhaltigen Erwerb von Handlungskompetenzen geben soll. Es richtet sich folglich an Erwachsenenbildnerinnen und Erwachsenenbildner, an Hochschullehrerinnen und Hochschullehrer sowie an Lehrerinnen und Lehrer.

2. Eunuchenproblem, Osterhasenpädagogik und Pfingstwunderdidaktik – oder: Warum der Weg vom Wissen zur Handlungskompetenz oftmals so weit ist

Eunuchen haben ein Problem: Sie wissen zwar, wie es geht, aber sie können es nicht tun. Im übertragenen Sinne haben die Absolventen vieler Aus-, Fort- und Weiterbildungen eine vergleichbare Schwierigkeit: Sie wenden das erworbene Expertenwissen nur unzureichend an (obwohl es im Gegensatz zu den Eunuchen dafür keine biologischen Ursachen gibt). Dies gilt für ganz verschiedenartige Bereiche. Gruber, Mandl & Renkl (2000, S. 140 ff.) führen hier beispielsweise die Betriebswirtschaftslehre an, in der am Beispiel einer computersimulierten Jeansfabrik Studierende der Betriebswirtschaft sich ungemein schwer taten, „ihr sehr wohl vorhandenes wirtschaftliches Wissen in die Problemsituation umzusetzen" (ebd. S. 142). Sie schnitten (in einer ersten Studie) schlechter ab als Studierende der Pädagogik bzw. waren (in einer zweiten Studie) in keinerlei Hinsicht besser als Studierende der Geisteswissenschaften. Ähnliche Probleme ergaben sich in der Medizinerausbildung am Beispiel einer zu erstellenden Diagnose, bei der die Studierenden ihr an sich ausreichendes theoretisches Wissen nicht nutzten, um zu einer angemessenen Diagnose zu kommen (ebd. S. 142 f.). Im gleichen Bereich hat erst kürzlich Renate Schwarz-Govaers in ihrer Dissertation Lernende in der Pflegeausbildung sehr gründlich auf Zusammenhänge zwischen Wissen und Handeln untersucht. Dabei verglich sie Anfängerinnen und Fortgeschrittene innerhalb einer vierjährigen Ausbildung. Sie kommt zu der ernüchternden Feststellung, „dass die Subjektiven Theorien von Lernenden sich im Verlauf der Ausbildung nicht stark verändern" (Schwarz-Govaers, 2005, S. 334). Sie kann zeigen, dass sich die Veränderungen während der Pflegeausbildung vorwiegend auf die Anpassung an Praxissituationen zurückführen lassen und eben nicht auf die vermittelten theoretischen Inhalte (S. 336 f.). Abschließend kommt sie zu folgendem Ergebnis: „Trotzdem überrascht, dass die während der vierjährigen Ausbildung in der Schule gelernten theoretischen Konzepte durch den intensiven Theorie-Praxis-Transfer nicht stärker gesichert werden können" (ebd. S. 336 f.). In Anlehnung an das bekannte Bibelzitat (Lukas 23; 34): „Denn sie wissen nicht, was sie tun" könnte man resignierend formulieren: „Denn sie tun nicht, was sie wissen!" Renkl (1996) hat für diesen Sachverhalt den Begriff „träges Wissen" vorgeschlagen. Er meint damit, dass die Lernenden es nicht verstehen, „ihr theoretisches Wissen für die Lösung komplexer, realitätsnaher Probleme zu nutzen, ja mehr noch, sie haben meist so gelernt, dass die Voraussetzungen für eine erfolgreiche Wissensnutzung sogar ungünstig sind" (Gruber, Mandl & Renkl, 2000, S. 139).

In meinen drei Arbeitsfeldern (Erwachsenenbildung, Hochschuldidaktik, Schule) bin ich der Kluft zwischen Wissen und Handeln zum ersten Mal in einer (höchst deprimierenden) Studie an 233 erstsemestrigen Lehramtsstudierenden begegnet, deren Ergebnisse für mich den Charakter eines „kritischen Lebensereignisses" annehmen sollten. Den Studierenden habe ich hälftig jeweils eines der beiden nachstehenden Fallbeispiele vorgelegt:

(1) Frank ist neun Jahre alt und besucht das zweite Schuljahr einer ländlichen Grundschule. Im Unterricht zeigt er folgendes Verhalten: Er ist unaufmerksam, redet, ruft in die Klasse ohne sich zu melden, hat häufig die Hausaufgaben nicht. Oft steht er mitten im Unterricht auf, nimmt ein elastisches Lineal, geht umher und schlägt verschiedene Mitschüler auf den Kopf, vor allem Mädchen und körperlich kleinere Jungen.

(2) Ingrid ist eine schlechte Schülerin. In nahezu jedem Fach weist sie ausreichende Leistungen auf, nur in Sport zeigt sie befriedigende Leistungen. Als sie in der vierten Klasse ist, wird mit allen Schülern ein Intelligenztest durchgeführt. Es zeigt sich, dass Ingrid mit Abstand die höchste Intelligenz hat.

An beide Szenarios waren jeweils zwei Fragen angeschlossen: (1) Welche Ursachen könnte Ihrer Meinung nach das Verhalten von Frank haben bzw. wie erklären Sie sich Ingrids Schulleistungen? (2) Wie sollte sich der Lehrer ihrer Meinung nach gegenüber Frank bzw. Ingrid verhalten? Inhaltsanalytisch ließen sich 40 unterschiedliche Ursachen sowie 38 unterschiedliche Lehrerverhaltensweisen unterscheiden. Bei den Ursachen waren Erziehungsmängel im Elternhaus und Geltungsbedürfnis die Spitzenreiter. Bei den Handlungsmöglichkeiten waren es vor allem Gespräche mit Kind bzw. Eltern sowie das positive Einwirken auf das Kind mit Lob oder speziellen Aufgaben. Interessant war nun, dass es zwischen Ursachenerklärungen und Handlungsmöglichkeiten keine stringenten Beziehungen gab. Ob dem aktiven Frank ein Hirnschaden attestiert wurde (jetzt wäre es logisch, einen Psychologen oder einen Arzt aufzusuchen) oder ob vermutet wurde, der Lehrer halte einen ungeeigneten Unterricht (hier wäre es konsequent, dem Lehrer zu empfehlen, seinen Unterricht zu optimieren) – stets hatten die vorgeschlagenen Handlungsmöglichkeiten wenig damit zu tun. Sie bestanden vor allem darin, mit den Eltern, dem Kind oder mit der Klasse zu sprechen oder Frank mit kleinen Aufgaben zu betreuen. Schockierend war auch, dass für die beiden recht unterschiedlichen Fallbeispiele zwar unterschiedliche Ursachen vermutet wurden, die empfohlenen Lehrerverhaltensweisen sich jedoch nicht signifikant unterschieden. – Nun gut, könnte man einwenden, das waren ja Erstsemestrige, voll mit subjektiven Theorien und ohne Kenntnis wissenschaftli-

2. Eunuchenproblem, Osterhasenpädagogik und Pfingstwunderdidaktik

cher Theorien. Dumm nur, dass sich bei den Prüfungskandidaten drei bzw. vier Jahre später vergleichbare Ergebnisse zeigten. Nicht genug damit. Lehrerinnen und Lehrer zwischen zwei und zehn Dienstjahren schnitten bei der Bearbeitung der beiden Fallstudien nicht besser ab. Und, um die Depression vollends einzuleiten: Vierzehnjährige Schülerinnen und Schüler unterschieden sich in ihren Fallbearbeitungen nicht signifikant von den Erstsemestrigen, den Prüfungskandidaten und den im Schuldienst befindlichen Lehrerinnen und Lehrern (vgl. zusammenfassend Wahl, Weinert & Huber, 1984, S. 22 f. sowie Wahl, 1976, S. 30–33).

Einige Jahre später stieß Wolfgang Mutzeck in der Weiterbildung von Lehrerinnen und Lehrern auf ein ähnliches Problem. Ihm fiel auf, „dass nur wenige Lehrer ihre in der Veranstaltung erarbeiteten und selbst als problemlösend bezeichneten Verhaltensweisen ganz oder nur zum Teil in den Schulalltag umgesetzt hatten" (Mutzeck, 1988, S. 1). Offensichtlich bestanden erhebliche Diskrepanzen nicht nur zwischen Wissen und Handeln, sondern sogar zwischen den noch näher beieinander liegenden Aspekten, nämlich der selbst formulierten Absicht einerseits und dem konkreten alltäglichen Unterrichtshandeln andererseits. Entsprechend nannte er seine Dissertation auch: „Von der Absicht zum Handeln".

Um herauszufinden, warum Wissen und Handeln im Bereich der Lehrerbildung so wenig übereinstimmen, haben wir in einem Team von insgesamt fünfzehn Mitarbeiterinnen und Mitarbeitern die subjektiven Theorien von Lehrerinnen und Lehrern zu erforschen versucht (vgl. Wahl, 1991, Seiten 65–86). Dazu suchten wir die Lehrpersonen in ihrer konkreten Unterrichtspraxis auf, dokumentierten deren unterrichtliches Handeln in besonders auffälligen Situationen mit Ton- bzw. Videoaufzeichnungen. Wir rekonstruierten die handlungssteuernden subjektiven Theorien mit einer speziell hierfür entwickelten Methodenkombination. Es handelte sich dabei einerseits um den „Strukturierten Dialog" (Wahl, 1991, S. 68–80), andererseits um die „Weingartener Appraisal Legetechnik" bzw. „Weingartener Auffassungs Legetechnik", abgekürzt WAL (Wahl, 1991, S. 149–166). Erstes wichtiges Ergebnis war, dass jede der untersuchten Personen (bezüglich der von uns untersuchten Situationsbereiche „auffällige gute bzw. schlechte Leistungen" und „auffällige Unterrichtsstörungen") hochgradig individuelle, unverwechselbare subjektive Theorien besaß. Das zweite wichtige Ergebnis: Mit diesen einzigartigen subjektiven Theorien ließ sich in statistisch weit überzufälliger Weise das künftige Handeln der Lehrpersonen für reale Leistungs- und Störungssituationen vorhersagen, obwohl zwischen dem Zeitpunkt der Rekonstruktion und dem Zeitpunkt der Vorhersage ein ganzes Jahr lag und die untersuchten Lehrpersonen teilweise in ganz anderen Klassen unterrichteten (Wahl, 1991, S. 166–179). Das dritte wichtige Ergebnis: Die handlungsleitenden subjektiven Theorien erwiesen sich über viele Jahre hinweg als außerordentlich stabil. In einer Follow-Up-Untersuchung sechs Jahre später zeigten sich kaum Änderungen gegenüber

2. Eunuchenproblem, Osterhasenpädagogik und Pfingstwunderdidaktik

den ursprünglich erfassten handlungsleitenden Strukturen und Prozessen. Was bedeutet dies für die Kluft zwischen Wissen und Handeln? Offensichtlich besitzen Lehrpersonen sehr stabile subjektive Theorien. Diese Theorien erweisen sich als resistent gegenüber Veränderungsbemühungen in Ausbildung, Fortbildung und Weiterbildung, weil sie biografisch entstanden sind und sich in der täglichen Unterrichtspraxis bewährt haben. Neu hinzukommendes wissenschaftliches Wissen bzw. Expertenwissen vermag diese handlungssteuernden Strukturen nur in Ausnahmefällen zu erschüttern.

Im Bereich der didaktisch-methodischen Ausbildung kann Anton Haas (1998 und 2005) in seiner Untersuchung zur alltäglichen Unterrichtsvorbereitung zum Schrecken aller Didaktikprofessoren nachweisen, dass es weder die im Studium erworbenen allgemein-didaktischen und fachdidaktischen Theorien (1. Phase der Lehrerbildung) noch die im Referendariat erworbenen Wissensbestände (2. Phase der Lehrerbildung) vermögen, das Planungshandeln von Lehrerinnen und Lehrern nachhaltig zu beeinflussen. Die studierten didaktischen Prinzipien scheinen im Laufe der Berufsausübung nahezu vollständig zu verschwinden. Gepaart damit werden die erlernten didaktischen Theorien als für die Praxis unbrauchbar abgelehnt (Haas, 1998, S. 242 f.). Übrig bleibt ein erschreckend schlichtes, rudimentäres Planungshandeln, das für eine fünfjährige Lehrerausbildung wie eine schallende Ohrfeige mitten in das Theoriegesicht ist. Die Untersuchung von Anton Haas sollte man nicht achtlos beiseite schieben. Es ist die gründlichste und durchdachteste empirische Untersuchung, die bislang zum alltäglichen Planungshandeln vorliegt. Haas war bei 36 Lehrerinnen und Lehrern aus Hauptschule, Realschule und Gymnasium persönlich anwesend, wenn diese im häuslichen Arbeitszimmer oder im schulischen Vorbereitungsraum ihren Unterricht planten. Er hielt die Lehrpersonen an, bei der Unterrichtsvorbereitung „laut zu denken", damit die Planungsprozesse für einen Außenstehenden nachvollziehbar wurden. Er zeichnete die Sprachäußerungen auf und rekonstruierte gemeinsam mit den untersuchten Personen rückblickend den gesamten Planungsprozess einschließlich der verwendeten Materialien und Schulbücher. Dabei entdeckte er nicht nur, dass die Lehrpersonen sich bei der Unterrichtsvorbereitung an keinem spezifischen didaktischen Modell orientieren (Haas, 1998, S. 232), sondern dass der Planungsprozess in hohem Maße routiniert abläuft. Im Mittelpunkt steht das inhaltliche Vertrautmachen mit dem zu vermittelnden Stoff und die Festlegung der Abfolge im Unterricht. Lernziele werden nicht reflektiert. Methodische Aspekte bis hin zu Differenzierung oder Individualisierung treten in den Hintergrund (ebd. S. 123 und S. 238).

Eine wesentliche Ursache für das Scheitern methodisch-didaktischer Aus-, Fort- und Weiterbildungen liegt in der sogenannten „Osterhasenpädagogik". So wie an Ostern Eier versteckt werden, so versteckt die Lehrperson ihr wertvolles Wissen, und die Schülerinnen und Schüler müssen es suchen. Gemeint ist die in Deutsch-

2. Eunuchenproblem, Osterhasenpädagogik und Pfingstwunderdidaktik

land weit verbreitete Praxis des fragend-entwickelnden Unterrichts (Haas, 1998, S. 162 f. und S. 242 f.). Anstatt das erforderliche Wissen verständlich und gut geordnet zu präsentieren (das gilt als abzulehnender Frontalunterricht), wird das Wissen „erarbeitet". Dazu stellt die Lehrperson Fragen, auf welche die Schülerinnen und Schüler antworten sollen (das gilt als zu befürwortender, positiver Lernprozess, obwohl ebenfalls frontal gesteuert). Nur wenige dieser Fragen, meist beim Einstieg, werden im Vorbereitungsprozess geplant. Die restlichen Fragen entstehen spontan während der Lehrer-Schüler-Interaktion und müssen deshalb nicht vorbereitet werden. So ist es kein Wunder, wenn die methodische Vorbereitung nur etwa 15% der gesamten Planungszeit ausmacht und nur für jede vierte Lehrkraft etwa Sozialformen planenswert sind (Haas, 1998, S. 162 und S. 183 f.). Wenn ein großer Teil des Unterrichts durch die „Osterhasenpädagogik" charakterisiert ist, dann hat dies recht ungünstige Auswirkungen auf das Lernen, wie beispielsweise Klieme (2002) nachweist: Der logisch stringente Charakter der Wissensvermittlung geht verloren. Problemlöseprozesse werden verhindert oder abgebrochen. Bei der Schnelligkeit der menschlichen Interaktion bleibt wenig Zeit zum Nachdenken. Stattdessen operieren die Schüler auf der Ebene der bloßen Reproduktion von Wissenselementen oder mit schlichtem Raten. Der fragend-entwickelnde Unterricht ist unauslöschlich in den subjektiven Theorien der Lehrerinnen und Lehrer verankert, weil diese in der Regel 13 Jahre lang so unterrichtet wurden. Er ist die dominierende Methode in der eigenen Biografie. Offenbar sitzt die „Osterhasenpädagogik" so tief und so fest, dass alternative didaktische Konzepte es schwer haben, sich dagegen zu behaupten.
In der Erwachsenenbildung zeigt sich ein vergleichbares Bild. So erbrachte eine wissenschaftliche Begleituntersuchung, initiiert durch das Deutsche Institut für Fernstudien (vgl. Eckert, 1990), dass im Rahmen des von mir geleiteten „Kontaktstudiums Erwachsenenbildung an der Pädagogischen Hochschule Weingarten" wenig Änderungen des beobachtbaren Handelns der Kursleiterinnen und -leiter auftraten. Zehn Teilnehmende dieses Begleitstudiums waren in ihrem konkreten Unterricht besucht (Verhaltensbeobachtung) und zu ihrem methodisch-didaktischen Vorgehen befragt worden (subjektive Theorien). Zwar äußerten sie sich mehrheitlich sehr zufrieden über ihre Erfahrungen und Erlebnisse während des Studiums und schätzten ihren persönlichen Lerngewinn hoch ein. In ihrem beobachtbaren Verhalten beim Leiten von Kursen zeigten sich jedoch wenige bis gar keine Effekte. „Lediglich eine Teilnehmende hatte in größerem Umfang Experimente in ihrem methodischen Vorgehen gewagt und fühlte sich in der Nachbefragung als Kursleiterin sehr viel sicherer" (Schmidt, 2001, S. 44). Daraus kann man mindestens zwei Schlüsse ziehen. Erstens sind die subjektive Zufriedenheit mit einer Aus-, Fort- oder Weiterbildungsveranstaltung und der dabei empfundene Lernzuwachs kein taugliches Maß für deren Effektivität hinsichtlich des zurückgelegten Weges vom Wissen zur nachhaltigen Handlungskompetenz. Zweitens

2. Eunuchenproblem, Osterhasenpädagogik und Pfingstwunderdidaktik

reichen Faktoren wie die Länge einer Ausbildung (im geschilderten Fall immerhin drei Semester), die Freiwilligkeit der Teilnahme, das Bezahlen von Gebühren für die Teilnahme sowie die hohe Motivation der Teilnehmenden nicht aus, um automatisch handlungsverändernde Effekte zu generieren.

Betrachtet man die bis jetzt zusammengestellten Ergebnisse, so machen sich Niedergeschlagenheit und Ratlosigkeit breit. Will man nicht auf eine „Pfingstwunderdidaktik" hoffen, also darauf setzen, dass sich auf irgendeinem geheimnisvollen Weg träges Wissen in kompetentes Handeln verwandelt, (vergleichbar dem Pfingstwunder, bei dem die Jünger Jesu durch eine göttliche Fügung ungewöhnliche Fähigkeiten erhielten), so benötigt man klare theoretische Vorstellungen über die Beziehungen zwischen Wissen und Handeln sowie zwischen Handeln und Wissen. Auf dieser handlungspsychologischen Grundlage kann man dann eine innovative Lernumgebung für den Weg vom Wissen zur Handlungskompetenz entwickeln.

Dass dies durchaus erfolgversprechend ist, zeigt die fundierte Studie von Eva Schmidt (2001). Sie hat über einen Zeitraum von sieben Jahren hinweg Absolventen des „Kontaktstudiums Erwachsenenbildung der Pädagogischen Hochschule Weingarten" untersucht, die – im Unterschied zur weiter oben skizzierten Studie – nach einem neu entwickelten, pfingstwunderfreien, handlungspsychologisch begründeten Konzept studierten. Ergebnis: Ausnahmslos alle Teilnehmenden am Kontaktstudium hatten nachweislich ihr konkretes Handeln verändert. „Auf allen unterrichtsrelevanten Gebieten hatte das subjektive Gefühl von Sicherheit und Kompetenz zugenommen, sehr viele neue Methoden wurden in die Praxis umgesetzt. Der Transfer hat stattgefunden. Dabei machten im Großen und Ganzen weder die gewissheitsorientierten Teilnehmenden noch die mit eingeschränkter EB-Praxis eine Ausnahme" (Schmidt, 2001, S. 125). Dies lässt sich zum Beispiel aus der eingefügten Grafik ablesen (vgl. Abb. 1). Hier wurden 22 Absolventen eines Studienganges untersucht, der sich vom Sommersemester 1998 über das Wintersemester 1998/99 bis zum Sommersemester 1999 erstreckte. Im jeweils untersten Teil des Säulendiagramms befinden sich jene Methoden und Verfahren der Erwachsenenbildung, welche die Teilnehmenden schon vor Beginn des Kontaktstudiums praktizierten. Im mittleren Teil befinden sich jene Methoden, die neu in die Praxis umgesetzt wurden. Im jeweils obersten Teil befinden sich weitere Veränderungen, beispielsweise in der Kursarchitektur, im Umgang zwischen Kursleiter und Kursteilnehmern usw. Auch wenn die Kompetenzgewinne der einzelnen Teilnehmenden recht unterschiedlich waren, man vergleiche etwa Person 14 mit Person 16, so zeigen sich doch ganz erstaunliche Auswirkungen auf das beobachtbare Handeln. Vergleichbare Ergebnisse berichtet Schmidt auch schon für den 1992/93 durchgeführten Studiengang (ebd. S. 124).

2. Eunuchenproblem, Osterhasenpädagogik und Pfingstwunderdidaktik

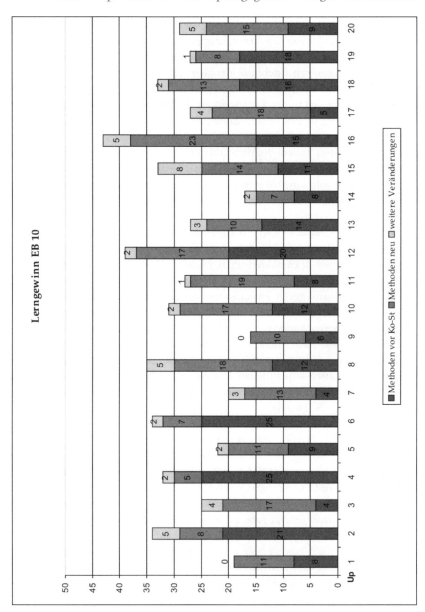

Abb. 1: Kompetenzgewinn von 22 Studierenden der Erwachsenenbildung (SS 1998 bis SS 1999) an der Pädagogischen Hochschule Weingarten (vgl. Schmidt, 2001, S. 199 ff.), die nach einem neuen, handlungspsychologisch begründeten Veränderungskonzept studierten.

2. Eunuchenproblem, Osterhasenpädagogik und Pfingstwunderdidaktik

Es geht also doch. Der Weg vom trägen Wissen zum kompetenten Handeln lässt sich in einer entsprechend gestalteten, handlungspsychologisch begründeten Lernumgebung erfolgreich zurücklegen. Insofern muss ich im Nachhinein eigentlich für die vielen negativen Erlebnisse dankbar sein (siehe das oben beschriebene, mehrfache eigene Scheitern in Lehrausbildung, Lehrerfortbildung und Erwachsenenbildung, das ich in der Tat jeweils als ein „kritisches Lebensereignis" empfunden habe), weil sie den Anstoß gaben, die Beziehungen zwischen Wissen und Handeln genauer zu betrachten.

Wie kann man nun wissenschaftlich erklären, warum der Weg vom Wissen zum Handeln so weit ist? In meiner Habilitationsschrift (Wahl, 1991) habe ich versucht, darauf sowohl eine theoretische als auch eine empirische Antwort zu geben. Dabei ging ich von den folgenden Überlegungen aus:

(1) Menschliches *Handeln* – und darum geht es ja beim Abklären der Beziehungen zwischen Wissen und Handeln – ist als eine eigenständige psychologische Gegenstandseinheit zu charakterisieren. Handeln lässt sich gegen bloßes *Tun* abgrenzen (bei letzterem durchschaut der Akteur seine eigene Motivation nicht; vgl. Groeben, 1986) und gegen *Verhalten* (als der einfachsten Ausgangseinheit). Im Gegensatz zu „Verhalten" und „Tun" ist „Handeln" zielgerichtet und bewusst. Bei der Handlungsregulation greift der Akteur auf soziale und individuelle Wissensstrukturen zurück. Er versucht, sein Denken, sein Fühlen und sein Agieren zu integrieren. Seine Aufmerksamkeit „springt" dabei zwischen verschiedenen Ebenen der hierarchisch-sequentiellen Handlungsregulation hin und her, um das Handeln an wesentlich erscheinenden Punkten zu steuern (vgl. zusammenfassend Wahl, 1991, S. 18–64).

Authentisches Beispiel zur Verdeutlichung:
Mitten in einem Vortrag, den ich vor einiger Zeit gehalten habe, meldet sich ein Zuhörer. Ich sehe, dass er ganz aufgeregt ist. Obwohl ich gerade mitten drin bin und einen theoretisch recht schwierigen Sachverhalt erläutere – eine Unterbrechung passt mir jetzt gar nicht – können weder ich noch das Publikum sein nachdrückliches Melden übersehen. Etwas genervt gebe ich ihm das Wort. Er sagt erregt und überlaut: „Alles falsch, was Sie da erzählen! Ich bin Experte auf diesem Gebiet. Es ist wirklich alles falsch!" – Diese Situation habe ich ganz bewusst *erlebt; ich habe bis heute eine lebhafte Erinnerung daran. Mein Handeln war zielgerichtet: Das Gesicht wahren, die inneren Panikattacken verbergen (Mein Gott, was wäre, wenn er wirklich Recht hätte?), die unangenehme Situation so schnell wie möglich klären und dann im Vortrag fortfahren (wenn das dann noch möglich ist). Dabei habe ich auf das mir zur Verfügung stehende Wissen zurückgegriffen über den Umgang mit Personen, die einen in dieser radikalen Weise in Frage stellen bzw. auf den Umgang mit Kritik bzw. auf den Umgang mit schwierigen Menschen. Ich habe versucht, Denken, Fühlen*

2. Eunuchenproblem, Osterhasenpädagogik und Pfingstwunderdidaktik

und Agieren zielführend zu integrieren. Meine Aufmerksamkeit *sprang dabei zeitweise völlig nach innen (Selbstwahrnehmung des ausgelösten Schreckens und der damit verbundenen physiologischen Aktivierung), zeitweise nach außen (Kann ich beim Sprecher oder beim Publikum mögliche Anzeichen dafür entdecken, ob es ernst oder ob es vielleicht nur ironisch gemeint war?), danach zur Handlungsauswahl (Was sage ich jetzt?) und schließlich zum ganz konkreten Formulieren und Aussprechen meiner Antwort.*

(2) Der Ablauf einer Handlung kann nach dem SOAP-Modell (siehe Abb. 4; ausführlicher in Wahl, 1991, S. 56 ff.) ganz grob in zwei Phasen unterteilt werden, wie dies vor längerer Zeit Lazarus, Averill & Opton (1973) vorgeschlagen haben. In einem ersten Teilprozess, den wir als Situationsorientierung (SO) bezeichnen, baut sich ein Bild der Situation auf. Der Akteur versucht zu verstehen, worum es überhaupt geht und schätzt ab, wie sich die Situation wohl weiter entwickeln wird. Dabei greift er auf sein biografisch erworbenes Wissen zurück, das wir als subjektive Theorien bezeichnen (vgl. Groeben, Wahl, Schlee & Scheele, 1988). Die subjektiven Theorien helfen ihm, die Situation zu verstehen. Sobald sich ein grobes Vorverständnis gebildet hat, das kann schon nach wenigen Sekundenbruchteilen geschehen, steigen Emotionen auf, welche die jetzt folgenden Prozesse färben. Je nach dem Umfang der zur Verfügung stehenden Zeit werden weitere Informationen eingeholt, welche die Situationsorientierung vervollständigen. Am Ende steht ein Bild der Situation, das bewusst „gesehen" wird.

Authentisches Beispiel zur Verdeutlichung:
*Ich beginne einen Kurs an der Volkshochschule Weingarten, der sich über mehrere Abende erstreckt. Ich denke, dass es sinnvoll ist, wenn sich die Teilnehmenden einander vorstellen. So bitte ich nach dem Nennen der Kursziele und dem Darstellen des Kursablaufes um eine kleine Vorstellungsrunde. Eine Teilnehmerin meldet sich als Erste und sagt zu meiner Überraschung recht aggressiv: „Ich habe überhaupt keine Lust, mich vorzustellen. Ich möchte hier etwas arbeiten!" – Meine ursprüngliche Vermutung, die Teilnehmerin würde sich jetzt gleich als Erste vorstellen, verändert sich durch den aggressiven Ton sowie die inhaltliche Aussage: „Ich habe überhaupt keine Lust..."
Es bildet sich ein grobes Vorverständnis der eigentlichen Situation. Die Teilnehmerin weigert sich. Und sie tut das auf eine recht aggressive Weise. Entsprechend steigen in mir uneinheitliche* Emotionen *auf. Ärger, weil ich gar nicht verstehe, warum sie bei einer so alltäglichen Kurseröffnung ohne jeden erkennbaren Anlass derart heftig reagiert. Angst, weil ich fürchte, die Situation könnte eskalieren. Aus meinen* Erfahrungen *in der Erwachsenenbildung weiß ich jedoch, dass bei Kurseinstiegen die Vorstellungsrunden zuweilen viel Zeit rauben und dass sie manchmal in methodische Spielereien ausarten. Diese biografisch erworbenen subjektiven Theorien ermöglichen*

es mir, das Handeln der Teilnehmerin zu interpretieren. Da der Kurs erst begonnen hat, steht Zeit zum Einholen weiterer Informationen *zur Verfügung. Ich frage nach: „Haben Sie schlechte Erfahrungen mit Vorstellungsrunden gemacht?" Sie bejaht und berichtet ein Erlebnis, bei dem man sich nicht selbst vorstellen durfte, sondern den jeweiligen Nebensitzer vorstellen musste. Das hatte sie als belastend sowie als unnötige Zeitverschwendung erlebt. Mein* Situationsbild *ist jetzt klar. Teile davon kann ich noch heute deutlich sehen, obwohl die Situation schon einige Jahre her ist.*

Der zweite Teilprozess von SOAP ist die Aktionsplanung (AP). Auf dem Hintergrund der Situationsorientierung werden in der Regel nicht nur eines, sondern mehrere verschiedene Ziele gebildet, weil Handeln in aller Regel ein Mehrfachhandeln ist (vgl. Fuhrer, 1984). Die subjektiven Theorien liefern das Wissen um Handlungsmöglichkeiten und deren potentielle Wirkungen. Entsprechend der situativen Gegebenheiten, der Absichten und der vermuteten Wirkungen wird eine Handlungsmöglichkeit ausgewählt und durch einen Entschluss in eine Aktion überführt. Die Ausführung der Aktion wird steuernd überwacht. (Wahl, 1991, S. 60–64). – Im obigen Beispiel verfolge ich nicht nur das allgemeine *Ziel*, einen guten Volkshochschulkurs zu halten, zu dem auch gehört, eine gute Einstiegsphase zu durchlaufen, sondern auch von vorne herein für eine positive Kommunikation zu sorgen, mich mit allen Teilnehmenden gut zu verstehen, meine Kursplanung durch Störungen nicht zu sehr durcheinander bringen zu lassen, beim Leiten des Kurses ruhig zu bleiben, den ersten Abend rechtzeitig zu beenden usw. Inhaltliche *Ziele, Ziele* für den Umgang mit den Teilnehmenden und *Ziele* für den Umgang mit mir selbst charakterisieren drei von *mehreren Handlungsebenen*. Die möglichen Handlungsalternativen, die mir in den Sinn kommen, müssen diesen Zielen dienlich sein. Meine *biografisch entstandenen subjektiven Theorien* stellen das hierfür erforderliche Wissen bereit. Deshalb gehe ich nicht auf den Kommunikationsstil der Teilnehmerin ein und werde nicht gleichfalls aggressiv, verbiete mir also eine Retourkutsche vom Typus: „Und ich habe überhaupt keine Lust, mit jemandem zu arbeiten, der sich nicht einmal vorstellen will", weil ich dadurch Ziele wie ruhig zu bleiben, ein positives Lernklima zu erzeugen usw. gefährden würde. Vielmehr *vermute* ich aufgrund bisheriger Erfahrungen, dass ein verständnisvolles Eingehen auf die Teilnehmerin zu einem guten Kursklima führen kann und dass zugleich ein standhaftes Begründen der eigenen Position meiner Kursgestaltung zugute kommt. So *entschließe* ich mich zu folgender Aktion: „Wir machen hier nur eine ganz kurze Vorstellungsrunde, damit wir uns besser kennenlernen. Aber wenn Sie nicht möchten, dann brauchen Sie nicht mitzumachen." Den Satz bekomme ich ohne Sprachprobleme heraus (*Überwachen der eigenen Aktion*), die Teilnehmerin reiht sich in die Vorstellungsrunde ein, die Situation eskaliert also nicht wie befürchtet und der Kurs kann wie geplant fortgesetzt werden. (Die abschließend genannten Folgen meines Handelns zählen nicht mehr

2. Eunuchenproblem, Osterhasenpädagogik und Pfingstwunderdidaktik

zur Aktionsplanung oder Handlungsauffassung, sondern sie sind Teil der nächsten Situationsorientierung bzw. nächsten Situationsauffassung. Alternative Bezeichnungen für die Wahrnehmung und Einschätzung der Handlungsfolgen sind beispielsweise „Ergebnisauffassung" oder „re-appraisal", vgl. Wahl, 1991, S. 57).

(3) Wie kann nun das menschliche Handeln, das als ständiges Ineinander von Situationsorientierungen und Aktionsplanungen abläuft, durch die Aufnahme neuen wissenschaftlichen Wissens bzw. neuen Expertenwissens verändert werden? (Das wäre der Weg vom Wissen zum Handeln.) Und umgekehrt gefragt: Wie verändern sich durch neue Erfahrungen das Wissen und das künftige Handeln? (Das wäre der komplementäre Weg vom Handeln zum Wissen bzw. vom Handeln zum Handeln.) – Die obigen Erläuterungen weisen den Weg. Beim Handeln wird auf erworbenes Wissen zurückgegriffen. Also müsste der Veränderungsprozess ganz einfach sein: Man verändert die Wissensbasis! Man fügt den biografisch erworbenen subjektiven Theorien das erforderliche Expertenwissen bzw. wissenschaftliche Wissen hinzu, der Akteur nutzt dieses (neue) Wissen beim Handeln und schon erbringen die bei Situationsorientierung (SO) und Aktionsplanung (AP) ablaufenden Prozesse ganz andere Ergebnisse! Genau so wird in vielen Aus-, Fort- und Weiterbildungen vorgegangen. Wissenschaftliches Wissen bzw. Expertenwissen wird möglichst kompetent und möglichst umfassend vermittelt. Die Lernenden speichern diese Theorien und verfügen auch darüber, was sie beispielsweise in mündlichen oder schriftlichen Prüfungen nachweisen. Aber dennoch wissen wir aus der Diskussion des obigen „Eunuchenproblems", dass das neue Wissen das Handeln nicht automatisch zu verändern vermag. Das neue Wissen greift offenbar nicht in die ablaufenden Prozesse ein, obwohl es im Gedächtnis vorhanden ist. Hat der Mensch vielleicht doch zwei Gehirne, eines für das Denken und eines für das Handeln? Oder vielleicht noch ein drittes für die Emotionen? Piet Vroon (1994) vertritt in seinem Buch „Drei Hirne im Kopf – warum wir nicht können, wie wir wollen" die Hypothese, dass Diskrepanzen zwischen Wissen und Handeln auf die dreigliedrige Architektur unseres Gehirns (Stammhirn, Mittelhirn, Großhirn) zurückzuführen sind. Auf solche Spekulationen möchte ich mich nicht einlassen, sondern berichten, wie sich aufgrund der von mir durchgeführten empirischen Untersuchungen erklären lässt, dass es Wissensbestände gibt, die das Handeln leiten und solche, die – obwohl im Gedächtnis vorhanden – diese Aufgabe nicht oder noch nicht übernehmen.

Vielleicht hilft bei dieser Erklärung eine ganz wesentliche Unterscheidung. Wir haben oben den Begriff „subjektive Theorien" ganz pauschal verwendet. Bei näherer Betrachtung können wir jedoch mehrere Arten subjektiver Theorien unterscheiden. Erstens die subjektiven Theorien großer und mittlerer Reichweite. Sie sind in ihrer Struktur den wissenschaftlichen Theorien ähnlich, besitzen also

2. Eunuchenproblem, Osterhasenpädagogik und Pfingstwunderdidaktik

Konstrukte, Hypothesen und eine Argumentationsstruktur (vgl. Groeben, Wahl, Schlee & Scheele, 1988, 17 ff. und 47 ff.). Aufgrund ihrer Binnenstruktur sind sie nicht direkt an der Steuerung des menschlichen Handelns beteiligt. Dann gibt es auch noch subjektive Theorien geringer Reichweite, die beim raschen Handeln unter Druck wichtig werden, weil sie hier das Handeln leiten (vgl. Wahl, 1991). Subjektive Theorien großer und mittlerer Reichweite sind komplexe Kognitionen der Selbst – und Weltsicht. Nach unseren Beobachtungen lassen sich subjektive Theorien mittlerer Reichweite, zum Beispiel über Aggression, über Underachievement, über didaktische Vorstellungen, über Lernen usw. eindeutig viel schneller verändern als subjektive Theorien geringer Reichweite. Kognitionen sind beweglicher als Aktionen. Denken ist beweglicher als Agieren. – Wie ist dies zu erklären? Bringen wir einer Person neues Wissen bei, so werden diese Wissensbestände mit dem schon vorhandenen Wissen in Beziehung gesetzt. So erläutere ich beispielsweise in meiner Vorlesung mit dem Titel: „Wie kommt die Wut in den Bauch, die Liebe ins Herz und die Angst in die Hose" den Lehramtsstudierenden verschiedene Theorien zur Erklärung von aggressivem Handeln. Etwa die sozial-kognitive Lerntheorie nach Bandura, die unter anderem ausdrückt, dass beobachtetes, aggressives Handeln sowie die beobachteten Konsequenzen dieses Handelns eine wichtige Rolle für die eigene Aggressionsbereitschaft spielen. Die Studierenden können die inhaltlichen Aussagen dieser Theorie mit ihrem vorhandenen Alltagswissen über aggressives Handeln vernetzen, sie können sich prominente Experimente merken und schließlich auch die Namen der wichtigsten Wissenschaftler speichern. Ihre subjektiven Theorien mittlerer Reichweite (über aggressives Handeln) sind also durch Hinzufügen einer wissenschaftlichen Theorie differenzierter geworden und haben sich somit in der Tat verändert. Das lässt sich auch durch eine Lernkontrolle (zum Beispiel in Form eines Partnerinterviews) nachprüfen, in der das neu erworbene Wissen gegenseitig abgefragt wird. Wenn Studierende aus meiner Vorlesung am Tag darauf in einer Ausbildungsschule, an der sie wöchentlich einmal praktizieren, zwei Schüler raufend am Boden liegen sehen, umringt von interessierten Zuschauern, dann könnte man erhoffen, dass die Studierenden auf dem Hintergrund der gestern erworbenen und hoffentlich auch verstandenen Theorie die Situation differenzierter wahrnehmen (veränderte Situationsorientierung SO) und möglicherweise auf eine andere Art und Weise reagieren, als sie es vorher getan hätten (veränderte Handlungsplanung AP). Warum sonst sollte man Lehramtsstudierenden im Fach Pädagogische Psychologie Aggressionstheorien lehren? Die Erfahrungen und oben zitierten Untersuchungen zeigen jedoch, dass die erlernten wissenschaftlichen Theorien in aller Regel das beobachtbare Handeln nicht verändern, obwohl die Wissensbasis differenzierter, elaborierter und möglicherweise auch vernetzter geworden ist. Handeln in konkreten Alltagssituationen im Sinne eines bewussten, zielgerichteten Agierens,

2. Eunuchenproblem, Osterhasenpädagogik und Pfingstwunderdidaktik | 21

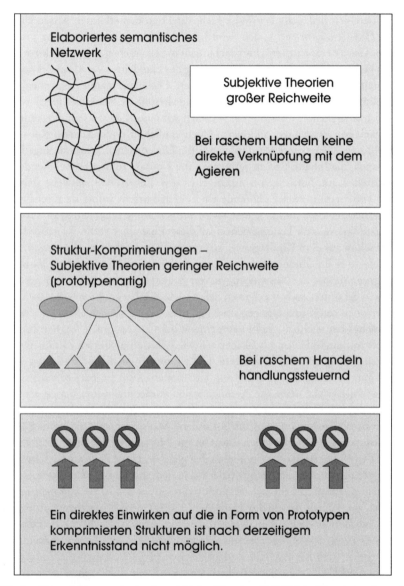

Abb. 2: Unterscheidung zweier Aspekte subjektiver Theorien: (1) Subjektive Theorien großer und mittlerer Reichweite, organisiert als argumentative Vernetzung von subjektiven Daten, subjektiven Begriffen und subjektiven Hypothesen, strukturparallel zu den wissenschaftlichen (intersubjektiven) Theorien. (2) Subjektive Theorien geringer Reichweite, zugeschnitten auf stets wiederkehrende Situationen bzw. Probleme und verbunden mit bewährten Handlungsmöglichkeiten bzw. Problemlösungen.

orientiert sich bedauerlicher Weise nicht direkt an den erlernten wissenschaftlichen Theorien. Es orientiert sich vielmehr an subjektiven Theorien geringer Reichweite. Unsere empirischen Untersuchungen haben ergeben, dass subjektive Theorien geringer Reichweite bei der Steuerung des Handelns – vor allem des raschen Handelns – eine ganz zentrale Rolle spielen. Das hängt damit zusammen, dass subjektive Theorien geringer Reichweite eine besondere Struktur haben.

Wie ist diese Struktur beschaffen? – Gehen wir einmal davon aus, dass es in der Tätigkeit von Erwachsenenbildnern, Hochschullehrern oder Lehrern eine große Anzahl stets wiederkehrender Probleme gibt. Die einzelnen Veranstaltungen sind zu planen, die Inhalte sind zu vermitteln, der Kontakt zu den Teilnehmenden ist herzustellen, mit Störungen ist umzugehen usw. Führen beispielsweise während einer Präsentation zwei Zuhörende ein Seitengespräch, wobei sie tuscheln, kichern, herumalbern und in keiner Weise aufmerksam erscheinen, so ist das nicht das erste Mal, dass die Leitungsperson auf dieses Phänomen stößt. Sicherlich kennt sie es schon aus dem Kindergarten, spätestens aber aus der Grundschulzeit. Und danach ist es ihr immer wieder in den verschiedensten Formen und Varianten begegnet. Sie hat die Auswirkungen von Seitengesprächen nicht nur gesehen, sondern garantiert auch am eigenen Leibe erlebt. Sie hat erfahren, wie verschiedene Personen damit umgegangen sind. Auf diese Weise hat sich allein für „Seitengespräche" ein reichhaltiges biografisches Wissen angesammelt, untrennbar verknüpft mit Gefühlen und beobachteten wie selbst ausgeführten Aktionen. Tritt also ein Seitengespräch auf, so kennt die Leitungsperson dieses Phänomen schon recht gut, sie kennt diesen Typus von Situationen. Zwar ist jedes Seitengespräch wieder anders: Mal sitzen die Personen weiter vorne, mal weiter hinten; das eine Seitengespräch ist kürzer, das andere länger; einmal tritt das Seitengespräch früher während der Präsentation auf, ein anderes Mal später; einmal sind es männliche, einmal weibliche Personen usw. Um mit Heraklit zu sprechen: „panta rhei" (alles fließt). Du steigst nie zweimal in den gleichen Fluss! Philosophisch betrachtet sind Situationen folglich unwiederholbar, jedesmal völlig neu. Psychologisch betrachtet jedoch ähneln sich bestimmte Situationen, d.h. sie kommen immer wieder vor. Genau dies meint Hans Aebli (1980, S. 83) mit dem mittlerweile recht bekannten Zitat: „Indessen ergibt schon eine oberflächliche Betrachtung des Menschen, dass im Strome seiner Handlungen Wiederholungen vorkommen. Zwar steigt man nie zweimal in den gleichen Fluss. Indessen: die Badeszenen gleichen sich!" Um diese wiederkehrenden, vertrauten „Badeszenen" organisieren wir unser handlungssteuerndes Wissen. Das macht es uns möglich, Situationen rasch zu erkennen, unmittelbar mit dem Erkennen zu interpretieren und in sehr kurzer Zeit auch zu beantworten. Im Ergebnis führt dies zu einer sicheren Orientierung und hohen Handlungsfähigkeit im Berufsfeld. Erreicht wird dies durch mehrere Teilstrukturen:

2. Eunuchenproblem, Osterhasenpädagogik und Pfingstwunderdidaktik

Erstens werden, wie bei jedem Handeln, „Situations-Prototypen" gebildet. Darunter sind „Strukturkomprimierungen" (Fuhrer, 1984, S. 169 f.) zu verstehen, die es ermöglichen, schnell und souverän auf eine Anforderung zu reagieren, weil das die aktuelle Situation charakterisierende Grundproblem in seinen wesentlichen Zügen schon bei früheren Bewältigungsversuchen analysiert wurde. Erkennt also eine Person im „Flusse" ihres alltäglichen Handelns eine „Badeszene" wieder, die sie früher schon erlebt und angemessen bewältigt hat, muss sie die schon gemachten Problemanalysen nicht noch einmal in vollem Umfange durchlaufen, sondern kann ihre ganze Aufmerksamkeit auf die Frage richten, ob es sich tatsächlich um den gleichen Situations-Prototyp handelt wie bei früher durchlaufenen Handlungen. So erklärt es sich, dass in unseren insgesamt dreizehnjährigen Untersuchungen an Lehrern, Hochschullehrern und Erwachsenenbildnern in der Regel für die Situationsklassifikation die meiste Entscheidungszeit verbraucht wurde (Wahl, 1991).

Zweitens werden die Handlungsmöglichkeiten von Lehrpersonen nicht in jeder Situation völlig neu erfunden, sondern die Handlungsentwürfe sind in kleinen und zugleich groben „Drehbüchern" organisiert. Damit ist gemeint, dass entsprechend den Situations-Prototypen auch Handlungs-Prototypen gebildet werden, um zielsicheres und effizientes Handeln in wiederkehrenden Situationen zu ermöglichen. „Klein" bedeutet, dass die Handlungs-Prototypen sehr fein gerastert sind. Wenn man schon bei Schachspielern annimmt, dass diese mehr als fünfzigtausend verschiedene Schachpositionen mit den zugehörigen „besten Zügen" kennen, so kann man bei menschlichen Interaktionen eine noch wesentlich höhere Zahl vermuten, weil hier mehr als 32 „Figuren" auf mehr als 64 „Spielfeldern" nach komplexeren Regeln als den Schachregeln interagieren. Mit „groben Drehbüchern" ist gemeint, dass es sich um prototypische Strukturen handelt, die mit einer gewissen Unschärfe behaftet sind. So zeigte sich bei unseren Untersuchungen, dass bei einem Handlungs-Prototypen (wie etwa einer Aufforderung, das Seitengespräch doch jetzt bitte einzustellen, weil sich die vortragende Person und andere Teilnehmende gestört fühlen) keineswegs der genaue Wortlaut festgelegt ist. Der Umfang der noch zu treffenden Festlegungen (Art der Formulierung, Füllen der Leerstellen für die Anrede, die Namen etc.) ist aber so gering, dass in der Regel sehr wenig Entscheidungszeit verbraucht wird. Und zwar so wenig, dass es den von uns untersuchten Personen oftmals unmöglich war, introspektiv zu erkennen, wie z.B. eine aktuelle Formulierung zustande kam. Interessanterweise wurde die jeweilige, aktuell realisierte Variante des Handlungs-Prototypes in der Regel auch nicht im Gedächtnis behalten. Bei der Konfrontation mit dem realen eigenen Handeln per Videoaufzeichnung waren die Lehrpersonen teilweise überrascht, wie sie im Detail formuliert oder agiert hatten. Demgegenüber war die grobe Ausrichtung der Aktion kognitiv klar repräsentiert.

2. Eunuchenproblem, Osterhasenpädagogik und Pfingstwunderdidaktik

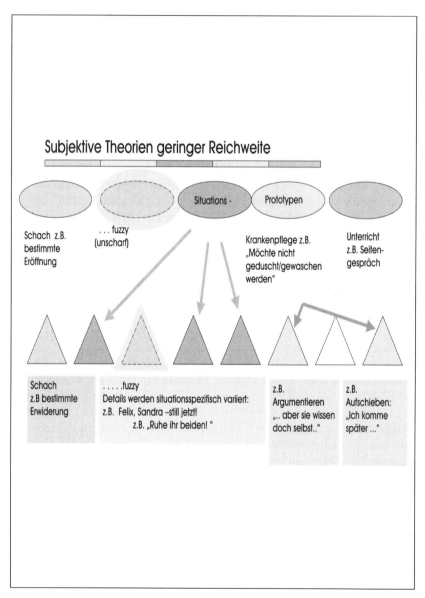

Abb. 3: Organisation subjektiver Theorien geringer Reichweite in einander zugeordneten Situations-Prototypen (als Ellipsen dargestellt) und Reaktions-Prototypen (als Dreiecke dargestellt). Die Prototypen sind unscharf (fuzzy), das bedeutet, sie charakterisieren das Typische an der „Badeszene". Details können variieren. Die Beispiele entstammen dem Schachspiel, dem Unterricht und der Krankenpflege.

2. Eunuchenproblem, Osterhasenpädagogik und Pfingstwunderdidaktik

Drittens sind Situations-Prototypen und Handlungs-Prototypen, wie Abbildung 3 zeigt, einander zugeordnet. Es gibt 1:1-Zuordnungen, das bedeutet, dass zu einer typischen Situation in der Regel nur eine typische Reaktion gewählt wird. Es gibt 1:2-Zuordnungen, das bedeutet, dass für eine prototypische Situation zwei Handlungsalternativen vorliegen. Im Höchstfall konnten wir 1:6-Zuordnungen finden, das heißt, dass die Lehrperson bei Auftreten dieses Situationstypes unter sechs Handlungsalternativen auswählen kann. Dies war aber die Ausnahme. Die Regel waren 1:1 und 1:2- Zuordnungen (Wahl, 1991, S. 161 f.). Der genaue Durchschnittswert war 1,502. Bei diesen Zuordnungen handelt es sich um keine festen Verknüpfungen und schon gar nicht um Reiz-Reaktions-Ketten. Vielmehr „sieht" die Lehrperson mit dem Erkennen einer typischen Situation nahezu zeitgleich eine bis zwei, maximal sechs bewährte Handlungsmöglichkeiten. Es steht ihr frei, eine der ihr ins Bewusstsein gerückten Handlungsmöglichkeiten zu wählen oder diese zu unterlassen. Subjektive Theorien kurzer Reichweite organisieren also die biografischen Erfahrungen in der gleichen Weise, wie „Expertenwissen" organisiert ist: Man sieht das Problem, wobei mit „Sehen" zugleich Erkennen gemeint ist – und mit dem Problem „sieht" man nahezu zeitgleich auch mögliche Lösungswege. Ergreift die Person einen der zusammen mit der Situation „gesehenen" Handlungs-Prototypen, so ist es ihr möglich, innerhalb weniger Sekunden zu agieren. Hält sie keinen der „gesehenen" Handlungs-Prototypen für situativ angemessen, dann wird es schwierig. Sie muss jetzt eine Handlungsmöglichkeit, die bisher in dieser Situation noch nicht gezeigt wurde, konstruieren. Der Konstruktionsprozess ist dabei um ein Vielfaches zeitraubender als die Auswahl unter bewährten Alternativen und das Anpassen der gewählten Alternative an die situativen Gegebenheiten. So können beispielsweise Schachspieler innerhalb weniger Sekunden einen Gegenzug wählen, wenn ihnen die Stellung vertraut ist. Durchschauen sie die Situation jedoch nicht, dann benötigen sie ein Vielfaches an Entscheidungszeit und in extremen Fällen reichen nicht einmal die verfügbaren 2 Stunden aus, um den besten Zug zu finden. Der wird dann manchmal erst bei den nachträglichen Analysen entdeckt (vgl. Wahl, 1991, S. 81–128). – In der Praxis kommt es also darauf an, wieviel Zeit Lehrpersonen zugestanden wird, um eine angemessene Handlungsmöglichkeit zu entwickeln. Beispielsweise sind beim Planungshandeln, das sich nach Haas (1998, S. 206 f.) pro Lektion im Durchschnitt über gut 20 Minuten erstreckt, die Voraussetzungen für eine Neukonstruktion schon recht ordentlich, obwohl auch das Planungshandeln von Routinen durchzogen wird. Ungünstig sind die Chancen für eine Neukonstruktion beim Interaktionshandeln, weil sich dieses im Rhythmus weniger Sekunden abspielt.

2. Eunuchenproblem, Osterhasenpädagogik und Pfingstwunderdidaktik

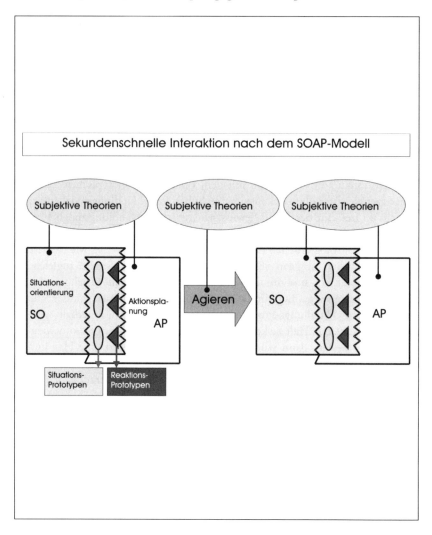

Abb. 4: Beziehungen zwischen dem raschen „Handeln unter Druck" nach dem SOAP-Modell und den subjektiven Theorien geringer Reichweite. In der Phase der Situations-Orientierung (SO) vergleicht der Akteur die aktuelle Situation mit seinen (impliziten) Situations-Prototypen. In der Regel ist dies der zeitlich umfangreichere Prozess. – Lässt sich der „Fluss des Geschehens" auf eine bekannte, typische „Badeszene" reduzieren (dargestellt durch Ellipsen), so „sieht" der Akteur nahezu gleichzeitig mit dem Situations-Prototypen auch mögliche Lösungswege (dargestellt durch Dreiecke). In der Phase der Aktions-Planung (AP) wählt der Akteur die ihm am geeignetsten erscheinende, typische Lösungsmöglichkeit (den entsprechenden Handlungs-Prototypen) und wandelt diese so ab, dass sie der Situation angemessen ist. In der Regel ist dies der zeitlich kürzere Prozess.

2. Eunuchenproblem, Osterhasenpädagogik und Pfingstwunderdidaktik

Die Voraussetzungen für die Studierenden, beim Reagieren auf die raufenden Schüler das am Tag zuvor erworbene theoretische Wissen über aggressives Handeln zu einer Neukonstruktion zu verwenden, sind also allein aufgrund der zur Verfügung stehenden Zeit recht ungünstig. Was müssten sie in diesen wenigen Sekunden leisten? Erstens müssten sie den bisherigen Situations-Prototypen „raufende Schüler" auf das neue Wissen beziehen und prüfen, ob dieser in Wahrnehmung und Interpretation noch angemessen ist. Zweitens müssten sie all jene Handlungsmöglichkeiten, die sie spontan „mitsehen", auf Theorieverträglichkeit testen und entsprechend einen passenden Handlungs-Prototypen auswählen, notfalls gar eine neue Handlungsmöglichkeit entwerfen. Bei der Komplexität der Situation (zahlreiche beteiligte Personen, nicht voll durchschaubare Akteure usw.), bei der Dynamik der Situation (rasche Situationsentwicklung) und bei den zahlreichen zu verfolgenden Zielen (Mehrfachhandeln) wäre es eine glatte Überforderung, das eigene Handeln theoriegeleitet zu modifizieren. Es wird deutlich, dass Handlungsänderungen mitten in komplexen und dynamischen Situationen ungewöhnlich schwierig sind. Da müssten die Studierenden schon aus der konkreten Situation heraustreten können, sozusagen das Geschehen für längere Zeit anhalten können, um dann mit hoher Reflexivität Schritt für Schritt das eigene Handeln zu ändern. Das wäre eine Möglichkeit, um vom Wissen zum Handeln zu kommen. – Und wie würde der umgekehrte Weg funktionieren, also der Weg vom Handeln zum Wissen? Die Studierenden würden die Effekte ihres Eingreifens wahrnehmen, speichern und interpretieren. Bei der reflexiven Bearbeitung der durchlebten Erfahrungen könnten neue Einsichten entstehen bzw. bisherige Vorstellungen bestätigt oder widerlegt werden. Das wäre der Weg vom Handeln zum Wissen, wobei das „Wissen" zu verstehen wäre als eine subjektive Theorie mittlerer Reichweite zum aggressiven Handeln von Schülerinnen und Schülern. – Auch der Weg vom (bisherigen) Handeln zum (neuen) Handeln ist beschreibbar. Die neuen biografischen Erfahrungen würden die bisherigen Wahrnehmungen und Handlungsweisen entweder stützen (in diesem Falle bliebe die Prototypen-Struktur unverändert) oder es würde sich die Notwendigkeit ergeben, künftig völlig anders zu handeln, zum Beispiel weil die Situationswahrnehmung unzutreffend war (möglicherweise war es keine Aggression, sondern ein sportliches Kräftemessen zweier Kinder aus dem gleichen Ringerclub) oder weil die Handlungsauswahl unangemessen schien (möglicherweise wurden die Studierenden selbst aggressiv und ernteten damit die Empörung der Zuschauer). In diesem Falle müssten sich entweder die Situations-Prototypen weiter ausdifferenzieren, oder es müssten neue Handlungs-Prototypen entwickelt werden oder es müssten die Verknüpfungen zwischen Situations- und Handlungsprototypen, wie in Abb. 3 zu sehen, abgewandelt werden. In beiden Fällen, also vom Wissen zum Handeln wie auch vom (bisherigen) Handeln zum (veränderten) Handeln, würden sich jeweils die Prototypen-Strukturen ändern.

Solche Änderungen zu erreichen ist schwierig. Denn hier greift man in Strukturen ein, die – wie Messner und Reusser (2000, S. 282 f.) klar herausstellen – dem Akteur selbst in hohem Maße verborgen sind. Diese Strukturen sind zwar eindeutig bewusstseinsfähig und reflexiv bearbeitbar, aber dafür müssen erst die entsprechenden Voraussetzungen geschaffen werden. Versäumt man es, in Ausbildung, Fortbildung und Weiterbildung Sorge dafür zu tragen, dass im Bereich dieser impliziten Handlungsstrukturen Veränderungen stattfinden, dann kommt es zu diesem eigenartigen, uns alle deprimierenden Effekt, dass trotz aufwändiger Kurs- und Seminardidaktik die Lehrpersonen zwar kognitiv bereichert die Maßnahme verlassen, ihr Handeln aber nach wie vor in den gleichen Bahnen verläuft. Statt eines Weges vom Wissen zum Handeln legen sie also einen Weg vom Wissen zum (noch differenzierteren) Wissen zurück. Das neue Wissen „perlt" an den stabilen, handlungssteuernden subjektiven Theorien geringer Reichweite ab, vermag sie also nicht zu modifizieren. Auf diese Weise ergibt sich eine Koexistenz verschiedener, zum Teil gegenläufiger Strukturen. Die Wissensstruktur (subjektive Theorien großer und mittlerer Reichweite) legt andere Problemlösungen nahe als die Handlungsstruktur (prototypenartige subjektive Theorien geringer Reichweite). Kann man mit derartigen Widersprüchen im Kopf leben? Sehr gut sogar. Patry & Gastager (2002, 53 ff.) zeigen an 18 Mathematiklehrpersonen, dass eine Koexistenz widersprüchlicher Theorien offensichtlich der Normalfall ist.

Wenn die eben skizzierten Überlegungen stimmig sind, dann ist es erforderlich, eine spezielle Lernumgebung für den weiten Weg vom Wissen zum Handeln zu entwickeln. Das haben wir getan und wir haben sie danach über einige Jahre hinweg erprobt. Sie hat sich als nachhaltig wirksam erwiesen (vgl. Schmidt, 2001 und 2005). Wir wollen diese innovative Lernumgebung darstellen und zeigen, wie sie die Kluft zwischen Wissen und Handeln zu überbrücken vermag. Vielleicht tragen wir damit ein wenig zur Lösung eines über 2500 Jahre alten Problems bei, denn schon in der buddhistischen Psychologie gibt es einen Weisheitsbegriff (Gürtler, 2005 b, S. 63 f.), der besagt, dass nur das direkt erfahrene Praktizieren das menschliche Handeln verändert und dass im Gegensatz dazu das von Autoritäten gelehrte Wissen wie das Reflektieren darüber kaum handlungsverändernde Wirkungen besitzen.

3. Übersicht – Eine innovative Lernumgebung für den Weg vom Wissen zur Handlungskompetenz

> **Vorbemerkung:** In diesem Kapitel soll die innovative Lernumgebung „am Stück" dargestellt werden, bevor sie in den Kapiteln 4 bis 6 im Detail ausgeführt wird. Dieses Kapitel hat folglich die Funktion einer vorausgehenden Sinnstiftung, sozusagen eines verbalen „Advance Organizers". Es soll den Leserinnen und Lesern das Verständnis der Zusammenhänge der einzelnen Verfahren und Methoden erleichtern.

Bei der Entwicklung einer Lernumgebung für den Weg vom Wissen zum Handeln steht man im Grunde vor einer paradoxen Situation. Handlungssteuernd sind die subjektiven Theorien geringer Reichweite. Diese sind aber wegen ihres hohen Verdichtungsgrades und wegen der Schnelligkeit des interaktiven Handelns introspektiv nur schwer zugänglich – den Akteuren selbst also teilweise unbekannt – und während des alltäglichen Handlungsvollzuges kaum veränderbar. Umgekehrt sind die subjektiven Theorien großer und mittlerer Reichweite leicht verbalisierbar und lassen sich hervorragend diskutieren und reflektieren. Wegen ihrer hohen kognitiven Anteile sind sie verhältnismäßig leicht veränderbar. Bedauerlicherweise spielen sie in der Regel keine zentrale Rolle beim „Handeln unter Druck". Wo also soll man ansetzen?

Wir lösen die Paradoxie auf, indem wir die subjektiven Theorien geringer Reichweite (durch eine ganze Reihe spezieller Verfahren) auf eine der Reflexion zugängliche Ebene heben. Dadurch werden die hoch verdichteten handlungssteuernden Prozesse und Strukturen einer bewussten Bearbeitung zugeführt. Die um prototypische Situationen gruppierten Gedanken, Gefühle und Aktionen müssen „entdichtet" werden, damit der Akteur seine eigene Handlungssteuerung durchschauen kann. Das ist der erste Schritt eines recht komplexen Lernprozesses (vgl. Abb. 5). Die einzelnen, hierbei verwendbaren Verfahren haben eines gemeinsam: Der Mensch muss das praktische Handeln unterbrechen und wird durch verschiedene Formen der Konfrontation zum Nachdenken gebracht. „Das ist Reflexion: Innehalten in der praktischen Tätigkeit und Austausch des praktischen Tuns gegen eine Tätigkeitsform, die Strukturanalysen erleichtert." (Aebli, 1980, S. 21). Dadurch ist es möglich, auch automatisierte Prozeduren aufzubrechen, denn die Bewusstmachung „verunsichert und verlangsamt Routinehandlungen

30 | 3. Übersicht – eine innovative Lernumgebung

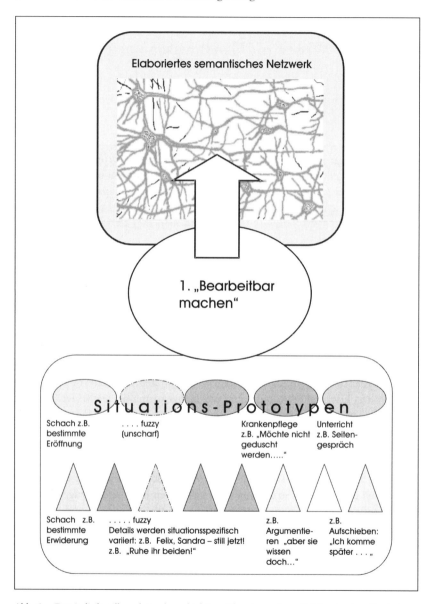

Abb. 5: Damit die handlungsleitenden subjektiven Theorien geringer Reichweite einer Bearbeitung zugänglich gemacht werden können, werden sie durch vielfältige Formen des Bewusstmachens, des Problematisierens und der Konfrontation auf die reflexive Ebene subjektiver Theorien größerer Reichweiten gehoben. Dadurch können bisherige handlungssteuernde Strukturen und Prozesse außer Kraft gesetzt werden.

und erleichtert die Veränderung" (von Cranach, 1983, S. 71). Die einzelnen Verfahren lassen sich von einer milden bis zu einer belastenden Konfrontation ordnen. „Milde" Auseinandersetzungen mit den eigenen Gedanken, Gefühlen und Aktionen werden beispielsweise durch Selbstreflexionen, Selbstbeobachtungen und einen Perspektivenwechsel erreicht. Mittlere Erschütterungen kann man durch den „Pädagogischen Doppeldecker" sowie das rollenspielartige, rasche Reagieren auf unvermutete Situationsentwicklungen erreichen, genannt „Szene-Stopp-Reaktion". Recht belastend kann es sein, wenn durch die WAL (Weingartener Appraisal Legetechnik) die eigenen Handlungsmuster offenkundig werden. Noch stärker kann Feedback durch die Tandemperson (Intervision), durch Experten (Supervision) oder durch die Betroffenen zum intensiven Reflektieren anregen. (Die einzelnen Methoden werden in Kapitel 4 ausführlich beschrieben.)

Hat der Akteur erkannt, welche Gedanken und Gefühle sein Handeln leiten, dann kann er darüber nachdenken, ob er die einzelnen Situationen differenziert genug wahrgenommen und angemessen auf sie reagiert hat. Bei diesem schwierigen Bewertungsprozess kann er auf wissenschaftliche Theorien bzw. professionelles Wissen zurückgreifen. Es kommt also beim zweiten Lernschritt (vgl. Abb. 6) zu einer Konfrontation zwischen handlungsleitenden subjektiven Theorien, die für jeden Akteur einzigartig sind, und wissenschaftlichem Wissen, das für alle Akteure natürlich das Gleiche ist. Der Bearbeitungsprozess braucht folglich zwei Phasen. Eine erste Phase, in der das nomothetische, wissenschaftliche Wissen so entfaltet wird, dass es die Akteure aufnehmen und verstehen können. Eine zweite Phase, in der jeder Akteur für seine spezielle Situation prüft, ob die wissenschaftlichen Theorien wichtige Beiträge zur Interpretation der Situation (Situationsorientierung SO) und zu deren Beantwortung (Aktionsplanung AP) (vgl. Abb. 4) leisten können. Als Metapher für den systematischen Wechsel dieser beiden Phasen haben wir den Begriff "Sandwich" gewählt. Sandwich ist ursprünglich ein Eigenname, der mittlerweile ein belegtes Brötchen bezeichnet (seit dem IV. Earl of Sandwich). Heute wird „Sandwich" mit „einschieben" oder „dazwischenklemmen" übersetzt. Beispielsweise werden Motoren im Autobau sandwichartig zwischen den Fußboden des Innenraums und den Unterboden des Fahrzeugs eingeschoben; Kinder gelten dann als „Sandwich-Kinder", wenn sie in der Geschwisterreihe zwischen dem exponierten ältesten und dem ebenfalls exponierten jüngsten Kind eingeklemmt werden usw. Wir verwenden den Begriff „Sandwich-Prinzip" zur Charakterisierung der Grundidee, dass zwischen die Phasen der Vermittlung wissenschaftlichen Wissens unbedingt Phasen der subjektiven Auseinandersetzung mit diesem Wissen geschoben werden müssen. Geschieht dies nicht, so wird der Lernprozess unfruchtbar, weil keine Beziehung hergestellt wird zwischen den einzigartigen subjektiven Theorien und den allgemeingültigen wissenschaftlichen Theorien. Hans Aebli (1968, S. 62) meint dazu: „Fehlt der innerliche Nachvollzug, gibt es keine Aneignung." Wobei bloßer Nachvollzug sicherlich noch zu wenig ist. Gefordert ist ein elaborierter, aktiver und zugleich tiefgehender

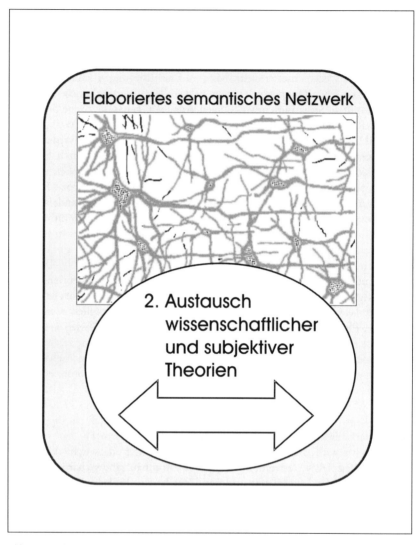

Abb. 6: Professionelle Alternativen zu den bisherigen Handlungen werden durch einen wechselseitigen Austausch zwischen intersubjektiven (wissenschaftlichen) Theorien und subjektiven Theorien größerer Reichweite gesucht. Die hierbei zu durchlaufende Problemlöseprozesse sind sehr individuell.

Verarbeitungsprozess, in dem die Strukturen des Akteurs auf die Strukturen der entsprechenden wissenschaftlichen Theorien prallen. Wie die Auseinandersetzung ausgeht, ist dabei höchst fraglich. Es kann sein, dass die wissenschaftlichen Theorien einen wichtigen Beitrag zur Modifikation der subjektiven Theorien leisten können. Es kann auch sein, dass die wissenschaftlichen Theorien für den Akteur wenig hilfreich sind. Schließlich kann es sein, und das hat sich in der Wissenschaftsgeschichte oft genug herausgestellt, dass die wissenschaftlichen Theorien revisionsbedürftig sind und dass die subjektiven Theorien des Akteurs die realitätsadäquatere Alternative darstellen. Charakteristisch für den gesamten Lernprozess, insbesondere aber für den zweiten Lernschritt, ist also das „Sandwich-Prinzip" (vgl. Wahl, Wölfing, Rapp & Heger, 1995, S. 87 f; Gerbig, 1997; Wahl, 2000; Wahl, 2001 a), bei dem sich Phasen der Informationsvermittlung und Phasen der aktiven, subjektiven Verarbeitung ständig abwechseln. Das Sandwich umfasst bei zunehmender zeitlicher Länge immer mehr Lagen und sieht am Ende einem „Big Mac" ähnlicher als einem belegten Brötchen.

Der Wechsel von Informationsaufnahme und aktiver Verarbeitung erfordert ein ganzes Arsenal von Methoden. Für die Phasen der Informationsaufnahme geht es darum, die wissenschaftlichen Inhalte strukturiert und gut verständlich darzubieten. Eine besondere Rolle spielen dabei mehrfachcodierte Expertenstrukturen, die möglichst früh im Lernprozess präsentiert werden sollten. Ausubel (1974) hat dafür einen recht verwirrenden Begriff geprägt, den „Advance Organizer". Exakt übersetzt bedeutet dies „Voraus-Struktur". Gemeint ist damit, dass eine inhaltliche Vernetzung im Voraus gegeben wird, also ein „organizer in advance". Dieser soll es den Lernenden ermöglichen, Verknüpfungen zwischen vorhandenen und neuen Strukturen zu bilden. Der „Advance Organizer" ist dem Einstieg in das Sandwich zuzuordnen, ebenso wie fünf weitere Komponenten (Agenda, Vorkenntnisse erfassen, Interessen erheben, Redeschwelle überwinden und Teilnehmende mischen). In den wesentlichen Abschnitten des Sandwiches geht es um aktives Lernen. Dieses kann die Aufnahme neuer Informationen ebenso beinhalten wie deren Verarbeitung. Formen wie das „Wechselseitige Lehren und Lernen" (WELL) bekommen eine ganz zentrale Bedeutung, weil hier sowohl der Erwerb als auch die vertiefende Verarbeitung in einer höchst aktiven Art und Weise geschehen (vgl. zusammenfassend Huber, 2004). Neben vielen weiteren Methoden des aktiven Lernens spielen die gedanklichen Landkarten eine besondere Rolle. Als komplementäres Gegenstück zu den vorab präsentierten Experten-Strukturen versuchen hier die Lernenden, im weiteren Verlauf des Lernprozesses durch „Sichtbarmachen" ihres Wissens Vernetzungen herzustellen mit Methoden wie der Struktur-Lege-Technik oder mit verbalisierten semantischen Netzwerken. Schließlich beendet der Ausstieg den Lernprozess, wobei vier verschiedene Komponenten wichtig sind: die inhaltliche Abrundung mit dem Schließen von Lernlücken und dem Sichern von Verständnis, die Vorbereitung des Transfers des Gelernten, die

Reflexion von Lernprozess und Lernergebnissen sowie der emotionale Umgang mit der Ausstiegs-Situation.

Insgesamt kann man das Sandwich-Prinzip als eine „Lernumgebung" charakterisieren. Den Begriff „Lernumgebung" wählen wir in Anlehnung an Gabi Reinmann-Rothmeier und Heinz Mandl (2001) als Metapher für ein planvoll hergestelltes Arrangement, bestehend aus didaktischen, methodischen, materiellen und medialen Komponenten. Die Besonderheit besteht darin, dass den Lernenden beim Sandwich-Prinzip zwar in hohem Maße aktives Lernen abverlangt wird, dass sie aber dennoch sowohl eine inhaltliche als auch eine lernstrategische Orientierung erhalten. Es handelt sich folglich nicht um eine schlichte Kompromiss-Position zwischen der Vorherrschaft der Instruktion einerseits und der Vorherrschaft der Konstruktion andererseits, sondern um eine wohl überlegte konzeptuelle Neuentwicklung, charakterisiert durch eine Vorherrschaft der subjektiven Aneignung. Deshalb passen auch die von Reinmann-Rothmeier und Mandl (2001) verwendeten Bezeichnungen für eine Lernumgebung mit instruktionalen und konstruktivistischen Anteilen wie „pragmatisch", „problemorientiert", „integriert", „gemäßigt konstruktivistisch" usw. auf das „Sandwich-Prinzip" als einer selbstgesteuertes Lernen abverlangenden, zugleich Orientierung gebenden Lernumgebung nicht so richtig.

Haben sich auf der Ebene subjektiver Theorien größerer Reichweite – bei jedem Akteur in einzigartiger Weise – die handlungssteuernden Strukturen verändert, so geht es im dritten Lernschritt darum, das neue Handeln in Gang zu bringen (vgl. Abb. 7). Wie wir vom „Eunuchenproblem" her wissen, ist dies sicherlich der schwierigste Vorgang im mehrschrittigen Lernprozess. Zunächst braucht der Akteur ganz konkrete Vorstellungen davon, wie sein verändertes Handeln in der Praxis aussehen kann. Modellhafte Berichte anderer Akteure, Videoaufzeichnungen gelungener Aktionen anderer Personen oder Eindrücke bei persönlichen Hospitationen können ein gutes „Bild" des anzustrebenden Handelns herstellen. Um dem „Handeln unter Druck" zu entgehen, können Handlungen geplant und gedanklich bereitgehalten werden. Diesem „vorgeplanten Agieren" (vgl. Wahl, 1991, S. 191 f.) kommt theoretisch wie praktisch eine besondere Bedeutung zu, werden doch hier ganz explizit die subjektiven Theorien größerer Reichweite mit denen geringerer Reichweite verbunden. Anders gesagt: Die beabsichtigten Handlungen werden dergestalt umgeformt, dass sie in der Ernstsituation rasch abrufbar sind. Dies ist nichts anderes als der Beginn eines Komprimierungsprozesses, an dessen Ende veränderte Prototypenstrukturen stehen. Wichtig ist dabei, genügend Übungsfelder für die geplanten und ansatzweise auch schon verdichteten kognitiv-emotional-aktionalen Strukturen zu schaffen. Hier bieten sich nicht nur Partner-Rollenspiele an, sondern auch die Methode Szene-Stopp-Reaktion als Trainingsvariante (und nicht wie oben als Bewusstmachungs-Verfahren). Noch praxisähnlicher ist das Micro-Acting, bei dem die Anwendungssituation so real

3. Übersicht – eine innovative Lernumgebung |35

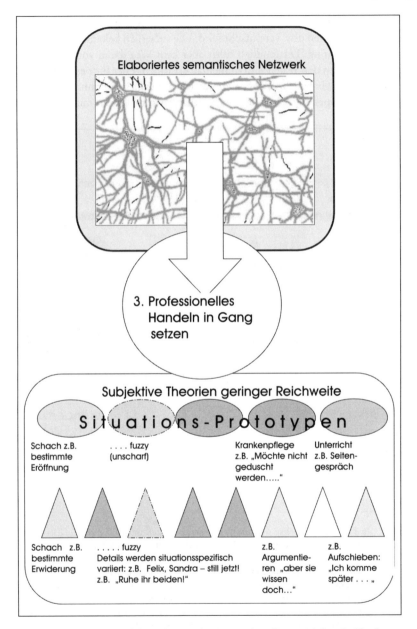

Abb. 7: Professionelles Handeln wird in Gang gesetzt, indem die entwickelten Problemlösungen in (neue) handlungsleitende Strukturen überführt werden, die es erlauben, im Praxisfeld „unter Druck" situationsadäquat zu reagieren.

3. Übersicht – eine innovative Lernumgebung

wie möglich simuliert, dennoch aber in der zeitlichen Erstreckung, der Zahl der beteiligten Personen usw. vereinfacht wird. Die sicherlich bekannteste Formen ist das Micro-Teaching. Letztendlich führt aber kein Weg daran vorbei, das veränderte Handeln in den realen Situationen zu erproben. Hier hilft es sicherlich, bei den gut bewältigbaren Situationen zu beginnen, bevor sich dann die verbesserte Handlungskompetenz in schwierigeren Situationen bewähren muss.

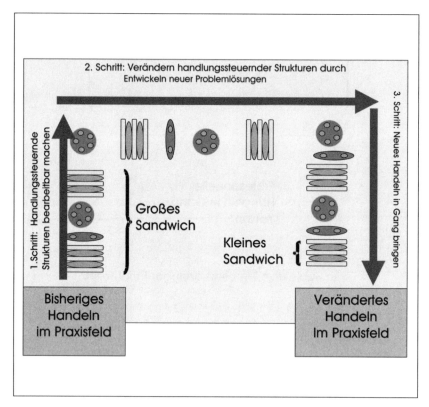

Abb. 8: In der Zusammenschau sieht die hier beschriebene Lernumgebung so aus: Gelernt wird in drei Schritten. Handlungsleitende subjektive Theorien werden bearbeitbar gemacht (1. Schritt), es werden neue Lösungen gesucht (2. Schritt) und diese werden wieder in handlungsleitende Strukturen überführt (3. Schritt). Charakteristisch sind dabei umfangreiche Erprobungsphasen, die zwischen die Reflexionsphasen eingeschoben werden („großes Sandwich"). In die Reflexionsphasen wiederum sind in kurzen Abständen Phasen der subjektiven Aneignung eingeschoben („kleines Sandwich"). Der Transfer in die Praxis wird durch Praxis-Tandems, Praxis-Kleingruppen, Vorsatzbildung, Erinnerungshilfen, Stoppcodes und Stressimpfung unterstützt.

3. Übersicht – eine innovative Lernumgebung

Wie Abb. 8 zeigt, kommen die genannten drei Lernschritte nicht ohne eingeschobene Erprobungs- oder Praxisphasen aus. Was einschieben heißt, das wissen wir schon: „Sandwich". Also haben wir es mit einer zweiten Sandwich-Struktur zu tun. Hierbei werden zwischen die (ihrerseits wieder sandwichartig gegliederten) Zeiträume der Entwicklung neuer Problemlösungen (siehe zweiter Lernschritt) Transferphasen eingeschoben. Damit man die beiden unterschiedlichen Sandwichstrukturen auseinander halten kann, bezeichnen wir eingeschobene Transferphasen (zum Beispiel beim dritten Lernschritt) als „großes Sandwich", weil es durchaus vorkommen kann, dass diese Stunden, Tage, Wochen und in Extremfällen auch Monate dauern. In Abgrenzung dazu nennen wir die eher kurzen Phasen der subjektiven Aneignung, die sich meist in Minuten angeben lassen, „kleines Sandwich".

Damit die Lernenden in den Transferphasen die ausgearbeiteten Problemlösungen systematisch in das eigene Handeln überführen, werden sie durch vielfältige Maßnahmen unterstützt. Zunächst kommt es darauf an, dass bewusste Entschlüsse gefasst werden, in einer ganz bestimmten Art und Weise zu handeln. Dies wird durch Vorsatzbildung erreicht. Wolfgang Mutzeck konnte zeigen, dass der Weg von der Absicht zum Handeln erfolgreicher zurückgelegt wird, wenn Vorsätze z.B. schriftlich fixiert werden (Mutzeck, 1988 und 2005). Damit die Vorsätze nicht vergessen werden, können sie mit Erinnerungshilfen kombiniert werden. Diese reichen von materiellen Erinnerungshilfen (buntes Plakat, Brief an sich selbst usw.) bis hin zu interaktionellen Erinnerungshilfen (z.B. Anruf einer Tandemperson). Deutlich stärkere Unterstützung bietet KOPING (= kommunikative Praxisbewältigung in Gruppen). Das seit über zehn Jahren in der Praxis erprobte Verfahren (vgl. zusammenfassend Schmidt, 2001) umfasst einerseits Kleingruppenarbeit und andererseits Tandemarbeit. Es handelt sich hierbei um eine transferorientierte Form der kollegialen Praxisberatung (vgl. Wahl, 1991, S. 195–206; Wahl, Wölfing, Rapp & Heger, 1995, S. 82–86). Während in den Kleingruppen der Akzent auf der strukturierten Problembearbeitung liegt, – ähnlich den kollegialen Beratungsverfahren von Mutzeck (2002) oder Schlee (2004) – liegt der Akzent der Tandemarbeit auf der konkreten Umsetzung in die Praxis. „Mit Social Support vom Wissen zum Handeln" – so überschreibt Eva Schmidt (2001) ihre Dissertation und hebt damit die besondere Bedeutung einer kollegialen Lernwegflankierung in Form kleiner sozialer Netzwerke hervor. Dennoch ist der Akteur letztendlich auf sich allein gestellt, wenn er in seinem Handlungsfeld die erarbeiteten Problemlösungen in neue handlungsleitende Strukturen überführen will. Da kommt es häufig vor, dass beim raschen „Handeln unter Druck" die bisherigen Prototypen schneller sind als die neuen, die sich erst langsam festigen. Um die Konkurrenz gegenläufiger Handlungstendenzen im Sinne der ausgearbeiteten Lösung aufzuheben, müssen jene Handlungen gestoppt werden, an deren Steuerung die bisherigen Prototypenstrukturen beteiligt sind. Hierfür eignen sich Formen des „inneren Sprechens" in Anlehnung an die Überlegungen von Meichenbaum (1979), die wir wegen ihrer handlungs-unterbrechenden Funktion auch gerne als „Stopp-Codes" bezeichnen (vgl. Schlottke & Wahl, 1983; Wahl, Weinert & Huber, 1984; Wahl, 1991; Wahl, 2005). In manchen Fällen ist es erforderlich, eine ganze Kette von Stopp-Codes zu entwickeln, die den Akteur vor, während und nach kritischen Praxissituationen begleiten. Ein Teil dieser inneren Dialoge richtet sich dabei auf die Bewältigung der emotionalen Probleme, ein anderer Teil auf die Verfolgung der gewählten (neuen) Strategie. Meichenbaum wählt als Metapher für dieses umfassendere Vorgehen den anschaulichen Begriff „Stress-Impfung".

Abschliessend möchte ich die skizzierte innovative Lernumgebung von den Menschenbild-Annahmen her einordnen. Die Ausgangsfrage lautet: In welche Richtung sollen sich die am Lernprozess teilnehmenden Personen verändern? – Als Mitbegründer des Forschungsprogrammes Subjektive Theorien hege ich verständlicherweise große Sympathien für das „epistemologische Subjektmodell", das diesem zugrunde liegt (Groeben, Wahl, Schlee & Scheele, 1988; Wahl, 1991, S. 192 f.). In unserem Zusammenhang sind dabei vier Aspekte von Bedeutung. (1) Reflexivitätsfähigkeit. Der Mensch wird als reflexives Subjekt verstanden (vgl. Groeben & Scheele, 1977). Er besitzt subjektive Theorien und kann sich diese bewusst machen, wie es beispielsweise im ersten Lernschritt dezidiert geschieht. Er besitzt einzigartige kognitiv-emotional-aktionale Strukturen und kann diese mit kognitiven Landkarten (z.B. der Struktur-Lege-Technik) oder mit der Weingartener-Appraisal-Legetechnik rekonstruieren. Er kann in Form metakognitiver Aktivitäten über seine Strategien nachdenken und diese gezielt einsetzen. Er kann sein Handeln planen, überwachen und bewerten. (2) Autonomiefähigkeit. Der Mensch kann als potentiell autonomes Wesen beschrieben werden. Er kann selbstgesteuert lernen, was in den eingeschobenen Phasen subjektiver Aneignung im „kleinen Sandwich" von Bedeutung ist. Er kann über die Ziele seines eigenen Veränderungsprozesses entscheiden. Er kann seinen Veränderungsprozess selbst organisieren. (3) Kommunikationsfähigkeit. Als soziales Wesen kann der Mensch mit anderen Menschen kommunizieren. Er kann Wissen gemeinsam konstruieren, was beispielsweise beim „Wechselseitigen Lernen und Lehren" (WELL) in ganz besonderem Maße zum Tragen kommt. Er kann in verschiedenen Formen kollegialer Praxisberatung (Tandems, Kleingruppen) als ratsuchende und ratgebende Person erscheinen. Er kann Schwierigkeiten metakommunikativ thematisieren. (4) Handlungsfähigkeit. Der Mensch hat die Fähigkeit, Denken, Fühlen und Agieren stimmig aufeinander zu beziehen. Es ist ihm möglich, bei einem Auseinanderfallen dieser Komponenten (beispielsweise bei „trägem Wissen", „trägen Emotionen" oder bei einer Diskrepanz zwischen dem, was er tun will und dem, was er tatsächlich tut) Anstrengungen zu unternehmen, das was er denkt, das was er fühlt und das was seine prototypenorientierte Handlungsteuerung ihm an Aktionstendenzen nahelegt, im Sinne einer einheitlichen Ausrichtung zu integrieren. Die hier beschriebene, innovative Lernumgebung hilft ihm dabei, gegenläufige Handlungstendenzen aufzudecken und den Integrationsprozess voranzubringen.

Die zentrale Zielvorstellung ist, „die in den Menschenbildannahmen des epistemologischen Subjektmodells unterstellten Fähigkeiten in dem Sinne zu steigern, dass das Erkenntnis-Objekt in immer mehr Situationen und immer umfassender in der Lage ist, reflexiv, rational und (meta-) kommunikativ zu handeln" (Groeben, Wahl, Schlee & Scheele, 1988, S. 293). Die skizzierte Lernumgebung soll dazu beitragen, dass sich die teilnehmenden Personen (ErwachsenenbildnerInnen, HochschullehrerInnen, LehrerInnen, Studierende, SchülerInnen usw.) in Richtung höherer Reflexivitätsfähigkeit, höherer Autonomiefähigkeit, höherer Kommunikationsfähigkeit und höherer Handlungsfähigkeit entwickeln. Letztendlich geht es um die konstruktive Weiterentwicklung der gesamten Persönlichkeitsstruktur des handelnden Subjekts.

4. Handlungssteuernde Strukturen bearbeitbar machen (1. Lernschritt)

Der erste Lernschritt des mehrschrittigen Weges vom Wissen zum Handeln besteht darin, handlungsleitende subjektive Theorien durch vielfältige Formen des Bewusstmachens, des Problematisierens und der Konfrontation bearbeitbar zu machen. Ziel ist es, jene Prozesse und Strukturen außer Kraft zu setzen, die bisher das Handeln gesteuert haben. Das ist ein schwieriges Unterfangen, weil die handlungssteuernden Strukturen in hohem Maße implizit sind. Implizit bedeutet nicht, dass sie nicht bewusstseinsfähig wären. Das sind sie durchaus. Nur ist eben durch die Art der Entstehung (Biografie), die Art der Organisation (um typische, wiederkehrende Situationen angeordnet) und die Art der Verwendung (rascher Abruf beim „Handeln unter Druck") einer hoher Prozentsatz der innerpsychischen Prozesse nicht (mehr) bewusstseinspflichtig. Unsere Erfahrungen bei der empirischen Rekonstruktion handlungsleitender Prozesse und Strukturen haben gezeigt, dass die Akteure sehr wohl erkennen können, was sie denken, was sie fühlen und wie sie im Detail agieren. Allerdings ist dies ein mühsamer Vorgang, weil man mit hoher Aufmerksamkeit recht flüchtige Abläufe festhalten muss. Der Lohn dafür ist Selbsterkenntnis – das eigene Handeln kann besser durchschaut werden. Das macht es möglich, das Handeln zu bewerten und dort zu verändern, wo es erforderlich ist.

Tritt man beim ersten Lernschritt aus der aktuellen Situation heraus, die möglicherweise nur wenige Sekunden dauert, dann hat man genügend Zeit zur Reflexion und zur Rekonstruktion. Das ist ein Vorteil. Dieser muss jedoch mit einer Einbuße erkauft werden: Die situativen Prozesse sind nicht aktuell, liegen also zeitlich zurück (wie etwa bei Selbstreflexionen) oder sie sind nur simuliert (wie etwa bei der Methode Szene-Stopp-Reaktion). Deshalb ist es empfehlenswert, wo immer dies möglich ist, beim ersten Lernschritt zwei Perspektiven miteinander zu kombinieren: (1) *Innerhalb* der konkreten Situationen sollen die Akteure mit erhöhter Aufmerksamkeit auf den Handlungsprozess achten (wie etwa bei Selbstbeobachtungen oder bei der Weingartener Appraisal Legetechnik) und (2) *außerhalb* der konkreten Situationen sollen sie über die eigenen Handlungsprozesse sowie die dieses Handeln leitenden Prototypenstrukturen reflektieren.

Interessant ist jetzt, dass die Akteure durch die differenziertere Ausrichtung ihrer Aufmerksamkeit auf das eigene Handeln die Unbekümmertheit und Selbstverständlichkeit ihres Reagierens verlieren. Es fällt ihnen, je mehr Zeit sie mit der Bearbeitung der handlungsteuernden Strukturen verbringen, immer schwerer, schnell und intuitiv zu agieren. Sie verlieren in jenen Bereichen ihre Handlungssicherheit, in denen sie implizit verlaufende Handlungsprozesse bewusst beobachten. Die auf die eigenen Kognitionen, Emotionen und Aktionen gerichtete Aufmerksamkeit wirkt wie eine Handlungs – Unterbrechungs-Strategie und kann das Handeln verlangsamen oder ganz abstoppen. Da zum Zeitpunkt des ersten Lernschritts noch keine Alternativen zum bisherigen Handeln ausgearbeitet wurden, befinden sich die Handelnden in einem Dilemma. Möglicherweise erkennen sie, dass das bisherige Handeln verbesserungswürdig ist. Allerdings sehen sie noch keine Lösung, die besser wäre als das bisherige Agieren. Manche Personen erleben dies, und das ist der seltenere Fall, als eine Herausforderung und fühlen sich dadurch noch stärker als zuvor motiviert, den Lernweg fortzusetzen. Viele Personen jedoch, und das ist der Normalfall, erleben es als belastend, verunsichernd und verwirrend. Ihre Motivation zur Weiterarbeit sinkt. Deshalb kommt es beim ersten Lernschritt darauf an, die Lernenden in tragfähige soziale Netzwerke einzubetten. Diese sind, wie Abbildung 9 zeigt, im Praxistandem zu finden, in der KOPING – Kleingruppe sowie in einer stabilen Großgruppe, (d.h. dem Plenum, dem Kurs usw.). Es ist wichtig, diese drei ineinander verwobenen sozialen Stütz-Netze gleich zu Beginn des Lernprozesses zu bilden. Die Erfahrungen der letzten zehn Jahre zeigen, dass die drei Stütznetze in ihrer Kombination stark genug sind, die Änderungsmotivation zu erhalten (Schmidt, 2001 und 2005). Jedenfalls gab es in unserem „Kontaktstudium Erwachsenenbildung" an der Pädagogischen Hochschule Weingarten eine Dropout-Quote von durchschnittlich nur 5% (trotz eines eineinhalbjährigen Lernweges).

Welche Maßnahmen gibt es nun, die in den SOAP-Phasen ablaufenden Prozesse sowie die damit verknüpften (prototypenartigen) subjektiven Theorien bearbeitbar zu machen? Nachstehend werden sieben Zugänge beschrieben.
1. Selbstreflexionen
2. Selbstbeobachtungen
3. Wechsel der Perspektiven
4. Pädagogischer Doppeldecker
5. Szene – Stopp – Reaktion
6. Weingartener Appraisal Legetechnik (WAL)
7. Feedback durch Tandemperson (Intervision), Experten (Supervision) oder Betroffene (z.B. Schülerinnen oder Schüler, Studierende, Teilnehmende usw.)
Die einzelnen Maßnahmen lassen sich oberflächlich danach ordnen, in welchem Ausmaß sie zur Auseinandersetzung mit dem eigenen Handeln anregen. Es gibt Formen, die eher zu einer schwächeren und andere, die eher zu einer intensiveren Auseinandersetzung führen. Eher „milde" Verunsicherungen werden durch die

4. Handlungssteuernde Strukturen bearbeitbar machen

Abb. 9: Das Bearbeitbarmachen handlungssteuernder Strukturen und Prozesse verunsichert die Handelnden. Deshalb ist es wichtig, schon beim ersten Lernschritt die Änderungsmotivation durch soziale Netzwerke zu stützen. Dafür eignen sich die folgenden drei sozialen Netzwerke: (1) das Praxistandem; (2) die KOPING-Kleingruppe, (3) das Plenum bzw. der Kurs.

Maßnahmen 1 bis 3 erreicht (Selbstreflexionen, Selbstbeobachtungen, Wechsel der Perspektiven). In einem mittleren Konfrontationsbereich bewegen sich die Verfahren 4 und 5 (Pädagogischer Doppeldecker; Szene-Stopp-Reaktion). Die WAL und das Feedback durch Tandemperson, Experten oder Betroffene lösen starke bis extreme Konfrontationseffekte aus und sind deshalb mit besonderer Vorsicht einzusetzen.

4. Handlungssteuernde Strukturen bearbeitbar machen

4.1 Selbstreflexionen

Unter „Selbstreflexionen" sind einfache Formen des Nachdenkens zu verstehen, bei denen die Akteure in der eigenen Biografie zeitlich zurückgehen, um sich an typisches eigenes und typisches fremdes Handeln in ganz bestimmten Arten von Situationen zu erinnern. Die Selbstreflexionen sind dabei auf jenen Handlungsbereich bezogen, in dem sich die Akteure verändern wollen. Im Gegensatz zur „Selbstbeobachtung" geht der „Selbstreflexion" kein spezieller Beobachtungsauftrag voraus. Deshalb sind die erinnerten Sachverhalte nicht sehr exakt, können aber dennoch einen ersten Beitrag zum Bearbeitbarmachen leisten. An einigen Beispielen soll dies deutlich werden.

Beispiel aus der Erwachsenenbildung: Gruppenarbeit.
Erwachsenenbildnerinnen und Erwachsenenbildner sind häufig davon überzeugt, dass ihre Teilnehmenden aktiv und selbstgesteuert lernen sollen. Sie befinden sich damit in Übereinstimmung mit den aktuellen Auffassungen der aktuellen Lehr-Lern-Psychologie. Als methodischen Königsweg hierfür sehen sie häufig die Gruppenarbeit an. Bei Gruppenarbeiten hält sich die Leitungsperson weitgehend zurück und delegiert den Arbeitsprozess an die Teilnehmenden. Oft geschieht dies mit einem unklaren Arbeitsauftrag, in meist viel zu großen Gruppen, mit unscharf definierten Gelenkstellen (soll man auf die Gruppen warten, die zum vereinbarten Zeitpunkt noch nicht da sind oder soll man sie drängen, rasch fertig zu werden oder soll man mit jenen anfangen, die schon da sind?) und mit manchmal lähmenden Präsentationen der Gruppen, die in der Summe ab und zu länger dauern als die Gruppenarbeit selbst. Im Ergebnis erweisen sich in dieser Weise gestaltete Gruppenarbeiten als eine ungeeignete Methode, um aktiv und selbstgesteuert lernen zu lassen. Dennoch wird Gruppenarbeit in der beschriebenen defizitären Form in der Erwachsenenbildung häufig praktiziert. (Für den Bereich des schulischen Unterrichts haben Dann, Diegritz und Rosenbusch, 1999, nahezu identische Probleme beim Gruppenunterricht beschrieben). – Will man nun das methodische Handeln von Erwachsenenbildnerinnen und Erwachsenenbildnern ändern, so müssen diese im ersten Lernschritt ihr bisheriges Handeln bewusst reflektieren und dadurch (in einer milden, also noch nicht bedrohlichen Form) bearbeitbar machen. Dies kann auf verschiedenen Wegen geschehen: (1) Aus der „Opfer"-Perspektive, (2) aus der „Täter"-Perspektive und (3) aus der „Beobachter-Perspektive".

Erster Weg: Ich als „Opfer" einer Gruppenarbeit
Die „Opfer"-Perspektive fragt ganz allgemein danach, wie ich es subjektiv erlebt habe, wenn andere (die „Täter") eine bestimmte Situation herbeigeführt haben. Mir ist hier eine beeindruckend verlaufene Gruppenarbeit in besonderer Erinnerung.

Selbstreflexionen 45

Authentisches Beispiel: Ich als „Opfer" einer missglückten Gruppenarbeit.
„Das Werkstück"
Ich hatte mich als Teilnehmer zu einer Fortbildung angemeldet. Es ging um neue Formen der Erwachsenenbildung. Im Plenum saßen 60 Personen. Nach einem halbtägigen Referatsteil wurde mündlich der Auftrag erteilt, die vorgetragenen neuen Methoden auf die eigene Praxis zu transferieren. Jeder sollte ein „Werkstück" ins Plenum mitbringen. Die Teilnehmenden verteilten sich nach Gutdünken auf die zur Verfügung stehenden Gruppenräume. Ich kam als Letzter in den Raum, weil ich erst nicht wusste, wo ich hingehen sollte. Es waren 13 Personen anwesend. Man saß im Kreis ohne Tische. In der ersten Stunde der Gruppenarbeit wurde darüber diskutiert, was ein „Werkstück" sei. Nachdem darüber keine Einigung erzielt werden konnte, wurde der Leiter herbeigeholt. Der erläuterte, jede praktische Umsetzung bzw. jeder Transfer auf den eigenen Kurs sei ein „Werkstück". Als er wieder gegangen war, wurde überlegt, wie jeder ein eigenes „Werkstück" herstellen und dennoch in der Gruppe arbeiten könne. Man fand keine Lösung. Dies dauerte eine weitere frustrierende halbe Stunde. Schließlich berichtete einer der Teilnehmer aus seiner eigenen Praxis. Er beschrieb ganz konkret verschiedene Methoden, mit denen er schon vor der Fortbildung gearbeitet hatte. Die anderen Teilnehmenden waren interessiert, weil sie einige der Methoden noch nicht kannten. Sie baten darum, dass die Methoden in der Gruppe simuliert, also angespielt würden, damit man sich diese besser vorstellen könne. Damit wurde die letzte Stunde der insgesamt zweieinhalbstündigen Gruppenarbeit verbracht. Im anschließenden Plenum konnte keiner aus der Gruppe ein „Werkstück" vorstellen. Auch aus den anderen Gruppen wurden keine „Werkstücke" präsentiert. Die anderen Teilnehmenden und ich hatten die Gruppenarbeit als insgesamt enttäuschend, lähmend und unergiebig erlebt.

Will man mit Selbstreflexionen arbeiten, so ist es günstig, die Teilnehmenden mit einer schriftlichen Anweisung zu einer strukturierten Auseinandersetzung anzuleiten. Derartige Vorlagen sind je nach Inhalt der Selbstreflexion speziell zu entwickeln. Eine Selbstreflexions – Anweisung zum Thema „Ich als „Opfer" einer Gruppenarbeit" könnte beispielsweise wie folgt aussehen:

Selbstreflexion:
„Ich als „Opfer" einer Gruppenarbeit"

(a) Einzelarbeit
Erinnern Sie sich an eine ganz konkrete Gruppenarbeit, die Sie in der Teilnehmerrolle erlebt haben.

Wie lautet das Thema das Gruppenarbeit, worum ging es?
Wie wurden die Gruppen gebildet?

4. Handlungssteuernde Strukturen bearbeitbar machen

> (Beispiele: Teilnehmende fanden sich selbst zusammen; nach Farben oder Symbolen; durch Abzählen usw.)
>
> Wie groß waren die einzelnen Gruppen?
>
> Wie lange dauerte die Gruppenarbeit etwa?
>
> Gab es einen klaren (schriftlichen?) Arbeitsauftrag?
>
> Wie lief die Arbeit in der Gruppe ab?
>
> Wie wurden die Arbeitsergebnisse festgehalten?
>
> Wie wurden die Arbeitsergebnisse ins Plenum zurückgeführt?
>
> In welchen Phasen der Gruppenarbeit fühlten Sie sich wohl, in welchen unwohl – und warum?
>
> **(b) Partnerarbeit**
> *Berichten Sie einer anderen Person über die erlebte Gruppenarbeit. Überlegen Sie gemeinsam, was wohl die Gründe dafür waren, dass die Gruppenarbeit glückte bzw. missglückte.*

Zweiter Weg: Ich als „Täter" bzw. „Täterin"
Die „Täter"-Perspektive fragt ganz allgemein danach, was mir „durch den Kopf und durch den Bauch ging", wenn ich selbst eine Situation herbeigeführt habe, die dann glückte oder missglückte. Der dazu passende Selbstreflexions-Bogen kann analog zu dem oben dargestellten entwickelt werden.

Authentisches Beispiel: Ich als „Verursacher" einer Gruppenarbeit.
„Auf einmal waren sie alle weg."
In einer Großveranstaltung (Vorlesung) zum Thema „Lernschwierigkeiten" kam ich auf die hervorragende Idee, erstmalig eine besonders anspruchsvolle Form der Gruppenarbeit mit den etwa 200 Lehramtsstudierenden durchzuführen. Nach einem einführenden Vorlesungsteil kündigte ich eine etwa halbstündige Gruppenphase an, erläuterte die Ziele und stellte jenen frei, denen die Gruppenarbeit nicht zusagte, sich nicht zu beteiligen. Drei Studierende nahmen diese Chance wahr. Mit verschiedenfarbigen Blättern teilte ich die restlichen Studierenden in Arbeitsgruppen zu je zwölf Personen auf. Jede Person in einer Gruppe erhielt eine andere Frage. Alle zwölf Fragen zusammen stellten eine Lernkontrolle über den bisher behandelten Stoff dar. In Einzelarbeit

bereiteten die Studierenden anhand ihrer Aufzeichnungen eine Musterantwort auf die ihnen zugeteilte Frage vor. Im Anschluss daran bat ich alle auf den großen freien Platz vor dem Hörsaal. Die Gruppen sollten sich nach Farben finden und innerhalb der Gruppen paarweise Fragen stellen und beantworten, danach innerhalb der Gruppe neue Paare bilden usw., um auf diese Weise alle Fragen abzuarbeiten, d.h. sie sollten ein Multi-Interview machen (vgl. Wahl, 2004 c, S. 75 – 78). Die Methode war den Studierenden dem Ablauf nach bekannt. Nach genau 30 Minuten sollten die Studierenden zurückkommen, um dem weiteren Verlauf der Vorlesung zu folgen. Als alle Studierenden den Hörsaal verlassen hatten, ging ich auf den großen Platz, um zu beobachten, wie die Gruppenarbeit verlief. Zuerst war ich etwas orientierungslos, denn die Gruppen, die sich gebildet hatten, waren zu klein. Es hätten Zwölfergruppen sein müssen. Hatten die Studierenden etwas missverstanden? Bei näherer Hinsicht steigerte sich mein Entsetzen: Die Gruppen waren deshalb so klein, weil mehr als zwei Drittel der Studierenden den Platz verlassen hatten. Sie waren direkt nach Hause oder sonst irgendwohin gegangen. Keine der Zwölfergruppen war mehr komplett. Die Gründe des überraschenden Exodus waren für mich im Moment nicht transparent. Die verbliebenen Studierenden waren ebenso verunsichert und ratlos wie ich. – Wenn ich über diese Erfahrung nachdenke, was wird dann in mir selbst „bearbeitbar gemacht"? Ganz gewiss wurde meine subjektive Theorie relativiert, Methoden der Erwachsenenbildung oder Hochschuldidaktik, die in überschaubaren Lehrveranstaltungen gut funktionieren, seien ohne Bedenken auch auf Großveranstaltungen zu übertragen. Offenbar bringen Großveranstaltungen ein Gefühl von Anonymität und damit verknüpft auch ein Gefühl mangelnder Mitverantwortung mit sich, die Lehr- und Lernmethoden zum Scheitern bringen können. Das jedenfalls ist eine Erklärung auf der Ebene subjektiver Theorien mittlerer Reichweite, die ich mir selbst gegeben habe. Auf der Handlungsebene wähle ich seit diesem Schlüsselerlebnis für Großveranstaltungen eher kurze „Einschübe" von wenigen Minuten (anstatt von 30 Minuten) , an denen maximal 2 Personen (an Stelle von 12 Personen) beteiligt sind. Und ich wähle keine Methoden bei Großveranstaltungen, bei denen Studierende den Hörsaal verlassen und wieder zurückkommen sollen. – Damit wird deutlich, dass Selbstreflexionen handlungsleitende und handlungserklärende subjektive Theorien bearbeitbar machen und verändern können, obwohl sie eine relativ milde Form der Konfrontation darstellen.

Dritter Weg: Ich als Beobachterin bzw. Beobachter
Geht man davon aus, dass im Rahmen kollegialer Praxisberatung (zum Beispiel durch Besuche bei der Tandemperson) Hospitationen stattfinden, dann können Reflexionen auch aus der Beobachter-Perspektive erfolgen. Im Gegensatz zu den in Kapitel 4.7 skizzierten Feedback-Verfahren nutzt die hospitierende Person die gemachten Beobachtungen zur Konfrontation mit den eigenen subjektiven Theorien und zunächst (noch) nicht als Feedback für die Lehrperson. Der Selbstreflexionsbogen kann analog zu dem oben abgebildeten erstellt werden.

4. Handlungssteuernde Strukturen bearbeitbar machen

Authentisches Beispiel: Ich als unbeteiligter Beobachter einer Gruppenarbeit. „Es führen mehrere Wege nach Rom"
In einem Seminar über Sportpsychologie sollten die etwa 30 Studierenden Übungen zur Unterstützung gruppendynamischer Prozesse entwickeln. Als Beobachter fiel mir auf, dass die Leiterin des Seminars die Gruppenbildung nicht etwa durch Symbole oder Farben herbeiführte (wie ich das sicherlich gemacht hätte), sondern diese den Studierenden überließ. Ebenso war ihre Angabe zur Gruppengröße („es sollten etwa 5 Personen in jeder Gruppe sein") eher vage. Interessanterweise bildeten sich die Gruppen recht rasch, waren mit 3 bis 8 Personen jedoch unterschiedlich groß. Ich als Leiter hätte sicherlich auf gleich stark besetzte Gruppen gedrängt, sie tat es nicht. Bei der Auswahl der Themen ließ sie ebenfalls den Gruppen große Spielräume. Zu meiner Überraschung arbeiteten die Gruppen schnell und effektiv. Trotz der knappen Zeit gab es erfreuliche Ergebnisse. – Bei der Reflexion über die Unterschiede zwischen der beobachteten Gruppenarbeit und meinen eigenen Vorstellungen darüber wurde mir klar, dass ich möglicherweise meine subjektiven Theorien über die Gestaltung von Gruppenarbeiten ausdifferenzieren müsste. Der mir bisher notwendig erscheinende eher höhere Grad an Strukturierung mag unter bestimmten Voraussetzungen unnötig bis kontraproduktiv sein. In den Wochen nach dieser Erfahrung habe ich bei den von mir selbst initiierten Gruppenarbeiten versucht, den Grad der Strukturierung bei Gruppenbildung und Themenwahl zu senken und zugleich die zeitliche Dauer der Gruppenarbeit zu verlängern, womit ich insgesamt gute Erfahrungen machte. Auch hier wird wiederum sichtbar, wie Selbstreflexionen auf den verschiedenen Ebenen subjektiver Theorien zu Veränderungen führen können.

Am Beispiel von Gruppenarbeiten habe ich versucht, Selbstreflexionen aus drei verschiedenen Perspektiven zu skizzieren. Es lassen sich für nahezu alle Tätigkeitsbereiche ohne Schwierigkeiten Anwendungsmöglichkeiten finden. Bei hochschuldidaktischen Weiterbildungen kann man Lehrende darüber nachdenken lassen, wie sie es erlebt haben, wenn sie während der eigenen Ausbildung einem Professor 90 Minuten ohne jede Unterbrechung zuhören mussten oder wie ihre eigenen studentischen Lernfortschritte aussahen, wenn sie Sitzung für Sitzung den Referaten von Kommilitonen ausgesetzt waren. In der Lehrerbildung kann man sich an die eigenen Lehrerinnen und Lehrer erinnern. Das ist ein hoch emotionales und nahezu unerschöpfliches Thema. Man kann über die Art der Unterrichtsgestaltung nachdenken, die man erlitten hat, über die Disziplinierungsmaßnahmen, die Formen der Leistungsbewertung und vieles andere mehr. Dreizehn Jahre Schülerleben sind eine reiche Biografie, die für Selbstreflexionen genutzt werden kann und sollte. Im Bereich des schulischen Unterrichts kann man ebenfalls mit Selbstreflexionen arbeiten. Es müssen dabei nicht nur herausgehobene Themen wie „Gewalt in der Schule" oder das „Lernen lernen" sein.

Selbstreflexionen

Auch bei ganz herkömmlichen Themen sind Selbstreflexionen möglich, wie etwa beim Rechtschreiben, beim Sprechen in einer fremden Sprache, beim Thema „menschlicher Körper", beim Thema „Tiere" oder beim Geräteturnen. Immer geht es darum, die bisherigen typischen Erfahrungen ins Bewusstsein zu heben, zu analysieren und auf das aktuelle Handeln zu beziehen.

Der ganz konkrete Ablauf einer Selbstreflexion kann – muss aber nicht – in den folgenden methodischen Schritten erfolgen:

1. Schritt: Jene Person, welche die Aus-, Fort- oder Weiterbildung leitet bzw. den Unterricht hält, erzählt möglichst anschaulich von eigenen Erlebnissen. So könnte ich beim Thema „Gruppenarbeit" die oben geschilderten authentischen Beispiele berichten; beim Thema „Erziehungsmaßnahmen" könnte ich erzählen, wie ich im Gymnasium in einer Woche zu neun Einträgen kam; beim Thema „Leistungsbewertung" könnte ich zum Besten geben, wie in einem französischen Diktat dem Lehrer die Notenskala nicht ausreichte und er über das „Ungenügend" hinaus neue Zensuren wie eine „7" oder eine „8" erfand usw. Der Sinn des einleitenden Berichtes ist, die im Gedächtnis vorhandenen episodischen Aufzeichnungen zu aktivieren und möglichst viele Anker für das Aufsuchen der eigenen Erlebnisse zu bieten.

2. Schritt: Jetzt sollen die Teilnehmenden bzw. Lernenden eigene biografische Erlebnisse sammeln. Dies geschieht in Einzelarbeit, damit jede Person möglichst nahe an den eigenen Erfahrungen arbeitet. Hilfreich hierfür ist ein Selbstreflexionsbogen, wie er oben an einem Beispiel dargestellt wurde. Alternativ kann auch mit einem Reflexions-Auftrag an Tafel, Pinnwand oder Flipchart gearbeitet werden.

3. Schritt: In Partnerarbeit werden einer anderen Person die erinnerten Eindrücke geschildert. Beim Zuhören und Nachvollziehen der Aussagen des Gegenübers werden weitere Erlebnisse wach. Darüber hinaus werden beim mündlichen Verbalisieren selbst erlebter Situationen viel stärkere Emotionen frei als beim stichwortartigen Notieren im Selbstreflexionsbogen. Unsere Erfahrungen zeigen, dass die Partnerberichte sehr anschaulich, lebendig und anregend sind.

4. Schritt: Nun geht es darum, die berichteten Erfahrungen zu analysieren und zu systematisieren. Dies kann in Gruppen geschehen oder im Plenum. Ziel ist es, nach Gemeinsamkeiten zu suchen und zu überlegen, wie diese zu erklären sind. Häufig entstehen dabei kognitive und emotionale Konflikte, weil man erkennt, was einem in der Opfer-Rolle zugefügt wurde, welche Folgen man in der Täter-Rolle ausgelöst hat und welche Einsichten die Beobachter-Rolle mit sich brachte. Diese innerlichen Widersprüche nagen an den subjektiven Theorien größerer Reichweite. In manchen Fällen können sie auch schon handlungsleitende Gedanken und Gefühle verändern. Verläuft der Selbstreflexionsprozess günstig, dann ist damit zu rechnen, dass die Änderungs-Motivation der Teilnehmenden oder Lernenden ansteigt.

4. Handlungssteuernde Strukturen bearbeitbar machen

Der erste Lernschritt sollte, wie der gesamte Lernprozess, in einem Wechsel zwischen kollektiven und individuellen Phasen verlaufen. In den individuellen Phasen verläuft die persönliche Auseinandersetzung mit den „mitgebrachten" subjektiven Theorien verschiedener Reichweite. Da diese bei jeder Person höchst verschieden sind, kann auf derartige „Einschübe" keinesfalls verzichtet werden. Die kollektiven Lernphasen sind dem kommunikativen Austausch der Erfahrungen gewidmet. Dort werden die eigenen subjektiven Theorien öffentlich gemacht und prallen auf jene der anderen Lernenden. Dies verstärkt die Bewusstmachungseffekte und führt zugleich zu kognitiven wie emotionalen Konflikten, wenn man entdeckt, wie andere Personen in vergleichbaren Situationen handeln. So kann der erste Lernschritt höchst interessant und sehr abwechslungsreich verlaufen. Bezogen auf die Methode „Selbstreflexion" könnte ein Ausschnitt aus dem „kleinen Sandwich" etwa so aussehen:

Kollektive Lernphase: Leitungsperson berichtet über eigene authentische Erlebnisse

Gelenkstelle: Leitungsperson regt zur Selbstreflexion aus Opfer-, Täter- oder Beobachterperspektive an mit Selbstreflexionsbogen oder mit visualisiertem Arbeitsauftrag (Tafel, Folie, Pinnwand, Flipchart usw.).

Individueller Einschub: Selbstreflexion in Einzelarbeit

Kommunikativer Einschub: Verbalisierung der Selbstreflexionen in Partnerarbeit

Gelenkstelle: Teilnehmende kommen zu einem vereinbarten Zeitpunkt in die Gruppe oder das Plenum zurück

Kollektive Lernphase: Analysieren und Systematisieren der Selbstreflexionen in größeren Gruppen oder im Plenum

Abb. 10: Beispiel für einen Ausschnitt aus einem „kleinen Sandwich" innerhalb des ersten Lernschrittes. Zwischen die kollektiven Lern- oder Arbeitsphasen sind Selbstreflexionen in Einzel- und Partnerarbeit „eingeschoben". Die „Gelenkstellen" oder Schnittstellen organisieren den Übergang von den kollektiven Lernphasen zu den subjektiven Aneignungsphasen sowie den komplementären Übergang von den individuellen zu den kollektiven Phasen.

4.2 Selbstbeobachtung

Während die Methode „Selbstreflexion" außerhalb konkreter Situationen stattfindet, wird die Methode „Selbstbeobachtung" mitten im aktuellen Geschehen durchgeführt. Das erbringt einen enormen Vorteil: Es können Informationen über die im Moment ablaufenden Gedanken, Gefühle und Aktionen gewonnen werden, die durch keine zurückliegende Erinnerung gebrochen sind (wie etwa bei den Selbstreflexionen). Mit Selbstbeobachtungen sind aber auch einige Probleme verbunden: Das alltägliche Handeln wird komplexer, weil zu den üblichen Strängen des Mehrfachhandelns ein weiterer dazukommt. Die Aufmerksamkeit liegt während der Selbstbeobachtung folglich nicht nur auf der Steuerung der Handlungsprozesse (dort muss sie in der Tat auch sein, denn sonst würden diese suboptimal verlaufen), sondern auch auf der detaillierten Wahrnehmung des eigenen Handelns. Für den Akteur wird Handeln anforderungsreicher: Er handelt als *Subjekt* und ist zugleich *Objekt* seiner Beobachtungstätigkeiten. Es wäre geradezu ein Wunder, wenn sich dadurch sein Handeln nicht verändern würde (vgl. Wahl, 1991, S. 65 ff.). In einem reinen Forschungskontext wäre dieser Reaktivitäts – Effekt eine Erschwerung. Im Zusammenhang mit der *Veränderung* des Handelns ist er aber durchaus erwünscht! Durch die bewusste Wahrnehmung eigener Gedanken und Gefühle wird spontanes, intuitives und routiniertes Agieren verlangsamt, in manchen Fällen auch abgestoppt. Selbstbeobachtungen können wie eine Handlungs-Unterbrechungs-Strategie wirken und werden bei bestimmten verhaltenspsychologischen Therapieformen auch in diesem Sinne eingesetzt. Darüber hinaus liefern Selbstbeobachtungen wichtige Einblicke in das eigene Denken, Fühlen und Agieren. Wenn nachträglich – also außerhalb des „Handelns unter Druck" – über die gewonnenen Informationen reflektiert wird, wenn diese analysiert und systematisiert werden, dann kann es zu einem weiteren Effekt kommen: zu der konfrontierenden Erkenntnis, dass das eigene Handeln möglicherweise veränderungsbedürftiger ist, als man dies zuvor geglaubt hatte. Gerade weil Selbstbeobachtungen in der alltäglichen Praxis durchgeführt werden, ist ihr bewusstmachender Effekt deutlich stärker als jener von Selbstreflexionen. Wegen ihres hohen empirischen Gehaltes können sie nicht einfach weggewischt werden. Das macht ihren großen Wert innerhalb des ersten Lernschrittes aus. Umgekehrt erfordern Selbstbeobachtungen in der Durchführung einen höheren Aufwand sowie eine höhere Änderungsmotivation als beispielsweise Selbstreflexionen. Der Akteur muss während des realen Handelns erstens daran denken, dass er sich selbst beobachten will und zweitens in irgendeiner Weise seine Beobachtungen festhalten. Das ist aufwändig. Darüber hinaus muss er in Kauf nehmen, dass sein Handeln verlangsamt wird, manchmal vielleicht stockt und dass dies möglicherweise die Ergebnisse seines Handelns negativ beeinflusst. Und er muss

4. Handlungssteuernde Strukturen bearbeitbar machen

bereit sein, sozusagen in den Spiegel zu schauen, ganz egal, welches Monsterchen ihm da wohl entgegenblicken mag. Das erfordert Frustrationstoleranz und Durchhaltevermögen.

Selbstbeobachtungen können ganz prinzipiell aus zwei Perspektiven vorgenommen werden. Eine erste grundsätzliche Zugangsweise ist die Selbstbeobachtung aus der **Innensicht-Perspektive**. Wenn es richtig ist, dass Handeln unter anderem durch bewusste kognitiv-emotionale Prozesse gesteuert wird, dann muss die Person einen klaren Zugang zu diesen Prozessen haben – genau das ist ja mit dem Begriff „bewusst" gemeint. Selbstbeobachtung aus der Innensicht – Perspektive bedeutet also, die eigenen inneren Dialoge aufmerksam mitzuverfolgen, um herauszufinden, welche Prozesse beim „Handeln unter Druck" in einem selbst ablaufen. Hier könnte man einwenden, dass es dazu keiner besonderen Methode bedarf, denn jede Person weiß ja gut genug, was sie will (Ziele) und wie sie handelt (Prozesse). Schließlich ist Handeln ja ein zielgerichtetes und bewusst gesteuertes Geschehen. Unsere empirischen Untersuchungen ergeben jedoch ein anderes, eher „Radio Eriwan" – ähnliches Bild vom Typus: „Im Prinzip ja, aber ..." Es zeigte sich sowohl in Selbstversuchen als auch bei der Untersuchung anderer Personen, dass die innerpsychischen Prozesse als schnell verblassende Eindrücke, Bilder oder Gedankenfetzen erlebt werden (Wahl, 1991, S. 77 f.). Es benötigt eine zum Teil erhebliche willentliche Anstrengung, mit gerichteter Aufmerksamkeit die kognitiven und emotionalen Details dieser raschen Abläufe zu erfassen. Innere Dialoge sind also im Prinzip introspektiv zugänglich, aber zum Festhalten der Prozesse über den Augenblick hinaus bedarf es einer eindeutigen Absicht und einer fokussierten Aufmerksamkeit.

Authentisches Beispiel für eine Selbstbeobachtung aus der Innensicht-Perspektive:
„Freundliche Wut im Bauch"
Im großen Hörsaal hatte ich – wie viele andere Lehrende – wegen dessen hervorragender Akustik mit einem hohen Geräuschpegel zu kämpfen. Dieser rührte nicht nur von der Teilnehmerzahl her (bis zu 250 Studierende), sondern vor allem von den zahlreichen Seitengesprächen, die während der Veranstaltung geführt wurden. Da meine bisherigen Interventionen das Problem nicht beseitigten (Metakommunikation, Ich-Botschaften, Regeln vereinbaren, um Ruhe bitten, den Vortrag unterbrechen usw.), erhielt ich in einer kollegialen Praxisberatungsgruppe den Auftrag, meine Innensicht-Perspektive während der Vorlesung bezüglich des Geräuschpegels möglichst genau wahrzunehmen. Ich bemerkte, wie das Beobachten der in mir ablaufenden Prozesse mich zwar immer wieder während meines Vortrages beeinträchtigten, weil die Aufmerksamkeit vom Vorlesungsthema nach innen verlagert wurde, aber ich gewann auch wichtige Einsichten. So bemerkte ich, was ich vorher nicht wusste, dass schon der Einstieg in die Vorlesung Ärger bei mir hervorrief. Ich entdeckte die bisher unausgesprochene Erwartung in mir, dass beim Einschalten des Mikrophons und beim Begrü-

ßen der Studierenden ohne weitere Maßnahmen eine konzentrative Ruhe eintreten müsste. Das war jedoch nicht der Fall, sondern die Studierenden brauchten einige Zeit, um sich aus ihren bis dahin ablaufenden Aktionen und Interaktionen zu lösen. Manche Studierenden machten weiter, als hätte ich noch gar nicht angefangen. Ich erkannte, dass ich dies als Ablehnung der von mir vorgetragenen Thematik und als Zurückweisung meiner Hochschuldidaktik interpretierte. Beide Gefühle, Ärger und Enttäuschung, leiteten aber nicht mein nach außen sichtbares Handeln. Dieses wurde von dem Ziel gesteuert, als freundlicher und den Studierenden zugewandter Hochschullehrer zu erscheinen, jedoch keinesfalls als aggressiver oder mimosenhafter Professor. Die Selbstbeobachtungen ergaben weiter, dass die Spannung zwischen den Zielen (freundlich, zugewandt) und den Emotionen (Ärger, Enttäuschung) im Verlauf der 90 Minuten zunahm und immer schwerer auszuhalten war. In der Weise war mir das zuvor nicht bewusst gewesen. (Die wahrgenommenen innerpsychischen Prozesse notierte ich jeweils während jener Phasen, in denen die Studierenden innerhalb des hochschuldidaktischen Sandwiches alleine oder paarweise arbeiteten). In der kollegialen Praxisberatungsgruppe schilderte ich anhand meiner Aufzeichnungen einige Tage später die Ergebnisse der Selbstbeobachtung.

Die darauf folgende Reaktion der Gruppe war keine Überraschung und entsprach meinen eigenen Überlegungen: einen Weg zu suchen zur Integration der gegenläufigen innerlichen Tendenzen. In der Problemlösephase wurden entsprechende Ideen generiert und in der Transferphase von mir umgesetzt – aber das sind Schritte, die nicht mehr zur Methode „Selbstbeobachtung" gehören, sondern zum gesamten mehrschrittigen Veränderungsprozess (vgl. hierzu die Kapitel 5 und 6). Mittlerweile komme ich wesentlicher zufriedener aus meinen Vorlesungen und der Geräuschpegel ist deutlich niedriger als zuvor.

Bei welchen Handlungen können Selbstbeobachtungen aus der Innensicht-Perspektive durchgeführt werden? Eigentlich in allen Bereichen. – In der Schule können sie im Mathematik-Unterricht eingesetzt werden (Welche Strategie habe ich gewählt, wie bin ich vorgegangen?), im Rechtschreiben (Wann fühle ich mich sicher beim Schreiben eines Wortes, wann unsicher und wie treffe ich die Entscheidungen für eine Schreibweise?), in Biologie (Was läuft nach jeder Mahlzeit in mir ab, das dazu führt, dass ich meine Zähne nicht putze?), im Sport (Was denke und fühle ich, wenn ich trotz schlechter Position den Ball nicht abspiele?) usw. – In der Lehrerbildung können Selbstbeobachtungen aus der Innensicht – Perspektive aufdecken, was Lehrpersonen durch den Kopf geht, wenn die Lernenden die Hausaufgaben nicht gemacht haben, wenn sie einer Aufforderung nicht nachkommen, wenn die Lernenden Lernschwierigkeiten haben, wenn eine Klasse nicht mitarbeitet, wenn Kinder ausgegrenzt werden usw. – Im hochschuldidaktischen Bereich wie in der Erwachsenenbildung können Selbstbeobachtungen aus der Innensicht – Perspektive helfen, handlungsleitende Prozesse beim Prä-

4. Handlungssteuernde Strukturen bearbeitbar machen

sentieren, bei der Konfliktregelung, bei der Gruppenbetreuung, beim Moderieren, beim Erteilen von Arbeitsaufträgen, beim Teamteaching usw. bewusster als bisher wahrzunehmen.

Eine zweite grundsätzliche Zugangsweise ist die Selbstbeobachtung aus der **Außensicht-Perspektive**. Handeln hat ja nicht nur einen innerlichen Aspekt, sondern ist über die ausgeführten Aktionen auch sichtbar, hörbar und in seinen Folgen erlebbar. Achtet der Akteur mit großer Aufmerksamkeit auf das, was er sagt und was er tut, so können auch hier zwei Effekte auftreten. Die Verlagerung der Aufmerksamkeit von der Handlungssteuerung auf die Außensicht-Perspektive verändert das alltägliche Handeln, verlangsamt es und kann es auch völlig unterbrechen. Daneben können die detaillierten Beobachtungsergebnisse dazu führen, dass der Akteur sein Handeln besser durchschaut und es damit besser bearbeiten kann. Es kann auch zu konfrontierenden Erlebnissen kommen, wenn die Beobachtungen „blinde Flecken" in der Eigenwahrnehmung aufdecken. Bei der Selbstbeobachtung können auch Hilfen eingesetzt werden wie etwa Spiegel, Uhren, Aufzeichnungsgeräte usw.

Selbstbeobachtungen aus der Außensicht-Perspektive sind praktisch in allen Handlungsbereichen möglich. – In der Schule kann man im Fach Biologie beim Thema „Zähne" mit einem Spiegel die eigenen Zähne betrachten; man kann mit einer Uhr messen, wie lange man die Zähne putzt; in einer Liste kann man festhalten, wie oft und zu welchen Tageszeiten man die Zähne pflegt usw. Im Bereich des Schreibens können die Lernenden beobachten, wann sie im Schreibfluss stocken, was sie flüssig schreiben, was sie leserlich und unleserlich schreiben, wie lange sie zu einer Schreibtätigkeit benötigen, wie weit der Kopf vom Blatt entfernt ist usw. – In der Lehrerbildung können Lehrende zählen, wie viele Fragen sie in einer Lektion stellen; sie können beobachten, wohin sie bevorzugt blicken, wenn es im Klassenzimmer laut wird; sie können mit einer Uhr messen, wie viel Prozent der Unterrichtszeit in kollektiven Lernphasen verläuft; sie können festhalten, mit welchen Formulierungen und Aktionen sie auf zunehmende Unruhe in der Klasse reagieren. – In Erwachsenenbildung und Hochschuldidaktik können die Lehrenden beispielsweise messen, wie lange sie am Stück vortragen; bei Gruppenarbeiten können sie in Anlehnung an die Nürnberger Untersuchungen (vgl. Dann, Dietrich und Rosenbusch, 1999) beobachten, wie oft sie bei einer Gruppenarbeit eingreifen und ob diese Eingriffe eher responsiven oder invasiven Charakter haben, ob die Gruppe die Lehrperson also zum Eingreifen ermuntert hat oder ob die Lehrperson interveniert hat, ohne dass sie von der Gruppe angefordert wurde; sie können bei einer Plenumsdiskussion darauf achten, wie viele Beiträge von ihnen selbst eingebracht werden und wie viel Prozent der gesamten Diskussionszeit die eigenen Beiträge ausmachen; sie können festhalten, mit welchen Formulierungen sie versuchen, Seitengespräche zu beenden usw.

Auch bei sehr rasch ablaufenden Handlungen kann man, wenn die Aufmerksamkeit entsprechend fokussiert ist, die innerpsychischen Prozesse sowie die ihnen zugeordneten, äußerlich beobachtbaren Aktionen wahrnehmen und somit Selbstbeobachtungen anstellen. Dies ist selbst bei Handlungen möglich, die in ihrer zeitlichen Erstreckung (Situationsorientierung SO plus Handlungsplanung AP plus beobachtbare Handlungsausführung) deutlich unterhalb einer Sekunde liegen (vgl. Wahl, 1991, S. 81–109). Wenn Handeln hingegen eine längere zeitliche Erstreckung besitzt, wie etwa das Planungshandeln von Lehrkräften, dann ist es ohne Probleme aus beiden Perspektiven hervorragend beobachtbar.

Die Methode „Selbstbeobachtung" legt es nahe, das Bearbeitbar-Machen dadurch zu intensivieren, dass beide Wahrnehmungs – Perspektiven gekoppelt werden. Auf diese Weise entsteht ein besonders anschauliches und vor allem ein ganzheitliches Bild vom gesamten Handlungsprozess. Beispiel: In der Hochschuldidaktik wurde dieses Vorgehen jenen Studierenden vorgeschlagen, die an einem Seminar mit dem Thema „Wege zum professionellen Umgang mit sich selbst" teilnahmen. Hierbei wurde den Studierenden unter anderem nahegelegt, ein „Projekt" zu bearbeiten, d.h. einen Handlungsbereich auszusuchen, in dem sie mit ihrem eigenen Handeln unzufrieden waren. Zu meiner Überraschung wählte über die Hälfte der Studierenden als Projektinhalt die sogenannte „Schubkarren – Technik". Das ist eine Metapher dafür, dass man Dinge über längere Zeit vor sich herschiebt. Das Aufschieben, so belastend es für die Akteure selbst sein mag, hat – was das Beobachten angeht – eine außerordentlich erfreuliche Dimension: Es zieht sich über einige Zeit hin und kehrt immer wieder. So ist es aus der Außensicht – Perspektive („Jetzt sollte ich an meine Aufgabe gehen, ich rufe aber lieber meine E-Mails ab") sowie aus der Innensicht – Perspektive („Ich weiß, dass ich jetzt anfangen müsste, aber die Aufgabe erscheint mir wie ein Berg") verhältnismäßig gut beobachtbar. Die Kombination beider Formen von Selbstbeobachtungen führt zu wichtigen Bewusstmachungsprozessen, und – wie die Projektergebnisse zeigten – in vielen Fällen zu nachhaltigen Veränderungen im Handeln.

Didaktisch gesehen hat die Methode „Selbstbeobachtung" mehr mit dem „großen Sandwich" als mit dem „kleinen Sandwich" zu tun. Damit ist gemeint, dass die Selbstbeobachtung nicht so einfach in einen laufenden Arbeitsprozess eingeschoben werden kann wie es beispielsweise bei der Methode „Selbstreflexion" möglich war. Vielmehr muss zwischen der Anregung zur Selbstbeobachtung, die beispielsweise in einer Seminar – Sitzung gegeben wird, und der Reflexion über die Beobachtungsergebnisse eine Praxisphase eingeschoben werden. Diese kann unterschiedlich lange dauern. Das hängt davon ab, wie häufig das problematische Handeln auftritt. Im Beispiel der Schubkarren – Technik war es jeweils eine Woche, in der die Studierenden sich selbst aus beiden Perspektiven beobachten und

4. Handlungssteuernde Strukturen bearbeitbar machen

die Erkenntnisse notieren sollten. In manchen Fällen waren es auch mehrere Wochen, weil die semi-professionellen Aufschieber natürlich auch die beiden Formen der Selbstbeobachtung aufschoben! Erst in der jeweils darauf folgenden Sitzung können die Beobachtungsergebnisse eingebracht, analysiert und interpretiert werden. Auf diese Weise ergibt sich ein „großes Sandwich", wie Abb. 11 zeigt.

> Von der Lehrperson geleitete Seminarsitzung von 90 Minuten in Form eines „kleinen Sandwiches" mit dem Rahmenthema „Wege zum professionellen Umgang mit sich selbst". Unter anderem werden darin zwei Formen der Methode „Selbstbeobachtung" vorgestellt und es wird der Auftrag erteilt, im selbst gewählten „Projekt" mit Selbstbeobachtungsformen zu arbeiten und die Ergebnisse festzuhalten.

> Selbstgesteuerte Praxisphase von einer oder mehreren Wochen, in denen die Studierenden sich selbst in Aufschiebe – Situationen beobachten, ihre „inneren Dialoge" notieren und protokollieren, wie ihr beobachtetes Agieren in diesen Situation aussieht.

> Von der Lehrperson geleitete Seminarsitzung von 90 Minuten in Form eines „kleinen Sandwiches", in der unter anderem Studierende in Partnerarbeit die Ergebnisse ihrer Selbstbeobachtungen verbalisieren und interpretieren.

Abb. 11: Beispiel für einen Ausschnitt aus einem „großen Sandwich" innerhalb des ersten Lernschrittes: Zwischen zwei Sitzungen wird eine ein- oder mehrwöchige Praxisphase eingeschoben, in der die Selbstbeobachtungen in alltäglichen Praxissituationen durchgeführt werden können.

4.3 Wechsel der Perspektiven

Handeln erfolgt naturgemäß aus der eigenen Perspektive. Ich nehme Situationen entsprechend meiner subjektiven Theorien wahr und interpretiere sie auf der Grundlage meiner Erfahrungen. Ich strebe die mir selbst wichtigen Ziele an und wähle Handlungen aus, mit denen ich diesen näher komme. Meine egozentrische Sichtweise kann jedoch dazu führen, dass ich die Realität nicht adäquat einschätze, Situationen falsch interpretiere und folglich ungeeignete Handlungsmöglichkeiten ergreife. Schlüpfe ich jedoch, wie es so schön heißt, „in die Schuhe" einer anderen Person, nehme ich also das Geschehen aus einer alternativen Perspektive wahr, so hat dies einen überraschenden Effekt: Die Gültigkeit meiner eigenen Sichtweise wird in Frage gestellt. Es wird mir bewusst, dass das reale Geschehen verschieden interpretiert werden kann. Damit wird meine eigene Perspektive nicht nur für den Moment relativiert, sondern ganz grundsätzlich als Konstruktion entlarvt. Besonders deutlich wird dieser Effekt, wenn man drei Perspektiven miteinander vergleicht: jene des Akteurs, jene des Interaktionspartners und jene des Beobachters. Man nennt dies „Triangulation", weil hier nicht nur die Perspektiven der beiden Kontrahenten aufeinander prallen, sondern weil eine dritte Sichtweise hinzugefügt wird, nämlich die eines weniger voreingenommenen, nicht in die Interaktion involvierten Beobachters. Das Verfahren der Triangulation stammt aus der Ethnomethodologie. Es wurde schon recht früh auf pädagogische Kontexte übertragen (vgl. beispielsweise Elliott 1976/77) und in der Handlungsforschung aufgegriffen (vgl. z.B. Altrichter, 1987; Flick, 1987).

Weil ein Wechsel der Perspektiven den Akteur aus seinem unhinterfragt für richtig erachteten Handeln herausreißt, weil er ihn mit anderen Interpretationen konfrontiert und ihm damit die Relativität seiner eigenen Wirklichkeits – Konstruktionen bewusst macht, ist der Perspektivenwechsel mittlerweile ein recht geläufiges Verfahren. Wir finden ihn unter anderem als Hilfe bei der Analyse unterrichtlicher Probleme (Wahl, Weinert & Huber, 1984, S. 285 – 288), als eigene Stufe bei einer siebenschrittigen Problemlösemethode (Wahl & Mutzeck, 1990, S. 56 f.), als Beratungsschritt innerhalb der kooperativen Beratung (Mutzeck, 2002, S. 108 –111) oder als „Interview mit dem Kontrahenten" in der Phase „Skepsis und Konfrontation" (Schlee, 2004, S. 100 – 102).

Ziel der Methode „Wechsel der Perspektiven" ist es, subjektive Theorien bewusst und damit bearbeitbar zu machen. Dabei schlüpft der Akteur entweder gedanklich in die Schuhe des Interaktionspartners, führt also so etwas wie eine „Gedankenakrobatik" (Mutzeck, 2002, S. 109) oder ein fiktives „Interview mit dem Kontrahenten" (Schlee, 2004, S. 100) durch, was sicherlich die am häufigsten angewendete Variante ist, weil sie ohne große Vorbereitung durchgeführt werden kann. Oder der Akteur wird mit den Perspektiven jener Personen konfrontiert, die seiner Situationsbeschreibung zugehört haben und die ihm mitteilen, wie sie als nicht am Geschehen beteiligte Personen die Situation interpretieren würden. Oder es liegen Informationen vor, wie Interaktionspartner oder Beobachter das Geschehen erlebt haben. In diesem Fall hätte man so etwas wie eine Triangulation geschaffen.

(1) Gedanklicher Wechsel der Perspektiven durch den Akteur
Die am ersten Lernschritt teilnehmenden Personen werden gebeten, sich in die Rolle ihrer Interaktionspartner hineinzuversetzen. (a) In der einfachsten Form kann dies als eingeschobene Einzelarbeit geschehen, in der notiert wird, wie die jeweiligen Kontrahenten vermutlich die Situation gesehen haben. Der Konfrontationseffekt ist bei diesem Vorgehen relativ mild, weil die am Veränderungsprozess teilnehmenden Personen in Ruhe reflektieren und damit möglicherweise auch unangenehme oder belastende Gedanken beiseite schieben können. (b) Die Konfrontation wird erheblich stärker, wenn ein spielerischer Rollentausch durchgeführt wird. In Partner- oder Kleingruppenarbeit wird entweder ein Interview mit

dem Kontrahenten oder ein Stuhlwechsel durchgeführt. Beim *Interview mit dem Kontrahenten* muss sich der Akteur in seinen Kontrahenten gedanklich hineinversetzen. Er wird zu diesem Zweck von einer anderen Person interviewt, wie es etwa bei einem Zeitungsinterview oder Fernsehinterview der Fall sein könnte. Er wird mit dem Namen des Kontrahenten angesprochen und muss als dieser Auskunft geben. Es wird also nicht ein Interview über den Kontrahenten geführt, sondern mit ihm. Der spielerische Charakter des Interviews soll dabei den Perspektivenwechsel unterstützen (Schlee, 2004, S.101). Beim *Stuhlwechsel* wird der Akteur auf einen leeren Stuhl gesetzt, der seinem bisherigen Sitzplatz gegenüber steht. „Diese kleine Sitzveränderung erleichtert den Rollenwechsel und das Herausgehen aus der eigenen Rolle." (Mutzeck, 2002, S. 109). Der Akteur wird ganz bewusst mit dem Namen des Kontrahenten angesprochen und er antwortet auf die an ihn gestellten Fragen in der Ich – Form. Besonders wichtig ist es, dass der Akteur die (von ihm vermutete) Innensicht – Perspektive des Kontrahenten verbalisiert (Gedanken, Empfindungen, Gründe usw.). Ferner kann es aufschlussreich sein, die gespielte Person zu fragen, wie diese sich selbst ganz allgemein und in Bezug auf die geschilderte Situation sieht. „Dieser methodische Doppeldecker, aus der Sicht eines anderen sich selbst zu beschreiben, führt oft zu erkenntnisreichen Be- und Zuschreibungen" (Mutzeck, 2004, S. 110). Ist der Perspektivenwechsel abgeschlossen, setzt sich der Akteur wieder auf seinen alten Stuhl und wird dabei gezielt mit seinem wirklichen Namen angeredet. Damit ist der Rollentausch beendet.

(2) Konfrontation mit den Perspektiven nicht am Geschehen beteiligter Personen
Voraussetzung für diese Art des Perspektivenwechsels sind eine oder mehrere Personen, die in das konkrete Interaktionsgeschehen nicht eingebunden waren. Folglich sind Partner- oder Gruppenarbeit hierfür die angemessene Sozialform. Nachdem der Akteur seine Sichtweise geschildert und dabei nach bestem Vermögen seine handlungssteuernden Gedanken und Gefühle verbalisiert hat, versetzen sich der oder die Zuhörer in die Rolle des Kontrahenten. Sie sprechen ganz bewusst in der Ich – Form und verbalisieren, welche Gedanken und Gefühle in ihnen vermutlich aufsteigen würden, wenn sie in der beschriebenen Situation Interaktionspartner des Akteurs gewesen wären. Wie auch beim oben skizzierten gedanklichen Perspektivenwechsel handelt es sich lediglich um Vermutungen, deren Realitätsangemessenheit fraglich ist. Dennoch ist der konfrontierende, bewusstmachende Effekt erstaunlich hoch. Es sind die Perspektiven anderer Personen, die häufig recht überraschende Aspekte enthalten. Gespeist werden diese Aussagen nicht durch reine Phantasie, sondern vielmehr aus biografischen Erfahrungen, welche die einzelnen Personen in vergleichbaren Situationen gemacht haben. Besonders interessant ist natürlich der Sonderfall, wenn die nicht am Geschehen beteiligten Personen schon einmal ganz real in der identischen Rolle als

Kontrahent waren. Dann können sie tatsächlich gemachte Erfahrungen mit den zugehörigen Gedanken und Gefühlen berichten. Dieser letzte Fall soll kurz veranschaulicht werden.

Authentisches Beispiel für einen Wechsel der Perspektiven:
„Einfach still dasitzen und warten, bis es vorbei ist."
In einer Vorlesung zum Thema „Psychologie für die Schulpraxis" in der Aula unserer Hochschule, an der über 300 Studierende teilnahmen, arbeitete ich nach dem Sandwich-Prinzip. Nach Folienvorträgen von jeweils 15 bis 25 Minuten schob ich verschiedene Aufgaben ein, durch die eine subjektive Auseinandersetzung mit den vermittelten Inhalten stattfinden sollte. Dies waren beispielsweise Arbeitsblätter zur Selbstreflexion in Einzelarbeit, Partnerarbeiten zum Wechsel der Perspektiven, Partnerinterviews, Partnerpuzzles, Sortieraufgaben, Strukturlegetechniken und andere mehr. Beim Umhergehen im Vorlesungsraum stellte ich fest, dass zwischen 10 und 20 Prozent der Studierenden während dieser „Einschübe" ruhig da saßen, sich kaum bewegten und einfach nur abwarteten, bis der Einschub vorbei war. Das erlebte ich aus zweierlei Gründen als große Enttäuschung. Einmal, weil ich dies als Ablehnung meiner hochschuldidaktischen Bemühungen empfand. Zum anderen, weil ich nicht verstehen konnte, warum angehende Lehrerinnen und Lehrer, die ja selbst mit vergleichbaren Methoden arbeiten sollen, eine derartige Passivität beim Lernprozess zeigten. Obwohl ich den Sachverhalt mehrfach in der Vorlesung thematisierte, obwohl ich bei jedem Einschub nachdrücklich um Aktivität bat und obwohl ich Feedback über mein hochschuldidaktisches Vorgehen einholte und um Änderungsvorschläge bat (es kamen keine, die diese Problematik betrafen), das Verhalten der Studierenden blieb gleich. Deshalb brachte ich das Problem in einer kollegialen Praxisberatungsgruppe bei einem Wochenend-Workshop ein. Die Gruppe setzte sich aus ehemaligen und jetzt im Moment studierenden Personen zusammen. Da bot es sich geradezu an, im Rahmen der Problemanalyse einen Wechsel der Perspektiven durchzuführen. Dieser erfolgte in zwei Schritten. Zuerst wechselte ich den Stuhl und versuchte, in die Rolle eines passiven Studierenden zu gehen. Das war allerdings nicht so ergiebig, weil ich einen inneren Widerstand gegen diesen Rollentausch bei mir spürte: Ich wollte die oben beschriebene Passivität gar nicht wirklich nachvollziehen und damit begreifen können. So brachen wir diese Form ab und versuchten es mit einer anderen Variante. Die anwesenden aktuellen und ehemaligen Studierenden sollten schildern, welche Gedanken und Gefühle ihnen während meiner Situationsbeschreibung durch den Kopf und durch den Bauch gingen. Das war für die Anwesenden überhaupt kein Problem. Oft genug hatten sie Vorlesungen und Seminare besucht bzw. besuchten sie noch. Es fiel ihnen nicht schwer, die Perspektive der passiven Lehramts-Studierenden nachzuvollziehen, weil sie sich in vergleichbaren Situationen teilweise selbst so verhalten hatten bzw. noch verhielten. Sie konnten deutlich machen, was Passivität bei ihnen auslöste und mir einen Eindruck davon vermitteln, mit welchen handlungssteuernden Gedanken

und Gefühlen Studierende eine Lehrveranstaltung besuchen. Vieles davon stand in Widerspruch zu meiner Sichtweise der Problematik. Folglich musste ich meine subjektiven Theorien größerer Reichweite dahingehend überprüfen, ob die Perspektiven der Studierenden Platz darin hätten. Und ich musste meine subjektiven Theorien geringer Reichweite, also meine typischen Situationswahrnehmungen und typischen Reaktionsweisen, erheblich in Frage stellen. Letztendlich führte dies am Ende der kollegialen Praxisberatung zu einigen Lösungsvorschlägen, die ich dann im weiteren Verlauf des Semesters erproben konnte. Insgesamt hat sich dadurch meine Zufriedenheit gesteigert. Das Ausmaß der studentischen Passivität in der oben beschriebenen Form ist mittlerweile deutlich geringer geworden.

(3) Perspektivenwechsel durch Triangulation
Die voraussetzungsreichste Form des Perspektivenwechsels ist sicherlich die Triangulation, weil man hier über die bloße „Gedankenakrobatik" ebenso hinausgeht (siehe Variante 1) wie über Eindrücke nicht am Geschehen beteiligter Personen, auch wenn diese möglicherweise die Problematik aus der eigenen Biografie ganz gut kennen (siehe Variante 2). Bei der Triangulation in ihrer eigentlichen Bedeutung geht es um ein Aufeinanderprallen dreier authentischer Perspektiven. Die Frage ist, wie man an diese Perspektiven gelangen und wie man sie in den ersten Lernschritt einfügen kann. Die erste Perspektive, nämlich jene des Akteurs, ist stets verfügbar. Die zweite Perspektive, nämlich jene des Kontrahenten, ist deutlich schwerer zu gewinnen. Dazu müsste der Kontrahent entweder anwesend sein oder es müsste die Gelegenheit bestehen, dass der Akteur den Kontrahenten in seinem Tätigkeitsfeld aufsucht, um dessen Perspektive zu erheben. Im obigen Beispiel müsste ich also nicht die Gedanken und Gefühle der Mitglieder der Praxisberatungsgruppe erfragen, sondern jene der in der Aula sitzenden passiven Studierenden.
Und damit ergeben sich Probleme. Erstens gibt es extreme Unterschiede in der *Auskunftsbereitschaft*. Mitglieder einer Praxisberatungsgruppe haben ein hohes Interesse an der Problembearbeitung, sind selbst nicht Teil des Problems und können deshalb offen Auskunft geben. Die passiven Studierenden meiner Vorlesung sind demgegenüber Teile des Problems, stehen zu mir in einer hierarchischen Beziehung und haben möglicherweise wenig Interesse an einer metakommunikativen Konfliktbearbeitung. Das alles schränkt ihre Auskunftsbereitschaft erheblich ein. Zweitens stellt sich die Frage nach der *Belastbarkeit* des Akteurs. Nicht umsonst haben wir das Feedback durch die Betroffenen selbst als die eindeutig belastendste Form des Bearbeitbarmachens ans Ende dieses Kapitels gestellt. Angenommen, die Studierenden wären ganz offen und würden ohne jede Selbstzensur verbalisieren, was sie denken und fühlen: Wäre ich in der Lage, ein solches ehrliches Feedback so aufzunehmen, dass ich hinterher weiterhin konstruktiv nach einer Lösung suchen könnte? Feedback durch die Betroffenen kann

erhebliche Emotionen auslösen und die Beziehung zwischen Akteur und Betroffenen stark verändern. Deshalb ist bei der Triangulation gründlich zu prüfen, ob die Situation so beschaffen ist, dass der Akteur selbst die Perspektive der Interaktionspartner erheben kann. Einfacher ist es, wenn Personen da sind, die einerseits nicht Teil des Problems, andererseits jedoch an einer Problembearbeitung interessiert sind. Diese Personengruppe gibt es tatsächlich. Es sind die Tandempersonen. Wie wir später noch ausführlicher zeigen werden, ist der gesamte mehrschrittige Lernprozess auf tragfähige Flankierungsmaßnahmen angewiesen. Eine der wichtigsten ist dabei die Tandembildung, die ihrerseits mit dem gesamten KOPING-Konzept zusammenhängt. Wenn die Tandempartner (und nicht der Akteur selbst) die Perspektive der Kontrahenten erheben, dann hat dies Vorteile. Erstens sind die Betroffenen dem Tandempartner gegenüber möglicherweise etwas weniger befangen, weil dieser nicht Teil des Problems ist. Zweitens kann sich der Tandempartner überlegen, welche Informationen er weitergibt und welche er für sich behält bzw. modifiziert, um den Akteur nicht zu sehr zu belasten.

Wie kann eine Tandemperson Zugang zu den Betroffenen erhalten? In einem öffentlichen Raum ist dies eine lösbare Aufgabe. In der Erwachsenenbildung kann die Tandemperson in die Veranstaltung mitgenommen werden, wobei es selbstverständlich ist, dass die Veranstaltungsteilnehmer darüber informiert werden. In der Hochschuldidaktik sind Vorlesungen oder Seminare gleichermaßen für Besucher dieser Art zugänglich. Auch im schulischen Unterricht ist es möglich, den Lernenden eine hospitierende Person vorzustellen und deren Funktion zu erläutern. In nicht-öffentlichen Räumen wird es schwierig sein, eine Tandemperson einzuführen. Es muss situationsabhängig geklärt werden, inwiefern dies möglich ist.

Die dritte Perspektive bei der Triangulation ist die Beobachterperspektive. Diese ist unschwer zu realisieren, wenn man ohnehin den eigenen Lernweg durch Praxistandems und KOPING-Kleingruppen flankiert. Ist dies nicht der Fall, dann muss man eine Person ausfindig machen, die diese Aufgabe übernehmen könnte. Aufgabe der beobachtenden Person ist es, in den vorher abgesprochenen Situationen möglichst aufmerksam das Geschehen wahrzunehmen. Dies kann ohne jede weitere Technik geschehen. Es können aber auch, je nach Fall, die in Kapitel 4.7 skizzierten Verfahren eingesetzt werden. Entscheidend ist, dass der Akteur mit einer Perspektive konfrontiert wird, die nicht selbst Teil des Problems ist.

Der Königsweg bei der Triangulation wäre natürlich, die am Problem beteiligten Parteien sowie die beobachtende Person an einen „runden Tisch" zu bekommen und die drei Perspektiven so aufeinander prallen zu lassen, wie dies theoretisch vorgesehen ist. Im Anschluss daran könnte, beispielsweise unter Moderation der beobachtenden Person, ein metakommunikativ orientierter Problemlöseprozess durchlaufen werden. Königswege haben es jedoch an sich, dass sie keine Alltagsstraßen sind. Nach meinen Erfahrungen ergibt sich die Chance zur Triangulation im eigentlichen Sinne selten. Deshalb werden die erste Variante (der Akteur wechselt gedanklich die Perspektive) und die zweite Variante (Konfrontation mit den Perspektiven nicht am Geschehen beteiligter Personen) der Normalfall sein.

4.4 Pädagogischer Doppeldecker

Eine Besonderheit in der Bildungsarbeit ist die Doppelung von Lehr – und Lernprozessen. Manchmal ist das Medium gleichzeitig die Botschaft, d.h. in Kurs, Seminar oder Unterrichtsstunde geschieht genau das, worüber reflektiert wird. Es ist also aktuelles Anschauungsmaterial für das vorhanden, was inhaltlich besprochen wird. Geissler schlägt hierfür den Begriff „pädagogische Doppeldeckersituation" vor. Er bezeichnet damit die Möglichkeit, „das, womit man sich inhaltlich beschäftigt, auch gleichzeitig zu erleben und wieder in die kognitive Auseinandersetzung mit dem Inhalt einzubeziehen (auch „Prinzip der Selbstanwendung" genannt)" (Geissler, 1985, S.8.). Dazu drei Beispiele, je eines aus Erwachsenenbildung, Hochschule und Schule.

Beispiel aus der Erwachsenenbildung:
Will man angehende Dozentinnen und Dozenten mit neuen Formen des Lehrens und Lernens vertraut machen, so ist eine „pädagogische Doppeldeckersituation" dann geschaffen, wenn man über die neuen Lehrverfahren informiert indem man zugleich die neuen Verfahren anwendet. Das handelnde Erleben der neuen Methoden fügt der kognitiven Auseinandersetzung mit dem Thema eine zweite Ebene hinzu. Man erlebt die Inhalte am eigenen Leibe und kann die theoretischen Aussagen mit den erfahrenen realen Effekten vergleichen. Macht man im Rahmen der neuen Formen des Lehrens und Lernens etwa das Sandwichprinzip zum Inhalt, dann sollten die angehenden ErwachsenenbildnerInnen die Weiterbildung in Form eines „Sandwiches" erleben. Eine Verletzung des „pädagogischen Doppeldeckers" läge vor, wenn man in einem langen, beamergestützten Vortrag ohne jeden „Einschub" die Vorzüge des Sandwich-Prinzips preisen würde. Ein derartiger, beschädigter „Doppeldecker" wäre sicherlich zum Absturz verurteilt, weil die theoretischen Botschaften (Ebene der Reflexion) den praktischen Erfahrungen (Ebene des Handelns) widersprechen würden. Folge wäre, dass die Teilnehmenden den Ausführungen des Referenten keinen Glauben schenken und sich entsprechend mit ihrem bisherigen Handeln bzw. ihren bisherigen Erfahrungen auch nicht konfrontativ auseinandersetzen würden.

Beispiel aus der Hochschule:
Viele Lehramts-Studierende sind aufgrund der eigenen biografischen Erfahrungen der Überzeugung, man solle den Lernenden möglichst lange vorenthalten, worum es im Unterricht geht, um sie neugierig zu machen. Haben sie es jedoch in einer Lehr-

veranstaltung am eigenen Leibe erfahren, wie sinnvoll z.B. ein Advance Organizer als vorab gegebene Themenvernetzung sein kann, in der in wenigen Minuten in mehrfachcodierter Form (Wort, Bild, Episode, Analogie) das gesamte Thema im Überblick dargestellt wird, dann sehen sie ihre bisher praktizierte „Osterhasenpädagogik" samt den „Kinder-Überraschungs-Einstiegen" mit anderen Augen. Sie erleben, dass Interesse mehr durch die Sache selbst und weniger durch Überraschungs-Effekte hervorrufbar ist, d.h. sie kommen in Konflikt mit ihren bisherigen Auffassungen. Der Doppeldecker funktioniert aber auch andersherum. Als kleines Experiment versuche ich manchmal, den Studierenden die Problematik des „fragend-entwickelnden" Unterrichts dadurch deutlich zu machen, dass ich ihn einfach anwende. Ich gebe keine Informationen, sondern erfrage diese im wohlbekannten Frage-Antwort-Stil. Das führt zu zwei regelmäßig eintretenden Effekten: Es beteiligen sich nur ganz wenige Studierende an diesem fragwürdigen Dialog und es sinkt das allgemeine Interesse am Thema, was durch Zunahme an Nebentätigkeiten und Seitengesprächen feststellbar ist. Löse ich hinterher in einer Reflexionsphase die Doppeldecker-Situation auf und frage danach, was den Studierenden beim Erleben des „erarbeitenden Unterrichtsgesprächs" bzw. des „sokratischen Dialogs" an Gedanken durch den Kopf und an Gefühlen durch den Bauch ging, so werden im kognitiven Bereich fehlende Struktur („Ich wusste nicht, worauf Sie hinaus wollten". „Es war mir nicht klar, worum es ging") und im emotionalen Bereich negative Erlebnisse thematisiert („Ich kam mir vor, wie in der Grundschule". „Ich hatte keine Lust, mich zu beteiligen". „Es war alles so zäh, nichts ging wirklich voran"). Die gemachten Erfahrungen treten in Konkurrenz zu den mitgebrachten subjektiven Theorien, in denen das „Erarbeiten" durch Lehrerfragen und Schülerantworten nach wie vor einen überraschend positiven Stellenwert einnimmt.

Beispiel aus der Schule:
Hier fällt mir eine besonders eindrückliche Verletzung des pädagogischen Doppeldeckers ein, die ich selbst miterlebt habe. Bei einer Hospitation im Religionsunterricht in der Stunde nach der großen Pause beklagte sich ein Schüler darüber, er sei von einem anderen drangsaliert worden. Der Pfarrer, wegen seines Jähzorns gefürchtet, bat den Täter nach vorne und ohrfeigte ihn mit den Worten: „Du sollst doch deine Feinde lieben!" – Themen wie Gewalt, Kommunikation, Angst, Umgang mit Kritik usw. eignen sich im schulischen Raum sehr gut für pädagogische Doppeldecker-Situationen, denn diese Sachverhalte kommen im Handeln aller Beteiligten vor. Die Lehrpersonen können nach dem Prinzip der Selbstanwendung den gekonnten Umgang mit diesen Themen vorleben und am eigenen Beispiel deutlich machen, wie konstruktives Handeln in diesen Bereichen aussehen kann. Umgekehrt kann es für den Satz des Pythagoras oder das Genitiv-Attribut keinen inhaltlichen Doppeldecker geben, weil die Schüler ja keine Satzteile oder Dreiecke sind.

4. Handlungssteuernde Strukturen bearbeitbar machen

Die Bewusstmachungs-Chancen des „pädagogischen Doppeldeckers" sind enorm. Sie beruhen darauf, dass zwei Ebenen subjektiver Theorien ganz gezielt miteinander verbunden werden. Auf der einen Ebene wird real gehandelt mit allen Effekten (Denken, Fühlen, Agieren), die Handeln hervorruft. Dies geschieht ganz intuitiv in Form raschen „Handelns unter Druck", wobei die entsprechenden handlungssteuernden Strukturen und Prozesse aktiviert werden. Auf der anderen Ebene wird genau über diese Dinge reflektiert. Eigene subjektive Theorien wie auch hinzugefügte wissenschaftliche Theorien werden zur Interpretation des erlebten Geschehens herangezogen. Dabei kommt es zu vielfältigen Konfrontationseffekten. Es werden Widersprüche ebenso sichtbar wie Übereinstimmungen. Teilnehmende des „Kontaktstudiums Erwachsenenbildung der Pädagogischen Hochschule Weingarten" berichten, dass für ihren Veränderungsprozess das Erleben pädagogischer Doppeldecker – Situationen eine ganz entscheidende Rolle spielt (vgl. Schmidt, 2001). Andererseits wird der pädagogische Doppeldecker von den Leitungspersonen nicht so gerne und so häufig geflogen, wie man vielleicht meinen könnte. Der Grund dafür ist nicht so schwer zu erkennen. Das ganz konkret vorzuleben, was man theoretisch predigt, stellt hohe Anforderungen an die Lehrenden. Es ist leichter, nur darüber zu sprechen, als es tatsächlich zu realisieren. Darüber hinaus setzt der Anspruch, die eigenen Botschaften nach dem Prinzip der Selbstanwendung in beispielhafter Form umzusetzen, die Lehrenden ganz erheblich unter Leistungsdruck: Sie müssen den selbst aufgestellten Forderungen genügen. Tun sie es nicht, reagieren die Teilnehmenden teils mit Ablehnung, teils auch mit offener Kritik. Das ist nicht immer angenehm.

Wie sind „pädagogische Doppeldecker-Situationen" in der Praxis zu gestalten? Wie Abb. 12 zeigt, wird in einer vorauslaufenden metakommunikativen Phase den Teilnehmenden deutlich gemacht, dass auf zwei Ebenen gearbeitet wird: (1) auf der Ebene der Reflexionen; hier werden subjektive wie wissenschaftliche Theorien zu einem bestimmten Phänomen-Bereich thematisiert; (2) auf der Ebene des Handelns; hier werden die wesentlichen theoretischen Inhalte in die Praxis umgesetzt. Die Teilnehmenden werden gebeten, während des Kurses, des Seminars oder der Lektion immer wieder Verknüpfungen zwischen theoretischen Aussagen und konkretem Erleben zu suchen, also sozusagen während des Fluges zwischen den Tragflächen des Doppeldeckers hin und her zu springen. In einer zweiten Phase werden die wesentlichen Inhalte in die Praxis umgesetzt: Die Teilnehmenden erleben am eigenen Leibe, wie sich das angestrebte Handeln „anfühlt". In einer dritten Phase wird das konkrete Handeln verlassen. Der abgelaufene Prozess wird reflektiert. Das „Hier und Jetzt" wird zum Thema gemacht. Wo ist es gelungen, die Botschaften ins Handeln umzusetzen? Wo ist dies nicht gelungen? Wie war das Erleben des Prozesses aus Sicht der Teilnehmenden, wie aus Sicht der Leitungsperson? In einer abschließenden vierten Phase überlegen die Teilnehmenden, was das praktisch erlebte und theoretisch reflektierte Geschehen für den eigenen Veränderungsprozess bedeutet. Für diese letzte Phase sind folglich die kleinsten Sozialformen die geeignetsten (Einzelarbeit, Partnerarbeit, Kleingruppenarbeit). Auf diese Weise ergibt sich ein „kleines Sandwich", das nachfolgend für den Fall ausgeführt ist, dass die Lernenden mit Methoden des „Wechselseitigen Lehrens und Lernens" (vgl. Kapitel 5.4) vertraut gemacht werden sollen.

1. Kollektive Phase: Metakommunikation über den „pädagogischen Doppeldecker" mit dem Auftrag an die Teilnehmenden, während des Prozesses immer wieder die Ebenen zu wechseln

Gelenkstelle: Leitungsperson moderiert eine Form des „Lernens durch wechselseitiges Lehren" an, zum Beispiel ein Lerntempoduett

Einschub: Vollständiges Durchlaufen eines Lerntempoduetts

Gelenkstelle: Teilnehmende kommen zu einem vereinbarten Zeitpunkt ins Plenum zurück

2. Kollektive Lernphase: Reflexion der im „pädagogischen Doppeldecker" abgelaufenen Prozesse während des Lerntempoduetts unter Einbeziehung subjektiver und wissenschaftlicher Theorien über wechselseitiges Lehren und Lernen.

Gelenkstelle: Leitungsperson fordert zu einer Phase der subjektiven Aneignung auf

Einschub z.B. in Einzelarbeit: Persönliche Auseinandersetzung mit der Theorie und Praxis des „Lernens durch wechselseitiges Lehren" unter der Fragestellung: „Was bedeutet dies für mein eigenes künftiges Handeln?"

Abb. 12: Ablauf eines „pädagogische Doppeldeckers". Die teilnehmenden Erwachsenenbildner, Hochschullehrer oder Lehrer sollen mit dem „Wechselseitigen Lehren und Lernen" (WELL) vertraut gemacht werden. Als Methode wird das Lerntempoduett gewählt, bei dem die Teilnehmenden im eigenen Tempo arbeiten (Einzelarbeit) und sich mit einer ähnlich schnellen anderen Person zum Austausch treffen (Partnerarbeit).

Der „pädagogische Doppeldecker" ist nicht nur eine besonders anspruchsvolle und heikle Herausforderung für die Leitungsperson, sondern er hat über die starken Bewusstmachungs-Effekte hinaus weitere Vorteile. Einmal kann er schon von der ersten Minute einer Aus-, Fort- oder Weiterbildung an eingesetzt werden, so dass die Teilnehmenden ganzheitlich und anschaulich etwas kennen lernen, das möglicherweise in Kontrast zu ihrem bisherigen Handeln steht. Durch ständig eingeschobene Phasen der Reflexion können sie zunehmend besser erkennen, welche Aspekte des Doppeldecker-Erlebens in Widerspruch zu ihren bisherigen subjektiven Theorien stehen und welche mit ihrem bisherigen Handeln übereinstimmen. Dadurch werden die mitgebrachten subjektiven Theorien einem kontinuierlichen Prozess des Bearbeitbarmachens ausgesetzt. Das verleiht diesem Verfahren den Charakter einer Dauermethode, ja fast schon eines Prinzips. Zum anderen spart der pädagogische Doppeldecker viel Zeit. Die Lernenden erfahren über Agieren wie über Reflektieren, wie alternative Handlungsweisen aussehen können und verstehen nach unseren Erfahrungen sehr viel schneller, um was es geht, als wenn sie nur auf der Ebene des Theoretisierens verharren.

Eine besondere Bedeutung erhält der „pädagogische Doppeldecker" in der Aus-, Fort- und Weiterbildung von Personen, die selbst vergleichbare Veranstaltungen leiten. So ist beispielsweise das „Kontaktstudium Erwachsenenbildung der Pädagogischen Hochschule Weingarten" durchgängig nach dem Doppeldecker-Prinzip aufgebaut, was einschließt, dass an der einen oder anderen Stelle durch Unachtsamkeit oder mangelnde Kompetenz der Leitungspersonen der Doppeldecker zeitweise abstürzt. Für die Weiterbildung von Hochschullehrern, vor allem aber für die gesamte Lehrerbildung ist das Schaffen „pädagogischer Doppeldecker-Situationen" generell zu fordern. Wird diese Chance versäumt, dann entsteht „träges Wissen" und die erforderlichen individuellen Veränderungsprozesse kommen nicht in Gang. In der Lehrerbildung tätige Personen, vor allem jene an Universitäten und Pädagogischen Hochschulen, wehren sich zum Teil ganz energisch gegen den Anspruch, ihre Lehre müsse dem Doppeldecker – Prinzip genügen. Sie sehen ihre Aufgabe in der Vermittlung und Reflexion wissenschaftlichen (pädagogischen, psychologischen, fachdidaktischen) Wissens. Dabei übersehen sie mehrere Dinge. Erstens schließt der pädagogische Doppeldecker wissenschaftliches Wissen nicht aus. Genau das Gegenteil ist der Fall. Wissenschaftliches Wissen wird, genau wie die strukturparallelen subjektiven Theorien, dringend zur Reflexion des erlebten Handelns benötigt. Zweitens vergeben sie die Chance, den Prozess des Verstehens zu verbessern. Bei Anwendung des pädagogischen Doppeldeckers wird bei einem zeitlich gleich langen Lernprozess ein viel besseres Ergebnis erzielt, weil den Lernenden ständig anschaulich vor Augen geführt wird, wie konstruktives Handeln aussehen kann. Drittens verkennen sie, dass wissenschaftliches Wissen als solches nicht automatisch das Handeln der ihnen anvertrauten Lehramtsstudierenden verbessert. Eine Veränderung von Situationsorientierung und Handlungsplanung setzt eine Modifikation der zugehörigen Prototypenstrukturen voraus. Diese ändern sich aber durch Hinzufügen von Wissen in der Regel nicht. Umgekehrt ist die Haltung der Lehrenden verständlich. Sie begreifen sich – entsprechend der eigenen Karriere – in erster Linie als Wissenschaftlerinnen und Wissenschaftler, die an wissenschaftlichen Hochschulen tätig sind. Als anzustrebendes Ziel erscheint ihnen Wissenschaftlichkeit wichtiger als Handlungskompetenz. Dabei sind beide Ziele ganz ausgezeichnet miteinander vereinbar. Ziel der Lehrerbildung ist es ja, wissenschaftliche Erkenntnisse und subjektive Theorien aufeinander prallen zu lassen, um Veränderungsprozesse auszulösen und nachhaltige Handlungskompetenzen zu schaffen. Deshalb sollten sich die Lehrenden nicht dem Anspruch entziehen, das bei sich selbst anzuwenden, was sie lehren. Sie werden sonst unglaubwürdig und produzieren statt professioneller Kompetenzen nur unfruchtbares Prüfungswissen.

4.5 Szene-Stopp-Reaktion

Wenn es beim mehrschrittigen Veränderungsprozess darauf ankommt, an den handlungssteuernden kognitiven und emotionalen Prozessen anzusetzen, die um unscharfe, wiederkehrende Situationen in Form von impliziten Situations- und Handlungsprototypen angeordnet sind, dann stellt sich eine ganz entscheidende Frage: Wie kann der Akteur die eigenen handlungsleitenden Prototypenstrukturen bzw. die eigenen subjektiven Theorien geringer Reichweite erkennen? Dazu haben wir zwei verschiedene Verfahren selbst entwickelt. Einmal das Verfahren „Szene-Stopp-Reaktion", bei dem auf spielerische Art die handlungsrelevanten kognitiv-emotionalen Prozesse zum Vorschein kommen. Zum anderen die WAL (Weingartener Appraisal Legetechnik), bei der die handlungssteuernden Strukturen und Prozesse mit einem erheblichen Arbeitsaufwand systematisch erfasst werden können. Beiden Methoden ist gemeinsam, dass bisheriges Handeln in hohem Maße bewusst wird. Sie eignen sich also hervorragend für das Bearbeitbar – Machen, weil sie den Akteur mit verschiedenen Aspekten seines realen Handelns konfrontieren.

Die Methode Szene-Stopp-Reaktion entstand bei einer überraschenden Entdeckung. Im Rahmen eines großen Forschungsprojektes wollten wir die subjektiven Theorien von Lehrerinnen und Lehrern rekonstruieren (vgl. Wahl et al., 1983). Dazu suchten wir diese in ihrer alltäglichen Praxis auf. Leider bringen es reale Situationen nach dem schon oben zitierten Postulat von Heraklit mit sich, dass sie bei genauer Betrachtung einzigartig sind. (Man steigt nie zweimal in den gleichen Fluss). So konnten wir die subjektiven Theorien der Lehrerinnen und Lehrer nicht vergleichen, weil die Situationen nicht identisch waren. Auf der Suche nach völlig identischen Situationen verfielen wir auf die Idee, es mit kurzen Filmszenen zu versuchen. Im Grunde waren wir dabei recht skeptisch. Die Lehrerinnen und Lehrer sollten mit zweidimensionalen Schülerinnen und Schülern umgehen, die ihnen unbekannt waren. Sie sollten sich dabei in Sekundenschnelle in einen Unterricht hineindenken, den sie nicht selbst geplant hatten und der inhaltlich zum Teil gar nicht in ihr Fachgebiet fiel. Und sie sollten mit virtuellen Schülerinnen und Schülern interagieren, obwohl diese ja nicht wirklich re-agieren konnten. Wer würde in solch künstlichen Situationen wohl brauchbare Ergebnisse erwarten? – Der Versuchsaufbau bestand aus einem Monitor, vor dem die Lehrperson stand. Eine Unterrichtsszene von etwa 40 Sekunden Dauer wurde

4. Handlungssteuernde Strukturen bearbeitbar machen

vorgespielt. Die Filmepisode endete mit einem Standbild. Sobald das Standbild erschien, sollte die Lehrperson ohne jeden Zeitaufschub agieren. Hinterher wurde sie befragt, welche Gedanken und Gefühle sie bei der Situationsorientierung (SO) und bei der Handlungsplanung (AP) hatte. Auf der Grundlage dieser Informationen wurden die subjektiven Theorien geringer Reichweite rekonstruiert. Etwa ein Jahr später suchten wir die Lehrerinnen und Lehrer im wirklichen Unterricht wieder auf. Mit den auf den Filmepisoden basierenden Rekonstruktionen wollten wir vorhersagen, wie sie in künftigen, realen Unterrichtssituationen reagieren würden. Zur großen Verblüffung des Forscherteams konnten ganz hervorragende Prognose-Ergebnisse erzielt werden. Dies galt insbesondere für Situationen, in denen Schülerinnen und Schüler den Unterricht durch Unaufmerksamkeit, Seitengespräche, Aggressionen und kollektive Verweigerung beeinträchtigten (Wahl, 1991, S. 173 ff.; Wahl, Schlee, Krauth & Mureck, 1983, S. 147 ff.). Haben Menschen keine Zeit zum Nachdenken, reagieren sie also „unter Druck" auf künstliche Situationen, so tun sie dies offensichtlich dadurch, indem sie auf die gleichen Situations – und Handlungsprototypen zurückgreifen wie beim Handeln in realen Situationen! Folglich muss man bei der Methode „Szene-Stopp-Reaktion" darauf achten, dass die Teilnehmenden möglichst rasch reagieren. Nur dann macht das Verfahren die subjektiven Theorien geringer Reichweite bewusst. Können sich die an der Methode beteiligten Personen jedoch gemütlich und ohne jeden Druck zurücklehnen und sich fragen: „Ja, wie könnte ich da wohl reagieren?", dann sind die Unterschiede zwischen dem realen Handeln und dem Handeln in künstlichen Situationen groß. Der Grund dafür ist leicht zu entdecken. Beim elaborierten Nachdenken über das eigene Handeln werden nicht die das schnelle Handeln leitenden Prototypenstrukturen aktiviert, sondern die subjektiven Theorien größerer Reichweite.

Wie ist die Methode „Szene-Stopp-Reaktion" ganz praktisch durchzuführen? Dazu schlagen wir fünf wesentliche Schritte vor:
1. Präsentation des Szenenaufbaus in einer von drei Varianten (per Video, per Folie, mündlich)
2. Hervorheben der entscheidenden Situation (z.B. durch Standbild oder Aufdecken eines Teils der Folie)
3. Individuelle Reaktion in einer von 3 Varianten (per Rollenspiel, Ampelmethode oder schriftlich)
4. Verbalisieren der handlungssteuernden Gedanken und Gefühle
5. Verknüpfung des Bearbeitbar-Machens mit dem nächsten Lernschritt, dem Entwickeln neuer Problemlösungen

1. Präsentation des Szenenaufbaus in drei Varianten und
2. Hervorheben der entscheidenden Situation

Zuerst muss eine Szene aufgebaut werden. Die sicherlich interessanteste Form ist, dies per Video zu tun, weil hier der Kontext für die Teilnehmenden besonders leicht nachzuvollziehen ist. Die Videosequenz dauert in der Regel zwischen 30 Sekunden und 2 Minuten, d.h. insgesamt so lange, wie man braucht, um sich in die Situation hineinzudenken, also zu verstehen, worum es überhaupt geht. Am Ende der Sequenz kommt der eigentliche Höhepunkt. Dies ist ein besonders herausgehobenes Ereignis. Die Videosequenz stoppt und geht in ein Standbild über. Folglich: Szene – Stopp. Die teilnehmenden Personen reagieren ohne jeden Aufschub auf das Standbild. Deshalb: Szene – Stopp – Reaktion. Wählt man für das Erstellen des Videobandes Szenen aus, die in der betreffenden Institution besonders häufig zu Problemen führen, dann hat man zugleich zentrale inhaltliche Arbeitsfelder für die drei Lernschritte definiert. Der Aufwand für Videosequenzen lohnt sich jedoch nur dann, wenn es sich um regelmäßig wiederkehrende Aus-, Fort- oder Weiterbildungen handelt.

Beispiel:
Dozentinnen und Dozenten einer großen Bank werden seit über 10 Jahren durch ein mehrphasiges und mehrschrittiges „Dozententraining" für ihre Lehrtätigkeit geschult. Für diesen Zweck wurden Videoszenen nachgestellt, die einige typische Probleme bei hausinternen Schulungen widerspiegeln. So sieht man in einer von zahlreichen Szenen einen Schulungsraum, in dem der Lernprozess in vollem Gang ist. Die Störung kommt von außen. Ein Teilnehmer kommt zu spät, sucht sich umständlich einen Platz und beginnt dabei noch einen privaten Dialog mit einem anderen Teilnehmer. Die Szene stoppt. Auf dem Standbild ist groß die zu spät kommende Person zu sehen, mitten im privaten Dialog. Die am Dozententraining teilnehmenden Personen sollen jetzt sofort reagieren.

Eine zweite Form ist die schriftliche Darbietung. Diese geschieht in zwei voneinander getrennten Schritten. Im ersten Schritt wird der Kontext aufgebaut. Die Teilnehmenden müssen verstehen, worum es überhaupt geht. Ist dies geleistet, dann kommt die eigentliche Szene. Diese darf natürlich vorher nicht bekannt sein, sonst ist die zentrale Bedingung des „Handelns unter Druck" verletzt. Die Szene stoppt wiederum an einem bestimmten Punkt. Der Stopp ist so ausgewählt, dass die teilnehmende Person einen hohen Anreiz zum Reagieren hat. Die schriftliche Darbietung von „Szene – Stopp – Reaktion" erfolgt am sinnvollsten per Folie (sichtbar ist nur der Kontext; die eigentliche Szene wird erst aufgedeckt, wenn alle Teilnehmenden den Kontext verstanden haben und aktionsbereit sind) oder per Beamer (erst wird der Kontext gezeigt; die eigentliche Szene wird danach per Mausklick aufgerufen).

4. Handlungssteuernde Strukturen bearbeitbar machen

Beispiel für eine schriftliche Darbietung von „Szene-Stopp-Reaktion":

> **Kontext**
> Eine Lehrperson hat am Wochenende an einer Weiterbildung über Entspannungsverfahren teilgenommen. Sie möchte ihre zehnte Klasse (etwa sechzehnjährige Schülerinnen und Schüler) mit Entspannungsverfahren vertraut machen. Sie betritt am Montagmorgen hoch motiviert die Klasse und sagt: **„Heute beschäftigen wir uns nicht mit dem Stoff, sondern mit dem Thema Entspannung. Es ist mir wichtig, dass ihr bei mündlichen Prüfungen und bei Klassenarbeiten künftig besser abschneidet. Deshalb gebe ich euch jetzt Informationen über Autogenes Training und Muskelentspannung. Danach machen wir einige interessante Übungen."**

Dieser Teil der Visualisierung bleibt so lange sichtbar, bis alle Teilnehmenden den allgemeinen Rahmen der Situation verstanden haben. Im konkreten Fall handelt es sich bei den Teilnehmenden um Lehrerinnen und Lehrer, die in der Regel eine gewisse Vorstellung von typischen zehnten Klassen, von der besonderen Motivation nach Fortbildungen sowie von Entspannungsverfahren haben. Notfalls werden ergänzende Informationen gegeben. Die Leitungsperson vergewissert sich, dass alle Anwesenden aktionsbereit sind. Erst jetzt wird die eigentliche Szene gezeigt.

> **Szene**
> Eine Schülerin ruft, ohne dazu aufgefordert zu sein, laut nach vorne:
> **„Es wäre mir lieber, Sie würden so unterrichten, dass wir den Stoff verstehen. Dann bräuchten wir keine Entspannung vor einer Klassenarbeit!"**
> Die Klasse lacht.

Eine dritte Darbietungsform ist die mündliche. Hier besteht der Vorteil darin, dass die Leitungsperson die Episode lediglich im Kopf gespeichert haben muss und sonst keinerlei Vorbereitungen zu treffen hat. Der Nachteil bei einer mündlichen Schilderung ist jedoch deren Flüchtigkeit. Während durch eine Videoszene schnell ein umfassender Gesamteindruck entsteht und bei der schriftlichen Darbietung der Leser im Text jederzeit zurückgehen kann, ist man bei der mündlichen Präsentation der Episode auf das Erzählgeschick der Leitungsperson angewiesen. Nur wenn diese es versteht, den Kontext wirklich deutlich zu machen und daran dann die entscheidende Szene zu knüpfen, wird die Methode von Erfolg gekrönt sein.

Beispiel für eine mündlich präsentierte "Szene-Stopp-Reaktion":
(Die authentische Szene entstammt der betrieblichen Erwachsenenbildung. Es geht um den Umgang mit Vorgesetzten.)

> **Kontext**
> Sie sind langjährige Dozentin in einem großen Unternehmen. Am Montagvormittag um 8 Uhr ruft Sie Ihr Vorgesetzter zu sich. Aufgeregt berichtet er, dass eine Ihrer Kolleginnen überraschend krank geworden sei. Die Kollegin hätte einen Dreitageskurs über Bürokommunikation halten sollen. Dieser Kurs beginne um 9 Uhr, also in etwa einer Stunde. Der Chef sagt zu Ihnen: "Ich möchte Sie bitten, für die Kollegin einzuspringen und den Dreitageskurs zu übernehmen!" Sie sind total entsetzt, weil Sie sich inhaltlich in diesem Bereich nicht auskennen. Deshalb antworten Sie ablehnend:
> **"Ich habe keine Ahnung von diesem Thema!"**

An dieser Stelle sollte der mündliche Bericht unterbrochen und sicher gestellt werden, dass die Teilnehmenden den Kontext richtig verstanden haben. Erst wenn dies geschehen ist, wird die zentrale Szene geschildert, auf die dann ohne Zeitaufschub reagiert werden soll.

> **Szene**
> Darauf sagt Ihr Vorgesetzter ganz energisch:
> **"Hier liegen zwei Leitz-Ordner. Da steht alles drin!"**

Bei der Methode "Szene-Stopp-Reaktion" ist es wichtig, dass die Szenen so authentisch wie nur möglich sind. Es ist ja nicht das Ziel, durch kuriose Begebenheiten die Teilnehmenden zum Lachen zu bringen, sondern es geht darum, Teile der Wirklichkeit so abzubilden, dass ein Anreiz zum Reagieren entsteht. Die Situationen dürfen dabei auch völlig unspektakulär sein. Beispielsweise ist es im Moment ein wichtiges Thema in der Fachdidaktik, wie man mit Fehlern umgehen sollte (vgl. z.B. Schoy-Lutz, 2005). Darüber gibt es wissenschaftliche Vorstellungen, die in manchen Bereichen den subjektiven Theorien zuwiderlaufen. Um die in die fachdidaktischen Aus-, Fort- und Weiterbildungen mitgebrachten handlungsleitenden subjektiven Theorien bearbeitbar zu machen, kann man mit der Methode "Szene-Stopp-Reaktion" arbeiten. Dafür ist jede typische Form eines Fehlers geeignet.

4. Handlungssteuernde Strukturen bearbeitbar machen

Beispiel für eine schriftliche Darbietung von „Szene-Stopp-Reaktion" zum Thema „Umgang mit Fehlern":

> **Kontext**
> Mathematikunterricht in einem dritten Schuljahr der Grundschule, (die Lernenden sind etwa 9 Jahre alt). Die Lehrerin schreibt die folgende Rechnung an die Tafel:
> „ 3 mal 9 plus 3 mal 9."
> Es soll im Kopf gerechnet werden.

Wichtig ist es bei diesem Beispiel, den Teilnehmenden genügend Zeit zu lassen, um die richtige Lösung zu finden und um sich auf den bereichsspezifischen Kenntnisstand von Neunjährigen im Fach Mathematik beim Kopfrechnen einzustellen. Ist dies geschehen, dann kann die Szene präsentiert werden.

> **Szene**
> Wahid, ein sehr aktiver Schüler, meldet sich als erster. Er sagt:
> „24"

Die Teilnehmenden wählen eine Handlungsmöglichkeit aus. Typische Varianten sind dabei, einen anderen Schüler aufzurufen, den Schüler zu fragen, wie er gerechnet hat, mit dem Schüler im gemeinsamen Dialog die Aufgabe durchzugehen und dabei sokratische Lösungshilfen zu geben, das richtige Ergebnis zu nennen und die Lösung laut vorzurechnen usw. Im späteren Schritt der „Entwicklung neuer Problemlösungen" (vgl. Kapitel 5) können die spontan produzierten Varianten auf ihre fachdidaktische Angemessenheit hin geprüft werden.

3. Individuelle Reaktion in einer von 3 Varianten
Bisher haben wir skizziert, wie Kontext und Szenen-Höhepunkt präsentiert werden können. Nun kommt die Frage, was denn die Teilnehmenden ganz genau nach dem „Stopp" tun d.h. in welcher Form sie reagieren sollen? Hier gibt es mehrere Möglichkeiten: das spontane Rollenspiel, die Ampelmethode und das schriftliche Notieren.

(1) Spontanes Rollenspiel
Das ist sicherlich der Königsweg. Ein sofortiges Reagieren in einer Form, die der ökologisch validen Interaktion am nächsten kommt, bringt handlungsleitende subjektive Theorien an die Oberfläche und macht sie damit bearbeitbar. Doch wie kann man die Teilnehmenden zu einem Rollenspiel bewegen? Es ist ja bekannt, dass Rollenspiele höchst unbeliebt sind, weil sich die Akteure in einer simulierten Situation exponieren müssen und sich dabei den Bewertungen der

Zuschauer aussetzen. Das macht unsicher und führt zur Ablehnung dieser Methode. Deshalb sollen bei Szene-Stopp-Reaktion auch keine Rollenspiele im Plenum stattfinden, denn es kommt beim Bearbeitbarmachen überhaupt nicht darauf an, dass anderen etwas vorgeführt wird. Die Sozialform ist in der Regel vielmehr die Partnerarbeit, wobei alle Paare genau zur gleichen Zeit ihre Rollenspiele durchführen. Präzise ausgedrückt: Es handelt sich um zeitlich parallele Partnerrollenspiele. Diese sind einfach zu organisieren und wecken dann besonders wenig Skepsis, wenn von vorne herein angekündigt wird, dass es zwei Durchgänge gibt, d.h. dass die Rollen wechseln. Der Ablauf des spontanen Partnerrollenspiels sieht so aus: Im ersten Schritt wird der Kontext präsentiert, beispielsweise schriftlich mit einer Folie. Ist allen Teilnehmenden die Situation transparent, werden Pärchen gebildet. Angenommen, es handle sich um eine Lehrer – Schüler – Interaktion, dann übernimmt die eine Person die Lehrerrolle und die andere die Schülerrolle. Da alle wissen, dass bei der nächsten Szene die Rollen getauscht werden, ist eine Einigung darüber, wer welche Rolle übernimmt, rasch herbeigeführt.

Beispiel für die Organisation zeitlich paralleler Partnerrollenspiele:

Kontext
Im zehnten Schuljahr (die Lernenden sind etwa 16 Jahre alt) informiert der Lehrer im Fach Biologie in Form eines Vortrags über die Bausteine der DNS. Danach will er mit Aufgaben sicherstellen, dass die Schülerinnen und Schüler die Inhalte verstanden haben. Diese Aufgaben sollen an der Tafel gelöst werden. Für jede Aufgabe soll eine andere Person an die Tafel kommen. Die Augen des Lehrers wandern durch die Klasse, um jemanden zu suchen, der die erste Aufgabe löst. Sein Blick fällt auf Beate, die dem Vortrag des Lehrer ganz offensichtlich mit recht geringem Interesse gefolgt ist. Der Lehrer schaut Beate aufmunternd an und sagt freundlich:
„Beate! –
Darf ich dich bitten, die Aufgabe an der Tafel zu versuchen?"

Wenn allen Teilnehmenden der Kontext klar ist, wird jene Person, welche die Lehrerrolle übernehmen will, darum gebeten, sich mental darauf einzustellen, demnächst zu der anderen Person mit aufmunterndem Blick und freundlichem Ton sagen zu müssen: „Beate! – Darf ich dich bitten, die Aufgabe an der Tafel zu versuchen?" Sobald alle Beteiligten diese Instruktion verstanden haben, deckt die Leitungsperson den zweiten Teil des Dialoges auf, nämlich die herausgehobene Szene:

> **Szene**
> Die Schülerin antwortet gereizt:
> „Nein! – Ich will nicht! –
> Ich lasse mich doch von Ihnen nicht herumkommandieren!"

Erst jetzt beginnen alle Teilnehmenden mit dem Rollenspiel. Die als Lehrperson agierende Person sagt wortwörtlich den Satz: *„Beate! – Darf ich dich bitten, die Aufgabe an der Tafel zu versuchen?"* Die als Schülerin agierende Person antwortet ebenfalls wortwörtlich: *„Nein! – Ich will nicht! – Ich lasse mich doch von Ihnen nicht herumkommandieren!"* Danach ist die Lehrperson mit der entscheidenden Handlung an der Reihe. Sie reagiert so, wie sie die Situation wahrnimmt (Situationsorientierung SO) und wie sie denkt, dass eine angemessene Reaktion aussehen könnte (Aktionsplanung AP). Da der vorgegebene Einstiegs-Dialog zwischen Lehrperson und Schülerin recht schnell abläuft, folgt in der Regel ein ebenso schneller weiterer Schlagabtausch, der nur dadurch bewältigbar ist, dass die prototypenartigen subjektiven Theorien geringer Reichweite maßgebend an Situationsorientierung und Aktionsplanung beteiligt sind. Nach unseren Erfahrungen erleben die Teilnehmenden in Erwachsenenbildung, Hochschule und Schule solche Partnerrollenspiele als außerordentlich aktivierend. Ist den Teilnehmenden der Ablauf der Methode klar, dann gibt es nach unseren Eindrücken weder Ablehnung noch Verweigerungen.

(2) Reagieren mit der Ampelmethode
Eine zweite Form, in der sehr schnell reagiert werden kann, ist die Ampelmethode. Wie eine Verkehrsampel über drei Farben verfügt, so hat jede Person drei Kärtchen in den Farben Grün, Gelb und Rot vor sich auf dem Tisch liegen. Sobald die Szene präsentiert ist, halten die Teilnehmenden eine der drei Karten hoch. Jede Karte steht für eine Lösungsmöglichkeit.

Beispiel für den Einsatz der Ampelmethode bei „Szene-Stopp-Reaktion":

> **Kontext**
> Sie nehmen an einer Fortbildung teil, die sich über einen längeren Zeitraum erstreckt. Diese Fortbildung wendet sich an Lehrende in der Erwachsenenbildung. Zu den damit verbundenen Aktivitäten gehört, dass sich die Lehrenden gegenseitig in den Lehrveranstaltungen besuchen. – Sie sitzen bei Ihrer Tandemperson im Kurs ganz hinten. Ihre Tandemperson leitet den Kurs. Im Moment läuft eine recht ermüdende Phase in Form eines Frontalunterrichts ab. Sie finden das nicht so erfreulich. Eine Person, die am Kurs teilnimmt und direkt vor Ihnen sitzt, wendet sich um ....

Ist der Kontext allen Teilnehmenden klar, wird jetzt nicht – wie bisher – die eigentliche Szene gezeigt, sondern es werden zuerst mögliche Alternativen skizziert. Das hat den Zweck, dass nach dem Zeigen der zentralen Szene innerhalb weniger Sekunden eine Farbkarte hochgehalten werden kann. Die Teilnehmenden müssen sich dann nicht lange mit den einzelnen Handlungsalternativen auseinandersetzen, sondern kennen diese schon. Notfalls können die Alternativen noch erläutert werden, bis ihr Sinn deutlich geworden ist. Die Handlungsalternativen unterscheiden sich von Fall zu Fall. Im obigen Beispiel wären es folgende:

> **Handlungsalternativen**
>
> Grün: Ich ignoriere die Äußerung, zeige also keinerlei Reaktion
>
> Gelb: Ich verneine ....
>
> Rot: Andere Handlung, nämlich ....

Wenn Kontext und Handlungsalternativen klar sind, dann kann die eigentliche Szene präsentiert werden. Sobald diese erscheint, entscheiden sich die Teilnehmenden innerlich für eine Farbkarte und halten diese auf ein Zeichen der Leitungsperson so gleichzeitig wie möglich hoch. Im Beispiel sieht die entscheidende Szene so aus:

> **Szene**
> Die Person flüstert in vertraulichem Ton:
> „Ist es Ihnen auch so langweilig wie mir?"

Die Ampelmethode hat Vorteile, aber auch Nachteile, wenn sie mit der Methode „Szene-Stopp-Reaktion" verknüpft wird. Sie erlaubt schnelles Reagieren, man kann auf einen Blick die bevorzugten Handlungsalternativen erkennen und die Teilnehmenden brauchen sich nicht so stark einzubringen wie beim rollenspielartigen Reagieren, das heißt die potentielle Hemmschwelle ist geringer. Ein Vorteil ist auch, dass man selbst in einem extrem großen Plenum mit der Ampelmethode arbeiten kann. Größter Nachteil ist dagegen, dass zwei der im Beispiel angebotenen Alternativen nicht identisch sind mit den mitgebrachten Prototypenstrukturen. Lediglich die rote Karte signalisiert, dass eine persönliche Lösung gefunden wurde. Dennoch können Bewusstmachungs-Prozesse dadurch erreicht werden, dass die Teilnehmenden jene Gedanken und Gefühle verbalisieren, die ihnen beim Wahrnehmen der Situation sowie bei der Auswahl der Handlungsmöglichkeiten durch den Kopf und durch den Bauch gingen. Ein zweiter Nachteil ist die zeitli-

4. Handlungssteuernde Strukturen bearbeitbar machen

che Erstreckung von Kontextbeschreibung und Nennen der Handlungsalternativen. Beide lassen schon begründete Vermutungen aufkommen, wie denn wohl die entscheidende Szene aussehen könnte. Damit wird der Handlungsdruck abgeschwächt und der Rückgriff auf die Prototypenstrukturen möglicherweise verhindert.

(3) Schriftliches Reagieren
Ein letzte Möglichkeit, wie auf den Stopp einer Szene reagiert werden kann, ist die schriftliche Form. Die Teilnehmenden werden dabei gebeten, ohne jeden Zeitaufschub aufzuschreiben, was sie wörtlich sagen oder was genau sie tun würden. Ein Vorteil dieses Vorgehens liegt in seiner Einfachheit. Es ist nicht so viel im Voraus zu arrangieren wie etwa beim Partnerrollenspiel oder bei der Ampelmethode. Weiter ist es positiv, dass die Formulierungen oder Aktionen fixiert sind. Wie oben schon erwähnt, werden diese Details rasch wieder vergessen. Der große Nachteil liegt in der zeitlichen Erstreckung. Nach unseren Erfahrungen schreiben viele Teilnehmende nicht sofort auf, was sie tun würden, sondern sie fangen an zu überlegen – wie das eben so ist, wenn man etwas schreibt. Dadurch verringern sie die Ähnlichkeit zwischen dem Handeln in der alltäglichen Praxis und dem Handeln bei der Methode „Szene-Stopp-Reaktion".

Beispiel für schriftliches Reagieren
(authentische Situation aus einer Fortbildung für schweizer Sozialpädagogen):

Kontext
In einem Heim für Verhaltensauffällige befinden sich Jugendliche und Sozialpädagogen gemeinsam beim Mittagessen. Als dieses beendet ist, stellt ein Sozialpädagoge fest, dass der Essenswagen noch nicht in die Küche gebracht wurde. Da es jedoch eine feste Regel ist, dass die Jugendlichen sich am Aufräumen nach den Mahlzeiten beteiligen, sagt der Sozialpädagoge zu einem fünfzehnjährigen Jugendlichen, er müsse noch den Essenswagen in die Küche bringen.

Der Kontext wird so lange erläutert, bis allen Teilnehmenden klar ist, worum es geht. Das ist in diesem Beispiel nicht schwierig, weil es sich um eine alltägliche Szenerie handelt. Jetzt nehmen die Teilnehmenden ein leeres Blatt, zücken ein Schreibgerät und machen sich zum Reagieren bereit.

Szene
Der Jugendliche antwortet aggressiv:
„Halt d'Schnur, du Huerewichser"

Die Teilnehmenden beginnen unmittelbar nach dem Aufdecken der zentralen Szene mit dem Aufschreiben wörtlicher Formulierungen oder präziser Schilderungen eigener Aktionen. Die Leitungsperson sollte dabei zögerliche Personen ermuntern, sofort mit dem Schreiben zu beginnen und nicht mehr Zeit zum Überlegen zu verwenden, wie wenn sie tatsächlich reagieren müssten.

4. Verbalisieren der handlungssteuernden Gedanken und Gefühle
Im nächsten Arbeitsschritt der Methode „Szene-Stopp-Reaktion" verbalisieren die Teilnehmenden jene innerlich wahrgenommenen Prozesse, die beim raschen Reagieren in ihnen abliefen. Dabei ist es gleichgültig, ob sie im Rollenspiel, mit der Ampelmethode oder durch Aufschreiben gehandelt haben. Sie berichten darüber, wie sie die Situation aufgefasst haben (Situationsorientierung SO) und was zur Auswahl des produzierten Agierens geführt hat (Aktionsplanung AP). Auf diese Weise erhalten sie Einblick in die eigene Handlungssteuerung, machen sich die damit verbundenen Gedanken und Gefühle bewusst. Das erlaubt es, im weiteren Veränderungsprozess damit zu arbeiten. Als Sozialform ist das Plenum hierfür schlecht geeignet. Weitaus günstiger sind kleine Sozialformen wie Einzelarbeit, Partnerarbeit oder Kleingruppenarbeit. Dabei hat es sich als besonders ergiebig erwiesen, wenn die Teilnehmenden die in der Szene durchlebten innerlichen Prozesse mit jenen verknüpfen, die sie in der alltäglichen Praxis bei sich selbst wahrnehmen. Der Arbeitsauftrag hierfür sollte so formuliert werden, dass die Teilnehmenden – direkt nach dem Verbalisieren der auf die künstliche Szene bezogenen handlungssteuernden Prozesse – das Typische in der Szene suchen (z.B. jemand weigert sich aggressiv; jemand macht einen Fehler; jemand verlangt Unmögliches von mir; jemand will sich mit mir gegen eine andere Person verbünden; jemand hält sich nicht an die vereinbarten Regeln usw.). Hierzu sollen die Teilnehmenden Beispiele aus der eigenen Praxis berichten und erläutern, wie sie solche Situationen wahrnehmen (Situationsorientierung SO) und darauf reagieren (Handlungsplanung AP). Auf diese Weise erhalten die Teilnehmenden einen auf einen Typus von Situationen bezogenen Einblick in die eigene Handlungssteuerung. Wird dieses Vorgehen jetzt noch systematisiert, dann sind wir schon bei den ersten Arbeitsschritten der Weingartener Appraisal Legetechnik WAL angelangt (vgl. Kapitel 4.6).

5. Verknüpfung des Bearbeitbar-Machens mit dem nächsten Lernschritt, dem Entwickeln neuer Problemlösungen
Die Methode „Szene-Stopp-Reaktion", die ja zum ersten Lernschritt des „Bearbeitbar-Machens" gehört, kann zum zweiten Lernschritt weitergeführt werden, bei dem es um das „Verändern handlungssteuernder Strukturen durch Entwickeln neuer Problemlösungen" geht. Wird dies angestrebt, was gut einlösbar ist, dann müssen Teilnehmende und Leitende in einen gemeinsamen Diskurs ein-

4. Handlungssteuernde Strukturen bearbeitbar machen

treten. Dessen Ziel ist es, die Angemessenheit der als handlungssteuernd erkannten subjektiven Theorien für das Reagieren auf das thematisierte Praxisproblem zu bewerten. Dabei prallen nicht nur die verschiedenen subjektiven Theorien der Teilnehmenden aufeinander, sondern es kommen auch – falls solche vorliegen – wissenschaftliche Theorien ins Spiel. Diese sind nicht automatisch die überlegene Variante, sondern sie müssen gleichermaßen daraufhin überprüft werden, ob sie für das gesamte Praxisproblem oder wenigstens für Teile desselben tragfähige Lösungen bereithalten. Beispielsweise favorisiert die mathematische Fachdidaktik im Bereich der Fehlerkultur den Ansatz, bei falschen Ergebnissen nicht gleich einen anderen Schüler aufzurufen, sondern sich zuerst in Form des „lauten Denkens" erläutern zu lassen, wie das (falsche) Ergebnis zustande kam. Jetzt wäre zu prüfen, ob es in wirklich allen vergleichbaren Situationen angezeigt ist, den Denkprozess zu erfragen, ob gewisse Ausnahmen davon gemacht werden müssen oder ob das Erfragen des Denkprozesses im Mathematikunterricht aus grundsätzlichen Überlegungen und Erfahrungen heraus abzulehnen ist. Mit dieser letzten Variante möchte ich andeuten, dass die durch wissenschaftliche Theorien nahegelegten Handlungsmöglichkeiten für bestimmte Praxisbereiche auch völlig ungeeignet sein und manchmal sogar problemverschärfend wirken können. Wissenschaftliche Theorien wandeln sich in manchen Fällen ganz erheblich und so ist „wissenschaftlich" keinesfalls mit „richtig" zu übersetzen. Schließlich gibt es viele Handlungsbereiche, die so spezifisch sind, dass man nicht weiß, welche wissenschaftliche Theorie man darauf zur Generierung von Handlungsmöglichkeiten anwenden soll.

Dazu ein kleines Beispiel aus einem Selbstversuch, bei dem ich als Mathematiklehrer agierte:
Im Mathematikunterricht des 7. Schuljahres der Hauptschule nehme ich das Thema „Jahreszinsen" durch. Gerechnet werden in unterschiedlichen Sozialformen Aufgaben vom Typus: „Auf meinem Sparbuch befinden sich Euro 230 (Grundwert). Der Zinssatz beträgt 3,5% (Prozentsatz). Wie hoch sind die jährlichen Zinsen? (Prozentwert)."
Neu im Klassenverband ist Willi, ein hochgewachsener Schüler, der sich ganz alleine in die letzte Reihe setzt. Während ich an der Tafel eine Beispielaufgabe vorrechne, ruft Marion der weit von ihr entfernt sitzenden Sandra eine anzügliche Bemerkung über Willi zu. Sandra fühlt sich provoziert und ruft ebenso laut zurück: „Jetzt knalle ich dir eine!". Mittlerweile habe ich mich umgedreht. Sandra steht auf und setzt sich in Richtung Marion in Bewegung. Dies alles geschieht sehr langsam, weil Sandra ein Bein im Gipsverband hat. Die Klasse wird plötzlich sehr ruhig und schaut, was geschieht.

Welche wissenschaftlichen Theorien helfen mir bei der Interpretation dieser ganz konkreten Situation? Was genau soll ich tun oder lassen und an welchen wissenschaftlichen Theorien kann ich mich dabei orientieren? Soll ich eine von mindestens acht verschiedenen Aggressions-Theorien heranziehen, die von Instinkttheorien bis zu psychologischen Handlungstheorien reichen? Soll ich mich an kommunikationstheoretische Ansätze anlehnen und aus meinen zwei Ohren vorübergehend vier oder mehr Ohren machen? Wäre es besser, mit entwicklungspsychologischen Theorien über das Jugendalter zu operieren? Oder müsste man die Klasse als Gruppe auffassen und sozialpsychologisch vorgehen? An diesem Beispiel wird deutlich, dass die Entwicklung neuer Problemlösungen ein recht schwieriger Prozess ist, bei dem wissenschaftliche Theorien und subjektive Theorien in einen wechselseitigen Austausch treten, wie dies schon vor Jahrzehnten Heinz Heckhausen (1975) und Manfred Hofer (1977) gefordert haben. Wie kann nun die Methode „Szene-Stopp-Reaktion" in die Form eines „kleinen Sandwiches" gebracht werden? Ein Beispiel hierfür ist in Abb. 13 zu finden.

Gelenkstelle: Leitungsperson führt die Teilnehmenden in die Methode „Szene-Stopp-Reaktion" ein und schafft das entsprechende Lern-Arrangement.
Kollektive Lernphase: Leitungsperson präsentiert mündlich, per Folie, per Beamer oder per Video den Kontext einer authentischen Situation.
Gelenkstelle: Leitungsperson vergewissert sich, dass der Kontext der Situation verstanden wurde
Kollektive Lernphase: Leitungsperson präsentiert den Höhepunkt des Geschehens
Einschub: Die Teilnehmenden reagieren ohne jeden Zeitaufschub schriftlich, durch Heben einer Ampelkarte oder durch ein Partnerrollenspiel
Einschub: Die Teilnehmenden verbalisieren die beim raschen Reagieren introspektiv wahrgenommenen Gedanken und Gefühle. Sie weiten die Reflexion auf vergleichbare, jedoch selbst erlebte Situationen aus. Besonders geeignet sind dafür Partner- oder Kleingruppenarbeit
Gelenkstelle: Teilnehmende kommen zu einem vereinbarten Zeitpunkt in das Plenum zurück
Kollektive Lernphase: Vergleichen der beim raschen Reagieren produzierten Handlungsweisen. Diskurs über die Angemessenheit der verschiedenen Lösungs-Varianten. Konfrontation mit durch wissenschaftliche Theorien nahegelegte Vorgehensweisen. Wechselseitiger Austausch subjektiver und wissenschaftlicher Theorien. (Bei größerem Umfang selbst wieder in Form eines kleinen Sandwiches).

Abb. 13: Beispiel für den Verlauf der Methode „Szene-Stopp-Reaktion" in Form eines „kleinen Sandwiches"

4.6 Weingartener Appraisal Legetechnik (WAL)

Geht man davon aus, dass menschliches Handeln ganz grob gesehen in zwei Abschnitten abläuft, nämlich der Situationsorientierung SO und der Aktionsplanung AP, dann kann man versuchen, diesen beiden Prozessen genauer auf die Spur zu kommen, um sich selbst zu erkennen. Man kann die Situationsorientierung auch als „Auffassung einer Situation" oder als „Situationsauffassung" bezeichnen (Wahl, 1991, S. 58 ff.). Das ist die sinngemäße Übersetzung des von Lazarus (1973; 1981) verwendeten Begriffs „primary appraisal". (Die wörtliche Übersetzung von „appraisal" ist „Taxierung", „Schätzung" oder „Abschätzung".) Nach Lazarus schätzt der Akteur in der ersten Phase des Handlungsprozesses ab, wie die Situation beschaffen ist und wie sie sich vermutlich weiter entwickeln wird. Im zweiten Abschnitt des Handlungsprozesses, der Phase der „secondary appraisal", schätzt der Akteur ab, über welche Handlungsmöglichkeiten er verfügt und welche Auswirkungen es hätte, wenn er diese in der vorliegenden Situation einsetzen würde. Dies kann man auch als „Handlungsauffassung" bezeichnen (Wahl, 1991, S. 60 ff.) bzw. als Aktionsplanung AP. Es geht also darum, mit der WAL herauszufinden, wie ein Akteur Situationen gedanklich und gefühlsmäßig auffasst. Dabei kennzeichnet das „A" in WAL sowohl die Auffassung, die Abschätzung als auch die beiden „Appraisal"-Prozesse, wobei alle Begriffe glücklicherweise mit „A" beginnen. Bei der WAL werden Situationen, Reaktionen, Gedanken und Gefühle auf Kärtchen geschrieben und danach in eine Struktur gebracht. In Anlehnung an die im Forschungsprogramm Subjektive Theorien gerne verwendeten Struktur-Lege-Verfahren (vgl. z. B. Scheele, 1992) bzw. Struktur-Lege-Techniken (siehe auch Kapitel 5.5) bedeutet das „L" so viel wie „Legetechnik". Das „W" bei der WAL rührt schließlich daher, dass das Verfahren im Rahmen eines in Weingarten durchgeführten Forschungsvorhabens zunächst als Untersuchungsmethode entstand (Wahl, Schlee, Krauth & Mureck, 1983, S. 76 ff) und danach in eine vereinfachte Form zur Bewusstmachung handlungsleitender subjektiver Theorien überführt wurde (erstmalig in Schlottke & Wahl, 1983, S. 20–33). So kommt die Bezeichnung WAL = „Weingartener Appraisal Legetechnik" bzw. „Weingartener Auffassungs Legetechnik" zustande.

Die WAL ist ein recht aufwändiges Verfahren und benötigt zu ihrer Durchführung ein bis zwei Stunden Arbeitszeit. Als Gegenwert ergeben sich starke Bewusstmachungs-Effekte. Diese beruhen auf einer nahezu idealen Kombination aus Selbstbeobachtungen und Selbstreflexionen. In einer ganzen Reihe konkreter Praxissituationen beobachtet sich der Akteur selbst. Er notiert das beobachtbare Geschehen (Situationen, Reaktionen) und die introspektiv wahrgenommenen Prozesse (Gedanken, Gefühle). Außerhalb der konkreten Situationen reflektiert er darüber, welche Gesetzmäßigkeiten in seinem eigenen Handeln zu erkennen sind, also was das Typische an seinem Handeln ist. Eine Hilfe sind dabei die beim

Anordnen der Kärtchen entstehenden Strukturen. Am Ende fragt er sich, inwiefern sein Handeln veränderungsbedürftig ist und bildet Ziele für die „Zone seiner nächsten Entwicklungen". Das Vorgehen bei der WAL umfasst sechs Arbeitsschritte:

Erster Arbeitsschritt: Situationen sammeln
Zunächst ist ein Bereich ausfindig zu machen, für den eine WAL durchgeführt werden soll. Für diese „Problemauswahl" (vgl. Wahl, 1991, S. 196 f. sowie Kap. 6.6) eignen sich alle relevanten Handlungsfelder, insbesondere jedoch jene, in denen der Akteur von vornherein einen gewissen Änderungsbedarf bei sich selbst erkennt. Im Handeln von Schülerinnen und Schülern können Schüler-Schüler-Konflikte, Schüler – Lehrer-Konflikte oder Eltern-Kind-Konflikte mit der WAL ebenso angegangen werden wie mangelnde Anstrengungsbereitschaft oder Leistungseinbußen in Wettkampf- oder Auftrittssituationen. Im Handeln von Lehrerinnen und Lehrern kann eine schwierige Klasse als Problem gewählt werden, der Umgang mit Kolleginnen und Kollegen, mit der Schulleitung, mit Eltern oder das Aufschieben lästiger Korrekturarbeiten. Im Handeln Lehrender in Erwachsenenbildung oder Hochschule kann es das Reagieren auf unaufmerksame, desinteressierte, zuwendungsbedürftige oder provozierende Teilnehmende ebenso sein wie stressgeladene Situationen insgesamt oder Situationen, denen man sich nicht gewachsen fühlt. Eine WAL kann auch zu allgemeinen Problembereichen wie Rauchen, Alkoholkonsum, Aggressiviät, Ängstlichkeit usw. angelegt werden. Aufgabe des Akteurs ist es, in seinem alltäglichen Handeln darauf zu achten, wann derartige Situationen auftreten. Für jede Situation legt er zwei Kärtchen an. Auf dem *Situations-Kärtchen* notiert er das, was an beobachtbaren Aktionen abgelaufen ist, *bevor* er reagiert hat. Damit soll der Prozess der Situationsorientierung SO festgehalten werden.

Beispiel aus der Lehrerbildung:
„Kurz vor der großen Pause, also noch während des Unterrichts, klopft es an der Tür des Klassenzimmers. Ich öffne. Julias Mutter ist draußen. Sie beschwert sich über eine Strafarbeit, die ich ihrer Tochter am Tag zuvor wegen ständiger Seitengespräche erteilt habe. Meine Klasse ist in diesem Moment ohne Beschäftigung."
Auf dem *Reaktions-Kärtchen* notiert er, wie er in dieser Situation ganz konkret reagiert hat. Damit soll der Prozess der Aktionsplanung AP festgehalten werden.
Fortsetzung des Beispiels: „Ich bin völlig überrascht und weiß nicht so richtig, wie ich reagieren soll. Ich höre mir den Wortschwall an. Ich vertrete meine Position nicht so gut, wie ich das eigentlich möchte. Am Ende entschuldige ich mich halb und bin sehr unzufrieden mit mir."
Es ist wichtig, dass die Notizen zeitnah zum Ereignis gemacht werden, damit die Erinnerungen so präzise wie möglich sind. Bei Interaktionen, also einem „Han-

deln unter Druck" ist dies schwierig, weil man beispielsweise nicht mitten in einer Auseinandersetzung Kärtchen herausziehen und diese beschriften kann. Das würde doch einen recht irritierenden Eindruck hinterlassen. Bei Handlungsweisen, die nicht „unter Druck" erfolgen, zum Beispiel beim Trödeln, beim Aufschieben von Aufgaben, beim Rauchen, bei Planungstätigkeiten usw., kann man auch während des Handelns die Situations- und Reaktionskärtchen schreiben.

Zum letzten Fall ein Beispiel, bei dem es prinzipiell möglich ist, während des Ablaufs der Situation die Situations- und Reaktionskärtchen zu schreiben.

Situationskärtchen: „Es ist Donnerstag, 18 Uhr. Ich komme müde von der Arbeit nach Hause und muss jetzt noch meinen EDV-Kurs vorbereiten, den ich am Freitag um 20 Uhr halten will. Ich habe mir fest vorgenommen, mindestens eine Stunde dafür zu verwenden. Ich weiß, dass um 19 Uhr Frau und Kinder eintreffen und dass ich dann nicht mehr dazu kommen werde. Die Kursplanung ist mir wichtig, weil ich letztes Mal schlecht vorbereitet war und ich befürchte, dass einige Teilnehmende mit der Zeit wegbleiben könnten, wenn ich weiterhin in der Kursgestaltung hinter meinen Möglichkeiten zurückbleibe."

Reaktionskärtchen: „Ich setze mich an den PC, rufe jedoch zuerst meine E-Mails ab. Einige davon beantworte ich gleich. In diesem Zusammenhang führe ich ein Telefongespräch, das länger als geplant dauert. Dann öffne ich meine Datei mit der Kursplanung. Ich überlege, wie ich in den Kurs einsteigen könnte. Dann klingelt es und die Familie kommt nach Hause."

Hätte der Akteur um 18 Uhr die ersten fünf Minuten der ihm zur Verfügung stehenden Stunde geopfert, um ein Situationskärtchen zu schreiben, dann hätte er es sich möglicherweise selbst versagt, seine E-Mails abzurufen und vielleicht früher mit den Planungstätigkeiten begonnen. Selbstbeobachtungsverfahren wie die WAL beinhalten allein durch die erhöhte Bewusstheit des eigenen Handelns ein erhebliches Veränderungspotenzial, indem sie beispielsweise gewohntes Agieren unterbrechen. Je mehr Situationen gesammelt werden, umso besser wird der Einblick in die Bedingungen des eigenen Handelns und umso stärker sind damit die Effekte des Bewusst- und Bearbeitbarmachens. Damit eine WAL sinnvoll gelegt werden kann, sollten mindestens fünf bis acht Situationen vorliegen. Umgekehrt müssen nicht mehr als 15 Situationen protokolliert werden, weil bei noch höheren Zahlen die visuelle Darstellung etwas unübersichtlich wird.

Zweiter Arbeitsschritt: Situationen berichten
In Partner- oder Kleingruppenarbeit wird jede der gesammelten Situationen detailliert berichtet. Es hat sich für den Prozess des Bearbeitbar-Machens als außerordentlich hilfreich erwiesen, anderen Personen zu schildern, was in den betreffenden Situationen äußerlich und innerlich abgelaufen ist. Derartige kommunikative Phasen innerhalb des Veränderungsprozesses wurden bei Verfahren wie der Selbstreflexion, der Selbstbeobachtung usw. schon mehrfach vorgeschlagen. Das

Verbalisieren der beobachtbaren Aspekte einer Situation erfordert es, die intuitiv gewonnenen Eindrücke oder Auffassungen zu explizieren. In gewisser Weise wird das Geschehen dadurch objektiviert. Das zusätzliche Versprachlichen der zugehörigen innerpsychischen Vorgänge führt zu einer erhöhten Bewusstheit dieser schwer zu fassenden und schwer in Worte zu kleidenden Prozesse. Hat das Gegenüber bestimmte Dinge nicht richtig nachvollziehen können, dann fragt es nach und zwingt dadurch den Akteur zu weiteren Ausführungen. Bezogen auf Formen der kollegialen Praxisberatung kann das Verbalisieren der gesammelten Situationen im Praxistandem oder in der KOPING-Gruppe erfolgen. Innerhalb eines „kleinen Sandwiches" bildet dieser zweite Arbeitsschritt einen längeren „Einschub", weil eine ganze Reihe von Situationen aus der Außensicht- und Innensichtperspektive zu schildern ist. Unsere Erfahrungen zeigen, dass dieser zweite WAL-Schritt für alle Beteiligten als außerordentlich spannend (Wer ist nicht neugierig, wenn andere detailliert von sich berichten?) und zugleich als (änderungs)-motivierend erlebt wird.

Dritter Arbeitsschritt: Ordnen der Kärtchen und Oberbegriffe bilden
In Einzelarbeit werden die Kärtchen geordnet. Dabei ist darauf zu achten, dass die Situations-Kärtchen streng getrennt von den Reaktions-Kärtchen auf Ähnlichkeiten hin analysiert werden. Der dahinter liegende Sinn deutet auf die Prototypen-Strukturen hin. Wenn es richtig ist, dass zwar jede Situation völlig einzigartig ist, dass sich aber dennoch die „Badeszenen" gleichen, dann kann man die gesammelten Situations-Kärtchen daraufhin untersuchen, ob die geschilderten Begebenheiten irgendwelche Gemeinsamkeiten aufweisen. Situationsbeschreibungen, die sich in gewisser Weise ähnlich sind, werden auf einen gemeinsamen Stapel gelegt. Auf diese Weise entstehen „Situations-Prototypen". Ist dies geschehen, kann für den noch namenlosen Stapel eine Bezeichnung gefunden werden, die in wenigen Worten das Typische daran ausdrückt.

Beispiel für das Ordnen von Situationskärtchen und das Finden von Oberbegriffen:
Situation 1, Situation 5 und Situation 9 werden von Akteur M. als „ähnlich" erlebt. In Situation 1 sitzt Akteur M. mit drei Kollegen zusammen und spricht über einige problematische Schüler seiner Klasse. Er bemerkt, dass er mit seiner Meinung ganz allein dasteht. Er fühlt sich nicht verstanden. In Situation 5 sitzt Akteur M. im Lehrerzimmer und spricht mit ihm weniger vertrauten Kollegen ganz offen über Probleme, die er mit seiner eigenen Klasse hat. Er erwartet Verständnis, erhält aber nur gute Ratschläge. In Situation 9 trägt Akteur M. in der Lehrerkonferenz neue Formen der Leistungsbewertung vor, die er für angemessener hält als die typischen Ziffernnoten bzw. Klassenarbeiten. Einige Kollegen zeigen für diese „moderne Position", wie sie sagen, kein Verständnis.

4. Handlungssteuernde Strukturen bearbeitbar machen

Allen drei Situationen ist gemeinsam, dass Akteur M. jeweils mehrere Kolleginnen und Kollegen gegenüberstehen, die jeweils seine Auffassungen nicht teilen. Er fühlt sich unverstanden und zugleich unterlegen. Der zu schaffende Oberbegriff soll das Gemeinsame, das Typische an diesen drei Situationen möglichst prägnant ausdrücken. Eine sachliche Formulierung könnte heißen: „Mehrere Kollegen haben eine andere Auffassung als ich." *Eine emotionale Formulierung könnte heißen:* „Ich fühle mich unverstanden und unterlegen" (siehe Abb. 14).

In einem zweiten Durchgang werden die Reaktions-Kärtchen gruppiert. Dies geschieht in der Annahme, dass menschliches Agieren zwar in jeder Situation einzigartig ist und sich nicht wiederholt, dass es aber dennoch eine ganze Reihe wiederkehrender, ähnlicher bzw. vergleichbarer Aktionen gibt. Im Falle von Akteur M. sehen die gruppierten und mit einem Oberbegriff versehenen Reaktions-Typen so aus (siehe Abb. 14):

Beispiel für das Ordnen von Reaktionskärtchen und das Finden von Oberbegriffen:
„Nachgeben"
Reaktion 1: Ich verteidige mich schwach, gebe immer mehr nach
Reaktion 3: Ich höre mir den Wortschwall an, vertrete meine Position nicht so gut
Reaktion 4: Ich versuche zu argumentieren, gebe dann aber nach
Reaktion 11: Ich widerspreche zuerst, gebe dann nach
Reaktion 12: Ich versuche zu argumentieren, gebe dann nach
„Der Auseinandersetzung aus dem Weg gehen"
Reaktion 2: Ich halte meinen Vorsatz nicht ein, traue mich nicht
Reaktion 5: Ich traue mich nicht, die eigene Meinung zu sagen
Reaktion 7: Ich beende mit einer Ausrede ein unangenehmes Gespräch
Reaktion 9: Ich traue mich nicht, weiter zu argumentieren
„Aggressives Verhalten"
Reaktion 6: Ich bringe jemanden absichtlich in Verlegenheit und freue mich darüber
Reaktion 8: Ich drehe jemanden den Rücken zu, um dessen Klagen zu unterbrechen
Reaktion 10: Ich gebe aus Ärger heraus eine Strafarbeit

Akteur M. hat 12 Situationen durchlaufen und die dazu gehörenden 12 Reaktionen in drei Gruppen eingeteilt. Wie trennscharf diese Einteilung ist, das muss der Akteur selbst entscheiden. So könnte man als Leser der Reaktionen durchaus der Meinung sein, dass „Nachgeben" und „Der Auseinandersetzung aus dem Weg gehen" im Prinzip das Gleiche aussagen und deshalb die entsprechenden neun Reaktionen unter einem gemeinsamen Oberbegriff zusammengefasst werden müssten. Für Akteur M. gibt es jedoch einen entscheidenden Unterschied. Beim Reaktions-Typus „Nachgeben" widerspricht er, argumentiert und verteidigt er sich, bevor er nachgibt. Er stellt sich also dem Konflikt, traut sich, zu argumentieren und bringt sich entsprechend seiner Möglichkeiten ein. Beim Reaktions-Typus „Der Auseinandersetzung aus dem Weg gehen" tritt er im Gegensatz dazu nicht in den konflikthaften Meinungsaustausch ein, traut sich also nicht und geht damit der Auseinandersetzung (feige) aus dem Weg. Andere Personen hätten die gleichen Reaktionen vielleicht auch weiter ausdifferenziert. So ist beispielsweise unter dem Oberbegriff „Nachgeben" auch die Reaktion zu finden: „Höre mir den Wortschwall an, vertrete meine Position nicht so gut". Da der Akteur im Gespräch mit Julias Mutter die Strafarbeit jedoch nicht zurücknimmt, könnte man die Auffassung vertreten, er habe zwar eine unglückliche Figur gemacht, im Grunde aber nicht nachgegeben. Es zeigt sich auch hier, dass es wichtig ist, dass der Akteur selbst die Zuordnung vornimmt. Denn nur er kann entscheiden, ob es sich um zwei unterschiedliche Typen von Reaktionen handelt oder ob die Gemeinsamkeiten beider Reaktionen es zulassen, sie dem gleichen Oberbegriff zuzuordnen. Eine ähnliche Problematik finden wir beim dritten Typus, dem „agressiven Verhalten". Hier werden drei Dinge einem Oberbegriff zugeordnet, die andere Akteure möglicherweise in mehrere Kategorien unterteilt hätten. In Reaktion 6 zwingt er im Mathematikunterricht die Schülerin Corinna, die nicht aufgepasst hat, eine Aufgabe an der Tafel vorzurechnen. Er bringt sie absichtlich in Verlegenheit und freut sich über ihr Leiden. In Reaktion 8 dreht er seinem Schulleiter mitten in dessen Klagerede brüsk den Rücken zu und lässt ihn einfach stehen. In Reaktion 10 gibt er der ständig in Seitengespräche vertieften Julia eine Strafarbeit. Für ihn selbst besteht das Gemeinsame darin, dass er sich traut, dass er nicht nachgibt, sondern dass er im Gegensatz dazu selbst austeilt. Das ist seine subjektive Interpretation von „aggressivem Verhalten". Es müsste deutlich geworden sein, dass die WAL keine „objektive" bzw. „intersubjektive" Ordnung der tatsächlichen Geschehnisse darstellen will, sondern die ganz subjektive Perspektive eines speziellen Akteurs abbildet. Die WAL im Rahmen des Bearbeitbarmachens subjektiver Theorien ist keine wissenschaftliche Forschungstechnik, sondern ein Verfahren zur Auseinandersetzung mit dem eigenen Handeln. Dem Akteur soll das eigene Handeln in möglichst vielen Aspekten (Innensicht, Außensicht) bewusst werden und er soll versuchen, Gesetzmäßigkeiten in seinem eigenen, einzigartigen Handeln zu entdecken. Dabei helfen ihm auch die folgenden Arbeitsschritte.

Vierter Arbeitsschritt: Eine Struktur legen und aufkleben
Nun beginnt ein besonders interessanter und aufschlussreicher Abschnitt der WAL. Die Kärtchen werden auf einem großen Papierbogen (z.B. Flipchartformat) ausgelegt. Ganz oben auf dem Bogen werden die Situationskärtchen platziert, ge-

4. Handlungssteuernde Strukturen bearbeitbar machen

ordnet nach Oberbegriffen, ganz unten die nach Oberbegriffen geordneten Reaktions-Kärtchen. Nun werden die Situationen mit Reaktionen verbunden, genau so, wie sie in den authentischen Situationen auftraten. Es ergeben sich so viele Striche wie es Situationen sind. Dadurch entsteht ein Muster, das Aufschluss darüber gibt, in welchen Situationen der Akteur typischerweise mit welchen Reaktionen antwortet. Hat beispielsweise Akteur M. fünf Situationstypen und drei Reaktionstypen gebildet, dann lässt sich als erste subjektive Gesetzmäßigkeit erkennen, dass er gegenüber einzelnen, störenden Schülerinnen und Schülern aggressiv reagiert (Situationen 6 und 10), dass er der Auseinandersetzung aber aus dem Wege geht, wenn er der ganzen Klasse gegenübersteht. (In Situation 2 wollte M. eigentlich mit der Klasse ein Konfliktgespräch führen über einzuhaltende Regeln, traute sich das dann aber doch nicht und begann stattdessen mit dem üblichen Unterricht). Man kann als zweite Gesetzmäßigkeit erkennen, dass er stets nachgibt, wenn er sich überraschend angegriffen fühlt (Situationen 3,4,11,12). Dritte Gesetzmäßigkeit: Wenn mehrere Kollegen eine andere Auffassung haben, gibt er nach oder geht der Auseinandersetzung aus dem Weg (Situationen 1,5,9). Vierte Gesetzmäßigkeit: Wenn ihn andere Personen lästig in Anspruch nehmen (Situation 7: ständige Anrufe einer besorgten Mutter, Situation 8: Schulleiter lamentiert über zu hohe Kopierkosten, während M. am Kopierer steht), reagiert er teils ausweichend, teils aggressiv. Wir haben die Erfahrung gemacht, dass in dieser Phase der WAL häufig erhebliche Verblüffung über die relative Einfachheit und Regelmäßigkeit der Handlungsmuster entsteht, die den Personen einen wichtigen Anlass bietet, über sich selbst nachzudenken.

Fünfter Arbeitsschritt: Handlungssteuernde Gedanken und Gefühle hinzufügen
Welche innerpsychischen Ursachen hat es, dass jemand in ganz bestimmten, typischen Situationen auf eine ganz bestimmte, typische Weise reagiert? Eine Antwort darauf haben wir schon gegeben: Handlungsleitend sind subjektive Theorien, die bei den Prozessen der Situationsorientierung und Aktionsplanung die ablaufenden Kognitionen und Emotionen speisen. Folglich sollte die Bewusstmachung nicht bei den Handlungsmustern stehen bleiben, sondern als subjektive „Erklärung" die handlungsleitenden Gedanken und Gefühle heranziehen. Das ist kein einfaches Vorhaben. Der Akteur geht Situationskärtchen und Reaktionskärtchen noch einmal durch und fragt sich, welche Gedanken ihm in den betreffenden Situationen durch den Kopf gingen und was emotional in ihm ablief. Als Arbeitsform bietet sich hier wieder der Dialog an. Jeweils zwei Personen erläutern sich gegenseitig die rekonstruierte WAL-Struktur und tauschen sich darüber aus, welche Gedanken und Gefühle in diesen Situationen typischerweise in ihnen wiederkehren. Als Erinnerungshilfe dienen die zu Situationen und Reaktionen gemachten Notizen, die ihrerseits deutliche Hinweise auf Gedanken

und Gefühle enthalten. Im Fallbeispiel von Akteur M. zeigt sich beispielsweise (siehe Abb. 14), dass Gefühle der Unterlegenheit und Hilflosigkeit zum Nachgeben führen, während umgekehrt erlebter Ärger das Bedürfnis hervorruft, anderen Personen weh zu tun. Ein starkes Motiv bei Akteur M. ist das Bedürfnis, von anderen Menschen akzeptiert zu werden. Er glaubt, dass er dies dadurch erreichen kann, indem er Konflikten ausweicht. Er meint, ein nicht ausgetragener Konflikt belaste eine Beziehung nicht so sehr. Interessant bei ihm ist auch, dass er in der 1:1-Situation durchaus in der Lage ist, auch mal den Schulleiter zu verletzen, dass ihn aber in wahrgenommener Unterzahl sowohl gegenüber Kollegen als auch gegenüber Schülern der Mut verlässt. Wer eine WAL für einen Handlungsbereich an sich selbst durchführt, der wird erleben, dass die hier gewonnenen Einsichten zu ganz erheblichen Bewusstmachungs-Effekten führen können und in aller Regel das starke Bedürfnis hervorrufen, sich an dem einen oder anderen Punkt zu ändern.

Sechster Arbeitsschritt: Festlegen der Veränderungsziele
Nun kann die Brücke zum gesamten Veränderungsprozess geschlagen werden. Die „Zone der nächsten Entwicklungen" kann diskutiert, es können Ziele festgelegt und alternative Handlungsmöglichkeiten ins Auge gefasst werden. Als Arbeitsform bieten sich hier das Praxistandem oder die KOPING-Kleingruppe an. Die rekonstruierten WAL-Strukturen werden detailliert berichtet und es werden in einer kollegialen Praxisberatungssituation Überlegungen angestellt, in welche Richtung sich die ratsuchende Person weiterentwickeln möchte. Wie in Kapitel 6.6 noch näher ausgeführt wird, hat bei diesem Prozess die Tandemperson bzw. die KOPING-Gruppe zwar eine beratende Funktion, nicht aber eine beschließende. Entsprechend der Menschenbildannahmen entscheidet die ratsuchende Person selbst, ob sie sich ändern möchte und wenn ja, in welcher Richtung dies geschehen soll. Sie trägt die entsprechenden Überlegungen als „positive Ziele" in die WAL ein. Damit ist dieser Prozess abgeschlossen.

Die WAL ist ein recht umfangreiches Verfahren. Sie setzt zu ihrer Realisierung sowohl das „große Sandwich" voraus als auch das „kleine Sandwich". Eine längere Praxisphase im „großen Sandwich" ist erforderlich, damit der Akteur Situations- und Reaktionskärtchen schreiben kann (Phase der Selbstbeobachtung; Arbeitsschritt 1). Die nächsten Schritte dienen der Rekonstruktion, der Interpretation und der Zielbildung (Phase der Reflexion). Hierfür eignet sich das „kleine Sandwich". In Abbildung 15 ist festgehalten, wie die WAL in eine Sandwich-Form gebracht werden kann.

88 | 4. Handlungssteuernde Strukturen bearbeitbar machen

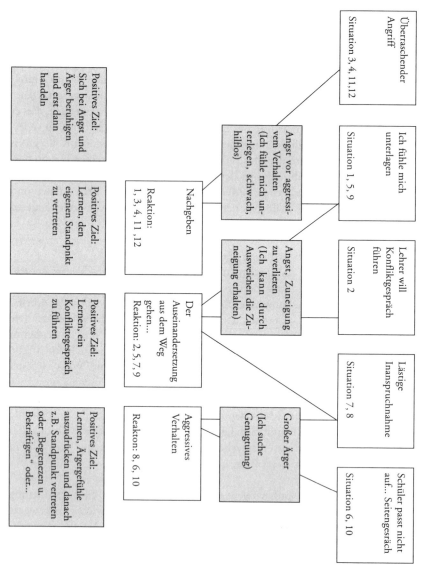

Abb. 14: Beispiel für den Abschluss der Weingartener Appraisal Legetechnik. Wichtige handlungssteuernde Gedanken und Gefühle werden zur Erklärung der rekonstruierten Handlungsmuster eingetragen. In Schritt 6 notiert der Akteur Veränderungsziele, wobei er sich durch die Tandemperson oder die KOPING-Kleingruppe beraten lässt.

Feedback | 89

Von der Lehrperson geleitete Sitzung in Form eines „kleinen Sandwiches", in der die Lernenden mit der Weingartener Appraisal Legetechnik vertraut gemacht werden. Die Lehrperson gibt den Auftrag, zu einem selbst gewählten Bereich das reale Handeln zu beobachten und auf Kärtchen zu schreiben

Praxisphase von einer bis zu mehreren Wochen, in denen die Teilnehmenden sich selbst beobachten und zu jeder Episode zwei Kärtchen schreiben: eine Situationskarte und eine Reaktionskarte. Es sollen zwischen 5 und 15 Episoden protokolliert werden.

Von der Lehrperson geleitete Sitzung in Form eines „kleinen Sandwiches" mit den folgenden Abschnitten: Partner- oder Gruppenarbeit: Versprachlichen der Aufzeichnungen (Schritt 2)   Einzelarbeit: Situations- und Reaktionstypen bilden (Schritt 3)   Einzelarbeit: Struktur legen und aufkleben (Schritt 4)   Partnerarbeit: Handlungsleitende Kognitionen und Emotionen hinzufügen (Schritt 5)   Partner- oder Gruppenarbeit: Festlegen der Veränderungsziele (Schritt 6)

Abb. 15: Beispiel für eine Kombination aus „großem" und „kleinem" Sandwich bei der Arbeit mit der Weingartener Appraisal Legetechnik (WAL). Die WAL wird in einer ersten Präsenzphase eingeführt, in einer Praxisphase werden Selbstbeobachtungen gemacht (Schritt 1 der WAL) und in einer weiteren Präsenzphase werden die Reflexionschritte 2 bis 6 der WAL durchlaufen.

4.7 Feedback durch Tandemperson (Intervision), Experten (Supervision) oder Betroffene

Die Methode „Szene-Stopp-Reaktion" ebenso wie die Methode „Weingartener Appraisal Legetechnik" lösen schon ganz erhebliche Auseinandersetzungen mit dem eigenen Handeln aus. Dennoch können negative Affekte noch gut abgewehrt werden. Bei der Methode „Szene-Stopp-Reaktion" trösten sich die Agierenden häufig mit dem Argument, es handle sich um Simulationen und nicht um die Realität. Das lässt ihnen die Hoffnung, im „wahren Leben" würden sie kompetenter reagieren. Bei der WAL beruhen die Bewusstmachungseffekte überwiegend auf Selbsterkenntnis durch Selbstreflexion. Andere Personen haben lediglich eine Art Hebammen-Funktion, geben jedoch keine Rückmeldungen über die Angemessenheit des Handelns. So sind die Agierenden zwar Selbstbewertungen ausgesetzt, die durchaus einen hohen Konfrontationseffekt haben können, jedoch keinen Fremdbewertungen. Anders verhält es sich bei den folgenden Feedback-Prozeduren durch Tandem-Person (Intervision), Experten (Supervision) und Betroffene. Erstens befinden sich Akteur und feedbackgebende Personen im realen, alltäglichen Handlungsfeld. Es gibt keine Rückzugsmöglichkeiten auf die Künstlichkeit der Situation. Allenfalls bleibt gerade noch die Schutzbehauptung übrig, die Anwesenheit der feedbackgebenden Person verändere die Situation völlig und schaffe damit eine außergewöhnliche Situation, die nicht der Normalität entspräche. Zweitens kommt die Bewertung von einer anderen Person. Ist diese die Tandem-Person, so wird das Feedback in der Regel noch am ehesten akzeptiert. Der Tandempartner ist ja jene Person, die sich der Akteur selbst ausgewählt hat und zu der in der Regel eine sympathische sowie symmetrische Beziehung besteht (vgl. Wahl, 1991, S. 195 ff.; Wahl et al. 1995, S. 83 f. und S. 166 ff.). Die Tandemperson kommt nur nach vorheriger Absprache in das Handlungsfeld und beobachtet dort Aspekte, die vorher gemeinsam festgelegt wurden. Da das Praxistandem insgesamt als sozio-emotionale Stütze erlebt wird (Schmidt, 2001), kann konfrontierendes Feedback in der Regel noch gut verarbeitet werden. Schwieriger wird dies, wenn eine supervidierende Person in das Praxisfeld kommt, etwa der Fortbildungsleiter oder der Hochschullehrer. Hier ist die Symmetrie der Kommunikation wegen des Kompetenzunterschiedes nicht mehr gegeben und es ist letztlich auch nicht sichergestellt, dass die persönliche Beziehung tragfähig ist. Konfrontierendes Feedback wird deshalb vom Akteur in vielen Fällen als stark verunsichernd wahrgenommen. Positive Folge kann eine intensive Auseinandersetzung mit den thematisierten Aspekten des eigenen Handelns sein. Im negativen Fall wird das Feedback als belastend erlebt und kann die Änderungsmotivation untergraben. Immerhin wird man jedoch bei einer angemessen durchgeführten Supervision unterstellen dürfen, dass das Feedbackgeben mit professioneller Kompetenz erfolgt, also inhaltlich präzise, methodisch transparent und emotional stützend ist. Dies steigert die Chancen dafür, dass es der Akteur zur konstruktiven Auseinandersetzung mit seinem eigenen Handeln nutzt. Noch belastender wirkt nach unseren Erfahrungen jenes Feedback, das die Betroffenen dem Akteur zurückmelden. Dies gilt vor allem dann, wenn diese das Handeln des Akteurs deutlich negativer bewerten, als der es erwartet hat. Dies weiß jeder, der schon in Schule, Workshop, Seminar oder Kurs Feedbackrunden durchgeführt hat. Da die Betroffenen in der Regel keine professionellen Kompetenzen im Feedbackgeben besitzen, wird Kritik häufig ungeschickt, unhöflich oder gar verletzend formuliert. Das kann die Änderungsmotivation völlig zerstören. Umgekehrt kann das Feedback der Betroffenen den Akteur lange beschäftigen und ihn dazu bringen, intensiv an sich selbst zu arbeiten. Wer Feedback-Techniken einsetzen will, um im Rahmen des ersten Lernschrittes handlungssteuernde Strukturen bearbeitbar zu machen, der sollte folglich vor seiner Entscheidung die damit verbundenen potentiellen konstruktiven und destruktiven Auswirkungen gut abwägen.

Feedback von der Tandem-Person
Hospitiert die Tandem-Person im Handlungsfeld des Akteurs (Intervision), so kann sie das Geschehen aus der Beobachter-Perspektive wahrnehmen und mit einem geeigneten Verfahren festhalten. Im Bereich der Erwachsenenbildung, der

Hochschuldidaktik und der Lehrerbildung gibt es dafür schon eine ganze Reihe erprobter Instrumente. Geht es beispielsweise um Feedback zur Gestaltung von Unterricht, Lehrveranstaltung oder Kurs, so ist ein Verlaufsprotokoll im Minutentakt eine sehr einfache, zugleich jedoch sehr hilfreiche Form, um das Lehr-Lern-Geschehen festzuhalten und als Rückmeldungs-Grundlage zu verwenden. Das Verfahren trägt die Bezeichnung MFB: „Minutenweise freie Beobachtung" (Wahl, Weinert & Huber, 1984, 290–295).
Die MFB legt nur den Zeitrhythmus fest, in dem die Notizen gemacht werden. Sie gibt nicht vor, worauf der Schwerpunkt der Beobachtung liegen soll. In einer Minute können ja sehr verschiedenartige Dinge passieren. Deshalb trägt das Beobachtungsverfahren die Bezeichnung „frei". Der Beobachter kann selbst auswählen, was ihm wichtig ist. Das ist ein Vorteil, weil jeder Beobachter, der im Besitz einer Uhr ist, sofort mit diesem Bogen arbeiten kann. Er braucht zusätzlich lediglich seine subjektiven Theorien, die seine Wahrnehmungen richten und interpretieren helfen. Und die sind stets verfügbar. Es entstehen recht detaillierte Aufzeichnungen, die hinterher vor allem den zeitlichen Verlauf sowie die Häufigkeit auffälliger Ereignisse widerspiegeln – natürlich gefärbt durch die jeweilige subjektive Theorie des Beobachters. Nachteilig an der MFB ist, dass die Beobachtung noch nicht zielgerichtet ist. Deshalb empfiehlt sich diese Beobachtungstechnik vor allem für einen Erstbesuch im Rahmen einer kollegialen Hospitation. Die protokollierten Ereignisse können helfen, für weitere Besuche Beobachtungsschwerpunkte festzulegen und dazu passende Instrumente auszuwählen. Ein zweiter Nachteil ist die hohe Beanspruchung des Beobachters. Dieser ist mit Wahrnehmen und Notieren nahezu vollständig ausgelastet, weil der zeitliche Rhythmus kurz ist. Deshalb erfreut sich die 1-Minuten-Variante der MFB keiner besonderen Beliebtheit bei den Beobachtern, obwohl die Reichhaltigkeit der Notizen als Grundlage für ein angemessenes Feedback außerordentlich wertvoll ist. Deshalb wird, vor allem in Hochschule und Erwachsenenbildung, lieber die MFB im 5-Minuten-Takt gewählt. Hier geraten die Beobachtenden nicht unter Zeitdruck. Umgekehrt gehen viele Details verloren, vor allem dann, wenn zum Beispiel bei einer lebhaften Diskussion oder an methodischen „Gelenkstellen" viele verschiedenartige Interaktionen zu einem oder zwei Stichworten zusammengezogen werden müssen. Es ist dann nicht mehr sichergestellt, dass diese wenigen Stichworte die wesentlichen Aspekte der letzten fünf Minuten adäquat abbilden. Folglich ist gut zu überlegen, in welchem Zeittakt die MFB erfolgen soll, wobei natürlich auch 2-, 3- oder 4- Minutentakte wählbar sind.
Ein zweites Beobachtungsverfahren, das sich bei Intervisionen bewährt hat, ist die „Beobachtung in relevanten Situationen" (BIRS; vgl. Wahl, Weinert & Huber, 1984, S. 299–301). Hierbei wird vor der Hospitation entschieden, für welche speziellen Situationen Rückmeldungen gegeben werden sollen. Entsprechend werden diese Situationen in den Mittelpunkt der Aufmerksamkeit gerückt. Vor-

4. Handlungssteuernde Strukturen bearbeitbar machen

aussetzung für die BIRS ist folglich, dass entweder klare Veränderungsschwerpunkte definiert sind oder dass begründete Hypothesen über potentielle kritische Handlungsbereiche vorliegen. Der BIRS müssen also entweder freie Beobachtungen vorangehen (wie etwa mit der MFB) oder das eigene Handeln muss ausreichend reflektiert sein (wie etwa mit der WAL oder durch einen kollegialen Praxisberatungs-Prozess).

Die BIRS ist ein besonders ökonomisches Verfahren, weil sie nicht das gesamte Handeln abdeckt (wie etwa die MFB), sondern nur ausgewählte Situationen. Dabei kann wiederum unterschieden werden zwischen planbaren und nicht planbaren Ereignissen. Beispielsweise kann es sein, dass eine Leitungsperson Probleme mit dem Erteilen von Arbeitsanweisungen hat oder Probleme mit der Rückführung von Gruppenarbeiten ins Plenum. Die Tandemperson kann zu einem Feedback-Besuch eingeladen werden, wenn Arbeitsanweisungen oder Gruppenarbeiten geplant sind. Sie kann beobachten, wie die Interaktionen verlaufen und dies der Leitungsperson zurückmelden. Im Gegensatz dazu wäre beispielsweise der Umgang mit Zwischenrufen, Kritik oder Störungen weniger planbar. Hier müsste die Tandemperson immer dann, wenn z.B. die definierte Störung auftritt, besonders genau beobachten. Dabei könnte natürlich auch passieren, dass die relevanten Situationen während der Anwesenheit der beobachtenden Person nicht auftreten. Die BIRS ist darüber hinaus ein „intelligentes" Verfahren. Die Leitungsperson kann, wie in einem kleinen Experiment, verschiedene Bedingungen variieren. Die beobachtende Person kann die dabei entstehenden Auswirkungen ganz genau beobachten und zurückmelden. Hat beispielsweise ein Hochschullehrer besondere Schwierigkeiten, zu Beginn einer Vorlesung den Lärmpegel zu reduzieren und für die erforderliche Aufmerksamkeit zu sorgen, so kann er (a) einfach nur warten, (b) einfach mit der Vorlesung beginnen, (c) um Ruhe bitten, (d) seine eigenen Emotionen angesichts der chaotischen Anfangssituation verbalisieren. Die Tandemperson kann jeweils beobachten, welche Form des Beginns welche Auswirkungen nach sich zieht. Damit wird deutlich, dass die BIRS nicht nur beim ersten Lernschritt (handlungssteuernde Strukturen bearbeitbar machen) eingesetzt werden kann, sondern auch beim zweiten Lernschritt (Entwickeln neuer Problemlösungen) und beim dritten Lernschritt (neues Handeln in Gang bringen).

Ein drittes Instrument zum Feedbackgeben durch die Tandemperson ist ein Beobachtungsbogen. Hier legen Akteur und feedbackgebende Person im Vorfeld fest, welche einzelnen Sachverhalte beobachtet und eingeschätzt werden sollen. Dies setzt voraus, dass gemeinsame und zugleich begründete Vorstellungen über die wesentlichen Aspekte des Handelns vorliegen. In den Bereichen Schule, Hochschule oder Erwachsenenbildung könnten dies beispielsweise definierte Merkmale sein als Anhaltspunkte für qualitätvolle, professionell gestaltete Lehr- und Lernprozesse. Da es hierfür keine verbindlichen Standards gibt, müssen sich Akteur und Tandemperson darüber verständigen, auf welche Merkmale geachtet werden soll. Dazu müssen sie explizieren, was sie unter „Qualität" und „Professionalität" verstehen und sie müssen entscheiden, welche hierzu gehörenden Aspekte im Mittelpunkt stehen sollen.

Feedback von Supervisorin oder Supervisor
Handlungssteuernde Strukturen können bearbeitbar gemacht werden, indem dem Akteur im Rahmen einer Supervision Rückmeldungen zur Angemessenheit seines Handelns gegeben werden. Da Supervisorin bzw. Supervisor über spezielle Kompetenzen im Beobachten, Protokollieren und Feedbackgeben verfügen, ist dies von der fachlichen Seite her eine besonders begründete und von der methodischen Seite her eine besonders professionelle Möglichkeit, den Akteur zur Veränderung seines Handelns zu veranlassen. Dabei können natürlich unter anderem auch die oben beschriebenen Verfahren der Beobachtung eingesetzt werden. Problematisch erscheint hingegen die Beziehung zwischen Akteur und Supervisor. Diese Beziehung ist nicht symmetrisch, sondern hierarchisch. Dadurch erhalten die Rückmeldungen in den Augen des Akteurs ein besonderes Gewicht. Sind die Rückmeldungen konfrontierend, können sie schnell zu Belastungen statt zu einem Ansporn für Veränderungen werden. Insofern muss es das Ziel der Supervisorin bzw. des Supervisors sein, vor allem die Änderungsmotivation zu erhalten.

Feedback von den Betroffenen
Es ist sicherlich die heikelste Form, handlungssteuernde Strukturen bearbeitbar zu machen, wenn der Akteur die Betroffenen bittet, ihm Rückmeldungen zu seinem Handeln zu geben. So können beispielsweise die Untergebenen dem Vorgesetzten Feedback geben, die Lernenden dem Lehrer und die Studierenden dem Professor. Es ist augenfällig, dass diese Beziehungen nicht symmetrisch sind. Dies gilt in besonderer Weise dann, wenn die feedbackgebenden Personen vom Akteur bewertet oder gar in existentieller Weise von ihm abhängig sind. Insofern sind die feedbackgebenden Personen in einer sehr schwierigen Situation: Was sollen sie dem Akteur als Rückmeldung geben? „Offenes", „ehrliches" Feedback zu erwarten, erscheint aus dieser Perspektive als eine unrealistische Hoffnung. Umgekehrt haben Rückmeldungen von den „Abnehmern" besondere Sprengkraft. Der Akteur erfährt, wie sein Handeln wahrgenommen wird. Dabei gibt es keine Brechungen durch die Sichtweise der Tandemperson bzw. die Sichtweise von Supervisorin oder Supervisor. Vor allem wenn das Feedback negative bzw. konfrontierende Aspekte enthält, kann es den Akteur nachhaltig erschüttern. Damit nicht pauschale Urteile dominieren, empfiehlt es sich, Rückmeldungen zu ganz

4. Handlungssteuernde Strukturen bearbeitbar machen

speziellen Punkten einzuholen. In den Bereichen Schule, Hochschule und Erwachsenenbildung könnte man die Betroffenen beispielsweise um Auskünfte darüber bitten, ob die Arbeitsanweisungen verständlich waren, ob die Zeit für die Aufgaben zu kurz oder zu reichlich war, ob das Vorgehen zu langsam oder zu schnell war usw. Schiebt man vor die Rückmeldungsphase wenige Minuten eines kommunikativen Austausches unter den Betroffenen ein, auch als Murmelphase oder Vergewisserungsphase bezeichnet, so können diese über ihr sicherlich schwieriges Geschäft kommunizieren und sich in ihren Wahrnehmungen absichern. Dieser Einschub steigert die Wahrscheinlichkeit für ein einigermaßen realitätsadäquates Feedback. Der Abruf kann danach schriftlich erfolgen (Feedbackbögen), mündlich (z.B. im Blitzlicht) oder mit Punktabfragen im Rahmen der Moderatorentechnik.

Insgesamt sind mit allen diesen Formen (Selbstreflexionen, Selbstbeobachtungen, Wechsel der Perspektiven, pädagogischer Doppeldecker, Szene-Stopp-Reaktion, Weingartener Appraisal Legetechnik und Feedback durch Tandemperson, Experten oder Betroffene) ganz verschieden wirkende und auch ganz verschieden aufwändige Verfahren zusammengestellt worden. Alle haben das Ziel, mitgebrachte handlungsleitende Strukturen und Prozesse bewusst zu machen, sie zu unterbrechen und dadurch letztlich erst einer systematischen, individuell einzigartigen Bearbeitung zugänglich zu machen. Alle diese Formen sind in den letzten Jahren intensiv erprobt worden. Dies geschah in der Ausbildung von Lehramtsstudierenden an Pädagogischen Hochschulen und Universitäten, in der Weiterbildung von Hochschullehrern, Erwachsenenbildnern, Lehrerbildnern und natürlich auch von Lehrern aller Schularten. Es hat sich dabei gezeigt, dass alle diese Verfahren wirkungsvoll sind, wenn auch in ganz unterschiedlichem Maße. Bei der Gestaltung eines Veränderungsprozesses wird es darauf ankommen, beim ersten Lernschritt die für den Personenkreis passenden Möglichkeiten auszuwählen. Die Ziele sind dabei einerseits, das bisherige Handeln bewusst zu machen, um es hinterher verändern zu können, und andererseits die Änderungsmotivation zu schaffen bzw. zu erhalten, damit die jeweilige Person ihren Lernweg fortsetzt und nicht abbricht, weil sie enttäuscht, verunsichert oder niedergeschlagen ist.

5. Verändern handlungssteuernder Strukturen durch Entwickeln neuer Problemlösungen (2. Lernschritt)

Im ersten Lernschritt ging es darum, die meist impliziten, den Akteuren nicht in vollem Umfange bekannten handlungssteuernden Strukturen durch sieben verschiedene Vorgehensweisen bewusst zu machen, um die einzelnen Personen zu einer Auseinandersetzung mit ihrem bisherigen Handeln zu veranlassen. Angezielt wurde dabei, dass die am Veränderungsprozess teilnehmenden Personen erkennen, in welchen Bereichen sie ihre Handlungskompetenzen steigern können, und es wurde erhofft, dass darüber hinaus ihre Veränderungs-Motivation erhalten bleibt oder sich gar steigert. Im zweiten Lernschritt sollen nun neue Problemlösungen für die ausgewählten Bereiche entwickelt werden. Die handlungsleitenden subjektiven Theorien, die für jede Person einzigartig sind, werden dabei mit Expertenwissen bzw. intersubjektiven Theorien angereichert. Diese bewährten Wissensbestände sollen helfen, die Orientierung (SO) in den betreffenden Handlungsbereichen ebenso zu verbessern wie die Auswahl von Handlungsmöglichkeiten (AP). Dadurch wird das Handeln in den ausgewählten Bereichen kompetenter. Wie geht die Entwicklung neuer Problemlösungen im Detail vor sich? Ausgehend von der Erkenntnis, dass die bislang handlungsleitenden subjektiven Theorien nicht ausgereicht haben, um den entsprechenden Anforderungen zu genügen, muss nach bewährten Wissensbeständen gesucht werden, deren Anwendung eine kompetentere Bewältigung erhoffen lassen. In einer ersten Lernphase müssen dem Akteur diese Wissensbestände vermittelt werden. Das kann beispielsweise in kollektiven Lernphasen geschehen, in denen eine Leitungsperson ihre Expertise weitergibt. Typische Formen sind Unterricht, Seminar, Vortrag, Vorlesung, Kurs usw. Die Vermittlung kann durch Medien erfolgen (Printmedien, elektronische Medien usw.). Schließlich können sich die Lernenden auch gegenseitig gewisse Teile des Expertenwissens vermitteln, wie es beim „Wechselseitigen Lehren und Lernen" (WELL) der Fall ist. Damit die Vermittlungsphase kein „träges Wissen" erzeugt, ist es erforderlich, in bestimmten Abständen Phasen der subjektiven Aneignung einzuschieben. In Kapitel 3 haben wir als Metapher für das „Einschieben" den Begriff „Sandwich" vorgeschlagen. In den „eingeschobenen" Lernphasen prüft der Akteur, ob die bewährten, allgemeingültigen, nomothetischen Wissensbestände dazu beitragen können, Lösungen für seinen ganz speziellen Handlungsbereich zu finden, die besser sind als seine bisherigen Bewältigungsversuche. Die-

5. Verändern handlungssteuernder Strukturen

ser subjektive Transferprozess kann beispielsweise in Einzelarbeit stattfinden. Möglich ist es auch, dass eine andere Person dem Akteur hilft, das vermittelte Wissen für dessen speziellen Anwendungsbezug zu analysieren und zu bewerten. Die entsprechende Sozialform wäre Partnerarbeit bzw. ein Diskurs im Praxistandem. Schließlich kann sich der Akteur auch im Rahmen einer „Kommunikativen Praxisbewältigung in Gruppen" (KOPING) bezüglich möglicher, aus dem Expertenwissen abzuleitender Problemlösungen beraten lassen. Die entsprechende Sozialform wäre Gruppenarbeit. Auf diese Weise entsteht ein ganz grundlegender, prinzipieller Wechsel von Vermittlungsphasen und Phasen der subjektiven Auseinandersetzung mit dem zur Problemlösung herangezogenen Expertenwissen.

Wie Abb. 16 zeigt, benötigt das Sandwich-Prinzip, soll es wirksam sein, eine differenzierte Ausgestaltung. Wichtig ist der „Einstieg" in das Sandwich. Hier geht es um drei zentrale Ziele. Erstens sollen Lerninhalte und Lernprozesse transparent gemacht werden, ganz im Sinne der postulierten Autonomiefähigkeit. Wichtige Methoden hierfür sind der Advance Organizer als eine im Voraus gegebene inhaltliche Themenvernetzung und die Agenda als ein Vorschlag für den Ablauf des Lernprozesses. Zweitens soll im Sinne der Kommunikationsfähigkeit so früh wie möglich die Redeschwelle überwunden und die Teilnehmenden sollen durchgemischt werden. Drittens sollen Interessen erhoben und Vorkenntnisse erfasst werden, um das Lernen an den Voraussetzungen der Teilnehmenden ausrichten zu können. Während der Vermittlung und Auseinandersetzung ist es besonders wichtig, die Lernenden aktiv teilnehmen zu lassen unter der Prämisse, dass Lernen ein aktiver, selbstgesteuerter Prozess ist. Hierfür eignen sich zahlreiche Methoden, vor allem jedoch das „Wechselseitige Lehren und Lernen" (WELL), das eine besonders geglückte Verbindung zwischen aktiven Vermittlungsphasen und aktiven Auseinandersetzungsphasen darstellt. Wichtig ist es auch, dass die Lernenden ihr Wissen immer wieder ordnen und organisieren. Hierbei helfen verschiedene Formen kognitiver Landkarten, durch die Wissen sichtbar gemacht werden kann. Auch der Ausstieg aus dem Sandwich will wohl überlegt sein. Hier ist es sinnvoll, sich noch einmal mit den vermittelten Inhalten zu beschäftigen um Lernlücken zu schließen, das Verständnis zu vertiefen oder offene Fragen zu klären. Ergänzend kann der Transfer unterstützt werden. Schließlich sollte zur Reflexion der durchlaufenen Lernprozesse einschließlich ihrer emotionalen Komponenten angeregt werden. Auf diese Weise wird aus einem schlichten Wechsel von Vermittlungs- und Aneignungsphasen ein recht komplexes Lernarrangement, das den Leitungspersonen vielfältige Kompetenzen abverlangt.

Warum sind Phasen der subjektiven Auseinandersetzung überhaupt erforderlich? Betrachtet man das gymnasiale Schulwesen in Deutschland mit bis zu 80% kollektiven Lernphasen (vgl. Hage et al., 1985) oder das deutsche Hochschulwesen

5. Verändern handlungssteuernder Strukturen

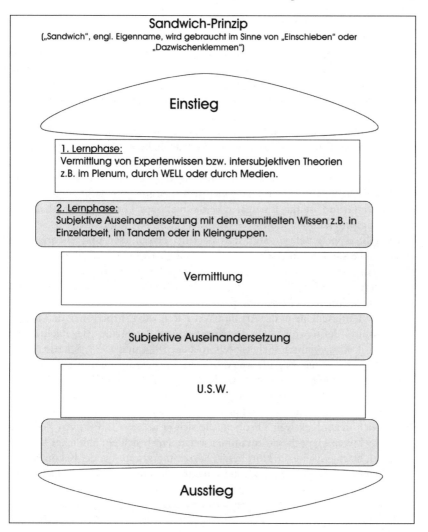

Abb. 16: Das Sandwich-Prinzip: Systematischer Wechsel von Vermittlungs- und Transferphasen. Zwischen die Phasen der Vermittlung von Expertenwissen (bzw. intersubjektiven Theorien) werden Phasen der subjektiven Aneignung bzw. Phasen der Auseinandersetzung, Analyse und Bewertung geschoben.

5. Verändern handlungssteuernder Strukturen

mit kollektiven Lernphasen zwischen 80% und 96% (vgl. Schaeper, 2001), so wird deutlich, dass das Einschieben von Abschnitten subjektiver Auseinandersetzungen mit den vermittelten Inhalten, wie wir es im Sandwich-Prinzip zwingend fordern, keineswegs selbstverständlich ist. Auch in den von internationalen Großunternehmen angebotenen Schulungen ist kollektives Lernen die immer noch dominierende Sozialform. Die kollektiven Lernphasen bestehen in der Regel aus Vorträgen, unterstützt durch Visualisierungen (Beamer, Folien). Offensichtlich gibt es in unserem Kulturraum eine weit verbreitete Auffassung, mit in kollektiven Phasen vermitteltem Wissen könne man nachhaltiges Lernen erzielen. Wieso also regelmäßig Phasen der persönlichen Auseinandersetzung mit den vermittelten Inhalten einschieben? Warum können die Teilnehmenden nicht im Gleichschritt lernen? In Abb. 17 sind die wesentlichen Argumente dafür aufgezeigt.

Ein erster Grund ist die Einzigartigkeit subjektiver Theorien. Innerhalb des Forschungsprogrammes Subjektive Theorien (Groeben, Wahl, Schlee & Scheele, 1988) gibt es viele Belege dafür, dass Begriffe, Hypothesen und Theorien von Person zu Person sehr unterschiedlich sind. Wie einzigartig beispielsweise subjektive Begriffe sind, wurde erstmals von Scheele (1980) am Begriff „Ironie" demonstriert. Zu einem ähnlichen Ergebnis kamen Hupert, Tennstädt und Dann (1983) im Rahmen des Forschungsprojektes „Aggression in der Schule'. Sie stellten große Unterschiede in der Art und Weise fest, wie Lehrpersonen den Begriff „Aggression" definierten. Seit der Entwicklung der Strukturlegetechnik als Rekonstruktionsverfahren (Scheele & Groeben, 1984 und 1988; Scheele, 1992) sind zahlreiche weitere Begriffe wie Vertrauen, Verantwortung usw. rekonstruiert worden. Die neueste Arbeit in dieser Reihe ist jene von Gürtler (2005 a) zum Begriff Humor. Dabei zeigte sich regelmäßig das gleiche Bild: Die jeweils erfassten Begriffe erwiesen sich als hochgradig individuell.

Im Bereich der subjektiven Theorien, die sich ja u.a. aus subjektiven Begriffen und subjektiven Hypothesen zusammensetzen, ergab sich ein ähnlicher Befund. So erhielt beispielsweise die Nürnberger Forschungsgruppe bei der Rekonstruktion subjektiver Theorien von Lehrkräften zum Gruppenunterricht außerordentlich verschiedene subjektive Theorien (Dann, Diegritz & Rosenbusch, 1999). Diese waren in einem Validierungsexperiment hochgradig gültig, wie Barth (2002) in ihrer Habilitationsschrift „Handeln wider (besseres) Wissen" eindrücklich zeigen konnte. In einem eigenen, mehrjährigen Forschungsprojekt über subjektive Theorien von Lehrerinnen und Lehrern kamen wir zu einem vergleichbaren Ergebnis (Wahl et al., 1983; Wahl, 1991). Jede Lehrperson hatte eine einzigartige, unverwechselbare subjektive Theorie. Diese Theorien erwiesen sich, wie schon in Kapitel 2 beschrieben, bei der Validierung über Prognosen in hohem Maße als handlungsleitend. Wegen der Unterschiedlichkeit der Rekonstruktionen war es aber nicht möglich, die subjektiven Theorien mehrerer Lehrpersonen zu einer einheitlichen subjektiven Theorie zusammenzuführen, was ursprünglich ein Ziel des Forschungsvorhabens gewesen war.

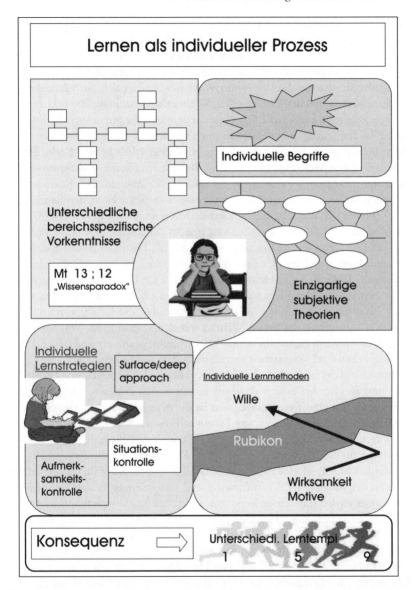

Abb. 17: Lernen als individueller Prozess. Wegen der Einzigartigkeit subjektiver Begriffe, subjektiver Theorien, bereichsspezifischer Vorkenntnisse, Lernstrategien und Lernmotivation ist es nicht zielführend, im „Gleichschritt" zu lernen. Die Individualität von Lernprozessen erfordert zwingend Phasen, in denen sich die Lernenden im eigenen Lerntempo mit den vermittelten Inhalten auseinandersetzen können. Beim Sandwich-Prinzip werden diese Phasen regelmäßig „eingeschoben".

5. Verändern handlungssteuernder Strukturen

Glaubt man den Ergebnissen der Neurowissenschaft, die in der Öffentlichkeit große Beachtung finden (vgl. z.b. Thompson, 1994; Roth, 1997; Gasser, 2002; Spitzer, 2002 usw.), so ist diese Einzigartigkeit kein Zufall. Bei der Geburt ist nur ein relativ geringer Teil der Zellen des Großhirns untereinander vernetzt. Durch Lernprozesse schreitet die Vernetzung voran bzw. ändert sich die Stärke der Verbindungen zwischen den Gehirnzellen. So entstehen hochkomplexe und zugleich völlig einzigartige biologische Strukturen. Diese sind die physiologische Entsprechung zu den (einzigartigen) subjektiven Theorien.

Beim Lernen spielt diese Einzigartigkeit in vielerlei Hinsicht eine Rolle. Erstens wird sie bei den Vorkenntnissen wichtig. Bereichsspezifische Vorkenntnisse sind einer der mächtigsten Prädiktoren für künftige Leistungen. Die Korrelationen zwischen Vorkenntnissen und Lernerfolg erreichen Werte bis in den Bereich von r=0,7 (Helmke & Weinert, 1997). Deshalb benutzt man seit Klauer (1993) gerne die Metapher „Matthäus-Effekt". Diese bezieht sich auf die Bibelstelle Matthäus 13 Vers 12: „Denn wer da hat, dem wird gegeben". Damit ist gemeint, dass gute Vorkenntnisse den Erwerb neuen Wissens begünstigen (vgl. z.B. Friedrich & Ballstaedt, 1995, S. 16 f.; Helmke, 2002, S. 44 f.). Das Bibelzitat geht jedoch noch weiter: „Wer aber nicht hat, von dem wird auch genommen werden, was er hat." Im übertragenen Sinne ist damit gemeint, dass die Gefahr einer unzureichenden Vernetzung des neuen Wissens mit den vorhandenen Vorkenntnissen dann groß ist, wenn letztere lückenhaft oder schlecht organisiert sind (Hugi, 1991). In diesem Fall sind Vergessens-Prozesse besonders wahrscheinlich.

Entsprechend der biografisch durchlaufenen Lernprozesse bilden sich Lernstrategien heraus. Hier hat es sich als wenig aussichtsreich erwiesen, Menschen nach „Lerntypen" zu klassifizieren. Vielmehr ist die Annahme weitaus plausibler, dass die eingesetzten Lernstrategien von Person zu Person sowie von Situation zu Situation recht unterschiedlich sein können (Friedrich & Ballstaedt, 1995, S. 6 ff.). Legt man für Lernprozesse das in Kapitel 2 skizzierte, handlungspsychologisch begründete SOAP-Modell zugrunde, so bemisst sich die Auswahl von Lernstrategien an der subjektiven Wahrnehmung und Orientierung in der Lernsituation (SO) sowie an den subjektiven Verknüpfungen zwischen Situationsauffassung und zur Verfügung stehenden Handlungsmöglichkeiten (AP). So müssen Lernstrategien ebenso wie die Vorkenntnisse als in hohem Maße einzigartig aufgefasst werden. Es wäre ein Wunder, wenn die metakognitiven Aktivitäten beim Lernen (vgl. Konrad, 2004, S. 15 ff.) bei allen Lernenden ähnlich wären und wenn alle Lernenden ihren Lernprozess in vergleichbarer Weise planen (‚forethought phase'), überwachen (‚performance phase') und evaluieren (‚selfreflection phase') würden (ebd., S. 35 f.).

Die gleichen grundsätzlichen Überlegungen gelten für die Lernmotivation, die hier noch einmal speziell herausgehoben werden soll, weil ihr in den subjektiven Theorien der Lehrenden – im Gegensatz zur empirisch nachweisbaren Bedeutung motivationaler Komponenten – eine ganz besondere Rolle zugeschrieben wird. Seit Heckhausens Versuch (1977), das Motivationsgeschehen handlungspsychologisch zu betrachten, dominieren recht komplexe Modelle. Am bekanntesten wurde das „Kognitive Motivationsmodell" der Bochumer Schule, in den letzten Jahren erweitert durch die im „Rubikon-Modell" skizzierten Willensprozesse (Heckhausen, Gollwitzer & Weinert, 1987; Rheinberg, 2002). Bei der Einschätzung von Lernsituationen spielen sich vergleichbare Orientierungsprozesse ab, wie sie im SOAP-Modell beschrieben wurden. Auf dem Hintergrund subjektiver Theorien über die in der Situation enthaltenen Anforderungen sowie subjektiver Theorien über die persönlichen Kompetenzen werden Kräfteeinsatz bzw. zu erbringende Anstrengung geplant, ausgeführt und bewertet. Von Person zu Person fallen diese Prozesse recht unterschiedlich aus. Das müssen sie, weil die subjektiven Theorien ja einzigartig sind. Damit ist der handlungspsychologische Nachweis erbracht, dass das Motivationsgeschehen genau so individuell ist und sich genau so schwer verallgemeinern lässt wie Lernstrategien oder Vorkenntnisse.

Welche Konsequenzen zieht die eben beschriebene hochgradige Individualität von Lernprozessen nach sich? Eines neben mehreren beobachtbaren Resultaten sind die unterschiedlichen Lerntempi der Teilnehmenden, resultierend aus einzigartigen subjektiven Theorien, unterschiedlicher Decodierkompetenz, verschiedenen bereichsspezifischen Vorkenntnissen, differierenden Lernstrategien und individueller Lernmotivation. Schon vor vielen Jahren bezifferte Bloom (1973) die Lerntempo-Unterschiede in der Primarschule mit dem Faktor 1:5. Das bedeutet, dass die langsamsten Kinder die bis zu fünffache Zeit benötigen, um zum gleichen Lernergebnis zu kommen wie die schnellsten. In den weiterführenden Schulen reduzieren sich die Lerntempounterschiede, wenn nach Lernerfolg ausgelesen wird. In der Erwachsenenbildung erhöhen sie sich wieder, vor allem in heterogenen Teilnehmergruppen. So haben wir beispielsweise im „Kontaktstudium Erwachsenenbildung der Pädagogischen Hochschule Weingarten" Teilnehmende zwischen 25 und 55 Jahren. Die Schulabschlüsse reichen vom Hauptschulabschluss bis zur Promotion. Die inhaltliche Bandbreite erstreckt sich von pädagogiknahen Vorbildungen (z.B. Diplome in Psychologie oder Erziehungswissenschaft) bis hin zu pädagogikfernen (z.B. technische oder medizinische Berufe). So ergeben sich beim Lesen erziehungswissenschaftlicher bzw. pädagogisch psychologischer Studientexte, verbunden mit der Bearbeitung von Selbststudien-Aufgaben, Lerntempo-Unterschiede bis zum Faktor 1:9, wie die Begleitforschung zum Kontaktstudium ergab. War beispielsweise ein Studientext im Umfang von 60 Seiten zu lesen und waren dazu Aufgaben zu bearbeiten, so benötigten die langsamsten Teilnehmenden dafür 18 Stunden; während die schnellsten schon nach 2 Stunden fertig waren.

5. Verändern handlungssteuernder Strukturen

Die enormen Unterschiede im Lerntempo in Schule, Hochschule und Erwachsenenbildung lassen es als unsinnig erscheinen, die Lernenden „im Gleichschritt", also in einem gemeinsamen Lerntempo zu unterrichten. Für die Lernenden mit guten bereichsspezifischen Vorkenntnissen, guten Lernstrategien usw. wird das eingeschlagene Lerntempo zu gering sein. Sie müssen ständig warten, bis die anderen Teilnehmenden ihre Verständnis-Stufe erreicht haben. Das untergräbt ihre Lernmotivation. Der Lernprozess erscheint ihnen uninteressant, redundant und wenig effektiv. Für die Lernenden mit geringen bereichsspezifischen Vorkenntnissen, ungünstigen Lernstrategien usw. wird das vorgegebene Lerntempo zu hoch sein. Sie verstehen vieles (noch) nicht, weil ihnen dazu die Vernetzungen fehlen. Sie machen (noch) viele Fehler. Beides untergräbt die Lernmotivation. Der Lernprozess erscheint ihnen vor allem zu Beginn schwierig bis nicht bewältigbar. Die Lehrpersonen stehen damit vor einem unlösbaren Dilemma: Welches Lerntempo sie auch wählen, es wird immer eine beträchtliche Anzahl an Teilnehmenden geben, die damit nicht zurechtkommen. Erstaunlich ist, dass viele Lehrpersonen die skizzierten Lerntempo-Unterschiede gar nicht wahrnehmen oder für weitaus geringer halten, als oben beschrieben. Dies mag damit zusammenhängen, dass beispielsweise bei einem Vortrag den Teilnehmenden nicht präzise angesehen werden kann, ob dieser für sie viel zu einfach, einigermaßen verständlich oder viel zu schwierig ist. Dazu ein kleines Beispiel. Im Rahmen meiner Hospitationen im Schulungszentrum eines internationalen Computerkonzerns nahm ich an einem Wochenkurs über Großsysteme teil. Die Materie war mir weniger als unvertraut: Ich verstand kaum, wovon die Rede war. In meiner Verzweiflung schaute ich mich um, ob es wohl anderen Anwesenden ebenso erginge wie mir. Die meisten davon schauten aufmerksam zum Dozenten, schrieben eifrig mit, stellten Fragen. Nur einen Teilnehmer konnte ich entdecken, dem es ähnlich zu ergehen schien wie mir. Er ließ seinen Blick durch den Raum schweifen, schaute selten zum Dozenten, machte sich keine Notizen und stellte keine Fragen. Ab und zu schloss er die Augen, schien zu dösen, um sich dann wieder den mitgebrachten Getränken zu widmen. In einer Pause sprach ich ihn an und fragte ihn, ob er wie ich ebenfalls völlig überfordert sei und nichts verstünde. Er schaute mich verblüfft an und sagte: „Ich werde diesen Kurs nächste Woche selbst halten. Ich wollte nur schauen, wie es der Kollege macht!"

Das Beispiel macht klar, dass das von Teilnehmenden bei Lernprozessen gezeigte Verhalten keinen eindeutigen Aufschluss über die innerlich ablaufenden Vorgänge gibt. So können beim kollektiven Lernen Unterschiede im Verstehen, im Auffassen und im Vernetzen verborgen bleiben. Dies gilt nicht nur für Vorträge, Präsentationen oder Referate sondern auch dann, wenn fragend-entwickelnd unterrichtet wird. Es kann nämlich empirisch gezeigt werden, dass sich bei dieser Form nur ein Teil der Lernenden mit mündlichen Beiträgen beteiligt. Von den restlichen Personen erhält die Lehrperson keine Informationen darüber, wie weit diese dem Lernprozess folgen konnten. So kommt es zu dem eigenartigen Phänomen, dass selbst gravierende Lerntempo-Unterschiede selten auffallen. Dabei sind Lerntempo-Unterschiede nur ein äußeres Zeichen für die sehr verschiedenen intern ablaufenden Vorgänge. Selbst bei einem identischen Lerntempo zweier Person in einer bestimmten Lernsituation kann nicht davon ausgegangen werden, dass beide das Gleiche gedacht, gefühlt und getan haben. Wegen der oben beschriebenen verschiedenen Aspekte der Einzigartigkeit muss man vielmehr annehmen, dass die vermittelten Inhalte von jeder Person auf die für sie zutreffende Weise aufgenommen, vernetzt und bewertet wurden. Wenn dies richtig ist, dann bleibt als einzige Konsequenz, den Lernenden möglichst umfangreiche Phasen anzubieten, in denen sie sich ganz persönlich mit den Inhalten auseinandersetzen können. Das Sandwich-Prinzip stellt dabei lediglich eine Mindest-Anforderung dar. Es schreibt vor, Vermittlungsphasen systematisch zu unterbrechen, um es den Lernenden zu ermöglichen, das Gehörte oder Gelesene mit den eigenen Vorkenntnissen zu vernetzen und auf seine Bedeutung für das eigene Handeln hin zu analysieren.

5.1 Das Sandwich-Prinzip: Lernen mit Phasen subjektiver Aneignung

Das Sandwich-Prinzip ist ein planvoll hergestelltes Arrangement, in dem den Lernenden einerseits eine aktive Auseinandersetzung mit den vermittelten Inhalten ermöglicht wird, in dem ihnen jedoch andererseits thematische und lernstrategische Orientierungen angeboten werden. Seine Realisierung setzt eine klare Strukturierung der ablaufenden Lernprozesse voraus, wie Abb. 18 zeigt.

5.1.1 Phasen und Gelenkstellen

Gelenkstelle A: Das Sandwich beginnt mit Gelenkstelle A. Gelenkstellen sind Übergangsstellen oder Schnittstellen im Sandwich. Sie markieren den Beginn und das Ende, vor allem aber die Übergänge zwischen den einzelnen Lernphasen. Gelenkstelle A markiert den Beginn eines Sandwiches. Hier werden beispielsweise die Teilnehmenden begrüßt und es wird ihnen mitgeteilt, worum es heute geht. Gelenkstelle A ist der erste Abschnitt des Einstiegs (vgl. Kap. 5.2)

Einstieg: Der Einstieg im engeren Sinne kann kürzer oder länger ausfallen. Handelt es sich um einen Ausschnitt aus einem Lernprozess, wie etwa bei einer Unterrichtsstunde von 45 Minuten Dauer, so kann der Einstieg in das Sandwich recht knapp sein. Umgekehrt wird die Einstiegssituation (bei Gerbig & Gerbig-Calcagni, 1998, S. 14 ff. auch als Anfangssituation bezeichnet) deutlich länger und viel-

5. Verändern handlungssteuernder Strukturen

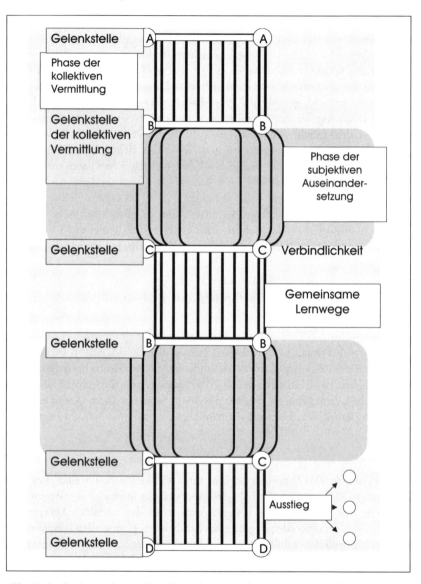

Abb. 18: Strukturierung der einzelnen Phasen des Sandwich-Prinzips am Beispiel Kurs, Vorlesung, Seminar oder Unterricht. Die „Gelenkstellen" markieren die Übergänge zwischen den Phasen der kollektiven Vermittlung und den Phasen der individuellen Auseinandersetzung mit den Inhalten.

gestaltiger, wenn es sich um den Beginn eines umfassenderen Lernprozesses handelt, zum Beispiel den Start einer Projektwoche. Dann werden thematische Vernetzungen von bereichsspezifischem Vorwissen mit den zentralen Inhalten (Advance Organizers), das In-Gang-Bringen der Kommunikation sowie das Erfassen von Interessen usw. wichtig sein. Der gesamte Einstieg ist dann selbst wieder wie ein Sandwich aufgebaut (vgl. Kap. 5.2.4). In der Abbildung wurde der Einstieg auf Gelenkstelle A reduziert, um den Sachverhalt nicht zu komplizieren. Nach dem Einstieg kann der Lernprozess auf zwei verschiedene Weisen fortgesetzt werden:

(1) Es kann eine Phase der Vermittlung erfolgen. Im Beispiel von Kurs, Vorlesung, Seminar oder Unterricht könnte dies als Präsentation, Vortrag, Referat, Demonstration usw. geschehen. Das wäre eine kollektive Lernphase. In ihr werden, was die Form und den zeitlichen Verlauf angeht, alle Lernenden „gleichgeschaltet". Ihnen wird von der vortragenden Person ein einheitliches Lerntempo vorgegeben. Dabei wird nicht gefragt, wem dieses Tempo zu langsam ist, für wen es gerade richtig ist und wem es zu schnell ist. Deshalb verlaufen die von Gelenkstelle A ausgehenden Linien alle parallel. Jede Linie symbolisiert eine Person, die am Lernprozess teilnimmt.

(2) Alternativ kann eine Arbeitsanweisung für eine Phase der subjektiven Auseinandersetzung mit dem Thema erteilt werden. Denkbar wäre es beispielsweise, das bereichsspezifische Vorwissen der Lernenden zu ordnen, wie es beispielsweise Hugi (1991) in seiner didaktischen Konzeption der Vorwissensorganisation vorschlägt. Hilfreich wäre hierbei etwa die Struktur-Lege-Technik (genauer beschrieben in Kapitel 5.5 „Die besondere Bedeutung gedanklicher Landkarten"), bei der die Lernenden ihre Vorkenntnisse auf Kärtchen notieren und danach in eine Struktur legen. Jede Person durchläuft dabei einen anderen Lernprozess und kommt in der zur Verfügung gestellten Zeit unterschiedlich weit voran. Möglich wäre es auch, die Lernenden mit einer Sortieraufgabe zu konfrontieren. Hierbei setzen sich die Lernenden mit den zu vermittelnden Inhalten auseinander und prüfen, welche ihnen davon bekannt und welche ihnen davon noch nicht bekannt sind. Sinnvoll wäre es auch, dass sich die Lernenden mit einem komplexen Fallbeispiel auseinandersetzen, um den Inhalten auf eine ganzheitliche Weise zu begegnen. Verwendbar wären auch verschiedene Formen der Partnerarbeit. So könnten die Lernenden in einem Partner-Interview, Gruppen-Interview oder Multi-Interview ihre Interessen klären, ihre Vorkenntnisse organisieren oder an eine der sieben Methoden aus dem ersten Lernschritt anknüpfen. Insgesamt gibt es viele Möglichkeiten, die Lernenden gleich zu Beginn eines Sandwiches zu aktivieren und zu einer ersten subjektiven Auseinandersetzung mit den Inhalten zu bringen.

5. Verändern handlungssteuernder Strukturen

Kollektive Vermittlungsphase: Gehen wir davon aus, an Gelenkstelle A würde sich – so wie in Abb. 18 dargestellt – eine kollektive Lernphase anschließen. Die Lernenden würden dabei dem vorgegebenen Lerntempo folgen und irgendwann in ihrer Aufmerksamkeit nachlassen. Dann wäre es Zeit, die Vermittlungsphase zu beenden. Leider gibt es wegen der Verschiedenheit der einzelnen Subjekte keinen für alle Lernenden gültigen Zeitpunkt, zu dem es angebracht wäre, wegen Aufmerksamkeits- oder kognitiven Überlastungsproblemen eine kollektive Vermittlungsphase zu beenden. Es gibt lediglich Hinweise darauf, dass dieser Zeitpunkt viel früher liegt, als viele Lehrende es vermuten. Eine recht interessante Untersuchung hierzu stammt von Burns (1990). Er instruierte Medizinstudenten über das Thema „Photosynthese aus chemischer Perspektive". Am Ende seiner durch Visualisierungen unterstützten Präsentation maß er, was die Studierenden behalten hatten. Dabei kam er zu den folgenden Ergebnissen:
(1) Es gibt große individuelle Unterschiede im Behalten.
(2) Manche Sachverhalte werden von nahezu allen Personen behalten, manche von nahezu niemandem.
(3) Sachverhalte, die besonders gut dargestellt wurden, sog. „attention grabbers", wurden auch besonders gut behalten.
(4) Zu Beginn der Präsentation wurde etwa die Hälfte der Informationen gespeichert.
(5) Doch schon nach 10 Minuten waren es nur noch 30%, nach 15 Minuten noch 20% mit weiter abfallenden Werten.
(6) Fand die Lernkontrolle direkt nach der Präsentation statt, wurden aus den letzten 3 Minuten bis zu 40% erinnert, ein Effekt des kurzfristigen Behaltens.
(7) Insgesamt blieben etwas mehr als 20% der Präsentation haften. Die restlichen knapp 80% konnten nicht mehr erinnert werden.

Untersuchungen wie jene von Burns (1990) haben ihre Grenzen. Was und wie viel behalten wird, hängt sicherlich nicht nur von der Dauer einer kollektiven Lernphase ab, sondern vor allem auch von den bereichsspezifischen Vorkenntnissen der Teilnehmenden, deren Interessenstrukturen und Lernstrategien, der Art der Präsentation und Visualisierung usw. Dennoch vermögen es solche Untersuchungen, Illusionen von Lehrenden über den Wert recht langer kollektiver Lernphasen zu zerstören. In den letzten 15 Jahren, in denen Sandwich-Lernumgebungen in Schule, Hochschule und Erwachsenenbildung erprobt werden, hat es sich herausgestellt, dass Präsentationen dann besonders lernwirksam sind, wenn sie prägnant, inhaltlich anspruchsvoll und mehrfachcodiert sind. Prägnanz ist das Gegenteil von Weitschweifigkeit. Wenn die Teilnehmenden dem von der Leitungsperson aufgezwungenen, gemeinsamen Lerntempo nur eine kurze Zeit folgen können, dann ist es wichtig, in dieser Zeit den Sachverhalt auf den Punkt zu bringen. Die Lernenden suchen ja nach Lösungen für ihre Probleme und sind neugierig, welche professionellen Wissensbestände hierbei helfen könnten. Werden diese umständlich oder weitschweifig entfaltet, können die Zuhörenden nicht mehr erkennen, was die Ausführungen mit ihrem Problem zu tun haben. Die Neugier lässt nach, die Aufmerksamkeit sinkt. Inhaltlich anspruchsvoll sollen die Präsentationen sein, weil die im gemeinsamen Lerntempo zu verbringende Zeit doch recht knapp bemessen ist. Es kommt darauf an, in diesen wenigen Minuten möglichst viele Hinweise zu geben, welche Hilfestellungen das professionelle Wissen für die einzelnen Fragestellungen bieten könnte. Da die Teilnehmenden ohnehin nicht die gesamte Information aufnehmen können, sondern nur Teile davon, kann es nicht das Ziel sein, die Präsentation so einfach zu gestalten, dass alle alles bis ins Detail verstehen. Vielmehr kommt es darauf an, die wesentlichen Grundgedanken verständlich zu machen. Hierbei helfen Mehrfach-Codierungen. Damit ist gemeint, dass verschiedene „Verständlichmacher" (Döring, 1992, S. 66) benützt werden sollen. Hierzu gehören zunächst Beispiele. *Beispiele* knüpfen an Vertrautes an und aktivieren damit wichtige Vorkenntnisstrukturen. Sie erlauben es, selbst schwierige Sachverhalte schnell zu verstehen, weil man die zentralen Grundgedanken begreift. Einen ähnlichen Dienst können *Analogien* leisten. Auch hier wird eine schon bekannte Struktur herangezogen, um etwas Neues verstehen zu lernen. Eine ganz wichtige Funktion besitzen *Episoden*. Episoden sind auffällige Geschehnisse, Geschichten, die sich in der Realität abgespielt haben. Episoden sind ganzheitlich, können also auch komplexe Kontexte transportieren. Dadurch sind sie in ganz besonderem Maße geeignet, Sachverhalte verständlich zu machen. Schließlich sollten neben der sprachlichen auch *visuelle Darstellungsformen* verwendet werden, die übersichtlich sein sollten, gegliedert, versehen mit bildhaften Elementen und optischen Ankerreizen sowie Farben, die das Erkennen des Wesentlichen unterstützen.

Gelenkstelle B: Gehen wir also, um die Erläuterung von Abb. 18 fortzusetzen, davon aus, dass nach Gelenkstelle A eine begrenzte Zeit Expertenwissen bzw. wissenschaftliche Theorien prägnant, inhaltlich anspruchsvoll und mehrfachcodiert präsentiert worden sind. Die Vermittlungsphase ist zu Ende. Jetzt kommt Gelenkstelle B. Die Teilnehmenden sollen sich subjektiv mit den vermittelten Informationen auseinandersetzen. Dazu ist es wichtig, die Art und Weise zu bestimmen, in der dies geschehen soll. Da wäre einmal die Sozialform. Unter „Sozialform" verstehen wir die Gruppierung der Lernenden während des Lernprozesses. Die größte Sozialform ist das Plenum. Das Plenum kann für bestimmte Zwecke unangemessen groß sein, so dass wir es z.B. in Halbplena teilen müssen. Intensivere Interaktionen werden aber erst stattfinden, wenn überschaubare Gruppengrößen zustande kommen. Hier unterscheiden wir Großgruppen (z.B. 7 bis 10 Personen) und

5. Verändern handlungssteuernder Strukturen

Kleingruppen (z.B. 3 bis 5 Personen). Die kleinsten Sozialformen sind Partnerarbeit und Einzelarbeit. Für Phasen der subjektiven Auseinandersetzung sind kleine Sozialformen geeigneter als große Sozialformen, wie zu Beginn dieses Kapitels schon ausgeführt wurde. Es geht ja darum, dass jede einzelne Person versucht, die neuen Informationen mit dem persönlichen Vorwissen zu vernetzen. Sie muss prüfen, was sie von der (anspruchsvollen) Vermittlung verstanden hat. Sie muss entscheiden, welche Wissenselemente sie zur Ergänzung der vorhandenen Strukturen benötigt. Sie muss bewerten, ob vorhandene subjektive Theorien durch das neu vermittelte Wissen in Frage gestellt sind, ob diese dadurch bereichert werden oder ob das Expertenwissen letztendlich ungeeignet ist für die angezielten Problemlösungen. Das sind lauter schwierige Aufgaben. Zugleich knüpfen sie an den einzigartigen subjektiven Strukturen an. Im Prinzip ist also jede Person gefordert, diesen Prozess ganz für sich selbst zu durchlaufen. Eine hierzu passende Sozialform ist die Einzelarbeit, die nach unserer Kenntnis in Schule, Hochschule und Erwachsenenbildung insgesamt noch ein recht kümmerliches Dasein fristet. Eine Ausnahme bilden hier Formen wie Lerntheke, Stationenlernen, Werkstattunterricht, Wochenplan und Freiarbeit, die den meisten Lehrerinnen und Lehrern zwar bekannt sind, aber dennoch insgesamt recht selten realisiert werden (vgl. Bohl, 2000). Da Menschen gerne beim Problemlösen kommunizieren, um sich in ihrem Denken und Analysieren anregen zu lassen, sind auch Partnerarbeit bzw. Praxistandems und Kleingruppenarbeit bzw. KOPING-Gruppen sinnvolle Sozialformen. An Gelenkstelle B geht es darum, den Sozialformwechsel zu organisieren und den Teilnehmenden Vorschläge für spezielle Vorgehensweisen zu machen, also eine sogenannte Arbeitsanweisung zu geben (vgl. Huber, 2004, S. 31f.). Diese kann sehr offen sein, indem man lediglich den für die subjektive Auseinandersetzung zur Verfügung stehenden Zeitraum nennt und den Teilnehmenden freistellt, wie (Vorgehensweise) und in welcher Gruppierung sie arbeiten möchten (Sozialform). Solche Formen eignen sich für Teilnehmende mit hoher Problemlösungs-Kompetenz und hoher Autonomiefähigkeit. Die Arbeitsanweisung kann, je nach Situation, auch sehr detailliert sein. Es können Zeitraum, Sozialform, Aufgabentypus, Materialien usw. genannt werden. Wichtig ist an Gelenkstelle B, dass die Teilnehmenden schnell arbeitsfähig werden, dass also nicht durch eine schlechte Organisation (Räume, Materialien usw.) oder durch eine unverständliche Aufgabenstellung wertvolle Zeit verloren geht, die dann für die persönliche Auseinandersetzung mit den vermittelten Inhalten fehlt. Erfahrene Leitungspersonen benötigen für Gelenkstelle B selten mehr als ein bis zwei Minuten.

Phase der subjektiven Auseinandersetzung: Gelenkstelle B in Abb. 18 ist vorbei. Die Teilnehmenden beginnen mit der subjektiven Auseinandersetzung. Im Gegensatz zur Vermittlungsphase gibt es hier keine Faustregeln zur zeitlichen Dauer.

Bei unseren langjährigen Erprobungen des Sandwich-Prinzips zeigte es sich, dass die Lernenden zum Teil sehr lange und zugleich mit überraschend hoher Konzentration an der Vernetzung zwischen einzigartigen subjektiven Theorien und vermitteltem wissenschaftlichen Wissen arbeiten können. Hier ist also nicht die begrenzte Dauer der Aufmerksamkeit das Problem, wie dies bei der Vermittlung in einem aufgezwungenen, gemeinsamen Lerntempo der Fall war. Jetzt arbeiten die Teilnehmenden vollständig im eigenen Lerntempo (bei Einzelarbeit) oder nahe am eigenen Lerntempo (bei Partner- oder Kleingruppenarbeit) bzw. haben die Möglichkeit, in den kleinen Sozialformen das Lerntempo mitzubestimmen. Sie denken, analysieren und bewerten in ihrer eigenen gedanklichen Struktur und müssen sich nicht mühen, einer fremden kognitiven Struktur zu folgen. Das sind Faktoren, die den Problemlöse-Prozess begünstigen und die mit dazu beitragen, dass die Teilnehmenden die Phasen der subjektiven Auseinandersetzung im Sandwich-Prinzip als positiv erleben. Die zeitliche Dauer der subjektiven Auseinandersetzung hängt folglich von den speziellen Bedingungen ab, zu denen die Kompetenz der Teilnehmenden ebenso zählt wie die gewählte Sozialform und die vorgeschlagene Vorgehensweise bzw. Strukturierung der Arbeitsphase. Für die Vorgehensweisen oder Aufgabenstellungen gibt es viele Möglichkeiten, die von aktiven Lernformen über „Wechselseitiges Lehren und Lernen" bis zu gedanklichen Landkarten reichen. Was macht die Leitungsperson während der Phase der subjektiven Aneignung? Sie sollte es sicherlich vermeiden, wie die Nürnberger Projektgruppe (2001) anhand empirischer Forschungsergebnisse (Dann, Diegritz & Rosenbusch, 1999) eindeutig herausstellt, invasiv einzugreifen. Hierdurch würde der subjektive Aneignungsprozess gestört. Deshalb formuliert Haag (2004, S. 32) sehr prägnant: „So wenig Eingreifen wie möglich". Dennoch wäre es eine Fehlinterpretation, die Phase der subjektiven Aneignung in eine „Freizeit-Phase" für die Leitungsperson umzudeuten. Die Leitungsperson sollte sich zwar dort aus dem Lernprozess heraushalten, wo sie nicht gebraucht wird bzw. wo sie stören würde. Sie sollte aber die Chance ergreifen, zu beraten, zu unterstützen und zu coachen, wo es erforderlich ist oder wo jemand die Hilfe der Leitungsperson aktiv anfordert (responsives Eingreifen genannt). Das ist ja einer der großen Vorteile der „Einschübe" innerhalb des Sandwich-Prinzips, dass die Leitungsperson nicht mehr im Mittelpunkt des Geschehens steht, wie dies bei kollektiven Lernphasen der Fall ist. Sie ist deutlich entlastet. Das versetzt sie in die Lage, den Lernprozess zu beobachten. Sie kann auf Grund derartiger Diagnosen einzelne Lernende unterstützen oder andere Maßnahmen ergreifen, die sich auf die ablaufenden subjektiven Lernprozesse insgesamt günstig auswirken.

Gelenkstelle C: Jetzt kommt der sicherlich schwierigste Zeitpunkt innerhalb einer sandwichartigen Struktur. Die Teilnehmenden haben sich subjektiv mit den vermittelten Informationen auseinandergesetzt und sind dabei unterschiedlich weit gekommen. Nun geht es darum, beispielsweise wieder im Plenum fortzufahren, wie es in Abb. 18 ausgeführt ist. Zu welchem Zeitpunkt soll dies geschehen? Wie können die Lernenden wieder „synchronisiert" werden? Viele Lehrende neigen an dieser Stelle dazu, mit der Fortsetzung im Plenum zu warten, bis alle Teilnehmenden gleich weit gekommen sind, ihre Aufgabe also abgeschlossen haben. Nach allem, was oben über die Unterschiedlichkeit von Lerntempi ausgeführt wurde, ist dies jedoch kein sinnvoller Weg. Nehmen wir die Erwachsenenbildung als Beispiel. Jene, die es recht schnell vermocht haben, zu analysieren, was die vermittelten Inhalte für ihr eigenes Handeln bedeuten und die es geschafft haben, Verbindungen zwischen ihren vorhandenen subjektiven Strukturen und dem Expertenwissen zu knüpfen, müssten bis zu 9 Mal so lange warten, bis es weitergeht. Umgekehrt können jene, die sich wegen ihrer Vorkenntnisse, Lernstrategien etc. recht langsam oder auch recht tiefgehend mit der Thematik auseinandersetzen, auch nicht auf ein für sie viel zu hohes Lerntempo beschleunigt werden. Die Lösung kann also nur darin liegen, dass allen Lernenden der gleiche Zeitraum für die subjektive Auseinandersetzung zur Verfügung gestellt wird und dass am Ende dieses Zeitraums, also an Gelenkstelle C, ohne jeden Zeitverzug und ohne jedes Warten auf Nachzügler, im Plenum fortgefahren wird. Das klingt zunächst überraschend und schockierend, weil man sich in die Rolle jener Lernenden hineinversetzt, die hinter anderen herhinken. Doch bei näherer Betrachtung gibt es keine andere Lösung für dieses Dilemma, (außer man würde darauf verzichten, die Lernenden wieder zusammenzuführen und würde nur noch individuell lernen lassen). Lerntheoretisch betrachtet kann es gar nicht anders sein, als dass die Lernenden, wenn sie so unterschiedlich lernen wie oben ausgeführt, sich immer weiter auseinander entwickeln. Diesen Schereneffekt zu unterdrücken hieße, künstlich dafür zu sorgen, dass niemand mehr lernt als die, die am wenigsten weit vorankommen. Und das wird doch wohl niemand ernsthaft anstreben. Für viele Lehrende und Lernende bedeutet dies in der Praxis eine erhebliche Umstellung, weil sie es gewohnt sind, dass beim Zurückkommen aus kleinen Sozialformen ins Plenum auf jene, die noch nicht fertig sind, gewartet wird. Im Gegensatz dazu beginnt beim Sandwich-Prinzip die Leitungsperson die kollektive Lernphase pünktlich zum vereinbarten Zeitpunkt. Sie kann durchaus dafür einen späteren Zeitpunkt festlegen, wenn sie im Verlauf des Lernprozesses bemerkt, dass die Zeitdauer für die subjektive Verarbeitung insgesamt zu knapp bemessen war. Sie kann umgekehrt einen früheren Zeitpunkt festlegen, wenn sie bemerkt, dass die Teilnehmenden zur subjektiven Auseinandersetzung gar nicht so viel Zeit benötigen. Der jeweils festgesetzte Zeitpunkt ist aber mit hoher Verbindlichkeit einzuhalten. Wir haben die Erfahrung gemacht, dass die Teilnehmenden diese hohe Verbindlichkeit mit der Zeit zu schätzen wissen, weil dies eine deutlich höhere Verhaltenssicherheit ermöglicht. Voraussetzung hierfür ist, dass im Vorfeld transparent gemacht wird, wie an den einzelnen Gelenkstellen und insbesondere an Gelenkstelle C verfahren wird. Für den Fall, dass es sich um ein recht umfangreiches Sandwich handelt, das auch Unterbrechungen (Pausen, Mahlzeiten etc.) beinhaltet, kann direkt vor Gelenkstelle C eine längere Pause gesetzt werden, eine sogenannte „Pufferpause". Dies erweist sich als sinnvolle Maßnahme, denn die Lernenden können selbst abwägen, ob sie noch einen Teil der Pause als Bearbeitungszeit nutzen möchten. Doch auch hier ist Transparenz das oberste Gebot. Oftmals haben wir es erlebt, dass Teilnehmende die Pausenzeit zum Arbeiten genutzt haben, dann jedoch mit der Erwartung ins Plenum zurückkamen, es gäbe für sie jetzt erst noch eine Pause. Es wird also deutlich, dass Gelenkstelle C sehr schwierig zu organisieren ist und dass sich viele Konflikte ergeben können. Transparenz ist deshalb unentbehrlich.

Was ist an Gelenkstelle C genau zu tun? Ziel ist es ja, den Sozialformwechsel so zu vollziehen, dass wieder gemeinsam weitergearbeitet werden kann. Neben dem oben beschriebenen pünktlichen, verbindlichen Beginn der kollektiven Phase geht es nun darum, die eben abgelaufene Phase der subjektiven Auseinandersetzung sinnvoll mit der nun folgenden Lernphase zu verbinden. Was bedeutet sinnvoll? Ziel beim Sandwich-Prinzip ist es ja, das Expertenwissen bzw. die wissenschaftlichen Theorien in den Vermittlungsphasen zu präsentieren, damit die Teilnehmenden in den Transferphasen prüfen können, ob ihnen dieses Wissen bei der kompetenten Bewältigung ihrer Anforderungen hilft. Folglich ist es in der Regel nicht sinnvoll, jede einzelne Person oder jedes Paar oder jede Kleingruppe im Plenum berichten zu lassen, zu welchem Ergebnis sie in der eingeschobenen Phase kamen. Jede Person hat andere subjektive Theorien und zum Teil auch andere Anforderungen, so dass ein Mitteilen aller persönlichen Erkenntnisse nicht nur viel Zeit kostet, sondern auch den Problemlöseprozess der Zuhörenden eher behindert. Solche recht langen Berichtsphasen im Plenum, die manche für unvermeidlich halten, schrecken viele Lehrpersonen von kleinen Sozialformen ab. Beim Sandwich-Prinzip sollen deshalb nur jene Dinge im Plenum berichtet werden, die für alle Anwesenden interessant sind. Es gibt überhaupt keine Notwendigkeit, sämtliche Ergebnisse zu berichten und zu diskutieren. Die eingeschobenen Phasen dienen in erster Linie der subjektiven Auseinandersetzung und sind nicht zur Vorbereitung von Plenums-Präsentationen gedacht. Eine sinnvolle Gestaltung der Gelenkstelle C könnte also so aussehen, dass nach einem pünktlichen Beginn ein oder zwei Teilnehmende exemplarisch erläutern, mit welchen Problemen sie es zu tun hatten und zu welchem Ergebnis sie kamen. Danach könnten Fragen oder Anregungen durch andere Teilnehmende eingebracht werden. Man könnte Lösungen vergleichen usw. Den Abschluss von Gelenkstelle C bildet der Übergang zur nächsten Vermittlungsphase.

Der **zeitliche Umfang** von Gelenkstelle C kann sehr verschieden sein. In manchen Fällen können es nur ein oder zwei Minuten sein, wenn die Teilnehmenden gut mit der subjektiven Auseinandersetzung zurecht kamen und wenn sie Lösungen für ihre Probleme finden sowie das vermittelte Wissen mit den eigenen Vorkenntnissen vernetzen konnten. In anderen Fällen kann Gelenkstelle C recht umfangreich werden, zum Beispiel wenn einzelne Teilnehmende gar keinen Bezug zwischen dem Expertenwissen und den subjektiven Problematiken entdecken konnten, wenn es ihnen nicht möglich war, Vernetzungen zwischen den eigenen und den vermittelten Strukturen zu knüpfen oder wenn einzelne Teilnehmende zu besonders interessanten oder hilfreichen Problemlösungen kamen, die es wert sind, im Plenum berichtet zu werden. Für den Fall, dass an Gelenkstelle C umfangreiche Berichte aus der Verarbeitungsphase sinnvoll erscheinen, können auch Mischgruppen gebildet werden. Hierbei verteilen sich die Teilnehmenden genau wie beim Gruppen-Puzzle auf verschiedene Kleingruppen und berichten dort ihre Ergebnisse. Das hat nicht nur zeitliche, sondern darüber hinaus auch emotionale und kommunikative Vorteile. In den kleinen Gruppen kann ohne größere Auftrittsängste berichtet und diskutiert werden. Die Berichtenden fühlen sich wohler, und der Diskussionsprozess verläuft intensiver.

Ausstieg: Je nach zeitlichem Umfang können verschieden viele „Lagen" eines Sandwiches aufeinander folgen. Eine Unterrichtsstunde von 45 Minuten wird nur wenige „Lagen" umfassen können, ein Wochenkurs hingegen zahlreiche „Lagen". Sind die verschiedenen Phasen der Vermittlung und subjektiven Verarbeitung durchlaufen, dann kommt der Ausstieg aus dem Sandwich (bei Gerbig & Gerbig-Calcagni, 1998, S. 25 ff. auch als Schluss-Situation bezeichnet). Handelt es sich lediglich um einen Zwischen-Ausstieg, wie etwa aus einer Lektion von 45 Minuten, deren Thematik später weitergeführt wird, dann wird die Ausstiegssituation recht kurz sein. Umgekehrt wird die Ausstiegssituation zeitlich länger und methodisch vielgestaltiger, wenn es sich um das Ende einer größeren thematischen Einheit bzw. um den Abschluss eines Kompaktkurses oder Seminars handelt. Welches sind die zentralen Elemente eines überlegt gestalteten Ausstiegs? Wie in Kapitel 5.6. genauer beschrieben, können vier zentrale Bereiche unterschieden werden. (1) Inhaltlicher Abschluss. Hier geht es darum, die inhaltlichen Aspekte abzuschließen. Ganz trivial: Es können Lernlücken geschlossen oder offen gebliebene Fragen geklärt werden. Besonders sinnvoll wäre es sicherlich, noch einmal Wert auf eine Vertiefung des Verständnisses zu legen durch Anbieten komplexer Aufgaben oder Erstellen gedanklicher Landkarten. (2) Den Transfer anbahnen. Ziel ist es hier, vom „kleinen Sandwich" die Brücke zum „großen Sandwich" zu schlagen bzw. den Weg vom Wissen zum Handeln über die Zeit der Anwesenheit hinaus zu verlängern. Dabei helfen Vorsatzbildungen und Erinnerungshilfen sowie zahlreiche Formen kollegialer Praxisberatung. Transfersichernde Maßnahmen sind entscheidend für die Nachhaltigkeit von Lernprozessen, zugleich aber besonders schwer zu arrangieren, eben weil man in Bereiche eingreift, die außerhalb des Wirkungskreises der Lehrpersonen liegen. (3) Zur Reflexion anregen. Lernprozesse haben viele Aspekte: inhaltliche, lernstrategische, kommunikative, emotionale usw. Blickt man auf die Lernprozesse zurück, so kann man darüber nachdenken, wie diese verlaufen sind. Daraus können Lehrende wie Lernende Konsequenzen für ihr künftiges Handeln ableiten. Für die Reflexion von Verlauf und Ergebnissen gibt es zahlreiche Verfahren und Feedback-Rituale. (4) Emotionale Verarbeitung der Abschluss-Situation unterstützen. Ausstiegs-Situationen bringen es auch mit sich, dass Menschen sich trennen müssen. Sei es, dass die Lehrperson wechselt, sei es, dass die Lerngruppe sich auflöst. Dieses sehr menschliche Abschied-Nehmen kann ebenfalls ins Zentrum gerückt und methodisch unterstützt werden. Das wird wichtig, wenn durch lange Zusammenarbeit intensive Bindungen zwischen den am Lernprozess beteiligten Personen entstanden sind.

Gelenkstelle D: An dieser letzten Übergangsstelle wird das Sandwich abgeschlossen. Es können noch eine Aufgabe erteilt, Dinge eingesammelt, Hinweise gegeben oder verabschiedende Worte gesprochen werden. Der Lernprozess wird damit beendet.

5.1.2 Beispiel für eine Sandwich-Struktur

Der Grundgedanke, zwischen die Phasen der Vermittlung in systematischem Wechsel Phasen der subjektiven Auseinandersetzung einzuschieben, kann auf sehr vielfältige Art und Weise verwirklicht werden. Das nachfolgende Beispiel zeigt nur eine dieser Möglichkeiten. Es entstammt einem Bereich, in dem es besonders schwierig ist, mit dem Sandwich-Prinzip zu arbeiten. Gemeint sind universitäre Vorlesungen von 90 Minuten mit großen Teilnehmerzahlen. Im Beispiel handelt es sich um die neunte von 16 Sitzungen einer Vorlesung zum Bereich „Emotionen" mit dem Thema „Lehrerängste" (siehe Abb. 19).

(1) Gelenkstelle A (Geplante Dauer etwa 2 Minuten)
Da es sich um eine reguläre Sitzung im Rahmen einer Lehrveranstaltung handelt, in denen die Lernenden Wochen zuvor schon eine Semesterübersicht in Form eines „Advance Organizers" samt Terminplan mit den einzelnen Sitzungsthemen als Handout erhalten haben, fällt Gelenkstelle A recht kurz aus. Ich begrüße die Teilnehmenden, bitte um Ruhe und nenne das heutige Thema. Die Agenda der Sitzung wird gezeigt und erläutert. Die Aufmerksamkeit der Studierenden ist mäßig. Die etwa 250 Studierenden lösen sich nur langsam aus ihren zahlreichen Seitengesprächen und anderen Aktivitäten. Der Geräuschpegel sinkt.

5. Verändern handlungssteuernder Strukturen

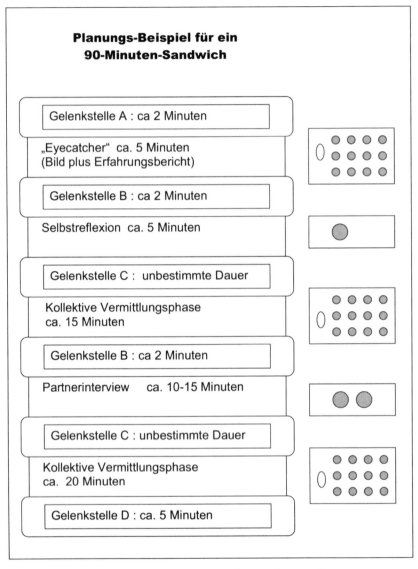

Abb. 19: Beispiel für ein 90-Minuten-Sandwich zum Thema „Lehrerängste"

Das Sandwich-Prinzip | 115

(2) Aufmerksamkeitszentrierung z.B. durch einen „Eyecatcher"
   (Geplante Dauer etwa 5 Minuten)
Gerade in Schule und Hochschule, wenn die Lernenden alle 45 oder alle 90 Minuten das Fach, den Raum oder die Lehrperson wechseln, ist es wichtig, sie erst einmal auf das Thema zu konzentrieren. Hierfür gibt es viele Möglichkeiten. Im Beispiel verwende ich einen „Eyecatcher". Das ist eine möglichst interessante Visualisierung, die es den innerlich erst nach und nach „ankommenden" Lernenden leicht macht, sich auf die neuen Lerninhalte einzustellen. Das kann ein Bild sein, ein Comic, eine Grafik usw. Im Beispiel zeige ich ein Jugendbild von mir und berichte darüber, was mir als unerfahrenem Unterrichtenden in einer Realschulklasse in Reutlingen an negativen Erlebnissen widerfahren ist, die letztlich zu gewissen Angstzuständen bzw. „antizipierter Nichtbewältigung" (Weidenmann, 1978) führten. Zuerst lachen die Studierenden über das Foto, weil sich dieses doch recht stark von meinem derzeitigen Aussehen unterscheidet. Bei meinem authentischen Erfahrungsbericht wird es dann jedoch sehr still: Die Aufmerksamkeit richtet sich nach vorne.

(3) Gelenkstelle B (Geplante Dauer etwa 2 Minuten)
Ist die Aufmerksamkeit auf das Thema zentriert, dann geht es jetzt darum, diesen günstigen Umstand konstruktiv zu nutzen. Im Beispiel strebe ich dies dadurch an, dass ich die Teilnehmenden anrege, sich mit dem Thema „Angst" bzw. „Lehrerängste" ganz persönlich auseinanderzusetzen. An Gelenkstelle B schlage ich deshalb eine Selbstreflexion vor. Die auf einer Folie visualisierte Reflexions-Anregung lautet: *„Denken Sie an ihre Schulzeit zurück. Fallen Ihnen Lehrerinnen oder Lehrer ein, die Angst vor Ihnen als Person oder Angst vor dem Betreten Ihrer Klasse hatten?"* Den Teilnehmenden wird die Sozialform freigestellt, in der sie arbeiten möchten. Ich kündige an, dass ich die Ergebnisse mit der Ampelmethode (ich lege die entsprechende Folie auf) abrufen werde. Jene Studierenden, die schon unterrichtet haben, ermuntere ich, über eigene Ängste beim Unterrichten zu reflektieren.

(4) Frühe subjektive Auseinandersetzung mit der Thematik in einer Selbstreflexion (Geplante Dauer etwa 5 Minuten)
Den Lernenden ist rasch klar, was zu tun ist. Sie sind Selbstreflexionen gewohnt, die sich ja beim Thema „Emotionen" besonders leicht realisieren lassen. Die meisten Studierenden arbeiten paarweise zusammen und erläutern ihre Erfahrungen. Einige Studierende reflektieren in Einzelarbeit. Parallel werden die drei Kärtchen für die Ampelmethode den Unterlagen entnommen. Die Kärtchen wurden in der ersten Sitzung ausgeteilt, schon mehrfach verwendet und werden von den Studierenden mitgeführt.

(5) Gelenkstelle C (Keine zeitliche Dauer geplant)
Ich gehe im Vorlesungsraum umher und versuche, mit möglichst langen Ohren mitzubekommen, ob sich die Gespräche um die Angst-Thematik drehen oder ob diese durch nicht dazugehörende Inhalte abgelöst worden sind. Als die Aktivitäten etwas abebben und der Geräuschpegel sinkt, bitte ich darum, die Selbstreflexionen zu beenden, sich die drei Alternativen (siehe Folie) der Ampelmethode anzusehen und sich für eine Karte zu entscheiden.

> **Ergebnisse der Selbstreflexion**
>
> Grün: Mir ist mindestens eine ganz konkrete Lehrperson eingefallen, die vermutlich starke Lehrerängste hatte.
>
> Gelb: Ich weiß nicht genau, woran ich hätte erkennen können, dass eine meiner Lehrpersonen Lehrerängste hatte.
>
> Rot: Mir ist keine Lehrperson eingefallen, die vermutlich starke Lehrerängste hatte.

Als die Studierenden auf meine Bitte hin die Karten hochhalten, überwiegt zwar Grün, doch etliche Studierende halten zwei Karten hoch: Grün plus Gelb bzw. Rot plus Gelb. Ich frage nach den Gründen und erhalte als Antwort, dass eine gewisse Unsicherheit darüber vorhanden ist, woran denn Ängste aus der Beobachterperspektive erkannt werden können. Nach einer Thematisierung dieses Problems bitte ich Studierende, denen eine konkrete Lehrperson eingefallen ist, um Berichte. Einige Beiträge sind sehr anschaulich und das Plenum hört fasziniert zu. Dadurch ermutigt, berichten verschiedene Studierende über ihre selbst erlebten Ängste in Tages- und Blockpraktika. Insgesamt dauert die Gelenkstelle etwa 15 Minuten, wobei sich meine Befürchtungen, niemand würde sich getrauen, eine einem so großen Plenum etwas beizutragen, glücklicherweise als grundlos erweisen.

(6) Kollektive Vermittlungsphase: Angst als antizipierte Nichtbewältigung. (Geplante Dauer 15 Minuten)
Ich erläutere die Grundgedanken von Weidenmann (1978), berufliche Ängste von Lehrerinnen und Lehrern könne man als eine kognitiv-emotionale Vorwegnahme des Scheiterns in verschiedenen Tätigkeitsfeldern interpretieren und ordne diese Ideen in ein handlungspsychologisches Modell des Lehrerhandelns ein, das ich selbst entwickelt habe. Ich achte sehr darauf, dass ich die geplante Zeitdauer nicht überschreite, denn zusammen mit Gelenkstelle C ergibt dies eine recht beanspruchende halbe Stunde des Zuhörens.

(7) **Gelenkstelle B: Anmoderation eines Partnerinterviews (Geplante Dauer 2 Minuten)**
In einem Partnerinterview sollen die Studierenden sich gegenseitig Fragen stellen zu den vermittelten theoretischen Grundlagen, um zu prüfen, was davon verstanden wurde. Danach sollen sie gemeinsam überlegen, welches ihre nächste Tätigkeit im Bereich des Lehrens und Lernens sein wird (z.b. eine Unterrichtsstunde im Praktikum halten; ein Referat in einem Seminar vortragen; eine Kindersportgruppe leiten; jemandem Nachhilfe erteilen usw.) und sie sollen sich fragen, ob sie sich dabei irgendwelche Sorgen machen würden, es könnte etwas misslingen.

(8) **Subjektive Auseinandersetzung in Form eines Partnerinterviews (Geplante Dauer: 10 bis 15 Minuten)**
Die Studierenden fragen sich gegenseitig in Form eines Partnerinterviews ab; etliche Studierende beantworten die Fragen in Einzelarbeit. Der Geräuschpegel ist wegen des intensiven Austausches recht hoch. Während einige Studierende die sehr persönlichen Fragen nach eigenen Ängsten mit großer Offenheit bearbeiten, lassen sich andere wenig darauf ein.

(9) **Gelenkstelle C. (Keine zeitliche Dauer geplant)**
Ich bitte die Studierenden, mir jene Sachverhalte zu nennen, bei denen es Verständnisschwierigkeiten gab. Es kommen einige wenige Fragen, die rasch beantwortet sind. Da über die persönlichen Befürchtungen im Moment niemand berichten mag, gehe ich zur nächsten Vermittlungsphase über.

(10) **Kollektive Vermittlungsphase: Woran man Ängste erkennen kann (Geplante Dauer: etwa 20 Minuten)**
Anhand zahlreicher Visualisierungen berichte ich, welche Möglichkeiten und zugleich welche Schwierigkeiten es gibt, Ängste an beobachtbaren Anzeichen sicher zu erkennen. Zu meinem Erstaunen ist das Interesse daran sehr groß, obwohl die Vorlesung schon über eine Stunde läuft. Es kommen etliche Zwischenfragen.

(11) **Gelenkstelle D: Abschluss (Geplante Dauer etwa 5 Minuten)**
Ich fordere die Studierenden zu einer Selbstbeobachtung auf (vgl. Kapitel 4.2). Sie sollen in der Woche bis zur nächsten Sitzung beobachten, wie sie selbst reagieren, wenn sie Angst empfinden bzw. befürchten, dass etwas misslingen könnte. Bevorzugt sollen dies Lehrsituationen sein (Unterrichtsstunden, Referate, Nachhilfe, Kindergruppen usw.), ersatzweise können es auch andere Situationen sein. Als Hilfe gebe ich einen Bogen mit, der in der oberen Hälfte Ankreuzmöglichkeiten enthält (Beispiele: „Ich werde blass" *Das ist eher typisch für mich – Das ist eher untypisch für mich*; „Ich verspreche mich" *Das ist eher typisch für mich – Das ist*

eher untypisch für mich; "Ich bin wie gelähmt" Das ist eher typisch für mich – Das ist eher untypisch für mich; Ich werde hektisch" *Das ist eher typisch für mich – Das ist eher untypisch für mich; "Es fällt mir schwer, klar zu denken" Das ist eher typisch für mich – Das ist eher untypisch für mich usw.)* und in der unteren Hälfte Raum für freie Beobachtungen. Danach rege ich mit der Methode „Gläserne Lehrende" (vgl. Kapitel 5.6) zur Reflexion dieser Sitzung an, indem ich laut darüber nachdenke, wie ich die heutige Sitzung erlebt habe. Insbesondere thematisiere ich die beiden „Einschübe", von denen der erste nach meiner Wahrnehmung nahezu alle Studierenden zur subjektiven Auseinandersetzung motiviert hat, während sich am zweiten offenbar die Geister schieden. Danach verabschiede ich mich mit einem Ausblick auf das nächste Thema: „Konstruktiver Umgang mit sich selbst bei Ängsten".

5.1.3 Einige Anregungen für das Arbeiten mit dem Sandwich-Prinzip

Gelenkstellen überlegt gestalten: Beim Sandwich-Prinzip gibt es einen systematischen Wechsel zwischen den Phasen der Vermittlung und den Phasen der subjektiven Auseinandersetzung. Wir haben die Erfahrung gemacht, dass es einer besonderen Expertise bedarf, die zahlreichen Übergänge zu gestalten. Diese bezeichnen wir als „Gelenkstellen". Eine erste Anregung ist es, sich besonders um diese Übergänge zu kümmern. Vor allem dann, wenn Arbeitsanweisungen gegeben werden, wenn Materialien benötigt werden, wenn eventuell andere Räume aufgesucht oder im Raum selbst neue Gruppierungen gebildet werden: Dann sollte man alles vorausschauend organisieren, um Zeit- und Reibungsverluste zu vermindern. Dies gilt besonders für Gelenkstelle B. Viele Gedanken sollte man sich auch über Gelenkstelle C machen. Hier ist im Voraus zu überlegen, wie die in der subjektiven Auseinandersetzung gemachten Erfahrungen mit der nächsten Phase der Vermittlung verknüpft werden können. An Gelenkstelle C gibt es immer wieder ganz intensiven Gesprächsbedarf, dessen Länge oft schwer zu planen ist. Das Gelenkstellen-Management erfordert von der Lehrperson hohe Flexibilität. Hier werden sozusagen „die Weichen gestellt". Deshalb sollte an den Gelenkstellen Kommunikation stattfinden mit dem Ziel, die Sichtweisen der Lernenden mit der Sichtweise der Lehrenden zu vernetzen, um den weiteren Lernprozess zielführend gestalten zu können. Kommunikations- und Reflexivitätsfähigkeit sind an den Gelenkstellen in besonderem Maße erforderlich. Der Verzicht auf Kommunikation an den Gelenkstellen, wie er häufig bei gewissheitsorientierten Lehrenden zu finden ist, die ihre Planung durch Rückkopplungsprozesse nicht durcheinander bringen wollen, schränkt die Autonomie der Lernenden in der Regel stark ein. Dialoge an den Gelenkstellen sollten als eine wertvolle Chance interpretiert werden, diagnostische Informationen zu gewinnen und in Kooperation mit den Lernenden die nächsten Lernschritte zu planen bzw. zu modifizieren.

Auf die Dauer der Lernphasen achten: Die zeitlichen Längen der Vermittlungsphasen und der Phasen der subjektiven Auseinandersetzung können sehr unterschiedlich sein. Dies hängt von der Sozialform ab, wobei die Faustregel gilt, dass die einzelnen Phasen zeitlich umso knapper bemessen sein sollten, je größer die Sozialform ist. Ein großes Plenum lässt deutlich kürzere Phasen der Vermittlung und Verarbeitung zu als beispielsweise Einzel-, Partner- oder Kleingruppenarbeiten. Aber auch die Vorkenntnisse der Lernenden und deren Fähigkeiten zur Selbststeuerung sind wichtige Entscheidungsgrößen. Hier gilt, dass die einzelnen Phasen umso länger sein können, je höher die bereichsspezifischen Vorkenntnisse sind und je mehr Kompetenzen die Lernenden aufweisen. Lerngewohnten Experten können deutlich längere Phasen angeboten werden als lernungewohnten Novizen (vgl. auch Gerbig, 1997). Die situationsangemessene Variation der Lernphasen-Dauer bezeichnen Gerbig & Gerbig-Calcagni (1998, S. 41 f.) als „das Spiel mit dem Sandwich". Dennoch ist in zweierlei Hinsicht Vorsicht geboten. Es gibt zeitliche Obergrenzen, vor allem für kollektive Vermittlungsphasen. Lehrende sollten folglich darauf achten, dass die Zeitscheiben nicht zu groß gewählt werden. Nachlassende Aufmerksamkeit und suboptimale Nutzung der zur Verfügung gestellten Lernzeit wären die Folgen. Umgekehrt sollten die Zeitscheiben auch nicht zu klein gewählt werden. Manche Lehrende neigen dazu, alle paar Minuten von Vermittlungs- zu subjektiven Auseinandersetzungsphasen zu wechseln. Die Folge ist ein recht hektischer Lernprozess, in dem die Lernenden sich gehetzt fühlen, weil sie eigentlich nie richtig mit dem Lernen beginnen können. Häufig erleben sich die Lernenden dabei als „Marionetten" (De Charms, 1968 und 1979), was ihre Lernmotivation untergräbt. Bei der Planung von 45-Minuten-Lektionen muss also gut überlegt werden, wie viele Phasen untergebracht werden können. Manchmal werden es nur eine Vermittlungsphase und eine Phase der subjektiven Auseinandersetzung sein können. Je länger Lehreinheiten dauern, umso besser kann man mit dem Sandwich „spielen". Universitäre Lehrveranstaltungen von 90 Minuten Dauer lassen schon mehrere Phasen zu. Im obigen Beispiel waren es drei Vermittlungsphasen, zwischen die zwei Phasen der subjektiven Auseinandersetzung geschoben wurden. Halbe Tage, ganze Tage oder gar Kompaktkurse eignen sich in besonderem Maße für eine Sandwich-Architektur, weil es hier möglich ist, auch recht lange Phasen der subjektiven Auseinandersetzung einzuschieben bzw. spezielle Formen des „Wechselseitigen Lehrens und Lernens" zu realisieren. Insgesamt bietet das Sandwich-Prinzip viele Möglichkeiten für eine konstruktive Planung von Lernprozessen, regt aber auch dazu an, sich mehr Gedanken als bisher über die zeitliche Länge der einzelnen Lernabschnitte zu machen.

Das Sandwich anspruchsvoll gestalten: Ob die Vermittlungsphasen in Einzelarbeit mit Selbststudienmaterial, in Form des „Wechselseitigen Lehrens und Lernens" oder im Kollektiv verlaufen, es wird meist nur ein bescheidener Teil der

Informationen von den Lernenden aufgenommen werden können. Das ist nicht schlimm, denn in den Phasen der subjektiven Auseinandersetzung können Lücken geschlossen und Vernetzungsprozesse vertieft werden. Wegen der Einzigartigkeit von Lernprozessen kommt es weniger darauf an, dass alle Lernenden das Gleiche lernen. Viel wichtiger ist es, dass die Lernenden die für sie selbst zentralen Inhalte mit ihrem bereichsspezifischen Vorkenntnissen verknüpfen. Das sind recht individuelle Vorgänge mit ebenso individuellen Ergebnissen. Nach unseren Erfahrungen ergeben sich die günstigsten Auswirkungen dann, wenn sowohl die Vermittlungsphasen als auch die Phasen der subjektiven Auseinandersetzung anspruchsvoll gestaltet werden. Anspruchsvolle Vermittlung beinhaltet, dass auch die Lernenden mit den besten Vorkenntnissen noch dazulernen können. Bedenkt man die begrenzte Zeit, die für Vermittlungsphasen zur Verfügung steht, so muss die Präsentation prägnant, inhaltsreich, dicht und dennoch verständlich sein. Den Lernenden wird dabei ein hohes Maß an Aufmerksamkeit abverlangt. Für die Phasen der subjektiven Auseinandersetzung ist es wichtig, dass die hierfür gegebenen Anregungen oder Aufgabenstellungen zu einer tiefen und nachhaltigen Beschäftigung mit den vermittelten Inhalten führen. Wegen der Verschiedenartigkeit der Lernenden ist es in manchen Fällen erforderlich, verschiedene Anregungen oder Aufgaben zur Auswahl zu stellen, so dass beispielsweise verschiedene Schwierigkeitsgrade oder verschiedene Vorgehensweisen wählbar sind. Gegenüber der alltäglichen Unterrichtsplanung (Haas, 1998; 2005) bringt die Anregung, Sandwiches anspruchsvoll zu gestalten, erhebliche Veränderungen mit sich. Einmal sind die Phasen der kollektiven Vermittlung sehr dicht und zugleich zeitlich begrenzt zu gestalten. Zum anderen sind lernwirksame „Einschübe" vorzusehen, abgestimmt auf die Möglichkeiten der Lernenden. Beides erfordert eine deutlich differenziertere Vorbereitung von Lernprozessen, als sie derzeit noch üblich ist.

5.1.4 Erfahrungen mit dem Sandwich-Prinzip

Seit über zehn Jahren erproben wir das Sandwich-Prinzip im schulischen Unterricht (Primarschulen, Sekundarstufen I und II), in Hochschulen (Seminare, Vorlesungen) und in der Erwachsenenbildung (Volkshochschule, betriebliche Weiterbildung). Hierzu zählen auch die Arbeiten von Gerbig (1997), Bosch (2001), Schmidt (2001; 2005), Hepting (2004; 2005) und Huber (2005 a). Die bisherigen Erfahrungen gehen alle in eine Richtung: insgesamt berichten Lernende wie Lehrende über vielfältige positive Auswirkungen dieser Lernumgebung. Diese können wie folgt zusammengefasst werden:

(1) **Hohe Aufmerksamkeit:** Durch die Abstimmung der zeitlichen Länge der verschiedenen Phasen des Sandwiches auf die Möglichkeiten der Teilnehmenden fällt es ihnen leichter, ihre Konzentration auf die Inhalte bzw. auf die subjektive Auseinandersetzung damit zu lenken. Beobachtet man einzelne

Lernende durch Fremdbeobachter während des gesamten Lernprozesses, so kann man feststellen, dass die zur Verfügung stehende Lernzeit sowohl in den Vermittlungsphasen als auch in den „Einschüben" in hohem Maße genutzt wird.

(2) **Guter Lernerfolg:** Der ständige Wechsel von Vermittlungsphasen und Phasen der subjektiven Auseinandersetzung hat zur Folge, dass Prozesse des Vergessens verringert werden. Das ständige Bemühen der Lernenden, die vermittelten Inhalte in Bezug zu den eigenen subjektiven Theorien zu setzen, führt zu einer tiefen Verarbeitung. In gleicher Zeit werden deshalb in aller Regel bessere Lernleistungen als mit herkömmlichen Lernumgebungen erzielt.

(3) **Positives Lernklima:** Die zeitliche Begrenzung vor allem der kollektiven Vermittlungsphasen verbunden mit der Chance, in jeder zweiten Phase im eigenen Tempo arbeiten zu können, vermindert Störungen im Lernprozess. Dies ist vor allem im schulischen Unterricht deutlich beobachtbar, aber auch in Seminaren und Vorlesungen spürbar. Durch das aktive und häufig auch kooperative Arbeiten werden schwierige Lernende besser integriert.

(4) **Entlastete Lehrende:** Lehrpersonen, die längere Zeit mit dem Sandwich-Prinzip arbeiten, erleben es als erholsam, immer wieder die Mittelpunktsrolle verlassen zu können. Zwar berichten sie über einen anfänglich erhöhten Vorbereitungsaufwand, den die andersartige Planung mit sich bringt. Jedoch verspüren sie insgesamt einen geringeren Kräfteverschleiß und fühlen sich weniger in der Gefahr, „auszubrennen" oder sich zu erschöpfen.

(5) **Verändertes Handeln:** Wichtigstes Ergebnis ist sicherlich, dass mit dem Sandwich-Prinzip viele positive Voraussetzungen geschaffen werden, den weiten Weg vom trägen Wissen zum kompetenten Handeln erfolgreich zurückzulegen. Vor allem wenn es darum geht, handlungssteuernde subjektive Theorien zu verändern, sind eingeschobene Phasen der subjektiven Auseinandersetzung unentbehrlich („kleines Sandwich"). Sie bedürfen jedoch der Ergänzung durch eingeschobene Transferphasen („großes Sandwich"), um Handeln nachhaltig verändern bzw. Kompetenzen nachhaltig erhöhen zu können. Die Kombination beider Sandwich-Strukturen hat sich, wie in Kapitel 2 näher ausgeführt, in hohem Maße als wirksam erwiesen, was die Veränderung menschlichen Handelns betrifft.

5.2 Der Einstieg in das Sandwich

Wie soll man in ein Sandwich einsteigen? Die wesentlichen sechs Komponenten können wie folgt geordnet werden: (A) Transparenz schaffen durch (1) Agenda und (2) Advance Organizer; (B) Kommunikation erleichtern durch (3) Redeschwelle überwinden und (4) Mischen; (C) Mitgestaltung ermöglichen durch (5) Interessen erheben und (6) Vorkenntnisse erfassen (siehe Abb. 20).

5. Verändern handlungssteuernder Strukturen

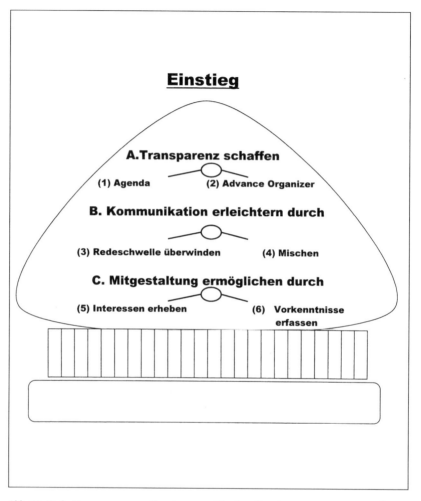

Abb. 20: Sechs Komponenten zur Gestaltung von Einstiegs-Situationen

5.2.1 Transparenz schaffen

Es ist ein zentrales Ziel, die in den Menschenbildannahmen postulierten Fähigkeiten der Lernenden in dem Sinne zu erhöhen, dass diese immer umfassender in der Lage sind, die an sie gestellten Anforderungen konstruktiv zu bewältigen. Hierzu gehört unter anderem auch die Autonomiefähigkeit. Die Lernenden sollen den Lernprozess selbst in die Hand nehmen und sich innerhalb der gegebenen Rahmenbedingungen selbst bestimmen können (vgl. Rheinberg, 2002; Pekrun & Schiefele, 1996; Deci & Ryan, 1993). Eine ganz triviale Voraussetzung hierfür ist Transparenz. Die Lernenden müssen wissen, wie die Lehrperson den Verlauf des Lernprozesses geplant hat. Nur dann können sie sinnvoll intervenieren. In Erwachsenenbildung und Hochschuldidaktik werden die geplanten Abläufe erfreulicherweise recht häufig transparent gemacht. Im schulischen Unterricht ist dies noch immer die Ausnahme. Hier herrscht in vielen Bereichen eine entmündigende „Kinder-Überraschungs-Pädagogik" vor, die der Überzeugung entspringt, Überraschungen seien motivierend und Transparenz sei ernüchternd. Entsprechend ergibt sich dort ein großer Nachholbedarf.

Agenda: Ein Instrument, mit dem der geplante Ablauf durchsichtig gemacht werden kann, ist die Agenda. Sinngemäß übersetzt bedeutet dies: „Das, was zu tun ist". Eine Agenda macht den Teilnehmenden die vorgesehenen Arbeitsphasen in den wesentlichen Grundzügen deutlich: Beginn und Ende, Vermittlungsphasen und Phasen der subjektiven Auseinandersetzung, Pausen und Mahlzeiten usw. Die Teilnehmenden können klare Erwartungen aufbauen. Sie können auf dieser Basis rechtzeitig intervenieren und auf diese Weise im Rahmen des Möglichen ihren Lernweg mitgestalten. Eine Agenda kann in verschiedenen Varianten präsentiert werden. Von einer *rein mündlich* gegebenen Agenda ohne jede Visualisierung ist abzuraten. Erstens ist seit Jahrzehnten aus der Gedächtnisforschung bekannt, wie wenige Details Menschen in ihrem Kurzzeitspeicher zu behalten vermögen. Zweitens ist bei einer rein mündlichen Kommunikation die Gefahr von Missverständnissen groß. Drittens ist nicht sicher gestellt, dass alle Teilnehmenden genau in jenem Augenblick, in dem die Agenda genannt wird, ihre Aufmerksamkeit auf die Lehrperson gerichtet haben. Sicherlich ist eine mündlich präsentierte Agenda dennoch besser als gar keine, weil immerhin der Versuch gemacht wird, die Teilnehmenden zu informieren. Aber insgesamt ist das mündliche Informieren doch zu flüchtig und störungsanfällig, um wirksam zu sein. Nach unseren Erfahrungen ist es unverzichtbar, Agenden zu *visualisieren*. Hierfür gibt es zahlreiche Möglichkeiten. Im schulischen Unterricht können die geplanten Schritte an die Tafel geschrieben werden. In der Hochschuldidaktik kann eine Folie diese Funktion übernehmen. In der Erwachsenenbildung kann der geplante Verlauf mit Moderationskärtchen an einer Pinnwand sichtbar gemacht werden usw. Sind zeitlich umfangreichere Lernprozesse geplant (halbe Tage, ganze Tage, mehrere Tage), dann empfiehlt es sich, die Agenda in Form eines Handouts auszugeben. Die Präsentation einer visualisierten Agenda soll kurz sein. Im Gegensatz zum inhaltlich anspruchsvollen „Advance Organizer" geht es hier nur um die Abfolge der einzelnen Schritte. Eine zu ausführliche Erläuterung wirkt ermüdend, weil die Details nicht behalten werden können.

Beim Erläutern der Agenda ist es wichtig, dass die Leitungsperson signalisiert, dass die Agenda *veränderbar* und vorgebrachten Änderungsanliegen gegenüber offen ist. Folglich sollten die Teilnehmenden stets in direktem Anschluss an die Agenda die Chance erhalten, ihre Wünsche und Anliegen zum Verlauf einzubringen. Hierfür ist von vorneherein Zeit einzuplanen. Macht die Leitungsperson die Beobachtung, dass die Teilnehmenden Probleme mit der Agenda haben, kann sie eine sogenannte Vergewisserungsphase einschieben. Was ist eine Vergewisserungsphase? Bevor sich die Teilnehmenden im Plenum äußern, erhalten sie die Gelegenheit, sich ein, zwei oder mehrere Minuten Gedanken zu machen. Dies kann in Einzelarbeit geschehen, in der die Teilnehmenden versuchen, sich durch Überlegen, Nachschlagen usw. auf mündliche Beiträge im Plenum vorzubereiten. Dies kann auch in Partner- oder Kleingruppenarbeit geschehen, in der sich die Lernenden unterhalten. Letzteres Vorgehen wird auch als „Murmelphase" oder „Buzzing" (hergeleitet vom Summen z.B. eines Bienenschwarms) oder „Bienenkorb" (vgl. Rabenstein, Reichel & Thanhoffer, 1995) bezeichnet. In unserem Zusammenhang hilft eine Vergewisserungsphase den Lernenden, verschiedene kritische Punkte der Agenda im Dialog zu beleuchten und sich gegenseitig Mut zu machen, diese Punkte im Plenum zu thematisieren. Dies ist förderlich für die nachfolgende Aussprache im Plenum, weil einerseits die Redeschwelle sinkt, andererseits die Qualität der Beiträge steigt, weil die Meinungen schon zuvor nach Für und Wider abgewogen wurden. Besonders vorteilhaft ist es an dieser Stelle, wenn die Agenda in Form von Moderationskarten angepinnt ist. Die Karten lassen sich leicht umstecken, Karten können weggenommen, neue geschrieben werden. Auch die Tafel ist ähnlich flexibel. Folie und Handout sind sperriger. Hier muss gestrichen und ergänzt werden.

Während des Lernprozesses sollte an der Agenda immer wieder gezeigt werden, wo sich die Lernenden befinden. Da sich die geplanten Zeiten durch nicht in vollem Umfange vorhersehbare Sachverhalte verändern, ergeben sich doch meist einige Modifikationen, die ihrerseits wieder transparent zu machen sind. Umgekehrt sehen die Lernenden an der Agenda, wie der Prozess Schritt für Schritt vorangeht. In einer Erprobung von Agenden in der Hauptschule machte ich in einem Selbstversuch die Erfahrung, dass die Schülerinnen und Schüler von diesem Instrument recht angetan waren. Zu Stundenbeginn im Mathematikunterricht notierte ich die Agenda an der Tafel und wischte nach jedem Schritt die entsprechende Zeile weg. Die Lernenden erlebten dies zu meiner Überraschung als Erfolg. Etliche Kinder kamen immer wieder nach der Stunde nach vorne mit Äußerungen wie: „Heute sind wir weit gekommen" oder „Heute haben wir aber viel gearbeitet". Auch Studierende schätzen es, den geplanten Verlauf visualisiert und erklärt zu bekommen, weil sie sich ein besseres Bild von dem machen können, was auf sie zukommt. Ein Nebeneffekt: Sie erkennen, dass sich die Lehrperson Gedanken gemacht und sich gründlich auf die Lehrveranstaltung vorbereitet hat, was leider nicht selbstverständlich ist. In der Erwachsenenbildung kann die Agenda in der Ausstiegsphase erneut verwendet werden und zwar als Erinnerungshilfe, wenn über Verlauf und Ergebnisse des Lernprozesses reflektiert wird. Insgesamt sprechen alle grundsätzlichen Überlegungen und alle praktischen Erfahrungen für die Verwendung visualisierter, mündlich in wenigen Worten kommentierter Agenden.

Advance Organizer: Das zweite Instrument zum Schaffen von Transparenz ist der „Advance Organizer". Darunter versteht man früh im Lernprozess präsentierte Vernetzungen der Inhalte mit dem Ziel, die Themen in ihren Grundaussagen und ihrem Zusammenhang zu verstehen. Solche vorab gegebenen Themenvernetzungen unterscheiden sich in vielen Punkten von einer Agenda, werden aber häufig mit ihr verwechselt. Agenden sind wenige Sätze kurz, Advance Organizers bis zu einer Viertelstunde lang. Agenden sind zeitlich linear angeordnet, Advance Organizers sind vielfältig vernetzt. Agenden helfen zum Verstehen des Ablaufes, Advance Organizers zum Verstehen der Inhalte. Beide Vorgehensweisen tragen zur Transparenz in der Einstiegsphase bei. Wir raten dringend davon ab, beide Methoden zu vermischen. Das hat nach unseren Erfahrungen ähnlich ungünstige Auswirkungen, wie wenn man beim Einstieg in ein opulentes Menü die Vorspeisen Suppe und Salat nicht nacheinander isst, sondern die Suppe in den Salat gießt und dann verzehrt. Die Reihenfolge der Instrumente „Agenda" und „Advance Organizer" kann variieren. Besonders sinnvoll ist es, zunächst die Themen in ihrem Zusammenhang verständlich vorzustellen, so dass ein gründliches und zugleich sachlich korrektes Vorverständnis der Thematik entsteht und erst danach zu erläutern, wie die einzelnen Arbeitsschritte ablaufen könnten. Wird so vorgegangen, dann wird die Agenda besser „verstanden", weil mehr Informationen über das Thema vorliegen. Sicherlich ist es aber auch möglich, den Einstieg so zu planen, dass die Agenda zeitlich vor dem „Advance Organizer" liegt. Weil der „Advance Organizer" einerseits besonders wichtig ist für ein auf tiefes Verstehen ausgerichtetes Lernen, weil seine Funktion und sein Aufbau aber häufig missverstanden werden, widmet sich Kapitel 5.3 ausführlich diesem Instrument.

5.2.2 Kommunikation erleichtern

Einstiegssituationen haben es häufig an sich, dass die Kommunikation zwischen Lehrenden und Lernenden schwer in Gang kommt. Das kann verschiedene Gründe haben, von denen beispielhaft einige genannt werden sollen. Möglicherweise kennen sich die Lernenden untereinander (noch) nicht und begeben sich deshalb als vorsichtige Menschen in eine abwartende Position. Sie fragen sich, wie die Gruppe zusammengesetzt ist, welche Rolle sie selbst spielen werden, ob sie von ihren Lernvoraussetzungen her mithalten können usw. Da die Regeln noch nicht klar sind, verhalten sich viele Lernende reserviert. Es fehlen Sicherheit und Vertrauen. Aus der Sozialpsychologie bzw. Gruppendynamik sind diese Phänomene bestens bekannt. Möglicherweise wissen die Lernenden auch nicht, welche Pläne die Lehrperson hat und partizipieren deshalb zunächst aus einer distanzierten Beobachter-Position. Möglicherweise sind sie auch zu Beginn mit ihren Gedanken ganz woanders. Das ist vor allem dann der Fall, wenn Themen und Lehrende im 45- oder 90-Minuten-Rhythmus wechseln. Diese und andere Gründe machen eine Kommunikation zwischen Lehrenden und Lernenden in der Einstiegssituation schwierig. Für die Lehrenden ist dies eine höchst unangenehme Situation. Sie möchten hören, was die Lernenden von der Agenda halten, sie möchten erfahren, welche Aspekte des „Advance Organizers" nicht verstanden wurden, sie möchten herausfinden, welche Vorkenntnisse und welche Interessen vorhanden sind usw. Auf ihre Anregungen, Bitten oder Fragen kommt in der Regel aber nur ein bescheidenes Echo, weil viele Lernende in der diffusen Anfangssituation das Risiko scheuen, sich durch einen Beitrag im Plenum zu exponieren. Was also kann man tun, um eine vertrauensvolle Atmosphäre zu schaffen, in der es leicht(er) fällt, untereinander und vor allem im Plenum zu kommunizieren?

Redeschwelle überwinden: Die anfängliche Zurückhaltung in der Kommunikation ist ein äußerst verständliches und zugleich sinnvolles Handeln. Die einzelnen Personen vermeiden es klugerweise, sich schlecht abschätzbaren Folgen auszusetzen. Die Schwelle zu einem Beitrag, vor allem im Plenum, wird häufig als „Redeschwelle" bezeichnet. In der Einstiegssituation geht es darum, Empfindungen wie Sicherheit und Vertrauen zu stärken. Dadurch wird die Redeschwelle gesenkt. Besonders hilfreich sind hier kurze Gesprächsphasen in möglichst kleinen Sozialformen. Die zeitliche Kürze hat in der Anfangssituation den Vorteil, dass an die einzelnen Personen nur begrenzte Ansprüche gerichtet werden können. Die Gefahr des Versagens ist eher gering. Kleine Sozialformen haben den Vorteil, dass eine hohe Chance besteht, selbst zu Wort zu kommen und damit die Wirkung seiner Aussagen zu erfahren. Umgekehrt sind bei einem Misslingen der Kommunikation nur wenige Personen betroffen. Gute Erfahrungen haben wir mit Partnergesprächen gemacht. Diese können sandwichartig in die Einstiegsphase eingestreut werden. Die Partnergespräche können geringer oder stärker strukturiert sein. Eine geringe Strukturierung besteht darin, lediglich den Sprechanlass vorzugeben. In einer Unterrichtsstunde zum Thema „Wasserverbrauch" könnte der Sprechanlass lauten: „Wozu hast du heute schon Wasser gebraucht?" Die Schülerinnen und Schüler könnten in Partnergesprächen von ein bis zwei Minuten entsprechende Situationen zusammentragen. In einem Hochschulseminar zum Thema „Aggression" könnte es eine Schätzfrage sein, über die sich jeweils zwei Studierende unterhalten: „Nimmt das Ausmaß der menschlichen Aggression Ihrer Meinung nach in den letzten Jahren ab, bleibt es gleich oder nimmt es zu?" In einem gerade beginnenden Volkshochschulkurs mit dem Thema „Rückenschule" könnte es die einfach Frage sein, die jeweils zwei Teilnehmende kurz austauschen sollen: „Warum nehmen Sie an diesem Kurs teil?"

Partnergespräche mit starker Strukturierung wären beispielsweise das „Kugellager" oder das „Partnerinterview". Bei der Methode „Kugellager" sitzen die Teilnehmenden einander zugewandt in einem Innen-und einem Außenkreis. Bei Hufeisenform kann dies die Innen- und Außenseite der Tische sein, bei festem Mobiliar können es nacheinander der rechte, der linke, der vordere, der hintere Nachbar usw. sein. Die jeweils sich gegenübersitzenden Personen unterhalten sich eine bestimmte Zeit zu einem vorgegebenen Thema. Ist die Zeit vorüber, bewegen sich die Kreise in entgegengesetzter Richtung. Mit dem neuen Gegenüber wird ein neues Thema besprochen. Auf diese Weise können 2, 3 oder 4 Partnergespräche ablaufen. Die Methode Kugellager ist ab dem ersten Schuljahr möglich. So habe ich es in der Einstiegsphase beim Thema „Angst" in einer Grundschulklasse eingesetzt, noch bevor die Kinder lesen konnten. In der ersten Runde habe ich ein Bild gezeigt, in dem ein Kind allein in der Dunkelheit unterwegs ist, in der zweiten Runde das Bild eines Zahnarztes und in der dritten Runde ein Kind auf dem Sprungturm im Schwimmbad. Die Schülerinnen und Schüler sollten sich jeweils darüber unterhalten, wann sie solche Situationen zum letzten Mal erlebt hatten und welche Gefühle sie dabei verspürten. In der Erwachsenenbildung setze ich das Kugellager dann gerne ein, wenn es mir wichtig ist, rasch in lebhafte Diskussionen zu kommen. Das nachfolgende Beispiel entstammt der betrieblichen Erwachsenenbildung. Die Teilnehmenden werden für ihre Tätigkeiten als Dozentin oder Dozent im Bereich der Informationstechnologie ausgebildet. Nach dem Nennen von Thema und Zielen begeben sich die Teilnehmenden nach wenigen Minuten ins Kugellager. Die Gesprächsanregungen sind schriftlich vorgegeben, so dass die Teilnehmenden in jeder Runde wissen, was sie zu tun haben (siehe Abb.21).

5. Verändern handlungssteuernder Strukturen

> **Kugellager**
>
> **Erste Gesprächsrunde: Lehrtätigkeiten**
> 1. Welche Lehrtätigkeiten warten in der nächsten Zeit auf Sie (Vorträge, Präsentationen, Kurse, Seminare, Schulungen usw.)? – Schildern Sie die Themen, die Zielgruppen, die Dauer sowie den Aufbau der Schulungen.
> 2. Welches sind die bevorzugten Methoden, mit denen Sie unterrichten?
> 3. Haben Sie in Ihrer Lehrtätigkeit in letzter Zeit irgendetwas verändert, etwas Neues ausprobiert oder etwas Gewohntes wegfallen lassen?
>
> **Zweite Gesprächsrunde: Positives und Negatives**
> Denken Sie an Ihre Kurse, Seminare, Schulungen, Vorträge: Was kommt gut bei den Zuhörenden an, was läuft gut, was befriedigt Sie an Ihrer Lehrtätigkeit? Geben Sie konkrete Beispiele aus Ihren Schulungen. – Und umgekehrt: Was kommt nicht so gut an, was läuft nicht so gut, was macht Ihnen das Lehren schwer? Geben Sie auch hierzu konkrete Beispiele.
> Denken Sie nun an jene Kurse, die Sie als Teilnehmerin oder Teilnehmer besucht haben: Bei welchen Vorgehensweisen der Trainer konnten Sie gut lernen, was hat Ihnen beim Lernen geholfen? Bei welchen Vorgehensweisen haben Sie sich wohlgefühlt? Und umgekehrt: Wann haben Sie abgeschaltet, wann sich gelangweilt, wann sich unwohl gefühlt, wann vielleicht auch die Schulung abgebrochen?
>
> **Dritte Gesprächsrunde: Vorkenntnisse**
> Heute baut man Seminare, Schulungen und Kurse so auf, dass die Teilnehmenden besonders leicht und nachhaltig lernen können. Dabei spielen einige Begriffe eine Rolle. Gehen Sie die Begriffe gemeinsam durch und aktivieren Sie dabei Ihre Vorkenntnisse:
> *Lernmotivation, Lernklima, Einstieg, Ausstieg, Kursarchitektur nach dem Sandwich-Prinzip, Mehrfach-Codierung bei einem Vortrag, Kommunikation zwischen Trainer/in und Teilnehmenden, Lern-Strategien, unterschiedliche Lerntempi der einzelnen Personen beim Lernen, Aktivierung der Vorkenntnisse, zum Beispiel durch Beschäftigung mit jenen zentralen Begriffen, die in der Schulung vorkommen.*

Abb. 21: Arbeitsanweisungen zur Methode „Kugellager", eingesetzt als Einstiegsmethode in der betrieblichen Weiterbildung.

Setzt man so aufwändige Methoden wie das Kugellager ein, dann sollte man den Teilnehmenden stets transparent machen, mit welchen Zielvorstellungen dies geschieht. Tut man dies nicht, dann kann es passieren, dass manche Personen das ungewöhnliche Arrangement als nutzlose Spielerei auffassen und entsprechend aufgebracht reagieren. Insgesamt haben wir sehr gute Erfahrungen mit der Methode Kugellager gemacht, weil durch die lebhafte Diskussion mit verschiedenen Gegenübern einerseits die Redeschwelle erheblich gesenkt und andererseits intensiv an den jeweiligen subjektiven Theorien und bereichsspezifischen Vorkenntnissen angeknüpft wird.

Wer die mit der Methode Kugellager verbundenen organisatorischen Umstände scheut, kann mit einem Partnerinterview vergleichbare Ergebnisse erzielen. Unter einem Partnerinterview ist eine Form des „Wechselseitigen Lehrens und Lernens" zu verstehen. Hierbei stellen sich die Lernenden wechselseitig Fragen und notieren die Gesprächsergebnisse. Wichtig ist dabei der Hinweis, dass nach der ersten Antwort des Gegenübers beide Seiten zur Frage Stellung nehmen (siehe Abb. 22).

Partnerinterviews sind leicht zu organisieren. Durch die klaren Vorgaben kommt die Kommunikation rasch in Gang. Die Gesamtdauer kann, je nach den Besonderheiten der Teilnehmenden und den Zielen der Leitenden, zwischen 5 und 15 Minuten liegen. Die gewählte Dauer des Partnerinterviews sollte den Teilnehmenden bei der Anmoderation (Gelenkstelle B) mitgeteilt werden. Hilfreich ist es, wenn die Leitungsperson 2 Minuten vor dem Ende im Raum umhergeht und allen Pärchen signalisiert, dass sie langsam ihr Gespräch abschließen sollen.

Wie geht es nach Partnergesprächen bzw. Kugellager oder Partnerinterview im Plenum weiter? Völlig unsinnig wäre es, im Plenum nochmals alle Gesprächsergebnisse nennen zu lassen. Das würde viel Zeit kosten und dennoch den Lernprozess kaum voranbringen. Möglich ist es jedoch, einzelne Teilnehmende, die mutig genug sind, sich jetzt schon im Plenum zu Wort zu melden, um eine Aussage zu bitten und daran dann das weitere Vorgehen anzuschließen, beispielsweise einen „Advance Organizer" oder eine Interessenerhebung usw.

Viele Lehrende versuchen, die Redeschwelle mit Vorstellungsrunden oder einem Einstiegsblitzlicht zu überwinden. Die am meisten von Teilnehmenden gefürchtete Methode ist es dabei, sich nicht selbst vorzustellen zu dürfen, sondern eine andere Person vorstellen zu müssen, die man gerade eben kennen gelernt hat. (vgl. die Methode „Partnervorstellung"; Knoll, 1995, S. 95 f.). Früh im Lernprozess eingeschobene Vorstellungsrunden sind problematisch. Erstens kann man sich die vielen Details (Name, Tätigkeit, Bezug zum Thema usw.) gar nicht merken. Zweitens bedeutet eine Vorstellungsrunde einen Start von Null auf Hundert, nämlich einen exponierten Auftritt im Plenum, noch bevor Sicherheit geschaffen und Vertrauen sich herausgebildet haben. Kein Wunder, wenn diese Runden großes Herzklopfen verursachen. Dabei dann noch eine unbekannte Per-

5. Verändern handlungssteuernder Strukturen

Partnerinterview Fassen Sie die Fragen als Sprechanlässe auf, über die Sie sich gemeinsam unterhalten, nachdem Ihr Gegenüber eine erste Antwort gegeben hat.	
Person A stellt diese Fragen und notiert die Antworten	Person B stellt diese Fragen und notiert die Antworten
1. Mit welchen Methoden haben Sie bisher Ihre Seminare, Kurse, Referate usw. gestaltet (z.b. Beamerpräsentation, Gruppenarbeit, Kartenabfrage, Blitzlicht usw.)?	
	2. Welche Lehrmethoden kommen nach Ihrer Erfahrung gut an (was sich in besonderem Interesse und besonderer Motivation ausdrückt), welche stoßen auf weniger Zustimmung (was sich z.b. in nachlassender Aufmerksamkeit und aufkommender Unruhe ausdrückt)?
3. Welchen Problemen sind Sie in der Leitungsrolle schon begegnet (z.b. unaufmerksame oder schwierige Teilnehmende, große Stoffmenge, fehlende Vorbereitungszeit, „trockener" Stoff, eigene fachliche Unsicherheiten usw.)?	
	4. Was wissen Sie schon über die folgenden Begriffe, die in den nächsten beiden Tagen zur Sprache kommen: Lernen als individueller Prozess; Sandwich-Prinzip; Arten von Lernumgebungen; „Wechselseitiges Lehren und Lernen"?
5. Welche der nachfolgenden Methoden, die Sie in den nächsten beiden Tagen am eigenen Leibe erleben werden, kennen Sie schon: Ampelmethode, Sortieraufgabe, Strukturlegetechnik, Schätzaufgabe, eingeschobene Aufgaben, Gruppenpuzzle, Advance Organizer, Agenda?	
	6. Wozu könnte die Methode Partnerinterview in einem Kurs dienen? - Teilnehmende in Kontakt bringen JA/NEIN - Vorkenntnisse abfragen JA/NEIN - Wissen vertiefen nach Präsentationen JA/NEIN - Teilnehmende aktivieren JA/NEIN - Wissenszuwachs überprüfen JA/NEIN

Abb. 22: Arbeitsanweisungen zur Methode „Partnerinterview", eingesetzt als Einstiegsmethode in der betrieblichen Weiterbildung.

son vorstellen zu müssen, ist nochmals eine Steigerung im Anspruch. So früh in einem gruppendynamischen Prozess ist das nicht sinnvoll. Für die Zuhörenden kommt die Gefahr dazu, dass sie die vorstellende mit der vorgestellten Person verwechseln und sich am Ende fast gar nichts sicher merken können. Deshalb schlagen wir vor, Vorstellungsrunden erst im weiteren Verlauf des Lernprozesses vorzusehen, nämlich dann, wenn die Lernenden schon miteinander gearbeitet haben, wenn sie schon ein gewisses Bild von den anderen Personen besitzen und wenn schon ein gewisses Vertrauen vorhanden ist. Dann fällt das Vorstellen leichter und die Details können besser mit der Person verknüpft werden. Darüber hinaus sollte sich jede Person selbst vorstellen dürfen.

Ähnlich kritisch ist auch die Methode „Blitzlicht" zu Kursbeginn zu sehen. Das Blitzlicht ist eine der geläufigsten Methoden in der Erwachsenenbildung (vgl. z.B. Brühwiler, 1994, S. 41; Innerhofer & Rotering-Steinberg, 1988, S. 115; Knoll, 1995, S. 184; Mischke et al., 1982, S. 53; Müller, 1982, S. 172; Schwäbisch & Siems, 1974, S. 242 usw.). Bei einem „Blitzlicht" äußert sich jede Person reihum zu einem Sachverhalt. Zwischen den einzelnen Aussagen wird nicht diskutiert. Wer keine Aussage machen will, der gibt das Wort oder den Sprechstein weiter. Blitzlichter werden zu Kursbeginn eingesetzt, etwa um die Interessen zu erheben, die Vorkenntnisse zu erfassen oder die Befindlichkeit zu thematisieren. So positiv die Methode vor allem für metakommunikative Zwecke mitten im Lernprozess zu bewerten ist, so ungünstig erscheint sie als Einstiegsmethode für den Fall, dass sich die Teilnehmenden wenig oder gar nicht kennen. Dann bedeutet es nämlich, sich mit wenigen wichtigen Sätzen im Plenum exponieren zu müssen, noch bevor Vertrauen und Sicherheit geschaffen sind. Etliche Teilnehmende berichten, wie sie umso mehr in Aufregung geraten, je näher ihr Auftritt kommt und wie sie gar nicht auf die anderen Beiträge achten können, weil sie mit den eigenen Formulierungen beschäftigt sind. Wer auf die Methode „Blitzlicht" beim Einstieg nicht verzichten will, der sollte wenigstens nach der Anmoderation des Blitzlichts (Gelenkstelle B) eine kurze Vergewisserungsphase einschieben, in der die Teilnehmenden sich in einem kurzen, zwanglosen Partnergespräch Gedanken machen können, was sie gleich sagen wollen. Sind jedoch in einem längeren Lernprozess Vertrauen und Sicherheit erst einmal geschaffen, so kann das Blitzlicht problemlos auch für den Einstieg in eine Lektion, in ein Modul oder in einen Workshop dienen.

Mischen: Noch eine zweite Strategie kann die Kommunikation wesentlich erleichtern. Sie kann mit dem einfachen Begriff „Mischen" recht gut charakterisiert werden. Es geht darum, im Lernprozess immer wieder für neue Konstellationen zu sorgen. Dies gilt auch dann, wenn es sich um sehr lange Lernprozesse handelt, wie sie etwa in einer Schulklasse, einem mehrjährigen Volkshochschulkurs oder einem mehrsemestrigen Studium vorzufinden sind. Gerade in Gruppen, die schon länger zusammen sind, gibt es eingeschliffene Bevorzugungen von Interaktionspartnern und umgekehrt werden andere Personen gemieden. Werden als festes Prinzip immer dann, wo es leicht möglich ist, Paare oder Kleingruppen neu zusammengesetzt, so vermindern sich Misstrauen und Distanz. Dies ist eine bekannte sozialpsychologische Erfahrung. So zeigte ein Langzeitversuch in einer Schulklasse, in der die Zusammensetzungen bei Partner- und Kleingruppenarbeiten ständig wechselten, schon nach sechs Wochen ein deutlich verbessertes Lernklima (Hepting, 2004 und 2005). Umgekehrt machen viele Lehrerinnen und Lehrer die problematische Erfahrung, dass manche Kinder partout nicht mit bestimmten anderen Kindern lernen oder arbeiten wollen, und sei es nur für ein paar Minuten. Diese Effekte verschwinden, wenn man ständig mischt.

Wie kann dies ganz konkret geschehen? Eine Möglichkeit ist das oben beschriebene Kugellager. Dadurch, dass sich die Sitzkreise bei jeder Frage gegeneinander bewegen, kommen die Teilnehmenden automatisch mit verschiedenen Personen in Kontakt. Eine zweite Möglichkeit sind Farben. Druckt man ein Partnerinterview hälftig auf gelbes und hälftig auf grünes Papier, so sind neue Gruppierungen schnell gebildet, wenn die Aufforderung lautet, dass sich ein Paar aus zwei verschiedenen Farben zusammensetzen soll. Bei allen Formen des „Wechselseitigen Lehrens und Lernens" kann so verfahren werden, und so ergeben sich dort auf ganz natürliche Weise ständig neue Gruppierungen. Schließlich gibt es noch die Möglichkeit, durch eine ganz spezielle Aufforderung zu mischen. Diese lautet: „Bitte eine Person für die Partnerarbeit bzw. Gruppenarbeit auswählen, mit der bisher wenig oder gar nicht zusammengearbeitet wurde." Diese Form setzen wir in der Hochschuldidaktik und der Erwachsenenbildung mit großem Erfolg ein. In Schulklassen sind dagegen Zufallszuordnungen mit Farben, Zahlen oder Symbolen die überlegene Variante.

5.2.3 Mitgestaltung ermöglichen

Lernende sollen im Rahmen der Möglichkeiten selbstbestimmt und selbstgesteuert handeln. Das geht einmal aus der postulierten Autonomiefähigkeit hervor, zum anderen aus motivationspsychologischen Überlegungen (vgl. De Charms, 1979; Deci & Ryan, 1993; Pekrun & Schiefele, 1996; Rheinberg, 2002). Der Königsweg hierzu ist, die Lernprozesse an den Interessen der Teilnehmenden auszurichten. Das ist eine ganz grundlegende Forderung. Doch wie kann diese in der Einstiegsphase eingelöst werden?

Interessen erheben: Handelt es sich um Lernende, die schon länger zusammen an einer Thematik arbeiten, so ist dies nicht schwierig. Sicherheit und Vertrauen sind in gewissem Umfange schon geschaffen, Grundzüge der Gesamtthematik schon bekannt. Für den neuen Themenbereich wäre es möglich, mit einem Blitzlicht zu arbeiten, bei dem jede Person ihre Interessen nennt. Geht dem Blitzlicht eine Vergewisserungsphase voraus, in der die Lernenden paarweise laut darüber nachdenken können, welche Themen sie bearbeiten möchten, dann kann man mit einer recht passablen Wiedergabe der tatsächlichen Interessen rechnen. Eine zweite Möglichkeit ist die Hitparade. Die Teilnehmenden begeben sich mit einer festgelegten Anzahl von Klebepunkten an eine vorbereitete Pinnwand oder an das Flipchart und kleben ihre Punkte neben die von ihnen bevorzugten Themen. Die Ergebnisse werden thematisiert und entsprechend werden die Entscheidungen über den weiteren Lernprozess getroffen. Ebenfalls aus dem Fundus der Moderationstechnik (vgl. Klebert, Schrader & Straub, 1992; 2002) stammt die Kartenabfrage. In einer Vergewisserungsphase machen sich die Lernenden Gedanken über jene Themen, die sie interessieren. Jeder Wunsch wird auf eine Moderationskarte geschrieben. Die Karten werden an eine Pinnwand geheftet, geordnet und die Ergebnisse werden im Plenum thematisiert. Im Gegensatz zur Hitparade, die nur wenig Zeit benötigt, ist eine Kartenabfrage ein zeitraubendes Verfahren und es erfordert hohe Kompetenz von der Leitungsperson. (In manchen Bereichen der Erwachsenenbildung sind Kartenabfragen schon zum berühmtberüchtigten Ritual geworden: Die Karten werden geschrieben, geordnet, angepinnt und dann nie wieder angeschaut. Dadurch wird der positive Grundgedanke von Kartenabfragen zur Farce). Interessen können natürlich auch durch Ankreuzen auf einem Bogen erfasst oder in einem Partnerinterview erfragt werden. Es gibt hier viele sinnvolle Möglichkeiten. Handelt es sich jedoch um Lernende, die untereinander noch wenig vertraut sind und die über den zu behandelnden inhaltlichen Bereich wenig Vorkenntnisse haben, dann sind frühe Interessenerhebungen in der Einstiegsphase problematisch. Interessen äußern, das hieße, sich zu exponieren und das in einem Bereich, über den man noch wenig weiß. Solche Interessenerhebungen erweisen sich als wenig fruchtbar. Besser ist es, damit zu warten, bis mindestens eine grobe Vorstellung von der Thematik vorhanden ist. Somit wäre bei dieser Konstellation die früheste Möglichkeit für eine Interessenerhebung die Zeit nach einem Advance Organizer.

Vorkenntnisse erfassen: Bereichsspezifische Vorkenntnisse sind nicht nur sehr bedeutsam, sie sind auch in ganz unterschiedlichem Maße vorhanden. Die Lernenden werden sich nur dann ernst genommen fühlen, wenn sie die Erfahrung machen, dass auf ihre Vorkenntnisse Rücksicht genommen wird. Entsprechend müssen die Lehrpersonen in der Einstiegsphase herausfinden, was an Vorkenntnissen vorhanden ist und den Lernprozess entsprechend gestalten. Sind Lernende darunter, die sehr gute Vorkenntnisse haben, so sollten diese anders behandelt werden als jene, die enorme Vorkenntnis-Lücken besitzen. Auch hier gibt es wiederum zahlreiche methodische Möglichkeiten. Die Teilnehmenden können auf einem Bogen ankreuzen, welche Voraussetzungen sie mitbringen. Sie können das Gleiche auch an einer Pinnwand mit Klebepunkten tun, wobei es sich hier beeinträchtigend auswirkt, dass einem andere Personen beim Punktekleben über die Schulter schauen können. Benützt man bei dieser Punktabfrage zwei verschiedene Farben, so kann man die Lernenden bitten, die vorhandenen Voraussetzungen mit der einen Farbe (zum Beispiel Weiss) und die fehlenden Voraussetzungen mit der anderen Farbe (zum Beispiel Schwarz) zu kennzeichnen. Dadurch wird deutlich, wieviele Novizen und wieviele Experten bei jedem Teilthema vorhanden sind. Diese Methode, auch „Schwarz-Weiß-Methode" genannt, lässt sich elegant weiterführen. Man kann die „Experten" bei einem bestimmten Teilthema bitten, sich im Raum zu verteilen, um die Kenntnislücken der Novizen zu schließen. Das ist eine spontane Form des „Wechselseitigen Lehrens und Lernens", bei der die Redeschwelle überwunden und die Lernenden gemischt werden. Umgekehrt ist zu berücksichtigen, dass die „Experten" sich in einer Phase exponieren müssen, in der Sicherheit und Vertrauen noch fehlen. Insofern ist die „Schwarz-Weiss-Methode" eher bei Lerngruppen angezeigt, die schon einige Zeit vertrauensvoll kooperieren, also bei Einstiegen in eine Lektion oder in einen weiteren Fortbildungstag. Eine besonders erfolgreiche Methode zum Erfassen der bereichsspezifischen Vorkenntnisse in der Einstiegsphase ist die Sortieraufgabe. Hierbei werden die wesentlichen Inhalte, Begriffe, Aufgaben oder Tätigkeiten auf Kärtchen geschrieben. Jede Person erhält einen Kärtchenstapel und sortiert in Einzelarbeit nach „kann ich" bzw. „kann ich nicht". In einem daran anschließenden Partnergespräch können jeweils zwei Personen ihre Sortierergebnisse vergleichen und versuchen, sich inhaltliche Hilfen zu geben, das heißt gemeinsam Vorkenntnislücken schließen. Die Leitungsperson kann die sortierten Stapel einsammeln (oder ansehen) und hat damit in ganz kurzer Zeit eine hervorragende Diagnose des Kenntnisstandes.

5.2.4 Der Einstieg – selbst wieder ein Sandwich

Einstiege in eine Lektion von 45 Minuten oder in eine Doppelstunde werden nur wenig Zeit in Anspruch nehmen können, weil ja Gesamtzeit und Dauer der Einstiegsphase in einem sinnvollen Verhältnis zueinander stehen müssen. Geht es jedoch um den Einstieg in ein umfassendes Thema oder den Einstieg in eine Fortbildung, einen Kurs oder ein Kompaktseminar, dann nimmt die Einstiegsphase deutlich mehr Zeit in Anspruch. Damit die Aufmerksamkeit erhalten bleibt, damit die Chance zum Anknüpfen an den „mitgebrachten" subjektiven Theorien besteht und damit individuelle Lernwege möglich sind, sollte auch die Einstiegsphase die Form eines Sandwiches haben. Bei Hospitationen in den Bereichen Hochschuldidaktik und Erwachsenenbildung haben wir die betrübliche Erfahrung gemacht, dass Einstiege häufig unergiebig und lähmend sind, weil sie mehr einem langen Monolog der Leitungsperson ähneln als einer lebendigen, kommunikativen, dialogischen Situation. Hier gibt es also Veränderungsbedarf. In einer als Sandwich strukturierten Einstiegsphase sollten ausgewählte Elemente so angeordnet werden, dass kollektive Phasen und die Arbeit in kleinen Sozialformen sich abwechseln. Hierzu Beispiele aus der Erwachsenenbildung (Abb. 23), der Hochschuldidaktik (Abb. 24) und der Schule (Abb. 26). Die Grundfragen dabei sind: (A) Wie schaffe ich Transparenz? (B) Wie erleichtere ich die Kommunikation? (C) Wie ermögliche ich eine Mitgestaltung?

Kollektive Phase: Leitungsperson begrüßt die Teilnehmenden, stellt sich knapp vor, erläutert Kursziele und Agenda (Transparenz). Zeitbedarf: 3 bis 5 Minuten

Gelenkstelle: Leitungsperson moderiert Kugellager an

Kugellager: Die Teilnehmenden überschreiten die Redeschwelle, werden gemischt, aktivieren Vorkenntnisse und knüpfen an bisherige Erfahrungen an. Zeitbedarf: 3 Runden zu je 5 Minuten

Gelenkstelle: Kommunikation zu einigen Aspekten des Kugellagers

Kollektive Phase: Advance Organizer zum Thema Zeitbedarf: 10 bis 15 Minuten

Gelenkstelle: Leitungsperson moderiert Sortieraufgabe an

Sortieraufgabe: Die Teilnehmenden sortieren die im Advance Organizer genannten Inhalte. Danach versuchen sie, in einem Partnergespräch die Kenntnislücken durch wechselseitige Unterstützung zu schließen. Zeitbedarf: 10 Minuten

Gelenkstelle: Schließen von Kenntnislücken, bis ein grobes Vorverständnis erreicht ist.

Abb. 23: Erwachsenenbildung: Einstieg in einen zweitägigen Kurs in der betrieblichen Weiterbildung, in der Expertinnen und Experten für eine Tätigkeit als Referentinnen und Referenten vorbereitet werden. 18 Teilnehmende. Raum mit beweglichem Mobiliar.

Kommentar zum Beispiel: Die gesamte Einstiegsphase umfasst etwa 60 Minuten. Transparenz des Ablaufs wird durch eine Agenda ermöglicht, die sich an einer Pinnwand befindet, die Transparenz der Inhalte durch einen Advance Organizer. An bisherige Erfahrungen und an Vorkenntnisse wird durch Kugellager und Sortieraufgabe angeknüpft. Die Redeschwelle wird zwei Mal jeweils in Partnergesprächen überwunden (Kugellager; Austausch nach Sortieraufgabe). Die Teilnehmenden werden gemischt (Kugellager), die Vorkenntnisse diagnostiziert (Sortieraufgabe). Interessen werden nicht erhoben.

5. Verändern handlungssteuernder Strukturen

> Kollektive Phase: Die Lehrperson begrüßt die Studierenden und nennt die Ziele der Vorlesung, die auch im Handout beschrieben sind. Dann vernetzt sie die Themen der Lehrveranstaltung mit einem Advance Organizer, der ebenfalls in den Unterlagen enthalten ist.
> Zeitbedarf: etwa 15 Minuten

> Gelenkstelle: Leitungsperson moderiert Partnerinterview an

> Partnerinterview (siehe Abb. 25): Selbstreflexion: Wo hatte ich selbst Lernschwierigkeiten? Die Studierenden überschreiten die Redeschwelle. Artikulieren der eigenen Interessen.
> Zeitbedarf: etwa 10 Minuten

> Gelenkstelle: Kommunikation über einige der vermuteten Ursachen für Lernschwierigkeiten. Abfragen der Interessen per Handzeichen.

> Kollektive Phase: Lehrperson gibt Übersicht zu den geplanten Sitzungsthemen und bezieht dabei die eben artikulierten Interessen der Studierenden ein durch Kürzen oder Erweitern der Themen. Lehrperson macht die Leistungs-Anforderungen der Lehrveranstaltung transparent.
> Zeitbedarf: etwa 15 Minuten

> Gelenkstelle: Leitungsperson moderiert Vergewisserungsphase an

> Vergewisserungsphase: Die Studierenden überlegen in Einzel- oder Partnerarbeit, ob sie Fragen zu den Inhalten, zum Themenplan oder zu den Leistungsanforderungen haben.
> Zeitbedarf: etwa 3 Minuten

> Gelenkstelle: Klären offener Fragen

Abb. 24: Hochschuldidaktik: Einstieg in eine Vorlesung von 14 Sitzungen zu je 90 Minuten, die sich über ein Semester erstreckt. Thema: „Lernschwierigkeiten". Großer Hörsaal mit festen Sitzreihen.

Kommentar zum Beispiel: Die gesamte Einstiegsphase umfasst gut 45 Minuten. Transparenz der Inhalte (Advance Organizer), des Ablaufs (Agenda für das ganze Semester) und der Leistungsanforderungen ist gegeben. Die Redeschwelle wird nach 15 Minuten durch ein Partnerinterview überwunden (vgl. Abb. 25). Die Interessen werden per Handzeichen im Anschluss an ein Partnerinterview erhoben. An die eigenen subjektiven Theorien wird angeknüpft (Partnerinterview). Vor das Klären offener Fragen wird zur Senkung der sicherlich extrem hohen Redeschwelle eine Vergewisserungsphase gesetzt. Es wird nicht gemischt. Es werden keine Vorkenntnisse erfasst.

Der Einstieg in das Sandwich | 137

Partnerinterview	
Person A stellt diese Fragen und notiert die Antworten	Person B stellt diese Fragen und notiert die Antworten
1. In welchen Schulfächern hattest du hervorragende Zensuren, in welchen nicht ganz so gute Zensuren? – Was waren vermutlich die Ursachen dafür?	Ursachen zu 1. notieren:
Ursachen zu 2. notieren:	2. Hast du irgendwann einmal in deiner Schulzeit Auszeichnungen für besonders gute Leistungen erhalten? Wenn ja, berichte. Wenn nein: warum nicht bzw. was waren die Gründe dafür, dass du insgesamt nicht überdurchschnittlich warst?
3. Gab es in deiner Schulkarriere einen Zeitpunkt, zu dem sich deine Zensuren deutlich verschlechterten? Wann war das? Was waren vermutlich die Ursachen?	Ursachen zu 3. notieren:
Ursachen zu 4. notieren:	4. Erinnerst du dich an Mitschülerinnen oder Mitschüler, die versetzungsgefährdet waren? Was waren vermutlich die Ursachen für deren Lernschwierigkeiten?
5. Gibt es Bereiche, in denen du Lernschwierigkeiten hattest oder noch hast, z.B. Geräteturnen, Musikinstrumente spielen, Tanzen, Fremdsprachen, Mathematik, Physik, Rechtschreibung, Kochen, Autos reparieren, Referate halten, mit Computern umgehen, usw. Welche Ursachen könnte dies haben?	Ursachen zu 5. notieren:
Ursachen zu 6. notieren:	6. Hattest du schon Nachhilfeschülerinnen oder -schüler. Worin hatten diese Lernschwierigkeiten? Was waren vermutlich die Ursachen? Was hast du unternommen, um die Lernschwierigkeiten zu beheben?
7. Gehen Sie gemeinsam den „Advance Organizer" durch und versehen Sie jene Sachverhalte mit einem Ausrufezeichen, für die Sie sich ganz besonders interessieren.	

Abb. 25: Selbstreflexion in Form eines Partnerinterviews als Einstieg in eine Vorlesung zum Thema „Lernschwierigkeiten"

5. Verändern handlungssteuernder Strukturen

> Kollektive Phase: Die Lehrperson begrüßt die Lernenden, informiert über Thema und Ziele der Lehrplaneinheit und erläutert die Agenda für die heutige Doppelstunde. Die Lehrperson zeigt per Folie einen aktuellen Zeitungsbericht mit Bild über ein Erdbeben, dessen Epizentrum am Rande der Alpen lag. Lehrperson stellt die Problemfrage: Welche Zusammenhänge gibt es zwischen den Begriffen „Alpen" und „Erdbeben"?
> Zeitbedarf: etwa 5 Minuten

> Gelenkstelle: Lehrperson moderiert Vergewisserungsphase an

> Vergewisserungsphase in Form eines wenig strukturierten Partnergesprächs: Lernende bilden Hypothesen
> Zeitbedarf: etwa 3 Minuten

> Gelenkstelle: Verbalisieren und Diskutieren von Hypothesen

> Kollektive Phase: Lehrperson präsentiert Advance Organizer zum Thema „Entstehung der Alpen" (siehe Kap. 5.3, Abb. 29)
> Zeitbedarf: etwa 15 Minuten

> Gelenkstelle: Lehrperson moderiert Schwarz-Weiß-Methode an

> Schwarz-Weiß-Methode: Auf einem Arbeitsblatt sind die zentralen Begriffe des Advance Organizer notiert. Die Lernenden kennzeichnen in Einzelarbeit jene Begriffe mit einem Plus, die ihnen vertraut sind und jene Begriffe mit einem Minus, zu denen sie keine Vorkenntnisse besitzen. Die Lehrperson bittet die „Experten" zum ersten Begriff („Erdplatten") sich im Raum zu verteilen und den „Novizen" möglichst verständlich zu erklären. Dies wird noch bei zwei weiteren Begriffen so gemacht („Faltung und Hebung" und „Überschiebung"). Danach gehen die Lernenden zum Arbeitsblatt zurück und überprüfen, ob sich ihr Vorwissen verbessert hat.
> Zeitbedarf: etwa 10 Minuten

> Gelenkstelle: Einsammeln der Arbeitsblätter

Abb. 26: Schulischer Unterricht: Einstieg in eine Themeneinheit von 8 Doppelstunden im Fach Geographie: „Entstehung der Alpen" in der Sekundarstufe I.

Kommentar zum Beispiel: Die gesamte Einstiegsphase umfasst etwa 40 Minuten. Ablauf der Doppelstunde und Inhalte der gesamten Lehrplaneinheit werden mit Agenda und Advance Organizer transparent gemacht. Die Redeschwelle wird durch eine Vergewisserungsphase sowie durch die Schwarz-Weiss-Methode überwunden. Die Vorkenntnisse werden mit einem Arbeitsblatt diagnostiziert, das die Lehrperson zu Hause auswertet, um die Planung darauf abzustimmen. Die Lernenden werden bei der Schwarz-Weiß-Methode gemischt. Eine Interessenerhebung ist in der Einstiegsphase nicht vorgesehen. Diese ist für eine spätere Doppelstunde geplant, in der die Lernenden sich für Interessengruppen entscheiden können.

In der Einstiegsphase spielt der „Advance Organizer" eine große Rolle. Er soll inhaltliche Transparenz schaffen, selbstgesteuertes Lernen ermöglichen und insgesamt die Autonomiefähigkeit unterstützen. Das Verfahren „Advance Organizer" gehört zwar zum eben abgehandelten Thema „Einstieg in das Sandwich", wird in seinem Aufbau und seiner Verwendung jedoch so häufig missverstanden und fehlinterpretiert, dass es sich sicherlich lohnt, ihm einen eigenen Abschnitt zu widmen.

5.3 Die besondere Bedeutung einer früh („in advance") im Lernprozess vermittelten Experten-Struktur („Organizer")

Begriff: Die Grundidee, Lernprozesse mit sogenannten „Organisationshilfen" transparent und nachhaltig zu gestalten, stammt von David Ausubel (1974). Sein doppelbändiges Werk „Psychologie des Unterrichts" hat ein Hauptanliegen: Den Lernenden soll mit besonders klarem und verständlichem Einführungsmaterial der Einstieg in die jeweilige Thematik erleichtert werden (1974, S.159). Die vorausgehende Strukturierung soll dabei umfassender, allgemeiner und abstrakter sein als die folgenden Inhalte. Ausubel verspricht sich davon einige positive Konsequenzen (1974, S. 147 f): Erstens sollen die Vorkenntnisse der Lernenden mobilisiert werden; zweitens sollen sinnvolle Verknüpfungen zwischen schon vorhandenem und neuem Wissen ermöglicht werden; drittens soll damit Verstehen angebahnt und umgekehrt, mechanisches Auswendiglernen vermieden werden. Ausubel gibt dem Verfahren den Namen „Advance Organizer". Damit ist eine im Voraus („in advance") gegebene Lernhilfe gemeint. Diese soll die Inhalte organisieren und strukturieren („organizer"). Es handelt sich folglich um einen „organizer in advance", also eine früh im Lernprozess vermittelte Expertenstruktur. (Da die Wortschöpfung „Advance Organizer" für unsere Ohren recht ungewöhnlich klingt, wird daraus oftmals irrtümlich ein „advance<u>d</u> organizer" gemacht, also eine „fortschrittliche" Struktur. Diese Verwechslung ist sogar in Lexika und wissenschaftlichen Aufsätzen zu finden.) Bisher ist noch kein angemessener deutscher Begriff für „Advance Organizer" gefunden worden. Bei manchen Autoren finden sich recht unbefriedigende deutsche Bezeichnungen wie „Ankerbegriffe" „Luftaufnahme", „Inhalte aus der Vogelperspektive" oder „vorbereitende Organisationshilfe". Deshalb ist es vielleicht besser, vorerst auf einen prägnanten deutschen Begriff zu verzichten. Wir bezeichnen das Verfahren lieber umständlich, dafür aber inhaltlich zutreffend, als „eine früh im Lernprozess vermittelte Expertenstruktur" oder als „eine im Voraus gegebene Themenvernetzung" oder einfach als „Advance Organizer".

5. Verändern handlungssteuernder Strukturen

Widersprüche: Mit dem Verfahren „Advance Organizer" sind verschiedene Paradoxien verbunden. Vielleicht ist das ein Grund für die zahlreichen Missverständnisse. Erstens erscheint es paradox, zu Beginn eines Lernprozesses alle wesentlichen Inhalte in ihrer grundlegenden Vernetzung vorwegzunehmen. Das klingt wie eine Überforderung der Lernenden. Wie können Lernende in 10 bis 15 Minuten etwas verstehen, dessen Vermittlung viele Stunden, manchmal auch Wochen benötigt? Und umgekehrt: ist es nicht paradox, einem Experten die Aufgabe aufzubürden, er möge einen schwierigen Sachverhalt – wie etwa Einsteins allgemeine und spezielle Relativitätstheorie (vgl. Abb. 28) – in wenigen Worten so einfach darstellen, dass auch Personen ohne die entsprechenden Voraussetzungen das Wesentliche daran verstehen? Das klingt wie eine Überforderung der Lehrenden. Paradox erscheint auch die Aufgabe, Novizenstrukturen mit Expertenstrukturen zu verbinden. Hat nicht jeder Novize eine andere bereichsspezifische Vorkenntnisstruktur? Und wenn ja, würde dann nicht jeder Lernende einen anderen, speziell auf ihn zugeschnittenen „Advance Organizer" benötigen? Ist es nicht ebenfalls paradox, einerseits aktive, selbstgesteuerte Lernprozesse zu fordern und andererseits an deren Beginn bereits die fertige Lösung in Form eines „Advance Organizers" zu setzen, also das durch einen Experten vorzugeben, was die Novizen eigenständig erarbeiten sollen? Derartige Widersprüche lassen viele Lehrende resignieren. Die Idee des „Advance Organizers" wird entweder als praktisch nicht einlösbar verworfen oder die Idee wird umgedeutet: „Advance Organizer" wird als neumodischer Begriff für eine ausführlich kommentierte, bebilderte Agenda verstanden, weil man sich ein andere Funktion nicht vorstellen kann.

Funktion: In krassem Gegensatz zur „Osterhasenpädagogik", bei der die Lehrpersonen ihr Wissen verstecken, um es von den Lernenden suchen zu lassen, geht es bei einem „Advance Organizer" darum, zu Beginn des Lernprozesses ganz offen die gesamten Inhalte vor den Lernenden auszubreiten. Jedoch nicht in Form einer bloßen Aufzählung der einzelnen Teilthemen, dadurch würde kein wirkliches Verständnis angebahnt, sondern vielmehr in ihrem inhaltlichen Zusammenhang. Dabei ist es entscheidend, dass die wesentlichen Grundgedanken mit hoher Verständlichkeit präsentiert werden. Nur dann kann ein tragfähiges Vor-Verständnis entstehen, das die subjektive Auseinandersetzung mit der vermittelten Thematik erleichtert. Im Grunde ist ein „Advance Organizer" eine Brücke. Er verbindet die jeweils einzigartigen bereichsspezifischen Vorkenntnisstrukturen mit der sachlogischen Struktur der zu vermittelnden Inhalte. Ein „Advance Organizer" kann als didaktisch inszenierte Verbindung zwischen Novizenstrukturen und Expertenstrukturen aufgefasst werden. Diese wird beim zweiten Lernschritt benötigt, bei dem die Teilnehmenden nach Lösungen für ihre ganz speziellen Situationen und Fragestellungen suchen. Damit die Lernenden erkennen können, welche Beziehungen zwischen ihren subjektiven Theorien und den angebotenen

Wissensbeständen bestehen, brauchen sie möglichst von Anfang an eine gut nachvollziehbare Übersicht über das, was auf sie zukommt. Erst diese vorauslaufende Themenvernetzung macht es ihnen möglich, erkennen zu können, ob und in welcher Weise die zur Vermittlung anstehenden Inhalte zur Lösung ihrer Probleme beitragen können.

Wirkungen: Wenn es gelingt, besagte „Brücke" zwischen den einzigartigen Vorkenntnisstrukturen und den für alle gleichen Expertenstrukturen zu schlagen, dann sind eine ganze Reihe positiver Auswirkungen zu erwarten:
(1) Erhöhtes Interesse. Die Lernenden können durch einen „Advance Organizer" von den ersten Minuten an erkennen, welche Bedeutung die Inhalte für sie selbst haben. Das weckt Interesse, sofern die Inhalte relevant für die eigenen Fragestellungen sind.
(2) Gerichtete Aufmerksamkeit. Im Verlaufe eines Lernprozesses schwankt die Aufmerksamkeit der Lernenden. Das ist ganz natürlich, denn Aufmerksamkeit ist ein Akt, der willentlich hergestellt werden muss und der anstrengt (v. Cranach, 1983). Durch einen „Advance Organizer" erfahren die Lernenden, welche Teilthemen ganz besonders wichtig für sie sind. Entsprechend können sie ihre Aufmerksamkeit ganz bewusst auf diese Bereiche lenken. Das für sie Wesentliche wird dadurch mit erhöhter Wachheit mitvollzogen.
(3) Gesteigerte Selbstwirksamkeit. Mit einem „Advance Organizer" wird erreicht, dass die Lernenden von Anfang an verstehen können, um was es geht. Die zu vermittelnden Inhalte sind kein „Buch mit sieben Siegeln", sondern vielmehr etwas, das Sinn macht und das man begreifen kann. Dadurch entsteht das Gefühl, den Anforderungen gewachsen zu sein. Die Lernenden schreiben sich selbst die Kompetenz zu, die auf sie zukommenden Aufgaben bewältigen zu können. Man bezeichnet die subjektiven Theorien über die eigenen Fähigkeiten auch als „Selbstwirksamkeit" bzw. „eigene Wirksamkeit" (Flammer, 1990) in Anlehnung an den von Bandura (1977; 1997) geprägten Begriff „self-efficacy". In der Motivationspsychologie stehen derartige kognitiv-emotionale Prozesse im Zentrum der Anstrengungskalkulation. Der „Advance Organizer" führt damit zu einem erhöhten Kräfteeinsatz im Lernprozess, weil er die Aussicht auf eine erfolgreiche Bewältigung steigert.
(4) Bessere Orientierung. Gerade dann, wenn es um längere Phasen selbstgesteuerten Lernens geht, ist es für einen fruchtbaren Lernprozess wichtig, eine grobe Orientierung zu haben. Auch für kooperative Lernprozesse, in denen gruppendynamische Aspekte immer wieder die inhaltlichen Aspekte überlagern, ist es hilfreich, die Übersicht zu behalten. Der „Advance Organizer" bietet eine Orientierung, ohne die einzelnen Lernschritte vorwegzunehmen. Ganz besonders wichtig sind „Advance Organizers" beim E-Learning, weil Lernende hier über lange Strecken alleine arbeiten. Ohne derartige

5. Verändern handlungssteuernder Strukturen

Strukturierungshilfen laufen die Lernprozesse leicht ins Leere (vgl. Sauter, 2005).

(5) Besseres Behalten. Ein „Advance Organizer" bietet früh im Lernprozess die Chance, die zu vermittelnden Inhalte in ihrem Gesamtzusammenhang verstehen zu können. Er vernetzt die wesentlichen Grundgedanken auf nachvollziehbare Weise. Dieses Wissensnetz können die Lernenden zweifach nutzen. Erstens können sie ihre eigene Vorkenntnis-Struktur auf die dargebotenen Zusammenhänge beziehen und Punkte entdecken, an denen Novizenstruktur und Expertenstruktur miteinander verknüpft werden können. Zweitens können einzelne Details an den allgemeinen Grundgedanken festgemacht werden. Dies ergibt von Anfang an eine gute Ordnung, die den späteren Abruf der einzelnen Inhalte erleichtert.

(6) Weniger Missverständnisse. Lernen wird häufig dadurch erschwert, dass neue Sachverhalte falsch aufgefasst oder dass ähnliche Sachverhalte miteinander verwechselt werden. „Advance Organizers" helfen den Lernenden, Missverständnisse und Verwechslungen zu verringern, weil sie von Anfang an auf ein grundlegendes Verstehen der Inhalte abzielen.

(7) Besserer Transfer. „Advance Organizers" sind von ihrem Konstruktionsprinzip her umfassender, allgemeiner und abstrakter als die nachfolgenden Inhalte. Dadurch werden die zentralen Ideen von Anfang an deutlich. Dies erleichtert es den Lernenden, die Sachverhalte auf die eigenen Probleme zu beziehen bzw. Anforderungen zu bewältigen, die über die eigentliche Thematik hinausgehen. Insofern unterstützen „Advance Organizers" die Entwicklung einzigartiger, kreativer Lösungswege.

Forschungsergebnisse: Die Idee, Expertenwissen auf wenige nachvollziehbare Grundgedanken zu reduzieren und diese didaktisch so geschickt aufzubereiten, dass Novizen das Wesentliche daran verstehen können, ist schlechthin faszinierend. Viele Forscherinnen und Forscher waren davon angetan und so entstand eine große Anzahl empirischer Untersuchungen. Schon im Jahre 1978 analysierte Kozlow in einer Meta-Analyse 77 Untersuchungsberichte aus den Jahren 1960 bis 1977, die sich mit den Effekten von „Advance Organizers" befassten. Mayer (1979) bezog 44 Studien in seinen Überblick ein, Luiten (1980) gar 135 empirische Arbeiten. Fraser et al. (1987) konnten schließlich bei ihrer Suche nach Korrelationen und Effektgrößen auf 430 Studien über „Advance Organizers" zurückgreifen. Auch in den Jahren danach finden sich noch zahlreiche, wenn auch insgesamt weniger werdende empirische Untersuchungen. Welche Ergebnisse brachte diese Forschung?

(1) Größerer Lernerfolg. Insgesamt tragen „Advance Organizers" in einem „mittleren Ausmaß", wie DaRos und Onwuegbuzie (1999) es nennen, zum Lernerfolg bei. Die Tendenz ist dabei eindeutig, auch wenn es einzelne Studien

gibt, in denen sich keine Unterschiede im Lernerfolg zeigen (vgl. z.B. Ruthkosky & Dwyer, 1996 oder Mc Eneany, 1990). „Advance Organizers" bewirken besseren sofortigen Lernerfolg, besseres langfristiges Behalten und insbesondere bessere Transferleistungen.
(2) Höhere Motivation. Etliche Studien weisen darauf hin (vgl. z. B. Kim, 1990; Lane et al., 1988), dass „Advance Organizers" eine motivierende Wirkung auf die Lernenden ausüben und dass sie Interesse an den präsentierten Inhalten wecken. Diese Ergebnisse stehen in Widerspruch zu Alltagstheorien, die besagen, dass Transparenz zum Zusammenbruch der Motivation führe und dass es deshalb wichtig sei, Interesse durch Überraschungseffekte zu erzielen.
(3) Bessere Orientierung. Eine Studie von Purdom & Komrey (1992) legt nahe, dass Lernende insbesondere dann von „Advance Organizers" profitieren, wenn sie kooperativ lernen, weil sie dadurch eine transparente inhaltliche Orientierung erhalten.
(4) Abhängigkeiten von Vorkenntnissen, Fähigkeiten und Inhalten. „Advance Organizers" wirken sich dann besonders vorteilhaft aus, wenn die Lernenden geringe Vorkenntnisse auf dem betreffenden Gebiet haben. Ebenso sind „Advance Organizers" besonders hilfreich, wenn die Lernenden wenig Fähigkeiten, Kompetenzen oder unzureichende Lernstrategien besitzen. Schließlich ist die Wirkung von „Advance Organizers" dann besonders groß, wenn die Inhalte selbst entweder sehr schwierig und/oder gering strukturiert sind. Lernende sind in diesen Fällen besonders für verständliche inhaltliche Orientierungen dankbar (vgl. z.B. Edgar & Shepherd, 1983; Mayer, 1979).
(5) Die Wirkung von „Advance Organizers" hängt nicht zuletzt von ihren Konstruktionsprinzipien ab (vgl. Klosters & Winne, 1989). Nur mündlich vorgetragene „Advance Organizers" bzw. solche in Textform erweisen sich grafischen bzw. bildlichen bzw. video-unterstützten „Advance Organizers" in der Regel unterlegen (vgl. Herron et al., 1998; Kooy, 1992; Kenny et al. 1991; Tajika et al., 1988; Luiten, 1979).

Konstruktionsprinzipien: Wie sollte ein „Advance Organizer" beschaffen sein und wie kann man ihn herstellen? Basierend auf den oben zitierten umfangreichen Untersuchungen über „Advance Organizers", ergänzt durch mittlerweile zehnjährige eigene Erfahrungen mit diesem Verfahren in Primarschulen, Sekundarschulen, Hochschuldidaktik und Erwachsenenbildung, haben wir eine Reihe von Konstruktionsprinzipien entwickelt, die nun dargestellt werden sollen.
(1) **Erstellen einer Expertenstruktur:** Bevor ein „Advance Organizer" als didaktische inszenierte Verbindung zwischen Novizenstrukturen und Expertenstruktur ausgearbeitet werden kann, ist es erforderlich, die Expertenstruktur als solche zu explizieren. Diese Voraussetzung mag trivial erscheinen, ist es aber bei näherer Hinsicht nicht ganz. Während Anfänger mehr wissen, als sie können, scheint es

bei Experten gerade umgekehrt zu sein: Sie können mehr, als sie wissen. Deshalb haben Experten ein Problem: Wie können sie das, was ihnen klar und selbstverständlich erscheint, anderen zugänglich machen? Die Expertenforschung zeigt (vgl. z.B. Bromme, 1992; Rheinberg et al., 2001; Wahl, 1991), dass ein besonderes Merkmal des Expertenwissens in einer hochgradigen Integration von Informationen besteht, die im Expertenansatz als „Verdichtung" bezeichnet wird. Deshalb „sehen" Experten häufig mit dem Problem zugleich die Lösung. Sie besitzen zwar ein reichhaltiges bereichsspezifisches Wissen, das gut geordnet ist, aber sie können es nicht in jedem Fall ohne weiteres entfalten. Deshalb besteht der erste Schritt zur Konstruktion eines „Advance Organizers" im Visualisieren der Expertenstruktur. Dabei hat sich folgendes Vorgehen bewährt: Die Expertin oder der Experte sammeln zunächst die für das entsprechende Gebiet relevanten Begriffe. Beim Thema „Relativitätstheorie", das wir wegen seiner Komplexität bewusst als Beispiel (siehe Abb. 28) gewählt haben, wären dies Sachverhalte wie „Allgemeine Relativitätstheorie", „Spezielle Relativitätstheorie", „Energie", „Masse", „Lichtgeschwindigkeit", „universelle Gleichzeitigkeit", „E = m c²", „Raumzeit", „Gravitation" usw. Beim Thema „Entstehung der Alpen" als einem zweiten von uns gewählten Beispielthema (siehe Abb. 29) wären es Sachverhalte wie „Erdkruste", „Plattenverschiebung", „Erdmantel", „Konvektionsströme", „Öffnung der Tethys", „Sedimentation", „Faltung", „Hebung", „Überschiebung", „Vulkanismus" usw. Beim Thema „Sportpsychologische Betrachtung von Rückschlagsportarten am Beispiel Tischtennis", das wir als drittes Beispiel gewählt haben (siehe Abb. 30), wären es Sachverhalte wie „Geschwindigkeit des Balles", „Rotation", „Reaktionszeit", „Antizipation", „Beläge und Hölzer", „motorisches Training", „Antizipations-Training", „Strategie-Training", „Mentales Training" usw. Beim Notieren der Begriffe kommt es nicht auf deren Reihenfolge an. Es werden einfach die relevanten Sachverhalte gesammelt. Je nach Thema wird die Zahl der relevanten Begriffe recht unterschiedlich sein. Insofern kann keine verbindliche Zahl genannt werden. Unsere Erfahrungen weisen jedoch darauf hin, dass mehr als 40 Begriffe in der Regel die Adressaten überfordern. Zahlreiche gelungene „Advance Organizers" enthalten zwischen 15 und 20 Begriffen. Mit einer solchen Zielvorstellung könnte man in die Sammelphase gehen und dann der Situation entsprechend die Anzahl anpassen. Ist die Sammelphase abgeschlossen, dann kommt die eigentliche und zugleich anspruchsvolle Aufgabe: Die Inhalte sollen in ihrem Zusammenhang dargestellt werden. Flexibelstes Verfahren hierfür ist die Struktur-Lege-Technik. Die Begriffe werden dabei auf einzelne Kärtchen geschrieben und so lange verschoben, bis eine Struktur entsteht, die als „Expertenstruktur" gelten kann. Es ist auch möglich, auf einem leeren Blatt Papier eine Struktur zu entwickeln, in der alle gesammelten Begriffe in ihrem sachlogischen Zusammenhang enthalten sind. Erfahrungsgemäß benötigt man dafür mehrere Anläufe. Nicht empfehlenswert ist es, die Expertenstruktur als Mindmap anzulegen. Bei dieser

Die besondere Bedeutung der Experten-Struktur („Organizer") | 145

von Buzan (1974) entwickelten Technik kommen die wechselseitigen Vernetzungen der einzelnen Sachverhalte in der Regel nur unzureichend zum Ausdruck.

(2) **Problemstellung:** „Advance Organizers" sollen Interesse wecken, motivieren und die Aufmerksamkeit auf sich ziehen. Hierfür ist eine möglichst spannende Problemstellung hilfreich. Beim Thema „Sportpsychologische Betrachtung von Rückschlagsportarten am Beispiel Tischtennis" kann man mit einer Behauptung einsteigen, die durch wissenschaftliche Messungen von Ball-Geschwindigkeiten und Reaktionszeiten belegt ist: „Es ist nahezu unmöglich, Tischtennis zu spielen. Kommt ein Ball beispielsweise mit 110 km/h auf mich zu, dann fliegt er schon 10 Meter weit, bis ich aufgrund meiner Reaktionszeit von 0,2 bis 0,3 Sekunden überhaupt reagieren kann. Er fliegt weitere 10 Meter, bis ich ausholen und zurückschlagen kann (Bewegungszeit). Folglich müssen sich beide Spieler jeweils mindestens 20 Meter hinter den Tisch stellen, um überhaupt Tischtennis spielen zu können!" Erfahrungsgemäß lachen die Adressaten über diese Aussage, weil sie aus Erfahrung wissen, dass dem nicht so ist. Dennoch ist physikalisch gesehen alles an dieser Behauptung korrekt. Jetzt ist zu klären, und das ist eine der zentralen Aussagen dieses „Advance Organizers", warum man trotzdem schnelle Rückschlagsporten betreiben kann. – Beim Thema „Entstehung der Alpen" kann man die Lernenden mit der Frage konfrontieren, ob sich die Alpen im Jahre 2005 weiterhin heben, ob sie in ihrer Höhe unverändert bleiben oder ob sie durch Erosionsprozesse immer niedriger werden? Diese Frage regt nach unseren Erfahrungen zu kontroversen Diskussionen an, selbst bei Personen, die einiges von Geografie verstehen. Präsentiert man danach das Ergebnis, dass – vorausgesetzt der momentane Zustand bliebe erhalten – die Alpen in 10 Millionen Jahren etwa so hoch wie der Himalaya wären, dann erntet man Interesse in Form von Rückfragen: „Stimmt das tatsächlich?", „Wie ist das gemessen worden?", „Welche Ursachen sind dafür verantwortlich?" usw. Diese Fragehaltung ist ein vorzüglicher Wegbereiter für den nun folgenden „Advance Organizer". – Beim Thema „Relativitätstheorie" kann man mit dem sogenannten „Zwillingsparadox" als Problemstellung beginnen. Der eine Zwilling begibt sich auf eine sehr schnelle Reise durch das All, nahe der Lichtgeschwindigkeit, der andere bleibt auf der Erde zurück. Als das Raumschiff wieder zurückkehrt, ist der auf der Erde zurückgebliebene Zwilling um viele Jahre älter als sein Bruder. Stimmt das überhaupt? Und wenn ja, wie ist das zu erklären? – Für viele Themenbereiche lassen sich spannende oder verblüffende Problemstellungen entwickeln. Dass sich Expertinnen und Experten hierbei besonders schwer tun, soll nicht verschwiegen werden. Denn für sie ist ja aufgrund ihres Expertenwissens eigentlich alles klar. Es bedarf also einiger Kreativität sowie der Fähigkeit, sich in die Rolle von Novizen zu versetzen, um zu motivierenden Ausgangsfragen zu kommen. Wenn es gelingt, eine zur Diskussion anregende Problemstellung zu finden, so kann man den „Advance Organizer" selbst wieder als ein Sandwich aufbauen: Man nennt zuerst den Titel des „Advance

Organizers" und stellt die Problemfrage, danach schiebt man beispielsweise eine Vergewisserungsphase ein, in der die Adressaten über die Problemfrage etwa in Partnergesprächen wenige Minuten diskutieren, nimmt dann verschiedene Diskussionsbeiträge auf und schließt daran den eigentlichen „Advance Organizer" an. Dies zeigt das nachstehende Beispiel:

Kollektive Phase: Lehrperson nennt das Thema „Sportpsychologische Betrachtung von Rückschlagsportarten am Beispiel Tischtennis", fragt per Handzeichen ab, wer schon einmal Tennis, Badminton, Squash oder Tischtennis gespielt hat und erläutert dann am Beispiel exakter physikalischer Messungen, dass man die Rückschlagsportart Tischtennis überhaupt nicht spielen kann, außer man würde sich jeweils 20 Meter hinter den Tisch stellen.
Zeitbedarf: 3 bis 5 Minuten

Gelenkstelle: Lehrperson moderiert Vergewisserungsphase an

Vergewisserungsphase: Die Lernenden suchen in einem unstrukturierten, spontanen Partnergespräch nach pychologischen Erklärungen dafür, dass man entgegen der physikalischen Messwerte dennoch sehr wohl Rückschlagsportarten betreiben kann.
Zeitbedarf: etwa 3 Minuten

Gelenkstelle: Kommunikation über die gefundenen psychologischen Erklärungen

Kollektive Phase: Advance Organizer zum Thema
Zeitbedarf: 10 bis 12 Minuten

Abb. 27: Ein „Advance Organizer", als Sandwich aufgebaut.

(3) Mehrfachcodierung: Sind Begriffe gesammelt, Expertenstruktur expliziert und Problemstellung gefunden, so kann an die didaktische Ausarbeitung des „Advance Organizers" gegangen werden. Ziel ist es, die Expertenstruktur so verständlich zu machen, dass der angezielte Teilnehmerkreis möglichst gut begreifen kann, um was es geht. Da die Teilnehmenden sicherlich sehr unterschiedliche bereichsspezifische Vorkenntnisse haben, ist es wichtig, mit möglichst vielfältigen „Verständlich-Machern" zu arbeiten. Dazu gehört, dass man die zentralen Fachbegriffe in einfachen Worten erläutert und mit Beispielen versieht. Führt man im Tischtennis-Organizer den Begriff „Antizipation" ein, so sollte man diesen nicht nur abstrakt umschreiben mit „gedanklicher Vorwegnahme von Ereignissen und darauf beruhender Steuerung des eigenen Handelns", sondern man sollte vertraute Beispiele heranziehen, an denen die Grundgedanken klar werden. Man könnte das Skifahren wählen, das nur dann klappt, wenn man den Streckenverlauf einsehen und sich entsprechend frühzeitig darauf einstellen kann. Bei dichtem Nebel mit wenigen Metern Sichtweise kann man deutlich schlechter antizipieren. Man könnte auch Kinder als Beispiel nehmen, die an einer belebten Straße Fangen

Die besondere Bedeutung der Experten-Struktur („Organizer") | 147

spielen und dabei nicht auf den Verkehr achten. Erfahrene Verkehrsteilnehmer antizipieren, d.h. sie nehmen es gedanklich vorweg oder alltagssprachlich ausgedrückt, sie „ahnen" es, dass eines oder mehrere Kinder dabei plötzlich auf die Fahrbahn rennen könnten und fahren entsprechend langsam oder hupen. Solche Beispiele machen den theoretischen Begriff „Antizipation" auch für solche Novizen verständlich, die in Sportpsychologie wenig Vorkenntnisse besitzen.

Noch eindrücklicher als verständliche Wortwahl und vertraute Beispiele sind Episoden. Episoden sind Erlebnisse oder Geschehnisse, die den gesamten Kontext mittransportieren. Es sind Geschichten, die interessant sind und die man sich gut merken kann. Im Tischtennis-Organizer kann ich von einem Trainings-Wettkampf erzählen, in dem ich meinen prominenten Partner, einen Spieler aus der Weltrangliste, ganz in eine Ecke gedrängt hatte. Ich plante nun, den Ball völlig überraschend für ihn in die entgegengesetzte Ecke zu spielen, um endlich einmal einen Punkt machen zu können. Gedacht, getan. Ich spielte den Ball listig in die andere Ecke. Doch meine Hoffnungen wurden schwer enttäuscht. Er stand längst dort und, um mich zu düpieren, spielte er den Ball mit einem Kunstschlag zwischen seinen Beinen hindurch auf meine Tischhälfte zurück. Ich war verblüfft und fragte ihn: „Woher hast du gewusst, dass ich jetzt dorthin spielen werde?". Er antwortete: „Das habe ich gesehen!" Aufgrund genauer Beobachtung meiner Spielweise und aufgrund der Tatsache, dass bei seiner ungünstigen Ausgangsposition irgendwann ein Wechsel in die andere Ecke kommen musste, war er in der Lage, mein Spiel zu „lesen" und konnte deshalb meinen als überraschend gedachten Spielzug leicht antizipieren. Bei der Entwicklung jedes „Advance Organizers" kann man sich fragen, ob es eindrucksvolle Geschichten gibt, die man sich gut merken kann und die einen Teil der Grundgedanken auf eine verständliche Art und Weise wiedergeben. So könnte man beim „Advance Organizer" zur Relativitätstheorie Einsteins empörten Ausruf „Gott würfelt nicht" in eine Episode kleiden, um sein Verhältnis zur Quantentheorie zu skizzieren. Episoden sind sicherlich nicht bei jedem „Advance Organizer" möglich, aber doch weitaus häufiger realisierbar, als man beim ersten Hinsehen glaubt.

Auch Vergleiche oder Analogien können helfen, eine Brücke von den vielfältigen Novizenstrukturen zur Expertenstruktur zu schlagen. So kann man beim „Advance Organizer" zur Relativitätstheorie zum Erläutern der Relativität der Raumzeit die Perspektivität der Wahrnehmung als Analogie wählen. Wenn Menschen weit von uns entfernt sind, dann wirken sie klein, obwohl sich ihre wahre Gestalt nicht verändert hat. Misst man auf Fotografien nach, sind tatsächlich weiter entfernte Personen objektiv kleiner als Personen, die näher beim Fotografen stehen. Das sind vertraute Erfahrungen, über die sich niemand wundert. Wenn man entsprechend Raum und Zeit operational durch Maßstäbe und Uhren definiert, dann ergeben sich analoge relativistische Effekte wie bei der Perspektive. Beim Tischtennis-Organizer kann man im Bereich des Mentalen Trainings eine „Impfung" als Analogie wählen. Für bestimmte kritische Situationen kann man sich „impfen", also „immun" oder unempfänglich machen, wenn man durch genaue Analysen vorher herausgefunden hat, welches die „Erreger" sind. Im übertragenen Sinne kann man also von einer „Stress-Impfung" sprechen, also einem Mentalen Training, das auf bekannte Belastungssituationen gezielt vorbereitet (mehr dazu in Kap. 6.5). Bei Vergleichen und Analogien sollte man jedoch stets transparent machen, wie tragfähig diese sind und vor allem, wo die Vergleiche bzw. Analogien „hinken", also unzutreffende Vorstellungen nahelegen.

Auch Farben, Grafiken oder Bilder können zur Verständlichkeit beitragen. Ein „Advance Organizer" sollte in jedem Fall visuelle Elemente und wo möglich auch „Eyecatcher" enthalten, also echte „Hingucker", die das Interesse auf sich ziehen. Im Tischtennis-Organizer kann dies beispielsweise eine Spritze sein als Symbol für die Stress-Impfung bzw. das Mentale Training; im Alpen-Organizer kann dies ein Bild des Matterhorns sein als Symbol für die Alpen; im Relativitäts-Organizer kann es ein Apfel sein, der auf die Erde fällt (Galileis Mechanik) und der durch die Raum-Zeit-Geometrie fällt (Einstein). Insgesamt sollen „Advance Organizers" den Merkmalen einer guten Visualisierung genügen: Sie sollen gut strukturiert sein; sie sollen übersichtlich gestaltet und nicht überladen sein; die Schrift soll gut lesbar sein; die verwendeten Farben sollen das Erkennen des Wesentlichen unterstützen. Im Gegensatz zu den früher verwendeten „Advance Organizers", die häufig nur aus geschriebenem oder vorgetragenem Text bestanden, soll heute in Einklang mit den oben zitierten empirischen Ergebnissen besonderer Wert auf grafische und bildliche Darstellungen gelegt werden, um die Grundgedanken verständlich zu machen. Wichtige Begriffe sollen in der Visualisierung enthalten sein. Ansonsten soll mit geschriebenem Text eher sparsam umgegangen werden. Text gibt es ohnehin genug, denn der „Advance Organizer" wird ja ausführlich mündlich erläutert.

(4) **Entwickelnd präsentieren:** Die Adressaten können einen „Advance Organizer" besonders gut nachvollziehen, wenn dieser Schritt für Schritt entwickelt wird. Benützt man Folien, so kann man diese aufeinander legen. Benützt man den Beamer, so ergeben sich viele Möglichkeiten zum stufenweisen Aufbau der endgültigen Visualisierung. An der Pinnwand kann man die einzelnen Teile nacheinander anheften. An Tafel oder Flipchart kann man den „Advance Organizer" langsam entstehen lassen. Entwickelndes Präsentieren setzt die Geschwindigkeit der Informationsübermittlung herab und sorgt durch den gemächlichen Aufbau für eine bessere Orientierung der Lernenden. „Advance Organizers", die sofort als Ganzes visualisiert werden, sind manchmal recht verwirrend. Das Auge weiß nicht, wo es sich verankern soll. Diese Problematik entfällt, wenn die Visualisierung nach und nach entsteht und darüber hinaus begleitend erläutert wird. An zwei Beispielen soll gezeigt werden, wie derartige Etappen beim entwickelnden Präsentieren beschaffen sein können.

Beispiel: „Entstehung der Alpen" (Abb. 29).
Entwickelnde Präsentation in 4 Teilen (Overlay-Foliensatz).
1. Bild vom Matterhorn mit dem Titel „Entstehung der Alpen" und der Problemstellung
2. Ausgehend von Wegener wird die Theorie der Plattenverschiebung erläutert
3. An den Bewegungen zwischen Afrika und Europa werden die Prozesse der Alpenentstehung in den letzten 200 Millionen Jahren deutlichgemacht
4. Als Folge endogener und exogener Kräfte werden vier auffindbare Arten von Gesteinen genannt.

Beispiel: „Sportpsychologische Betrachtung von Rückschlagsportarten am Beispiel Tischtennis" (Abb. 30).
Entwickelnde Präsentation in 3 Teilen (Overlay-Foliensatz).
1. Tischtennis kann man nicht spielen. – Problemstellung am Beispiel physikalischer Messungsergebnisse.
2. Besondere Bedeutung der Antizipation.
3. Daraus folgende Konsequenzen für das motorische, antizipatorische und mentale Training.

(5) **Nicht zu kurz und nicht zu lange präsentieren:** Wie lange soll oder darf die Präsentation eines „Advance Organizers" dauern? Dafür gibt es verständlicherweise keine verbindlichen Angaben. Die Länge eines „Advance Organizers" hängt von verschiedenen Faktoren ab: Wer sind die Adressaten? Welchen Umfang hat das Thema? Wie schwierig sind die Inhalte? Wie gut sind die Vorkenntnisse? usw. So wird ein „Advance Organizer" zum Thema „Feuer" im dritten Schuljahr der Primarschule (Neunjährige) sicherlich kürzer ausfallen als ein „Advance Organizer" zum Thema „Psychologische Handlungstheorie" für Hauptfachstudierende in Psychologie. Dennoch haben wir die Erfahrung gemacht, dass „Advance Organizers" mit einer Präsentationsdauer von über 15 Minuten in der Regel zu ausführlich und zu differenziert werden. Je länger die Präsentation, um so schwerer fällt es den Lernenden, die wesentlichen Grundgedanken klar und unmissverständlich zu erfassen. Parallel lässt die Aufmerksamkeit nach. Umgekehrt haben wir die Erfahrung gemacht, dass es sehr kurze „Advance Organizer" nicht vermögen, ein tragfähiges Vor-Verständnis zu schaffen. Liegen die Präsentationszeiten gar unterhalb von 5 Minuten, so können die Grundgedanken nicht mehr angemessen elaboriert werden: Der „Advance Organizer" gerät zur „Agenda". Wir empfehlen deshalb, bei der Entwicklung eines „Advance Organizers" von einer mittleren Präsentationszeit von etwa 10 Minuten auszugehen und diese adressaten- und themenspezifisch um einige Minuten zu verlängern bzw. zu verkürzen. In dieser Zeit sind die unter (2) erwähnten Problemstellungen nicht enthalten, weil

diese ja sandwichartig ausgegliedert (siehe Abb. 27) und mit Vergewisserungs- und kurzen Diskussionsphasen verknüpft werden können. Die genannte Präsentationszeit gilt für den Hauptteil des „Advance Organizers", der sozusagen „am Stück" vorgetragen wird.

Hier noch eine kleine Warnung zu einem Missverständnis beim Präsentieren von „Advance Organizers". Während die Idee des „Advance Organizers" in Hochschuldidaktik und Erwachsenenbildung gerne aufgegriffen wird, tun sich viele Lehrerinnen und Lehrer mit diesem Verfahren noch recht schwer. Erstens sind sie häufig der Meinung, man dürfe den Schülerinnen und Schülern möglichst keine Informationen am Stück geben, denn das sei verwerflicher Frontalunterricht. Zweitens glauben sie, man könne „Advance Organizers" zusammen mit den Schülerinnen und Schülern „erarbeiten". Und so erleben wir es immer wieder, dass recht komplexe Expertenstrukturen in wenigen Minuten im fragend-entwickelnden Unterrichtsgespräch entstehen. Unter mehrfacher Hinsicht ist das blanker Unsinn und wir raten dringend davon ab, so zu verfahren. Wären Novizen tatsächlich in der Lage, eine Expertenstruktur in kurzer Zeit zu entwickeln, dann müsste man sie als hochgradige Experten bezeichnen. Wenn man einem Experten über die Schulter schaut, wenn er – wie in Punkt (1) ausgeführt – seine Expertenstruktur expliziert, dann ist dies eine mühevolle Arbeit, die häufig bis zu einer Stunde dauert. Den gleichen Vorgang mit einer Schulklasse zu durchlaufen, der die wesentlichen bereichsspezifischen Vorkenntnisse fehlen, und dafür nur wenige Minuten zu benötigen, das ist ein verbales Scheingefecht, bei dem die Lehrperson stark lenkt und die Beiträge der Schülerinnen und Schüler nur benützt, um die vorher festgelegte Struktur zu erzeugen. Die Lernenden erleben sich dabei als „Marionetten" (De Charms 1968; 1979), was Lernmotivation und Selbstwertgefühl untergräbt. Novizen können prinzipiell keine „Advance Organizers" entwickeln. Was sie stattdessen tun können, das zeigt Hugi (1991) in seinen Überlegungen zur Bedeutung der Vorwissensorganisation beim Lernen. Er schlägt vor, dass die Lernenden vor dem Einstieg in ein neues Thema ihr bereichsspezifisches Wissen sammeln und grafisch anordnen. Er weist empirisch nach, dass dies ein äußerst fruchtbares Vorgehen ist. Kognitive Landkarten, von den Lernenden erstellt, sind ohne Zweifel höchst lernwirksame Verfahren. Aber sie sind natürlich keine „Advance Organizers", was Hugi klar herausstellt (ebd., S. 184 ff.).

(6) **Verfügbar machen:** Ganz wichtig ist es, den Lernenden den „Advance Organizer" in einer bleibenden Form zur Verfügung zu stellen. Meistens geschieht dies in Form einer Kopie. Andere Medien sind ebenfalls möglich. In manchen Fällen kann es sinnvoll sein, im Raum dauerhaft ein Plakat zu platzieren, auf dem der „Advance Organizer" in ansprechender Größe abgebildet ist. Ziel des Verfügbarmachens ist es, den Lernenden beim Voranschreiten im Thema eine ständige Orientierung zu ermöglichen. Beim Einstieg in einzelne Lektionen kann die Lehrperson darüber hinaus verdeutlichen, in welcher Beziehung die Teilthemen

Die besondere Bedeutung der Experten-Struktur („Organizer")

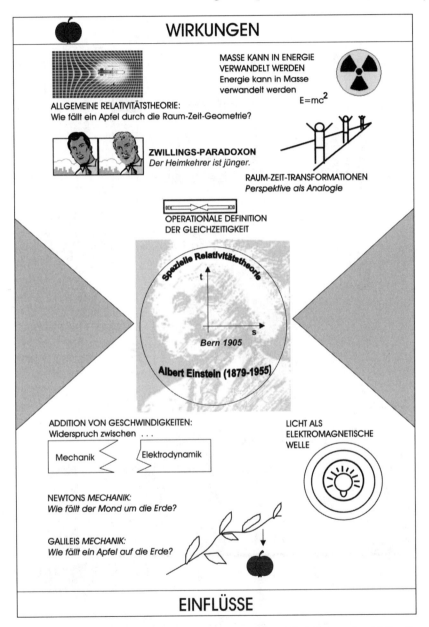

Abb. 28: „Advance Organizer" zum Thema „Allgemeine und spezielle Relativitätstheorie". Für die Entwicklung des Organizers danke ich Prof. Dr. Herbert Gerstberger (Physik) und Willi Großer (Reallehrer).

5. Verändern handlungssteuernder Strukturen

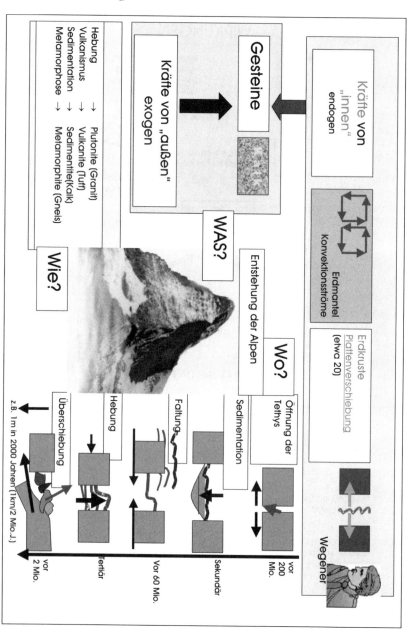

Abb. 29: „Advance Organizer" zum Thema „Entstehung der Alpen". Geografie, Sekundarstufe.

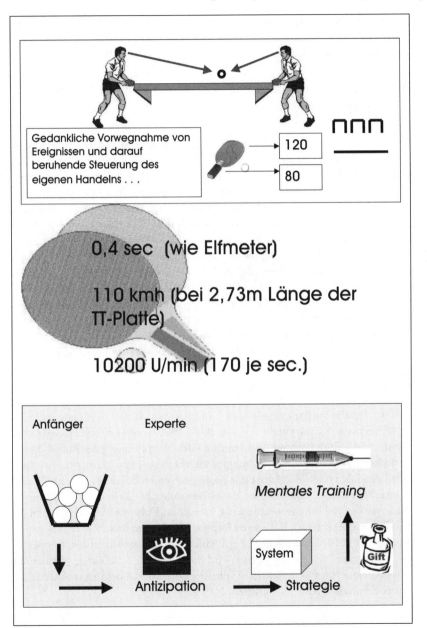

Abb. 30: „Advance Organizer" zum Thema „Sportpsychologische Betrachtung von Rückschlagsportarten am Beispiel Tischtennis".

5. Verändern handlungssteuernder Strukturen

zum Gesamtthema stehen. Auf diese Weise wird die auf zentrale Grundgedanken reduzierte Expertenstruktur zu einem wichtigen Ordnungsinstrument während des gesamten Lernprozesses.

5.4 Die besondere Bedeutung des „Wechselseitigen Lehrens und Lernens" (WELL)

Lernen wird heute übereinstimmend als ein aktiver und konstruktiver Prozess aufgefasst. Das, was zu lernen ist, muss in die jeweils einzigartigen kognitiv-emotionalen Strukturen integriert werden. Die dafür erforderlichen Lernprozesse müssen von den Lernenden selbst gesteuert und durchlaufen werden (vgl. Konrad, 2004; Huber 2005 c). Lehrpersonen können dafür lediglich günstige Voraussetzungen schaffen. Solche Bedingungen werden derzeit mit der Metapher „Lernumgebung" bezeichnet (Reinmann-Rothmeier & Mandl, 2001), welche die zentrale Rolle der Lernenden und die eher unterstützende bzw. begleitende Rolle der Lehrenden treffend charakterisiert. Auf die Frage, wie man innerhalb des Sandwich-Prinzips möglichst aktive und konstruktive Lernprozesse unterstützen kann, sind Methoden des „Wechselseitigen Lehrens und Lernens" eine besonders wirkungsvolle Antwort. Sie erlauben es, sowohl in der Vermittlungsphase als auch in der Phase der subjektiven Auseinandersetzung mit besonders hoher Eigeninitiative zu agieren und versprechen damit große Wirksamkeit und Nachhaltigkeit.

Definition: Unter „Wechselseitigem Lehren und Lernen" (WELL) sind kooperative Lernformen zu verstehen, bei denen die Lernenden für einen umschriebenen Teil der Inhalte zu Expertinnen und Experten werden und sich diese anschließend wechselseitig vermitteln (Huber, 2004; 2005 a; 2005 c; Huber, Konrad & Wahl, 2001). Entscheidend ist dabei eine Gleichberechtigung der Rollen in drei Lernphasen: (1) In einer Aneignungsphase wird das Expertenwissen erworben. Alle Lernenden ohne jede Ausnahme eignen sich einen Teil der Inhalte an. Es gibt so viele Expertinnen und Experten, wie es Lernende gibt. (2) In einer Vermittlungsphase werden die Inhalte wechselseitig vermittelt. Dabei werden im Wechsel die jeweils komplementären Rollen von Experte und Novize bzw. Novize und Experte eingenommen. Dadurch ergibt sich eine insgesamt symmetrische Kooperation. (3) In einer Verarbeitungsphase wird die subjektive Auseinandersetzung mit den angeeigneten und vermittelten Inhalten noch einmal besonders akzentuiert, um nachhaltige Effekte zu erreichen.

Abgrenzungen: „Wechselseitiges Lehren und Lernen" unterscheidet sich von ähnlichen Konzepten wie dem „Lernen durch Lehren" nach Renkl (1997, 1998), dem „Reciprocal Teaching" nach Palincsar & Brown (1984) sowie dem Lernen durch Lehren (LdL) nach Martin (1994; 2002) vor allem durch Symmetrie und komplementären Rollenwechsel. Deshalb zählen tutorielle Lernarrangements und das gemeinsame Durchlaufen kooperativer Lernskripte genauso wenig zum „Wechselseitigen Lehren und Lernen" wie das in der Fremdsprachendidaktik bekannt gewordene Übertragen von Lehrfunktionen an Schülergruppen (vgl. Huber, Konrad & Wahl, 2001, S. 37 f.; Hepting, 2004, 62 f.). Bei tutoriellen Lernarrangements sind die Rollen von Experten und Novizen festgeschrieben, können also nicht wechseln. Beim gemeinsamen Durchlaufen kooperativer Lernskripte erwerben die Lernenden keinen Expertenstatus, den sie an die entsprechenden Novizen weitervermitteln würden, sondern sie arbeiten auf vergleichbaren Kompetenzebenen. Beim Lernen durch Lehren (LdL) nach Martin wird wohl ein Expertenstatus erworben, aber Vermittlung wie Verarbeitung finden im Klassenverband statt, entsprechen also weitgehend herkömmlichem Unterricht, nur dass die Lehrperson durch eine Schülergruppe ersetzt wird. Im Gegensatz zu den eben genannten Konzepten zeichnet sich das „Wechselseitige Lehren und Lernen" (WELL) durch den systematischen Wechsel von Experten- und Novizenrollen aus, läuft in den oben beschriebenen drei charakteristischen Phasen ab und enthält im Bereich der Kompetenz keine festgeschriebenen Asymmetrien. Insofern ist WELL eine besonders ausgewogene Form des kooperativen Lernens, die sich durch eine hohe Aktivität der Lernenden in allen Phasen des Lernprozesses auszeichnet.

Methoden: Die vertrauteste Methode des „Wechselseitigen Lehrens und Lernens" ist sicherlich das Gruppenpuzzle. Aber auch das Gruppenturnier (daraus wurden später die Methoden Partner-, Gruppen- und Multininterview abgeleitet) und die Gruppenrallye wurden in diesem Zusammenhang verbreitet, obwohl sie nicht alle Merkmale der Wechselseitigkeit tragen. Alle drei Verfahren wurden durch Huber, Rotering-Steinberg und Wahl (1984) sowie Huber (1985) im deutschsprachigen Raum bekannt gemacht. Da sich diese Methoden in empirischen Studien jedoch nicht immer als so wirksam erwiesen, wie dies aufgrund theoretischer Überlegungen zu erwarten gewesen wäre (vgl. Huber, 1999), wurden sie im Rahmen eines sechsjährigen Forschungsprojektes weiterentwickelt und evaluiert (vgl. zusammenfassend Huber, 2005 a). Erstens erwies es sich als erforderlich, den beiden vorhandenen Phasen der Aneignung und Vermittlung eine dritte Phase der vertiefenden Verarbeitung hinzuzufügen, um die subjektive Auseinandersetzung mit den erarbeiteten und vermittelten Inhalten zu intensivieren. Zweitens war es zur Unterstützung wirkungsvoller Lernprozesse notwendig, eine ganze Reihe von Lernstrategien in das „Wechselseitige Lehren und Lernen" zu integrieren, ein Vorgehen, dessen Effizienz durch empirische Untersuchungen bestätigt wurde (Huber, 2005 a). Drittens war es an der Zeit, neue Methoden des Lernens durch wechselseitiges Lehren kreativ zu entwickeln, vor allem, um den unterschiedli-

chen Lerntempi der Lernenden gerecht zu werden. Will man die vier wichtigsten Methoden des „Wechselseitigen Lehrens und Lernens" herausgreifen, dann kommt man zu folgender Zusammenstellung:
(1) Lerntempoduett, Lerntempoterzett, Lerntempoquartett; (ausführlich in Wahl, 2004 a, S. 57–67). – Hierbei werden die drei Phasen des wechselseitigen Lehrens und Lernens im eigenen Lerntempo durchlaufen. In der Aneignungsphase wird in Einzelarbeit ein Expertenstatus erworben. In der Vermittlungs- und Verarbeitungsphase bilden sich je nach Anzahl der Teilthemen Zweier-, Dreier- oder Vierergruppen.
(2) Partnerinterview bzw. Gruppeninterview (ausführlich in Wahl, 2004 b, 68–74) bzw. Multiinterview; (ausführlich in Wahl, 2004 c, 75–78). – Zuerst wird ein Expertenstatus für ein Teilgebiet erworben. Danach werden wechselseitig Fragen gestellt oder Aufgaben bearbeitet.
(3) Partnerpuzzle (ausführlich in Huber, 2004, 38–47) bzw. Gruppenpuzzle (ausführlich in Huber, 2004, 49–56). – In Paaren bzw. Gruppen wird ein Expertenstatus für ein bestimmtes Teilthema erworben. Danach werden die Experten gemischt. In den neu gebildeten Paaren bzw. Kleingruppen werden die Teilthemen anderen Lernenden vermittelt.
(4) Strukturierte Kontroverse (ausführlich in Huber, 2004, 79–84). – Zu zwei konträren Positionen werden Stellungnahmen in Expertenpaaren erarbeitet, in Vierergruppen präsentiert (zwei Personen Pro-Position, zwei Personen Contra-Position) und in einer abschließenden Vertiefungsphase mit der jeweils persönlichen Position verknüpft.

WELL in Form eines Sandwiches
Beim Sandwich-Prinzip als Lernumgebung wechseln sich Phasen der Vermittlung mit Phasen der subjektiven Auseinandersetzung systematisch ab. Dieses verhältnismäßig einfach strukturierte Lernarrangement wird komplexer, wenn man das „Wechselseitige Lehren und Lernen" damit verknüpft. Jede Methode des „Wechselseitigen Lehrens und Lernens" hat eine eigene Struktur. In der finden sich zwar die beiden für das Sandwich-Prinzip charakteristischen Phasen der Vermittlung und der subjektiven Auseinandersetzung wieder, jedoch nicht immer mit der in Kapitel 5.1 beschriebenen Regelmäßigkeit. Das „Spiel mit dem Sandwich" wird durch das Einbeziehen verschiedener Formen des „Wechselseitigen Lehrens und Lernens" flexibler und erlaubt mehr Variationen. Der Lernprozess wird noch aktiver und noch abwechslungsreicher. Umgekehrt werden die Anforderungen an die Lehrenden höher. Die Abläufe müssen gründlicher durchdacht und überwacht werden. Das Eingreifen muss noch situationsspezifischer sein, vor allem dann, wenn Methoden verwendet werden, bei denen die Phasenwechsel im (nicht vorhersehbaren) individuellen Lerntempo erfolgen. Das stellt höchste Ansprüche an das „Dabeisein" (Kounin, 1976) der Lehrenden: Obwohl sie beim

"Wechselseitigen Lehren und Lernen" eigentlich gar nicht gebraucht werden, weil die Lernenden Aneignung, Vermittlung und subjektive Auseinandersetzung ganz alleine leisten, müssen sie im Hintergrund sehr wachsam sein, um die Übergänge zwischen den einzelnen WELL-Phasen so reibungsarm wie möglich zu gestalten. Bei der Arbeit mit Formen des „Wechselseitigen Lehrens und Lernens" werden von damit wenig vertrauten Lehrpersonen viele Fehler gemacht, weil die Komplexität der organisatorischen Abläufe völlig unterschätzt wird. Wir empfehlen deshalb, mit eher einfachen WELL-Methoden zu beginnen, beispielsweise mit einem Partner-Interview oder einem Partner-Puzzle, bevor dann schwieriger umzusetzende Methoden gewählt werden, wie etwa das Gruppen-Puzzle, die Strukturierte Kontroverse, das Multi-Interview oder die Lerntempovarianten. Nachfolgend soll gezeigt werden, wie Sandwich-Struktur und „Wechselseitiges Lehren und Lernen" konstruktiv integriert werden können (siehe Abb. 31).

Einstiegsphase: Bei der Integration von Sandwich-Prinzip und WELL beginnt man in der Regel im Plenum. Es werden, wie oben ausgeführt, Ziele und Agenda erläutert. Sinnvoll ist es, inhaltliche Transparenz durch einen „Advance Organizer" zu schaffen. Bei kooperativen und selbstgesteuerten Aktivitäten geht die Übersicht leichter verloren als in instruktional akzentuierten Lernumgebungen. Ein gutes thematisches „Vor-Verständnis", geschaffen durch eine im Voraus vermittelte Expertenstruktur, wirkt sich deshalb besonders positiv auf den Lernprozess aus. Möglich ist es auch, Interessen und Vorkenntnisse zu erheben, die Redeschwelle zu überwinden und die Teilnehmenden durchzumischen.

Erste Gelenkstelle: Ganz entscheidend ist es hier, das „Wechselseitige Lehren und Lernen" in Gang zu bringen. Da nun verschiedene Arbeitsphasen aufeinander folgen, in denen die Lehrperson wenig präsent ist, geht es um eine besonders klare Arbeitsanweisung. Hierbei haben sich zwei Prinzipien bewährt: das Modelling und die Sequenzierung.
(a) Modelling: Sind die Lernenden mit einer Methode des „Wechselseitigen Lehrens und Lernens" noch nicht vertraut, so ist es günstig, dass die Lehrperson als Modell fungiert. Sie macht vor, was zu tun ist und verwendet dabei ganz bewusst das laute Denken, um klarzumachen, was man überlegen muss und wie die einzelnen Schritte ablaufen. Die Lehrperson kann dabei auch Lernende einbeziehen, so dass beispielsweise klar wird, wie die Rollen wechseln. Bei komplexen Methoden wie der Strukturierten Kontroverse oder dem Gruppenpuzzle ist es zielführend, eine Gruppe von Lernenden in die Mitte zu setzen. Diese beginnen modellhaft mit ihren Aktivitäten. Die Lehrperson unterbricht an wichtigen Stellen und erklärt, was man genauso machen und was man, um Fehler zu vermeiden, besser nicht so machen sollte. Dieses Vorgehen ist eine Variante der Methode „Aquarium", bei der einige Personen in einem Innenkreis sitzen, um dort stell-

158 | 5. Verändern handlungssteuernder Strukturen

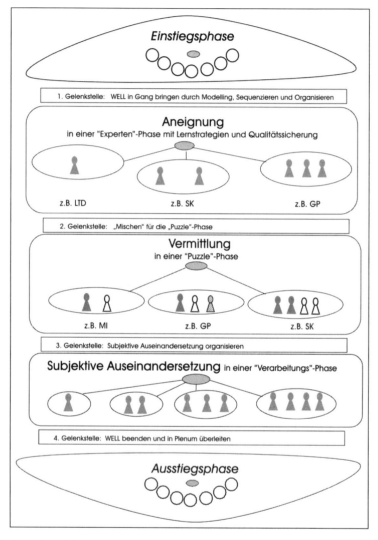

Abb. 31: „Wechselseitiges Lehren und Lernen" in Form eines Sandwiches: Zwischen Einstieg und Ausstieg laufen die drei charakteristischen WELL-Phasen (Aneignung, Vermittlung, subjektive Auseinandersetzung) ab. Dazwischen gibt es zahlreiche, nicht immer einfach zu handhabende Gelenkstellen. Die Abkürzungen bedeuten:
GP = Gruppenpuzzle
PP = Partnerpuzzle
LTD = Lerntempoduett
MI = Multi-Interview
SK = Strukturierte Kontroverse

vertretend zu agieren. Das restliche Plenum sitzt im Außenkreis und beobachtet das Handeln. Benützt man das „Aquarium", um zu demonstrieren, wie eine Methode funktioniert, so entfallen im Gegensatz zur Ursprungsmethode die ein oder zwei freien Stühle, die es Personen aus dem Außenkreis erlauben, für eine gewisse Zeit in den Innenkreis zu wechseln. Durch Modelling wird in kurzer Zeit sehr anschaulich und verständlich, was durch mündliche oder schriftliche Arbeitsanweisungen recht verwirrend klingt. Es ist ein wenig wie beim Erlernen eines Tanzes: Erklärt man die Schritte verbal, dann entsteht keine klare Vorstellung. Macht man es vor, dann hat man ein Bild, an dem man sich orientieren kann.

(b) **Sequenzieren**: Methoden des „Wechselseitigen Lehrens und Lernens" umfassen mehrere Arbeitsphasen. Erklärt man alle an einem Stück, dann werden die Anweisungen recht lange und recht komplex. Irritationen und Verwechslungen sind die Folge. Besser ist es, jede einzelne Arbeitsphase dann zu erklären, wenn sie an der Reihe ist. Die Arbeitsanweisung wird also in verschiedene Abschnitte zerlegt. Eine derartige Sequenzierung hat den Vorteil, dass immer nur der jeweils nächste Schritt erläutert wird.

Je besser die Lernenden die Methoden des „Wechselseitigen Lehrens und Lernens" beherrschen, umso weniger benötigen sie Modelling und Sequenzierung. Hepting (2004; 2005) machte bei einer einjährigen Erprobung in einem 7. Schuljahr der Realschule die Erfahrung, dass die Schülerinnen und Schüler etwa sechs Wochen benötigten, um mit den Methoden des „Wechselseitigen Lehrens und Lernens" vertraut zu werden. Dieser Zeitraum ist einerseits kurz, bedenkt man, dass die Schülerinnen und Schüler sechs Jahre lang eine andere Lernumgebung gewohnt waren. Dieser Zeitraum ist andererseits lang, denn er bedeutet, dass man die einzelnen Methoden des „Wechselseitigen Lehrens und Lernens" jeweils mehrfach durchführen muss, bevor sie funktionieren. Die allerersten Erprobungen von Lerntempoduett, Multiinterview, Strukturierter Kontroverse oder Gruppenpuzzle bringen häufig so viele Reibungsverluste mit sich, dass sie sowohl von den Lehrenden als auch von den Lernenden als nicht wirklich geglückt betrachtet werden können. Die Implementation des „Wechselseitigen Lehrens und Lernens" sollte folglich von vorneherein auf einen längeren Zeitraum hin angelegt werden. Ein einmaliger Methodeneinsatz im Sinne einer „Feiertags-Didaktik", wie er ab und zu bei Zertifikatsabnahmen in der Erwachsenenbildung, bei evaluierenden Hospitationen in der Hochschuldidaktik oder bei Prüfungslehrproben in Schulen zu sehen ist, ist wenig sinnvoll. Zielführend ist es hingegen, die alltägliche Didaktik mit Methoden des „Wechselseitigen Lehrens und Lernens" anzureichern, so dass die Lernenden Schritt für Schritt jene Kompetenzen erwerben können, die sie für einen erfolgreichen Umgang mit diesen Methoden benötigen.

An dieser Gelenkstelle ist es darüber hinaus wichtig, die zeitlichen, räumlichen und materiellen Rahmenbedingungen zu klären. Es muss deutlich sein, zu welchem Zeitpunkt die anmoderierte Lernphase endet. Es muss allen klar sein, in welcher Weise sich die Lernenden gruppieren sollen, also wieviele Personen jeweils zusammen sind. Es muss organisiert werden, wer an seinem Platz sitzen bleiben kann, wer den Platz wechseln muss, wer im Raum bleiben kann und wer nicht usw. Regeln für die kooperativen Lernphasen müssen vereinbart werden. In manchen Fällen müssen Sonder-Rollen zugeschrieben werden, zum Beispiel „Zeitwächter" (achtet darauf, dass die vereinbarten Zeiten eingehalten werden), „Krokodil" (beißt zu d.h. greift ein, wenn die Gruppe vom Thema abweicht) usw. Die erforderlichen Materialien sollten griffbereit liegen. Das ist besonders wichtig, wenn in den Expertenphasen beispielsweise Versuche durchgeführt werden sollen oder wenn spezielle Unterlagen oder Geräte erforderlich sind.

Insgesamt kann man an Gelenkstelle B Vieles falsch machen. Als Beobachter erkennt man recht schnell, welche Lehrpersonen Erfahrung mit wechselseitigem Lehren und Lernen haben und welche sich erst noch in diese Methoden einarbeiten. So wollte uns beispielsweise ein junger Lehrer nicht glauben, dass es bei einem Gruppenpuzzle gut ist, zur Vermeidung von Reibungsverlusten die Gruppenzuteilung durch Farben vorzugeben. Er war der Ansicht, dass seine Sechzehnjährigen sehr wohl in der Lage seien, sich selbst zu organisieren. Bei der Hospitation stellte sich dann heraus, dass die Lernenden, die zum ersten Mal ein Gruppenpuzzle erlebten, der Frage „Wer mit wem?" so große Bedeutung zumaßen, dass eine ganze Lektion für die Gruppenbildung verbraucht wurde. Am Ende waren trotz des großen Aufwandes die Gruppen unterschiedlich groß, so dass schließlich doch autoritär eingeteilt werden musste. Verstimmung auf Seiten der Lernenden und des Lehrenden beeinträchtigen die darauf folgende inhaltliche Arbeit. Der Höhepunkt der Frustrationen war erreicht, als sich für die Vermittlungsphase die eben so mühsam gebildeten Expertengruppen wieder auflösen mussten, damit die Expertinnen und Experten ihr Wissen an Andere weitergeben konnten. Die Lernenden hatten dies bei der Arbeitsanweisung nicht durchschaut. Es ist sicherlich nicht zu erwarten, dass die Schülerinnen und Schüler dieser Klasse künftig jubeln werden, wenn irgend eine Lehrperson freudestrahlend ankündigt: „Heute machen wir etwas ganz Tolles: Ein Gruppen-Puzzle!"

Aneignung in einer „Expertenphase": In kleinen Sozialformen eignen sich die Lernenden die entsprechenden Inhalte an. Sie versuchen, sich zu Expertinnen und Experten für ein umgrenztes Teilgebiet zu machen. Bei Methoden wie dem Lerntempoduett oder dem Multi-Interview erfolgt die Aneignung in der Regel in Einzelarbeit. Experten-Paare bilden sich bei Partner-Interview, Partner-Puzzle und Strukturierter Kontroverse. Experten-Gruppen entstehen beim Gruppen-Interview und beim Gruppen-Puzzle. Wichtig ist, die Lernenden beim Aneignungs-Prozess zu unterstützen. Es soll ja ein gewisser Expertenstatus erreicht werden. Das kann mitunter schwierig sein, weil noch wenig geläufige oder gar unbekannte Themen bearbeitet werden. Zwei Vorgehensweisen können hier helfen: Lernstrategien und Qualitätssicherung.

(a) **Lernstrategien:** Zur Optimierung der Lernprozesse werden Lernstrategien vorgeschlagen. Diese können sehr einfach sein, indem man zum Markieren von Textstellen auffordert oder zum Fixieren zentraler Begriffe. Anspruchsvoller ist es, wichtige Inhalte auf Kärtchen zu notieren, die später als Leitfaden für die Weitergabe in der Vermittlungsphase dienen können oder als Grundstock für Sortieraufgaben und Strukturlegetechniken. Bei sehr kompetenten Lernenden kann das Anfertigen mehrfachcodierter kognitiver Landkarten eine hilfreiche Vorgehensweise sein. Die empirischen Ergebnisse belegen die Notwendigkeit, „Wechselseitiges Lehren und Lernen" durch Lernvorgaben zu unterstützen (Huber, 2005 a; Huber 2005 c).

(b) **Qualitätssicherung:** Es ist ein häufiger Einwand, der gegen die Nützlichkeit des „Wechselseitigen Lehrens und Lernens" vorgebracht wird, dass in der Aneignungsphase kein echter „Expertenstatus" entstünde, sondern dass die Novizen sich lediglich Halbverstandenes einverleiben und dann später fehlerhaft weitergeben würden. „Blinde führen Blinde" ist eine ironische Umschreibung für diese Befürchtung. Dieser Einwand ist nicht von der Hand zu weisen. Er gilt vor allem dann, wenn die bereichsspezifischen Vorkenntnisse einzelner Lernender so lückenhaft sind, dass die Lernzeit für ein gründliches Verstehen nicht ausreicht. Um dem entgegenzuwirken, können sich die Lernenden in der Expertenphase gegenseitig helfen. Genau das ist der Sinn der Experten-Paare und Experten-Gruppen. Die Lernenden arbeiten zusammen. Das ist der Leistungsvorteil der Gruppe gegenüber dem Einzelnen. Ergänzend können Materialien bereitgestellt werden, die es den Lernenden erlauben, die Qualität ihrer Ausarbeitungen zu überprüfen. Schließlich ist auch noch die Lehrperson vorhanden. Sie kann begleiten, beraten und kontrollieren. Einzelne, Paare oder Gruppen können ihre Hilfe anfordern. Durch jede dieser Maßnahmen und insbesondere durch ihre Kombination wird die Wahrscheinlichkeit erhöht, dass „die Blinden sehend werden", dass also eine ausreichend gesicherte Expertise erworben wird. Jede Lehrperson sollte überlegen, bezogen auf die spezielle Situation und bezogen auf die eigenen Zielvorstellungen, welche Formen der Qualitätssicherung für eine tragfähige Vermittlungsphase erforderlich sind.

Zweite Gelenkstelle: Diese Gelenkstelle (siehe Abb. 31) ist ein neuralgischer Punkt. Inhaltlich geht es darum, von der Aneignung in die Vermittlung überzuleiten, die Experten-Phase also in eine Puzzle-Phase zu überführen. Die Lernenden kommen aus der einen kleinen Sozialform, in der sie zu Expertinnen und Experten wurden und sie werden nun in einer weiteren kleinen Sozialform so gemischt, dass jeweils verschiedenartige Expertisen aufeinander treffen. Verschiedenartige Puzzle-Teile werden zu einem vollständigen Bild zusammengesetzt, deshalb die Metapher „Puzzle-Phase". Erstes Problem: Wer mit wem? Hier helfen wiederum Farben, Symbole oder Markierungen. Nicht die Personen sind wichtig, sondern

5. Verändern handlungssteuernder Strukturen

die Themenbereiche, die sie vertreten. Das ist eine wichtige Botschaft an dieser Gelenkstelle für Lernende, die noch wenig Erfahrung mit „Wechselseitigem Lehren und Lernen" haben. Jeder muss mit jedem arbeiten oder lernen können. Persönliche Vorlieben oder Abneigungen dürfen nicht ausschlaggebend sein. Das ist für manche Lernende ungewohnt. Langzeiterprobungen zeigen jedoch, dass dieses ständige Mischen, das wir auch beim Einstieg betont haben, sich insgesamt positiv auf das Lernklima auswirkt (Hepting, 2004; 2005).

Schwierig wird die zweite Gelenkstelle, wenn die Lernenden im eigenen Lerntempo arbeiten. Dann gibt es nämlich keinen verbindlichen, von allen einzuhaltenden Zeitpunkt für die neuen Gruppierungen der Lernenden, sondern viele individuelle Übergänge. Dazu ein Beispiel: Beim Lerntempoduett sind es bei 30 Personen zunächst einmal 30 verschiedene Zeitpunkte, zu denen die Lernenden mit der Aneignungsphase fertig werden. Da 15 Personen mit dem einen Teilthema beschäftigt sind und 15 Personen mit dem anderen, kann die Vermittlungsphase erst dann beginnen, wenn von jedem Teilthema mindestens eine Person die Aneignung abgeschlossen hat. Insgesamt wird es folglich 15 verschiedene Zeitpunkte geben, zu denen die Lernenden in die Vermittlungsphase eintreten. Damit es kein Chaos gibt, muss der Übergang von den 30 individuellen Zeitpunkten zu den 15 gemeinsamen Zeitpunkten klar geregelt werden. Erstens muss vereinbart werden, durch welche gut erkennbaren Zeichen eine Person signalisiert, dass sie die Aneignungsphase abgeschlossen hat. Die Person kann sich in eine bestimmte Ecke des Raumes begeben, die Person kann sich an ihrem Platz erheben, die Person kann an der Tür warten, die Person kann die Arbeitsanweisung hochhalten usw. Je nach Rahmenbedingungen ist hier die günstigste Lösung auszuwählen, wobei sehr darauf zu achten ist, dass die noch in der Aneignungsphase befindlichen Lernenden durch diese Signale nicht abgelenkt oder gar gestört werden. Zweitens muss klar erkennbar sein, welches Teilthema jede Person vertritt. Dies kann durch Farben erreicht werden. Beispielsweise können die Arbeitsanweisungen, die Versuchsanleitungen, die Texte usw. auf verschiedenfarbiges Papier gedruckt werden. So ist für alle leicht erkennbar, wer welches Teilthema vertritt und somit als potentieller Kooperationspartner zur Verfügung steht. Drittens muss geregelt sein, an welchem Ort die Vermittlungsphase stattfinden wird: Sollen sich die beiden Lernenden im Raum selbst einen Arbeitsplatz suchen?, Sollen sie in der Pausenzone arbeiten?, Gibt es Ausweichräume? usw. Viertens sind Wartezeiten zu überbrücken. Es kann sein, dass einzelne Lernende sehr viel schneller oder sehr viel langsamer sind als andere. Es kann auch sein, dass in der Aneignungsphase für das eine Teilthema mehr Zeit benötigt wird als für das andere. Bei Lerntempo-Methoden wird es ganz offensichtlich, dass die Lernenden unterschiedlich schnell sind. Der positive Effekt dieser Methoden sollte nicht dadurch konterkariert werden, dass die Schnelleren entsprechend länger zu warten haben. Deshalb ist es wichtig, die Wartezeiten mit sinnvollen Aufgabenstellungen zu überbrü-

Die besondere Bedeutung des „Wechselseitigen Lehren und Lernens" | 163

cken, so dass die Lernenden stets ausgelastet sind. Lernende, die das gleiche Teilthema haben, könnten beispielsweise ihre Arbeitsergebnisse im Sinne der Qualitätssicherung vergleichen, sie können sich über interessante Fragen austauschen oder den bisherigen Lernprozess reflektieren. Das ist jedoch nur dann möglich, wenn von diesen Aktivitäten keine Störungen auf jene Lernenden ausgehen, die sich noch in der Aneignungsphase befinden. Insofern ist es auch denkbar, Aufgaben zu stellen, die in Einzelarbeit erledigt werden können. Ein Beispiel für eine derartige Form der Überbrückung findet sich in Abb. 32.

Vermittlung in einer „Puzzle-Phase": Jetzt kommt die sicherlich fruchtbarste Phase des „Wechselseitigen Lehrens und Lernens". Die Teilnehmenden sind Expertinnen und Experten für ein umgrenztes Teilgebiet. Sie sehen sich in den gemischten Gruppierungen Personen gegenüber, die für ein anderes Teilgebiet eine Expertise erworben haben. Auf diese Weise können sie in der Expertenrolle die erworbenen Inhalte vermitteln. Es ist ein echter Sprechanlass gegeben, denn die Gegenüber sind Novizen für dieses Teilgebiet. Für die Experten ist das motivierend und es steigert nachweislich das Kompetenzerleben. Dann wechseln die Rollen. Wer eben Experte für das eine Teilgebiet war, ist nun Novize für das andere. Die Vermittlung erfolgt auf eine sehr persönliche und zugleich sehr interaktive Art, weil in den gesamten Vermittlungsprozess nur zwei, drei oder vier Personen involviert sind. Das macht es leicht, Rückfragen zu stellen und Nichtverstehen zu verbalisieren. Umgekehrt können die Experten gut auf die Bedürfnisse der wenigen Novizen eingehen, mit denen sie es zu tun haben. Bei den Methoden Lerntempoduett, Partnerpuzzle, Partnerinterview und Multiinterview erfolgt die Vermittlung in Partnerarbeit. Bei den Methoden Gruppeninterview, Gruppenpuzzle, Strukturierte Kontroverse, Lerntempoterzett bzw.-quartett erfolgt die Vermittlung in Kleingruppen.

So lernwirksam diese „Puzzle-Phase" auch sein mag, sie ist nicht problemlos. Äußerliche Schwierigkeiten ergeben sich allein durch den Geräuschpegel. Stellen wir uns ein Partnerpuzzle mit 30 Personen vor, bei dem gleichzeitig in 15 Paaren Präsentationen ablaufen. Stehen keine Ausweichräume oder Pausenzonen zur Verfügung, dann sprechen in einem einzigen Raum 15 Personen gleichzeitig. Hier ist es wichtig, dass die Lernenden eng zusammenrücken und mit gedämpfter Stimme sprechen. In Erwachsenenbildung und Hochschuldidaktik ist dieser Zustand rasch herstellbar; im schulischen Unterricht müssen die Schülerinnen und Schüler eine gewisse Gewöhnungsphase durchlaufen, bis sie sich beim Präsentieren nicht mehr gegenseitig beeinträchtigen. Noch größer ist das Geräuschproblem, wenn die Vermittlung in Kleingruppen abläuft. In Gruppen kann man nicht so eng zusammenrücken wie in Paaren. Sitzt die Gruppe gar um einen Tisch oder einen Versuch oder ein Objekt herum, dann sind manchmal die Abstände zur nächsten Gruppe kleiner als der Abstand zum Sprecher der eigenen Gruppe. Da

5. Verändern handlungssteuernder Strukturen

Vertiefende Aufgaben zum Lerntempoduett

Sollten Sie Wartezeit überbrücken müssen, beginnen Sie bitte mit den vertiefenden Aufgaben.

A. Beurteilen Sie die von Ihnen erstellte kognitive Landkarte nach folgenden Merkmalen:

Ist die Visualisierung übersichtlich?
übersichtlich   6 5 4 3 2 1   verwirrend

Hat die Visualisierung eine klare Struktur
gut strukturiert   6 5 4 3 2 1   keine Struktur erkennbar

Enthält die Visualisierung bildhafte Elemente?
mehrere   6 5 4 3 2 1   keine

Ist die Schrift lesbar?
gut lesbar   6 5 4 3 2 1   kaum leserlich

Helfen die Farben beim Verstehen?
sind hilfreich   6 5 4 3 2 1   haben keine Funktion

B. Wenn Sie den Inhalt Ihres Textes *in einem einzigen Satz* zusammenfassen müssten, wie würde dieser Satz lauten?

C. Präsentationen werden durch Beispiele lebendig. Welche Beispiele könnten Sie in Ihre Präsentation einfügen?

D. In Ihrem Text werden verschiedene Anregungen für die Gestaltung von Lernprozessen gegeben.

(1) Welche dieser Anregungen setzen Sie schon um? Bitte notieren.

(2) Welche Anregungen würden Sie gerne einmal ausprobieren? Bitte notieren.

Abb. 32: Beispiel für die Überbrückung der Wartezeit in einem Lerntempo-Duett. Die Lernenden haben Texte bearbeitet und dazu mehrfachcodierte kognitive Landkarten erstellt. Allen Personen, die während der zweiten Gelenkstelle warten müssen, händigt die Lehrperson das Aufgabenblatt aus. Die Lernenden werden durch die erste Aufgabe angeregt, ihre eben fertig gestellten kognitiven Landkarten zu beurteilen. Durch die beiden nächsten Aufgaben werden sie aufgefordert, sich auf die Vermittlungsphase vorzubereiten. Die letzte Aufgabe thematisiert den Bezug zur jeweils eigenen Praxis und bereitet den Transfer dorthin vor.

Die besondere Bedeutung des „Wechselseitigen Lehren und Lernens"

fällt es dann besonders schwer, konzentriert zuzuhören. In Erwachsenenbildung und Hochschuldidaktik kann die Problematik entschärft werden, indem man die Lernenden auf verschiedene Räumlichkeiten verteilt. Im schulischen Unterricht, vor allem in der Primarschule, kann man nicht immer damit rechnen, dass in den Fluren, den Pausenzonen usw. die volle Zeit für das „Wechselseitige Lehren und Lernen" verwendet wird. Deshalb muss hier ein räumliches Ausweichen besonders gut abgewogen bzw. flankiert werden.

Eine zweite Gefahr resultiert aus dem Experten-Status. Es kann sein, dass manche „Experten" ihr Teilthema trotz der oben erwähnten Qualitätssicherung nicht im erforderlichen Umfange beherrschen, sei es, dass die Vorkenntnislücken zu groß waren oder dass aus anderen Gründen die Lernzeit nicht ausreichte. Wenn die „Novizen" bemerken, dass ihr „Experte" sich nicht viel besser im Teilthema auskennt als sie selbst, befürchten sie zu Recht gewisse Einbußen im Lernfortschritt und machen zuweilen ihrem Unmut Luft. Das ist sozialpsychologisch gesehen eine kritische Situation. Hier ist invasives Eingreifen der Lehrperson erforderlich. Sie muss die entsprechenden fachlichen Ergänzungen einbringen bzw. den Sachverhalt insgesamt verständlich vermitteln. Nach unseren Erfahrungen ist dies jedoch der Ausnahmefall. Sind die Teilthemen umgrenzt, wird die Aneignungsphase durch Lernstrategien unterstützt und qualitätsmäßig abgesichert, so ist in aller Regel ein angemessener Expertenstatus erreichbar. Allerdings kommt es ab und zu vor, dass Lehrpersonen die Zeit für die Aneignungsphase insgesamt zu knapp bemessen bzw. zu schwierige oder zu umfangreiche Teilthemen wählen, so dass viele Lernende schlichtweg überfordert sind. In diesem Fall hilft ein Eingreifen der Lehrperson in alle parallel ablaufenden Vermittlungsprozesse wenig. Hier muss das „Wechselseitige Lehren und Lernen" abgebrochen werden, weil es unfruchtbar ist. Den Lernenden ist metakommunikativ zu begründen, warum dies unvermeidbar war. Prinzipiell ist „Wechselseitiges Lehren und Lernen" als Methode ja nur dann wirksam, wenn es möglich ist, dass alle beteiligten Lernenden in ihrem Teilgebiet einen Expertenstatus erreichen können. Bestimmte Sachverhalte sind jedoch so schwierig oder setzen so viele Vorkenntnisse voraus, dass eine selbstgesteuerte Aneignung in einer Expertenphase nicht zielführend erscheint. Hier sollte es dann besser zugehen wie in Drei-Sterne-Restaurants. Bei den besten Köchen steht an der Tür: „Chef kocht selbst". Das bedeutet, dass manche Sachverhalte wegen ihrer Differenziertheit nur von ausgewiesenen Expertinnen und Experten vermittelt werden können und dass es in diesen Fällen keinen Sinn macht, – um bildlich fortzufahren – die Gäste selbst kochen zu lassen.

Eine dritte Gefahr resultiert aus den Beziehungen zwischen den Lernenden. In manchen Fällen kommt es vor, dass die Novizen es einer bestimmten Person nicht zutrauen, eine Expertenrolle einzunehmen oder dass sie aus ganz persönlichen Gründen in Konflikt mit dieser Person leben. Beides stört natürlich die Vermittlungsphase enorm. Solche Prozesse sind vor allem dann virulent, wenn mit den Methoden des „Wechselseitigen Lehrens und Lernens" begonnen wird. Dann ist es eben noch keine Gewohnheit und auch noch keine sozialpsychologische Norm, dass jede Person in der Lage sein sollte, für eine begrenzte Zeit mit jeder anderen Person kooperieren zu können. Wie die empirischen Erprobungen zeigen, verändern sich jedoch die zwischenmenschlichen Beziehungen durch das „Wechselseitige Lehren und Lernen" im Laufe der Zeit in positiver Richtung, so dass diese Effekte nach einigen Wochen nicht mehr spürbar sind.

3. Gelenkstelle: Sind die verschiedenen Teilbereiche vermittelt, so ist an der dritten Gelenkstelle der Übergang zur Verarbeitungsphase zu gestalten (siehe Abb. 31). Hier gilt sinngemäß Vergleichbares wie bei der zweiten Gelenkstelle. Es stellt sich erneut das Problem, dass die eine selbstgesteuerte Lernphase in die andere übergeht. In manchen Fällen kann dies einfach sein, nämlich dann, wenn jene Gruppierung erhalten bleibt, die in der Vermittlungsphase vorgegeben war. In diesem Fall würden die Lernenden weiter zusammenarbeiten. Der Schwerpunkt des Lernprozesses würde sich allerdings von der Vermittlung auf die subjektive Auseinandersetzung verlagern. Die Lehrperson müsste dies durch Modelling oder Sequenzierung der Arbeitsanweisungen deutlichmachen. Beispielsweise könnte beim Partnerpuzzle der Arbeitsauftrag für eine Struktur-Lege-Technik erteilt werden, mit der die vermittelten Inhalte in Form einer kognitiven Landkarte geordnet werden. Bei der Strukturierten Kontroverse könnte im Anschluss an die Präsentation der Positionen bzw. den Rollentausch der Vierergruppe der Auftrag erteilt werden, eine klare Entscheidung bezogen auf eine aktuelle Situation zu treffen. Beim Lerntempoduett könnten die Paare den Auftrag erhalten, direkt im Anschluss an die wechselseitige Präsentation der Teilthemen aus einem umfangreichen Aufgabenkatalog die ihnen zusagenden Aufgaben auszuwählen und in einer selbst bestimmten Reihenfolge zu bearbeiten.
Schwieriger ist es, wenn an der dritten Gelenkstelle die Sozialform wechselt. So könnte es sein, dass nach der Vermittlungsphase im Gruppenpuzzle die Mitglieder jeder Kleingruppe in Einzelarbeit versuchen, einen Transfer auf die eigene Praxis zu leisten. Hier müsste die Lehrperson dafür sorgen, dass dieser Übergang klappt. Die Gruppe müsste sich auflösen, die Lernenden müssten sich einen Platz zum Arbeiten suchen und der Arbeitsauftrag müsste nach dem Prinzip der Sequenzierung noch einmal deutlich genannt werden. Der schwierigste Fall ist gegeben, wenn nach einer Lerntempo-Methode die Sozialform wechselt. Jedes Paar bzw. jede Kleingruppe beendet zu einem anderen Zeitpunkt die Vermittlungsphase und muss dann zum Beispiel in eine Einzelarbeit übergeleitet werden. Hier können schriftliche Arbeitsanweisungen hilfreich sein. Ist die Zahl der Lernenden recht klein, kann auch jedes Paar bzw. jede Kleingruppe einzeln ins nächste Arbeitsstadium übergeleitet werden.

Die besondere Bedeutung des „Wechselseitigen Lehren und Lernens" | 167

Phase der subjektiven Auseinandersetzung: Ziel dieser letzten Lernphase ist es, die Relevanz der vermittelten Inhalte für die eigene subjektive Position zu prüfen. Dies ist einer der zentralen Grundgedanken des Sandwich-Prinzips. Die Lernenden setzen sich mit dem Expertenwissen in möglichst kleinen Sozialformen auseinander, um für ihre individuellen Problemstellungen Lösungen entwickeln zu können. Wie eingangs schon erwähnt, wurden die Ursprungsmethoden des „Wechselseitigen Lehrens und Lernens" (wie z.B. das Gruppenpuzzle) im Rahmen unserer Forschungsarbeiten um diese dritte Lernphase erweitert. Wie stets beim Sandwich-Prinzip, so ist es auch hier das Ziel, ausgewählte Aspekte der vermittelten Inhalte in die jeweils einzigartigen gedanklichen Strukturen zu integrieren bzw. jene dort zu modifizieren, wo das Expertenwissen realitätsadäquatere Problemlösungen verspricht als die bisher handlungsleitenden subjektiven Theorien. Methodisch gesehen gibt es vielfältige Möglichkeiten, die Phase der subjektiven Auseinandersetzung zu gestalten. Es können Anwendungsaufgaben sein, Transferaufgaben, Planungsaufgaben, Reflexionen, das Erstellen kognitiver Landkarten usw. Während in der Erwachsenenbildung häufig Transferaufgaben in besonderem Maße den Lernprozess voranbringen (siehe das weiter unten skizzierte komplexe Beispiel), sind es in Hochschuldidaktik und im schulischen Unterricht eher Anwendungsaufgaben, Fallbeispiele und Übungsaufgaben. Sehr beliebt sind auch kognitive Landkarten, etwa in Form einer Struktur-Lege-Technik, weil sich damit die hohe Individualität der Lernergebnisse besonders gut abbilden lässt.

4. Gelenkstelle: Auch an dieser Gelenkstelle sind Schwierigkeiten zu antizipieren. Wenn jede Person einzigartige subjektive Theorien besitzt und wenn diese in einer Phase der subjektiven Auseinandersetzung auf das Expertenwissen prallen, so sind die resultierenden Lernprozesse sicherlich hochgradig verschieden. Es wäre geradezu ein Wunder, wenn diese individuellen Verarbeitungsprozesse völlig synchron ablaufen würden. Deshalb ist damit zu rechnen, dass die Lernenden mit ihren Verarbeitungsaufgaben unterschiedlich weit kommen. Zu warten, bis alle fertig sind, hat natürlich keinen Sinn. Das wurde schon bei der generellen Diskussion des Sandwich-Prinzips begründet. Also muss auch bei einer Integration von WELL-Methoden und Sandwich-Prinzip ein klarer Zeitpunkt für das Ende der Verarbeitungsphase gesetzt werden. Das Problem ist die verbindliche Einhaltung. Dieses stellt sich in verschärfter Form, weil die Lernenden eine recht lange Strecke selbstgesteuert gearbeitet haben. Sie haben sich etwas angeeignet, sie haben als Expertinnen und Experten fungiert und sie haben sich mit allen Teilthemen nochmals individuell auseinandergesetzt. Nun sollen sie wieder in ein Plenum zurückkehren, das von einer Lehrperson geleitet wird. Um den Übergang reibungsarm zu gestalten, ist es günstig, wenn die Lehrperson Vorläufersignale gibt. Sie kündigt den Lernenden beim Umhergehen mündlich oder durch ein Zeichen an, dass die Rückkehr ins Plenum demnächst bevorsteht. (Wahl, 2004 a, S. 61). Dadurch ist es den Lernenden besser möglich, sich auf den bevorstehenden Sozialformwechsel bzw. Phasenwechsel einzustellen.

Ausstiegsphase: Wie beim Einstieg, so empfehlen wir bei der Integration von Sandwich-Prinzip und WELL-Methoden auch beim Ausstieg das Plenum als Sozialform. Die Lernenden haben ja über drei Phasen hinweg selbstgesteuert gearbeitet und da haben sich in der Regel organisatorische, inhaltliche oder zwischenmenschliche Fragen angesammelt, die für die gesamte Lerngruppe wichtig sind. Insgesamt sind jene Aspekte zu beachten, wie sie generell für den Ausstieg aus dem Sandwich gelten (Kap. 5.6): Es können Fragen geklärt, Lernlücken geschlossen, es kann das Verständnis vertieft oder der Leistungsstand überprüft werden. Es ist sinnvoll, Verlauf und Ergebnisse zu reflektieren und den Transfer des Gelernten in die Praxis zu unterstützen. Im schulischen Unterricht wird in der Abschlussphase gerne mit der Ampelmethode gearbeitet, weil diese es erlaubt, auf einen Blick prüfen zu können, wie gut die Inhalte verstanden wurden. In der Hochschuldidaktik wird die Viereckenmethode dann gerne eingesetzt, wenn sich die Studierenden für eine bestimmte Position entscheiden sollen. Bei der Viereck-Methode werden im Raum konträre Positionen zum Beispiel als zugespitzte Aussagen platziert. Die Lernenden nehmen dazu Stellung, indem sie sich körperlich zur entsprechenden Position hinbegeben. Dabei ist die Zahl der Positionen nicht festgelegt. Es können auch mehr oder weniger als vier Positionen sein. Wie bei zahlreichen Methoden ist „Vierecken" nur eine Metapher für verschiedene Meinungen oder Sichtweisen. In den Ecken des Raumes können dann die Meinungen in kleinen Sozialformen diskutiert werden. In der Erwachsenenbildung wird häufig das Blitzlicht als Abschlussmethode eingesetzt, sei es, um den Lernprozess zu reflektieren, sei es, um zu erfahren, welche persönlichen Konsequenzen aus der subjektiven Auseinandersetzung mit den einzelnen Inhalten gezogen wurden. In einem Beispiel soll nun gezeigt werden, wie „Wechselseitiges Lehren und Lernen" in Form eines Sandwiches ablaufen kann.

Authentisches Beispiel aus der Erwachsenenbildung:
In einem Lerntempo-Terzett (siehe Abb. 33) machen sich 18 Erwachsenenbildnerinnen und Erwachsenenbildner mit drei Teilthemen zum Lernen Erwachsener vertraut: 6 Teilnehmende beschäftigen sich mit dem Thema „Motivation" aus der Perspektive der Psychologie der eigenen Wirksamkeit; 6 Teilnehmende beschäftigen sich mit dem Thema „Lernstrategien" aus der Sicht der aktuellen Lernpsychologie; 6 Teilnehmende beschäftigen sich mit dem Thema „Sozialformen" aus Sicht der Gruppendynamik. Jeder Text umfasst 3 speziell für diesen Zweck verfasste Seiten. Jeder Text hat zur besseren Unterscheidung eine andere Farbe. Die Texte wurden per Zufall verteilt. Eine schriftliche Arbeitsanweisung für das gesamte Lerntempo-Terzett wurde beigefügt.

Die besondere Bedeutung des „Wechselseitigen Lehren und Lernens"

Einstiegsphase im Plenum: Thema „Wie lernen Erwachsene?" nennen, Ziele und Vorgehen erläutern, drei Phasen des Lerntempoduetts auf Folie zeigen, schriftliche Arbeitsanweisung ausgeben, Texte per Zufall verteilen. Zeitbedarf: 5 Minuten

1. Gelenkstelle: Modelling für kognitive Landkarte, Sequenzierung: Erläutern der Aneignungsphase.

Aneignungsphase: Einzelarbeit an 3 Teilthemen mit Lernstrategien (mehrfachcodierte kognitive Landkarte erstellen) und Qualitätssicherung durch Lehrperson. Zeitbedarf: je nach Lerntempo

2. Gelenkstelle: Lernende signalisieren das Ende der Aneignungsphase; Überbrücken der Wartezeit durch Zusatzaufgaben; Bilden der Terzette; Sequenzierung: Erläutern der Vermittlungsphase; Aufsuchen eines Raumes für die Präsentationen.

Vermittlungsphase: Experten präsentieren visualisiertes Teilthema; Novizen fragen nach. Zeitbedarf: je nach Lerntempo

3. Gelenkstelle: Rückkehr in den Plenumsraum; Sequenzierung: Erläutern der Verarbeitungsphase.

Verarbeitungsphase: Überarbeiten mitgebrachter, persönlicher Veranstaltungs-Planungen. Zeitbedarf: je nach Lerntempo

Abschlussphase im Plenum: Präsentationen ausgewählter Planungsbeispiele, Vergewisserungsphase, Abschlussblitzlicht, Vorsatzbildungen. Zeitbedarf: ca. 30 Minuten

Abb. 33: Beispiel für wechselseitiges Lehren und Lernen in Form eines Sandwiches: Ein Lerntempo-Terzett in der Erwachsenenbildung zum Thema: „Wie lernen Erwachsene?"

In der Aneignungsphase sollen die Texte in Einzelarbeit im eigenen Lerntempo gelesen und es sollen dazu mehrfachcodierte kognitive Landkarten gefertigt werden (Lernstrategien). Der Kursleiter zeigt nach dem Prinzip des Modelling verschiedene Beispiele dafür, wie solche Landkarten beschaffen sein können (Schriftgröße, Farbwahl, grafische Elemente, Übersichtlichkeit usw.). Alle 18 Teilnehmenden arbeiten im Kursraum. Hat eine Person die Aneignungsphase abgeschlossen, hält sie den Text hoch. Die Qualitätssicherung erfolgt durch den Kursleiter, der sich jeweils die erstellten kognitiven Landkarten zeigen lässt und Rückmeldung über die sachliche Angemessenheit gibt. Wer fertig ist, geht zur Tür und wartet dort. Die Wartezeit wird mit ähnlichen Aufgaben überbrückt, wie sie auch in Abb. 32 zu finden sind. Diese Arbeitsaufgaben liegen an der Tür aus. Die ersten Teilnehmenden sind nach etwa 20 Minuten fertig; die letzten benötigen deutlich mehr als eine Stunde für die Aneignungsphase.

In der Vermittlungsphase sind jeweils 3 Personen mit einem ähnlichen Lerntempo, jedoch verschiedenen Teilthemen zusammen. Die Farben der Texte erlauben eine schnelle Zuordnung. Da genügend Ausweichräumlichkeiten vorhanden sind (Vorraum, Flur, Treppenhaus, Gruppenraum), verlassen die Dreiergruppen den Kursraum. Innerhalb der Kleingruppen werden in einer beliebigen Reihenfolge mit den mehrfachcodierten kognitiven Landkarten die verschiedenen Teil-themen präsentiert. Die jeweils zuhörenden Novizen haben den Auftrag, an allen ihnen wichtig erscheinenden Punkten nachzufragen, vor allem jedoch dann, wenn etwas unklar erscheint. Jede Dreiergruppe ist durch den Kursleiter direkt vor Aufnahme der Gruppenarbeit auf ihre Aufgaben in der Vermittlungsphase in wenigen Sätzen hingewiesen worden (Sequenzierung). Manche Gruppen durchlaufen die Vermittlungsphase recht schnell in weniger als fünf Minuten je Präsentation, andere Gruppen lassen sich deutlich mehr Zeit und benötigen mehr als eine Viertelstunde je Person.

Zur Phase der subjektiven Auseinandersetzung begeben sich die Lernenden wieder in den Kursraum zurück. Der Kursleiter weist die zurückkehrenden Personen in wenigen Worten unter Bezug auf die schriftliche Arbeitsanweisung in die nun folgenden Tätigkeiten ein (Sequenzierung). Er muss dies insgesamt 6 Mal tun, weil ja sechs Dreiergruppen zeitlich versetzt ins Plenum zurückkommen. Die Teilnehmenden sollen nun eigene Unterlagen bearbeiten, die sie in die Weiterbildung mitgebracht haben. Die Unterlagen beziehen sich auf aktuelle Tätigkeiten in der Erwachsenenbildung, zum Beispiel die demnächst anstehende Leitung eines Gesprächskreises, eines Volkshochschulkurses, einer medizinischen Fortbildung oder einer E-Learning-Maßahme. Sie sollen überprüfen, an welchen Punkten die Inhalte der drei Texte ihre bisherige Planung bestätigen bzw. in Frage stellen. Entsprechend sollen sie gegebenenfalls ihre Planung abändern. Da jede Person eine andere Tätigkeit in der Erwachsenenbildung innehat, ist zunächst Einzelarbeit die hierfür angemessene Sozialform. Teilnehmende, die mit dieser Arbeitsphase fertig sind, können selbst gewählten anderen Teilnehmenden ihre Arbeitsergebnisse vorstellen (Partnerarbeit).

Während die letzten Teilnehmenden noch an ihren kognitiven Landkarten sitzen, kommen schon die ersten aus der Vermittlungsphase zurück und beginnen mit der Phase der subjektiven Auseinandersetzung. Geräuschmäßig ist dies unproblematisch, weil in den Phasen der Einzelarbeit nicht gesprochen wird. Jedoch ist es für manche Teilnehmende ein emotionales Problem, weil sie bemerken, dass ihr Lerntempo um ein Vielfaches langsamer ist als das anderer. Zu erkennen ist dies nicht nur mimisch und gestisch, sondern auch an überraschten Ausrufen wie: „Was, seid ihr schon fertig?" Damit sich die Lerntempounterschiede nicht negativ, sondern positiv auf das Kompetenzerleben und die intrinsische Motivation auswirken, hat der Kursleiter ganz zu Beginn des Sandwiches transparent gemacht, dass es voraussichtlich enorme Unterschiede in den Lerntempi geben wird. Er hat erläutert, dass ein hohes Lerntempo nicht automatisch positiv und ein geringes Lerntempo nicht automatisch negativ zu bewerten sei. Vielmehr sei es positiv zu bewerten, wenn jemand zu seiner eigenen Art und Weise des Lernens stehe, weil er so am besten vorankomme und sich eben nicht durch andere Teilnehmende beschleunigen oder abbremsen lasse. – Glücklicherweise ist die Aufgabe, an den eigenen Vorhaben zu arbeiten, so anspruchsvoll, dass auch das letzte Terzett noch den Raum verlassen und in die Vermittlungsphase eintreten kann, bevor das Abschlussplenum beginnt.

Das Abschlussplenum beginnt mit der Präsentation des Leistungsstandes. Einige Teilnehmende, die ihre Planungen in der Phase der subjektiven Auseinandersetzung weit vorangebracht haben, stellen vor, wie sie ihre Gesprächskreise, Kurse oder anderen Weiterbildungsformen leiten. Die Ergebnisse werden diskutiert und auf die verschiedenen Teilthemen bezogen. Dabei sind auch begriffliche Einzelheiten zu klären. Danach treten die Lernenden in eine Vergewisserungsphase ein, in der sie sich Gedanken machen, wie sie das Lerntempo-Terzett erlebt haben. Die einzelnen Stellungnahmen werden in Form eines Blitzlichtes abgerufen und hinterher diskutiert. Als wichtigstes Ergebnis zeigt sich, dass Lernende mit einem geringen Lerntempo sich sehr bewusst dazu zwingen mussten, sich nicht durch schnellere Teilnehmende aus dem eigenen Rhythmus bringen zu lassen. Ingesamt wird das zweistündige Lerntempo-Terzett als inhaltlich fruchtbar und vor allem motivierend erlebt. Da die Teilnehmenden selbst in der Erwachsenenbildung tätig sind, äußern manche im Abschlussblitzlicht den Vorsatz, die im „pädagogischen Doppeldecker" erlebte Form des „Wechselseitigen Lehrens und Lernens" selbst wieder in den eigenen Veranstaltungen einzusetzen.

Warum ist wechselseitiges Lehren und Lernen wirksam?
Seit vielen Jahren wird die Wirksamkeit kooperativer Lernmethoden empirisch untersucht. Bekannt geworden ist dabei die Studie von Slavin (1995), der in einer Meta-Analyse 64 empirische Untersuchungen verglich, in denen Methoden wie das Gruppen-Puzzle, das Gruppen-Turnier (in Anlehnung an dieses Verfahren haben wir Partner-, Gruppen- und Multi-Interview entwickelt) und die Gruppen-Rallye enthalten sind. Dabei ergab sich, dass in 50 dieser Studien (78%) die Experimentalgruppen, in denen Formen des „Wechselseitigen Lehrens und Lernens" praktiziert wurden, gegenüber den jeweiligen Vergleichsgruppen die besseren Lernfortschritte zeigten. In 14 Studien (22 %) zeigten sich keine Unterschiede. In keiner Studie waren die Vergleichsgruppen besser (vgl. hierzu auch Huber, 1999). Im Rahmen eines sechsjährigen Forschungsprojektes hat Huber (2005 a) etwa 300 Schülerinnen und Schüler der Klassen 7 und 8 zweier Realschulen untersucht. Im Biologieunterricht wurden dabei über 12 Wochen hinweg verschiedene kooperative Lernformen und traditioneller, lehrerzentrierter Unterricht miteinander verglichen. Im Mittelpunkt stand dabei das in den erwähnten 3 Phasen ablaufende Partner-Puzzle, angereichert durch Lernstrategien.

5. Verändern handlungssteuernder Strukturen

Dabei ergaben sich die folgenden Ergebnisse:
(1) Gegenüber dem üblichen lehrerzentrierten Klassenunterricht waren Formen des „Wechselseitigen Lehrens und Lernens" in Lernergebnis, intrinsischer Motivation und Kompetenzerleben generell überlegen.
(2) Die Vorgabe von Lernstrategien wirkte sich positiv auf intrinsische Motivation, Kompetenzerleben und Lernleistung aus.
(3) Dabei erwies sich die Vorgabe von Lernstrategien insbesondere dann als wichtig, wenn die kooperative Lernmethode einen Expertenstatus beinhaltete.

Insgesamt betrachtet zeigte sich eine klare Überlegenheit „Wechselseitigen Lehrens und Lernens" gegenüber dem üblichen, stärker lehrerzentrierten Unterricht, obwohl es sich nur um einen zwölfwöchigen „Eingriff" in eine ansonsten unveränderte allgemeine Lernumgebung handelte. Es ist begründet anzunehmen, dass die beschriebenen empirischen Effekte stärker und nachhaltiger werden, wenn das „Wechselseitige Lehren und Lernen", eingebettet in das Sandwich-Prinzip, nicht nur wenige Wochen praktiziert wird, sondern das ganze Schuljahr über, und vor allem dann, wenn es gleichermaßen in allen Schulfächern praktiziert wird und nicht nur in einem einzigen. Genau dies wurde von Hepting (2004, 2005) in einem siebten Schuljahr der Realschule über ein Jahr hinweg erprobt. In seinem „Markdorfer Modell" bildete er um eine ausgewählte Klasse herum, die als sozial schwierig und leistungsmäßig schwach eingestuft wurde, ein Team von 13 Lehrpersonen. Alle arbeiteten mit Methoden des „Wechselseitigen Lehrens und Lernens", eingebettet in das Sandwich-Prinzip. Hepting (2005, S. 162–172) beschreibt die positiven Auswirkungen: (1) Die Leistungen der Schülerinnen und Schüler im Vergleich zu vier Kontrollklassen stiegen an. (2) Das Sozialverhalten der Schülerinnen und Schüler verbesserte sich sichtlich. (3) Die Eltern meldeten zurück, dass ihre Kinder mehr Spaß an der Schule hatten, entspannter nach Hause kamen und insgesamt weniger Hilfe bei den Hausaufgaben benötigten. (4) Auch bei den Lehrerinnen und Lehrern ergaben sich Veränderungen. Während die Unterrichtsvorbereitung beim Einsatz innovativer Lernformen vor allem zu Beginn mehr Aufwand bedeutete, war umgekehrt die emotionale Belastung während des Unterrichtens deutlich geringer geworden. Disziplinierungsmaßnahmen waren kaum mehr nötig. Die Aufmerksamkeit konnte auf die Beobachtung und Betreuung der Schülerinnen und Schüler gerichtet werden. Die Rolle als Lernbegleiterin bzw. Lernbegleiter wurde als befriedigend erlebt und kostete weniger emotionale Energie. – Welches sind nun die Gründe dafür, dass „Wechselseitiges Lehren und Lernen", eingebettet in das Sandwich-Prinzip, derart positive Effekte hervorruft?

Motivierte Aneignung: Es ist es nicht immer einfach, für anstehende Lernprozesse die entsprechende Lernmotivation aufzubringen. Im schulischen Unterricht sollten eigentlich die fachlichen Inhalte Interesse und Neugier wecken. Erfahrungsgemäß sind es jedoch eher die jeweils anstehenden Leistungsprüfungen (Tests, Klassenarbeiten, Abhörungen), die Lernende dazu bewegen, ihre Kräfte in besonderem Maße einzusetzen. In der universitären Ausbildung sollte es eigentlich der angestrebte Beruf sein, für den es lohnt, sich während des Studiums anzustrengen. Doch wegen der zeitlichen Distanz zum Berufseintritt sind es auch hier eher Modulprüfungen, Klausuren oder andere Examina, welche die Anstrengungsbereitschaft beeinflussen. In der Erwachsenenbildung kann der Transfer in die eigene Praxis besonders lohnend erscheinen und die Teilnehmenden motivieren, sich in den Lernprozess einzubringen. Doch auch hier kann manchmal der zeitliche Abstand zur Praxis so groß sein, dass die Motivation erlischt. Menschen sind nun einmal Wesen, denen es schwer fällt, ihre Motivation über Wochen, Monate oder gar Jahre aufrecht zu erhalten. Viel leichter ist es, seine Kräfte für Ereignisse einzusetzen, die unmittelbar bevorstehen. Hier bietet das „Wechselseitige Lehren und Lernen" eine ungewöhnliche Chance. In der Aneignungsphase erwerben die Lernenden die Expertise für ein Teilthema. Sie wissen, dass sie dieses Gebiet in der Rolle als Expertin oder Experte einer oder mehreren Personen vortragen werden. Sie wissen auch, dass dies zeitnah geschehen wird. Die Aussicht bzw. die Erwartung, in Kürze das eben Angeeignete zu lehren, lässt es lohnenswert erscheinen, sich anzustrengen (vgl. Renkl 1997; 1998). Nach dem handlungspsychologischen Konzept der Motivationspsychologie (vgl. zusammenfassend Rheinberg, 2002, S. 133 ff. und S. 184 ff.) sind es Erwartungen, die unser Handeln steuern. Diese beziehen sich auf die Situation, in der wir uns aktuell befinden, auf die Einflussmöglichkeiten, die wir in dieser Situation haben sowie auf die Konsequenzen, die unser Handeln nach sich ziehen wird. Beim „Wechselseitigen Lehren und Lernen" ist es klar, dass die Lehrsituation genauso unausweichlich ist wie das Unglück in einer griechischen Tragödie. Seine Kräfte nicht einzusetzen bedeutet, in der Lehrsituation schlecht vorbereitet zu sein und entsprechend negativ auf konkrete Personen aus dem eigenen sozialen Umfeld zu wirken. Und wer will sich schon vor Menschen, mit denen er häufig umgeht, gerne blamieren? Umgekehrt gesehen ist es eine angenehme Erfahrung, einen guten Eindruck zu machen, kompetent zu erscheinen und die Anerkennung wichtiger Anderer zu erhalten. Die Hoffnung auf positive Konsequenzen und die Furcht vor negativen Konsequenzen sind zwei mächtige menschliche Triebfedern. Beide wirken in Hinblick auf die bevorstehende Lehrsituation in die gleiche Richtung: Anstrengung lohnt sich. Je größer der Kräfteeinsatz in der Aneignungsphase, umso höher ist die subjektive Wahrscheinlichkeit, in der Vermittlungsphase gut abzuschneiden. Das ist eine völlig andere Situation als bei herkömmlicher Gruppenarbeit. Bei jener kann die Verantwortung, das Gruppenergebnis zu präsentieren, an dafür besonders geeignete Gruppenmitglieder delegiert werden. Deswegen wird übliche Gruppenarbeit auch gerne als T.E.A.M.-Arbeit bezeichnet im Sinne von: „Toll, Ein Anderer Macht's!" Die typischen motivations-untergrabenden Effekte bei Gruppenarbeiten wie das „Trittbrettfahren" oder der „Faulenzer-Effekt" sind bei „Wechselseitigem Lehren und Lernen" weder motivationstheoretisch zu erwarten noch sind sie empirisch gesehen bedeutsam. Vielmehr lässt sich beobachten, dass die meisten Lernenden durch die bevorstehende Lehrsituation angespornt werden. Voraussetzung ist natürlich, dass die Lernenden verstanden haben, dass wirklich alle Anwesenden hinterher präsentieren werden und nicht nur eine Person pro Gruppe. Oftmals ist dies bei den allerersten Erprobungen von Methoden des „Wechselseitigen Lehrens und Lernens" nicht allen Personen klar – ein weiterer Grund, warum es einige Zeit braucht, bis diese Methoden ihre Wirkung entfalten. Insgesamt läuft die Aneignungsphase aus motivationspsychologischer Perspektive gesehen sehr günstig ab: Die Lernenden setzen ihre Kräfte ein, weil sie wissen, dass sie gleich einer oder mehreren anderen Personen etwas berichten sollen (wie etwa beim Gruppenpuzzle) oder dass sie Aufgaben stellen und die Lösung überwachen sollen (wie etwa beim Multi-Interview) oder dass sie eine dezidierte Meinung vertreten sollen (wie etwa bei der Strukturierten Kontroverse). Der Prozess der Anstrengungskalkulation verläuft folglich im Vergleich zu herkömmlichen Lernsituationen weitaus günstiger.

Kompetenzerleben: In der Vermittlungsphase treten alle Lernenden in den Puzzle-Gruppen als Expertinnen und Experten auf. Sie nehmen aufgrund ihrer eben erworbenen Expertise eine besondere Stellung ein, da die anderen Mitglieder der gemischten Gruppe sich nicht auf diesem Gebiet, sondern auf anderen Gebieten auskennen. Nach der Psychologie der eigenen Wirksamkeit (vgl. Bandura 1977; 1997; Flammer, 1990) führt die Erfahrung eigener Stärken zu einem gesteigerten Selbstwertgefühl, zu einem günstigeren Selbstbild und zu einem höheren Fähigkeitskonzept. Das gilt natürlich nur dann, wenn es in der Aneignungsphase wirklich gelungen ist, den angezielten Expertenstatus zu erwerben. Scheitert dies, sind genau die gegenteiligen Auswirkungen zu erwarten. Deshalb hat die Lehrperson beim „Wechselseitigen Lehren und Lernen" eine besondere Verantwortung. Sie muss dafür sorgen, dass die Teilthemen bewältigbar sind. Dazu gehören die Auswahl der Teilthemen in Relation zu den Vorkenntnissen der Lernenden, das Unterstützen mit Lernstrategien sowie die Begleitung der Aneignungsprozesse. Weiter ist es günstig, wenn die Lehrperson Einblick in die erstellten Aneignungs-Produkte nimmt, damit die Lernenden sichergehen können, dass sie für die Vermittlungsphase gut präpariert sind (Qualitätssicherung). Schließlich muss die Lehrperson abschätzen können, wieviel Zeit und welche Hilfen die Lernenden für die Vorbereitung einer ansprechenden Präsentation benötigen. Die oben genannten empirischen Ergebnisse belegen, dass „Wechselseitiges Lehren und Lernen" sich förderlich auf das Kompetenzerleben auswirkt.

Die besondere Bedeutung des „Wechselseitigen Lehren und Lernens" 175

Lernstrategien: Für den Kompetenzerwerb ist es wichtig, dass die Lernenden sich nicht nur die verschiedenen Teilthemen aneignen, sondern dass sie auch lernen, wie man lernt. Solche Aspekte werden in einer Welt, in der sich die Anforderungen zunehmend schneller verändern, immer wichtiger (vgl. Huber, 2004, S. 110 ff.; Huber, 2005 c, S. 207 f.). Beim „Wechselseitigen Lehren und Lernen" ist die Vorgabe von Lernstrategien ein konstituierendes Element. Je nach Kompetenzniveau der Lernenden sind dies Lese-Techniken, Visualisierungs-Techniken, Präsentations-Techniken usw. Über die fachlichen Kompetenzen hinaus werden also überfachliche Kompetenzen erworben. Dies ist zu berücksichtigen, wenn man die Bedeutung des „Wechselseitigen Lehrens und Lernens" richtig einschätzen will. Die erworbenen Lernstrategien effektivieren insgesamt die Lernprozesse und tragen dazu bei, dass der Lernerfolg gegenüber anderen Lernumgebungen als hoch einzuschätzen ist.

Subjektive Auseinandersetzung: Methoden des „Wechselseitigen Lehrens und Lernens" fordern in zweierlei Hinsicht zu einer besonders intensiven und nachhaltigen Auseinandersetzung mit den verschiedenen Teilthemen heraus. (1) In der Expertenphase werden die Inhalte angeeignet, in der Puzzle-Phase werden sie anderen Lernenden vermittelt. Damit die aktive Weitergabe überhaupt gelingen kann, müssen die Inhalte sinnhaft in die vorhandene kognitiv-emotionale Struktur integriert werden. Das bedeutet, dass jede einzelne Person die Inhalte auf ihre ganz spezielle Art und Weise mit ihren einzigartigen Vorkenntnisstrukturen verbinden muss. Das ist ein schwieriger Prozess und deshalb ist ein erhöhtes Ausmaß an planenden, überwachenden und evaluierenden Kognitionen zu erwarten (Konrad, 2004), die üblicherweise als „Meta-Kognitionen" bezeichnet werden. Ergebnis muss zwingend ein Verstehen sein, denn ohne begriffen zu haben, um was es inhaltlich geht, ist eine sinnvolle Weitergabe der Inhalte nicht möglich. In der Aneignungsphase werden die Inhalte also nicht im Sinne eines „surface approach" (vgl. Friedrich & Ballstaedt, 1995) lediglich angelernt, sondern sie müssen im Sinne eines „deep approach" bewusst innerlich nachvollzogen werden. (2) In der Verarbeitungsphase geht es vor allem darum, die verschiedenen Teilthemen zu integrieren. Beispielsweise muss in der Strukturierten Kontroverse aus der Pro- und der Contra-Position eine persönliche Stellungnahme entwickelt werden, im Gruppen-Puzzle müssen die verschiedenen Teilthemen untereinander vernetzt werden, wobei kognitive Landkarten helfen können. Es können auch Planungen entwickelt, Entscheidungen getroffen oder der Transfer angebahnt werden. Alle diese Lernprozesse können nicht im Sinne eines „surface approach" verlaufen. Sie setzen vielmehr eine tiefgehende subjektive Auseinandersetzung voraus.

Weiterentwicklung des „Wechselseitigen Lehrens und Lernens": Derzeit werden Methoden des wechselseitigen Lehrens und Lernens in allen Altersgruppen (Primarschule bis Erwachsenenbildung) und in zahlreichen Themenbereichen (Fremdsprachen, Muttersprache, Mathematik, Geografie, Biologie, Sport, Musik, Datenverarbeitung, Krankenpflege usw.) erprobt. Die Inhalte können Bewegungsaufgaben sein, Melodien, Texte, Versuche, Beobachtungen, Dialoge usw. Die breite Streuung wird erkennen lassen, bei welchen Personengruppen und bei welchen Themenbereichen „Wechselseitiges Lehren und Lernen" besonderen Erfolg verspricht, aber auch, wo es nicht zielführend ist und folglich besser durch andere Lehr-Lern-Arrangements ersetzt werden sollte. Darüber hinaus sollen Sonderrollen eingeführt (Zeitwächter, Krokodil, Prozessbeobachter usw.) und ihre förderlichen und beeinträchtigenden Auswirkungen auf den Lernprozess erkundet werden. Schließlich werden alle Formen des Lehrens und Lernens auch daraufhin untersucht, ob sie – wie beispielsweise das Lerntempoduett – auf die verschiedenen Lerntempi der Lernenden Rücksicht nehmen können. Die bisherigen Erfahrungen bei Partner- und Gruppeninterviews, beim Partner- und Gruppenpuzzle sowie bei der Strukturierten Kontroverse sind dabei sehr ermutigend. Am informativsten werden jedoch Langzeiterprobungen sein, wie sie beispielsweise mit dem „Markdorfer Modell" angelaufen sind oder wie sie beispielsweise im Schulamtsbezirk Sigmaringen (Baden-Württemberg) schon durchgeführt werden, in dem Hunderte von Lehrerinnen und Lehrern über Jahre hinweg in Qualitätszirkeln mit diesen Methoden arbeiten. Es ist zu erwarten, dass durch alle diese Entwicklungs- und Erprobungsaktivitäten noch genauer herausgefunden werden kann, in welchen Zusammenhängen „Wechselseitiges Lehren und Lernen" besonderen Erfolg verspricht.

5.5 Die besondere Bedeutung gedanklicher Landkarten

Begriff: Unter kognitiven Landkarten bzw. „Mapping-Techniken" versteht man Verfahren, mit denen „Wissen sichtbar gemacht" werden kann (Mandl & Fischer, 2000). Es handelt sich um die grafische Darstellung kognitiver Strukturen, mentaler Modelle oder subjektiver Theorien, in der angelsächsischen Literatur als „spatial learning" bezeichnet, das bedeutet „Verräumlichung der Wissensstrukturen" (obwohl die Verfahren in Wahrheit zweidimensional sind). Vielen heute gebräuchlichen Mapping-Methoden liegt die semantische Gedächtnistheorie zugrunde, die davon ausgeht, dass Wissen bzw. Bedeutungen netzwerkartig gespeichert sind, wobei begriffliche Knoten und verbindende Relationen die Bausteine darstellen. Es gibt aber auch noch eine zweite Herkunftslinie. Im Rahmen des Forschungsprogramms Subjektive Theorien spielen kognitive Landkarten eine zentrale Rolle. Sie werden dort als „Struktur-Lege-Verfahren" bezeichnet

(Groeben & Scheele, 1984 und 1988; Scheele, 1992). Mit ihrer Hilfe können subjektive Theorien im Dialog mit den untersuchten Personen rekonstruiert werden. Insgesamt haben gedankliche Landkarten eine ganze Reihe von Funktionen: (1) Lehrenden dienen sie zur Rekonstruktion der eigenen Expertenstrukturen in sogenannten Expertenmaps (Mandl & Fischer, 2000, S. 6 f.) bzw. im sogenannten „Schematizing" (Steiner, 181 f.). (2) Lernende können gedankliche Landkarten als Strategie zur Unterstützung von Lernprozessen einsetzen (Friedrich & Ballstaedt, 1995; Mandl & Fischer, 2000; Wahl 2001 b und 2001 c). (3) Im Zusammenhang mit der Veränderung subjektiver Theorien können sie Ausgangspunkt für eine Modifikation handlungssteuernder Strukturen sein (Dann, 1992, S.6 f.).

Kognitive Landkarten als Lernstrategien: Nachdem wir die Relevanz gedanklicher Landkarten für das Bearbeitbarmachen handlungssteuernder Strukturen (Kap. 4.6: Weingartener Appraisal Legetechnik WAL) und für das Entwickeln von „Advance Organizers" (Kap. 5.3) schon diskutiert haben, wenden wir uns nun dem Einsatz als Lernstrategien zu. Hier enthalten gedankliche Landkarten die folgenden grundsätzlichen Wirk-Mechanismen. Erstens werden Vorkenntnisse aktiviert. Nach der Theorie von Collins & Loftus (1975) breitet sich die Erregung im Gedächtnis, das als ein semantisches Netzwerk organisiert ist (vgl. Rumelhart & Norman, 1978; Aebli, 1980, 1981; Steiner, 2001), von den aktivierten Begriffen her aus und macht dadurch weitere vorhandene Wissensstrukturen unmittelbar zugänglich (Steiner, 2001, S. 170 f.). Zweitens werden durch Elaborationsprozesse die neuen Inhalte in die vorhandenen Wissensstrukturen integriert. Die Lernenden „verstehen" die neuen Inhalte, wenn es ihnen möglich ist, ohne größere Widersprüche oder Lücken das bisherige mit dem neuen Wissen zu vernetzen (vgl. hierzu auch Reusser & Reusser-Weyeneth, 1994). Drittens werden Vorwissen sowie neue Inhalte durch die Lernenden selbst organisiert. Die Folgen sind besseres Behalten und erleichtertes Abrufen im Vergleich zu Inhalten, bei denen die Lernenden die Organisation nicht selbst vornehmen konnten. Steiner (2001, S.179) folgert aus diesen Überlegungen vier Güte-Kriterien für gedankliche Landkarten, nämlich

– „dass sie dann Erfolg versprechend sind, wenn Lernende dazu angeregt werden, die zu lernenden Information „tief", d.h. nicht oberflächen-, sondern bedeutungsbezogen zu verarbeiten,
– dass die Textinformation aufgrund des eigenen Vorwissens und der darin enthaltenen Kategorien organisiert wird,
– dass beim Lernen (beim Enkodieren) schon die Information elaboriert wird (durch Beispiele oder durch inneres Vorstellen),
– dass die Strategie ein Abrufverfahren nahe legt, das die Rekonstruktion der Information erleichtert."

Zwei spezielle gedankliche Landkarten: Nicht alle Formen kognitiver Landkarten eignen sich gleich gut zur Unterstützung von Lernprozessen. Einerseits dürfen die Verfahren nicht zu aufwändig sein. So wird in der Forschung gerne mit computer-unterstützten Verfahren gearbeitet (siehe den Sammelband von Mandl & Fischer, 2000), was für den Alltag in Schule, Hochschule und Erwachsenenbildung vorerst die Ausnahme bleiben dürfte. Die Verfahren dürfen auch nicht zu viel Lernzeit beanspruchen, wie es etwa „Concept-Maps" als aktuelle Form der semantischen Netzwerke tun, bei denen nicht nur die Begriffe, sondern auch deren Relationen visualisiert werden. Dieses Vorgehen erfordert beispielsweise gegenüber einer Struktur-Lege-Technik ein Mehrfaches an Zeit. Schließlich dürfen die Verfahren auch nicht zu starr sein, denn sonst können sie die Einzigartigkeit der subjektiven Strukturen nicht angemessen abbilden. Deshalb ist in unserer Wahrnehmung das von Buzan (1974; Buzan & Buzan,1997) entwickelte Mindmapping als Lernstrategie zur Abbildung individueller kognitiver Strukturen nur eingeschränkt geeignet. Wegen des Mangels an gedanklichen Landkarten, die sowohl leicht einsetzbar als auch sehr flexibel sind, haben wir zwei Verfahren selbst entwickelt und erprobt: die Struktur-Lege-Technik und das Netzwerk. Beide sollen nun etwas ausführlicher dargestellt werden.

Struktur-Lege-Technik: Grundgedanke ist es, das semantische Netzwerk sozusagen sichtbar vor sich auf dem Tisch auszulegen. Dazu braucht man zuerst die Begriffe als ersten Grundbestandteil von Netzen. Es empfiehlt sich, mit Kärtchen zu arbeiten. Die sind rasch hergestellt, indem man eine DIN A 4 Seite der Länge und Breite nach mehrfach faltet, so dass sich lauter kleine Rechtecke ergeben. In jedes Rechteck schreibt man einen Begriff. Eine überschaubare Begriffszahl liegt bei etwa 20 Begriffen. Bei mehr als 30 Begriffen werden die Strukturen unübersichtlich. Unter 10 Begriffen lohnt es sich weniger, mit dieser Methode zu arbeiten. Je nach Vorkenntnissen und Kompetenzen schreiben die Lernenden die Kärtchen selbst oder die Lehrperson gibt die Begriffe vor.

Bevor man an das Strukturlegen herangeht, empfiehlt es sich, zuerst eine Sortieraufgabe machen zu lassen. Dabei nimmt jede Person ihren Kärtchenstapel und ordnet ihn nach zwei Gesichtspunkten: Welche der Begriffe sind mir so klar, dass ich diese einer anderen Person erklären könnte? Welche der Begriffe sind mir noch nicht so klar, dass ich sie erläutern könnte? Dies geschieht zwingend in Einzelarbeit, denn jeder Mensch hat andere Vorkenntnisse bzw. Lernlücken. Danach schließen sich immer zwei Lernende zusammen und versuchen gemeinsam jene Begriffe zu bearbeiten, die einem von beiden oder gar beiden unklar sind. Hat nur eine Person Schwierigkeiten mit einem Begriff, so kann die andere bei der Klärung helfen. Haben beide Lernenden noch Klärungsbedarf, so können sie in den Unterlagen (Heft, Skript, Lehrbuch, Lexika, CD usw.) nachschlagen.

Um dies zu erleichtern, kann man auf dem Begriffskärtchen einen Hinweis hinzufügen, der das Auffinden der Informationen erleichtert.
Beispiel:

Stopp-Code
(Buch S. 238)

Wissen beispielsweise beide Lernenden nicht mehr, dass ein Stopp-Code eine Form des inneren Sprechens ist, mit dem man unerwünschte Reaktionen unterbricht, so können sie im Buch auf Seite 238 die entsprechenden Informationen nachlesen. Mit der Sortieraufgabe wird sichergestellt, dass allen Lernenden alle Begriffe klar sind, bevor sie an das Legen der Strukturen herangehen. Ein großer Vorteil der Sortieraufgabe ist es, dass jede Person ihre eigenen Wissenslücken schließen kann und dass nicht noch einmal der Stoff mit allen zusammen wiederholt werden muss. Die Rolle der Lehrenden während der Sortieraufgabe ist einfach: Sie beobachten das Geschehen und greifen dort helfend ein, wo Lernende nicht in der Lage sind, in der vorhandenen Zeit ihre Wissenslücken zu schließen.

Sind alle Begriffe klar, so kann mit dem Strukturlegen begonnen werden. Die Lernenden werden gebeten, vor sich die Begriffe auszulegen. Besonders wichtig dabei ist, die Begriffe so anzuordnen, wie sie der Bedeutung nach zusammengehören. (In der semantischen Gedächtnistheorie entspricht dies dem zweiten Grundbestandteil von Netzen, den Relationen). Die hierbei entstehenden Gebilde können sehr unterschiedlich sein. Manche Lernende ordnen nach Ober- bzw. Unterbegriffen und kommen zu Strukturen, die wie Reihen aussehen. Andere Lernende vernetzen eher nach allen Seiten und kommen zu kreisförmigen Strukturen. Entscheidend ist nicht, ob die Strukturen letztendlich genau so aussehen, wie ein Experte sie legen würde. Entscheidend ist vielmehr, dass die Lernenden auf eine sehr tiefe Weise („deep approach") die Inhalte verarbeiten, indem sie ihr Wissen organisieren. Wichtig ist, dass sie begründen können, warum sie die Struktur in dieser für sie charakteristischen Weise gelegt haben. Folglich besteht der nächste Schritt darin, die gelegten Strukturen verbalisieren zu lassen. Dies kann in Partnerarbeit geschehen. Hierbei erläutern sich zwei Lernende gegenseitig ihre Strukturen und begründen die jeweils gewählte Anordnung. Vorteil dieser kleinen Sozialform ist, dass alle Lernenden Gelegenheit haben, die visualisierte Struktur zu verbalisieren. Je nach den angestrebten Zielen sind Verbalisierungen in Gruppen oder im Plenum ebenfalls denkbar. Hierbei verbalisieren ausgewählte Personen stellvertretend ihre Strukturen.

5. Verändern handlungssteuernder Strukturen

Der große Vorteil der Strukturlegetechnik beispielsweise gegenüber dem Mindmapping ist ihre Flexibilität. Beim Mindmapping (vgl. z.b. Buzan, 1974; Buzan & Buzan, 1997; Kirkhoff, 1998; Svantesson, 1996) wird ein zentraler Begriff in die Mitte geschrieben. Die folgenden Hauptbegriffe gehen davon wie Hauptäste aus. Jeder Hauptast hat wieder Unteräste. Mindmaps sind also hierarchisch organisiert, was andere Vernetzungsformen schwierig macht. Vor allem aber muss die Mindmap jedes Mal von vorne begonnen werden, wenn man während der Arbeit erkennt, dass eine andere Anordnung sinnvoller wäre. Bei der Strukturlegetechnik ist dies viel einfacher: Kärtchen können jederzeit verschoben werden, so dass in kurzer Zeit und ohne Aufwand veränderte Strukturen entstehen. So wird es sogar möglich, die Begriffe nach unterschiedlichen Gesichtspunkten zu ordnen, z.b. zuerst nach Ober- und Unterbegriffen, dann vielleicht nach dem zeitlichen Ablauf (Nachbildung eines Prozesses), dann vielleicht nach gemeinsamen Prinzipien usw. Will man die Arbeit mit den Kärtchen noch intensivieren, so kann man diese auf einen großen Papierbogen kleben und die Beziehungen zwischen den einzelnen Begriffen mit Pfeilen verdeutlichen. Die Pfeile können beschriftet werden bzw. können die Lernenden mündlich verbalisieren, was der Pfeil aussagen soll.

Durch ein derartiges Vorgehen entstehen semantische Netzwerke (bei Steiner, 2001, als „Networking" bezeichnet) oder „Concept-Maps", wie Mandl & Fischer (2000) diese Darstellungsform nennen. Unsere Erfahrungen mit „Concept-Maps" sind zwiespältig. Das Erstellen erfordert viel Zeit. Brauchen Erwachsene für das Legen einer Struktur beispielsweise 10 bis 15 Minuten, so benötigen sie für eine „Concept-Map" über eine Stunde, also mehr als die vierfache Zeit. Darüber hinaus wird die Struktur durch das Aufkleben unflexibel. Umordnungen sind nicht mehr möglich. Schließlich wird den Lernenden durch die intensive Auseinandersetzung mit der Thematik deutlich, wie vielfältig die verschiedenen Vernetzungsmöglichkeiten sind. Wollen sie die gewonnenen Erkenntnisse in ihrer „Concept-Map" visualisieren, dann wird die Darstellung sehr unübersichtlich, weil sich die Linien und Pfeile vielfältig überschneiden. Das Erstellen von „Concept-Maps" ist nach unseren Erfahrungen nur sinnvoll, wenn die Lernenden hoch motiviert sind und zugleich überdurchschnittliche Lernkompetenzen aufweisen.

Mit der Struktur-Lege-Technik machen wir gute Erfahrungen. Die Lernenden sind hoch aktiv beim Sortieren der Begriffe, beim Schließen von Wissenslücken, beim Legen der Strukturen und beim Verbalisieren der Verknüpfungen. Sie erleben, wie sich ihr Wissen vernetzt und wie sie zunehmend die Inhalte überblicken können. Intrinsische Motivation und Kompetenzerleben steigern sich. Das Hantieren mit den Begriffskärtchen ist eine angenehme Abwechslung zu alltäglicheren Tätigkeiten wie Schreiben, Zuhören oder Lesen. In der Markdorfer Langzeituntersuchung (Hepting 2004, 2005) haben Begriffskärtchen sogar die sonst in Schulen übliche Heftführung abgelöst: Die Schülerinnen und Schüler arbeiten mit Zettelkästen und bereiten sich mit einer Kombination aus Sortieraufgabe und Struktur-Lege-Technik erfolgreicher als die Schüler der Vergleichsklassen, die noch mit Schulheften arbeiten, auf anstehende Klassenarbeiten vor.

Netzwerk: In Anlehnung an die Begriffe „semantisches Netz" bzw. „Networking" haben wir dieser zweiten Methode die Bezeichnung „Netzwerk" verliehen. Während es bei der Strukturlegetechnik darauf ankommt, das eigene Wissen sichtbar zu machen, kommt es bei der Methode „Netzwerk" darauf an, die Beziehungen zwischen den Begriffen zu verbalisieren. „Wissen hörbar machen" wäre die Kurzformel. Die Methode „Netzwerk" kann in Partnerarbeit, Kleingruppenarbeit oder auch im Plenum durchgeführt werden. Dabei sind fünf Schritte zu durchlaufen:

1. **Netzwerk-Karten vorbereiten:** Wie bei der Struktur-Lege-Technik müssen zuerst Begriffskarten erstellt werden. Diese können, je nach Vorkenntnisstand und Lernkompetenzen, von den Lernenden oder von den Lehrenden geschrieben werden. Wird das Netzwerk in Partnerarbeit durchgeführt, so können die Kärtchen so klein sein wie bei der Struktur-Lege-Technik. Wird das Netzwerk jedoch in Gruppenarbeit oder im Plenum durchgeführt, so sollten die Kärtchen deutlich größer sein. Üblicherweise werden auf eine DIN-A-4 Seite drei Begriffe geschrieben. Das Format entspricht also einer Moderationskarte. Als Faustregel für den Zeitaufwand gilt, dass eine Lehrperson für 20 Begriffskarten etwa 10 Minuten Vorbereitungszeit per Hand bzw. per Computer benötigt.
2. **Begriffe zuordnen:** Wie bei einem Kartenspiel werden die Begriffe verdeckt ausgeteilt. Jede Person erhält die gleiche Anzahl. Voraussetzung ist, dass die Lernenden die entsprechenden Inhalte schon kennen, sei es durch ein vorangegangenes Selbststudium, durch E-Learning, durch „Wechselseitiges Lehren und Lernen", herkömmlichen Unterricht oder andere Vermittlungsformen. Die Zahl der Karten je Person ist dabei eng mit der Sozialform verknüpft: In Partnerarbeit können es beispielsweise 10 bis 15 Karten sein, bei einer Gruppenarbeit etwa 5 Karten, im Plenum 1 bis 2 Karten.
3. **Tauschen:** Die Lernenden können untereinander Begriffe austauschen, wenn sie den Eindruck haben, dass die vorhandene Zeit nicht ausreichen würde, sich mit diesem Begriff vertraut zu machen. Günstig ist es, wenn man zusätz-

lich überzählige Begriffe gut erkennbar in der Tischmitte oder an einer Pinnwand platziert. Das Tauschen kommt dadurch leichter in Gang.

4. **Vorbereiten:** Die Lernenden haben einige Minuten Zeit, sich anhand der Unterlagen (Heft, Skript, Buch, elektronische Medien usw.) zu vergewissern, dass sie zu ihren Begriffen inhaltlich angemessene Aussagen machen können. Wie bei der Sortieraufgabe, so können auch beim Netzwerk die Begriffe mit Hinweisen versehen werden, wo die fraglichen Informationen im Bedarfsfall zu finden sind. Die hierfür zugestandene Zeit wird von der Lehrperson situationsspezifisch festgelegt in Abhängigkeit von Variablen wie Vorkenntnisstand, Lernkompetenz, insgesamt zur Verfügung stehender Zeit usw. In manchen Fällen ist es sinnvoll, die Vorbereitungsphase auszulagern. Die Lernenden können sich dann in Form einer vorbereitenden Arbeits- oder Hausaufgabe vergewissern, ob sie zu den erhaltenen Kärtchen ausreichend informiert sind und sich entsprechend präparieren. Dieses Vorgehen erlaubt es, im eigenen Tempo zu arbeiten.

5. **Vernetzen:** Gemeinsam oder durch die Lehrperson wird entschieden, mit welchem Begriff das Netzwerk starten soll. Meist werden Oberbegriffe als Startbegriffe gewählt. Beim Thema „Fluganpassung der Vögel" könnte beispielsweise der Begriff „Leichtbauweise" ein Startbegriff sein. Beim Thema „Hausschwein und Wildschwein" könnte man mit „Nutztier" beginnen. Beim Thema „Mentales Training im Sport" könnte man mit „Handeln unter Druck" beginnen. Beim Thema „Herzkreislauf" könnte man mit „Herz" oder mit „großer Kreislauf" oder mit „Blut" beginnen usw. Die Person, die den Startbegriff besitzt verbalisiert zuerst. Die anderen Personen hören aufmerksam zu und überlegen, ob einer jener Begriffe, die sie selbst besitzen, damit verknüpft werden könnte. Ist die erste Person mit ihrer Erklärung fertig, schließt sich jene Person an, deren Begriff am besten dazu passt. In Zweifelsfällen wird kurz gemeinsam diskutiert, welcher Begriff am sinnvollsten angeschlossen werden könnte. Auf diese Weise werden alle Begriffe verbal untereinander vernetzt. Begriffe, die schon verbalisiert worden sind, werden für alle sichtbar abgelegt. Für das Ablegen der Begriffe gibt es mehrere Varianten: (1) Die Begriffe werden wie bei einer Struktur-Lege-Technik angeordnet, so dass über das Hören hinaus sichtbar wird, wie die Inhalte vernetzt sind. Jeder verbalisierte Begriff wird dabei an einer adäquaten Stelle in die Struktur eingefügt. Dieses Vorgehen ist jedoch nur sinnvoll, wenn die Methode Netzwerk in Paaren oder in kleinen Gruppen durchgeführt wird. In Großgruppen oder gar im Plenum ist es viel zu mühsam, bei jeder Karte einen Konsens darüber herzustellen, an welcher Position diese in die Struktur eingefügt werden soll. (2) Die Begriffe werden in der referierten Reihenfolge angeordnet, z.B. in der Tischmitte oder an einer Pinnwand. So kann hinterher nachvollzogen werden, wie die Begriffe miteinander

verknüpft wurden. Dieses Vorgehen ist einfach und in allen Sozialformen realisierbar. (3) Jede Person legt die Begriffe direkt nach dem Verbalisieren vor sich ab, behält sie also nicht weiter in der Hand. Dieses schlichte Verfahren informiert darüber, welche Personen noch Begriffe einzubringen haben und welche damit schon fertig sind. Diese Vorgehensweise eignet sich für große Gruppen und vor allem für das Plenum.

Die Methode Netzwerk ist in Partnerarbeit und Kleingruppenarbeit besonders ergiebig, weil sich jede Person mehrfach einbringen muss. Dadurch, dass jede Person gleich viele Kärtchen hat, ist die Interaktion gut ausbalanciert. Im Plenum kommt in der Regel jede Person nur ein oder zwei Mal an die Reihe. Hier besteht die Gefahr, dass die Lernenden nach dem eigenen Einsatz gedanklich abschweifen. Umgekehrt kann beim Plenumseinsatz dieser Methode die Lehrperson korrigierend eingreifen, wenn Begriffe nicht präzise genug verbalisiert oder Verknüpfungen nicht angemessen vorgenommen werden. Lehrpersonen, welche „die Fäden in der Hand behalten" möchten, können das „moderierte Netzwerk" als Variante wählen (ausführlich in Kapitel 5.6.1 beschrieben).

Netzwerk wie Struktur-Lege-Technik eignen sich vor allem dann als Lernmethode, wenn der Stoff wiederholt werden soll und wenn es auf ein vertieftes Verstehen ankommt. Durch die visuelle Vernetzung (Wissen sichtbar machen) und die akustische Vernetzung (Wissen hörbar machen) werden zahlreiche Querverbindungen zwischen den Begriffen geschaffen. Dies erleichtert das Abrufen der Inhalte. Beide Methoden schaffen viele Zugangswege zum Wissen und so ist mindestens ein „Zipfel" des Wissens stets zu packen. Netzwerk und Strukturlegetechnik können aber nicht nur am Ende, sondern auch zu Beginn einer Themeneinheit eingesetzt werden. Nämlich dann, wenn der künftige Stoff auf bestimmten Grundlagen aufbaut. Die Lernvoraussetzungen können durch das vernetzte Verbalisieren der Grundbegriffe (Netzwerk) oder durch das vernetzte Visualisieren der Grundbegriffe (Struktur-Lege-Technik) wiederholt, geordnet und ins Gedächtnis gerufen werden. Hierbei ist nach der Theorie der Vorwissensorganisation von Hugi (1991) insbesondere die Struktur-Lege-Technik die überlegene Methode, weil jede Person für sich allein ihr Vorwissen aktiv organisieren kann.
Die Methoden „Struktur-Lege-Technik" und „Netzwerk" werden mittlerweile von der Primarschule bis zur Erwachsenenbildung zum Sichtbarmachen und Hörbarmachen von Wissen eingesetzt. Manche Skeptiker befürchten dennoch, dass Lernprozesse dadurch weniger ernsthaft werden und dass Lernende solche Methoden als „Kindergartenmethoden" ablehnen. Unsere Erfahrungen laufen jedoch genau in die andere Richtung. Je kompetenter Teilnehmende sind, umso intensiver und konzentrierter beschäftigen sie sich mit kognitiven Landkarten. Diese Erfahrung kann ich ganz persönlich belegen. Bei von mir geleiteten Weiterbildungen mit

Professorinnen und Professoren verschiedener Hochschultypen konnte ich die Beobachtung machen, dass gerade besonders kompetente Personen mit großem Interesse, mit großer Ernsthaftigkeit und mit äußerst kreativen Lösungen vor allem mit der Strukturlegetechnik arbeiteten. Im Grunde ist dies keine Überraschung, denn kognitive Landkarten sind, so einfach und so spielerisch sie auf den ersten Blick wirken, eine große Chance für alle Lernenden, ihr Wissen aktiv und autonom zu organisieren. Die Menschenbildannahmen kommen in kognitiven Landkarten auf eine vorzügliche Weise zum Vorschein: Die Menschen sind reflexiv, weil sie über ihre eigenen kognitiven und emotionalen Strukturen nachdenken. Die Menschen sind autonom, weil sie ihr Wissen selbstgesteuert und aktiv organisieren. Die Menschen sind kommunikativ, weil sie sich über ihre Strukturen austauschen. Die Menschen erleben sich als handelnde Subjekte, wenn sie kognitive Landkarten in Zusammenhang mit ihrem Veränderungsprozess nutzen. Aus dieser Perspektive spricht eigentlich alles dafür, kognitive Landkarten als wichtige Strategien in Schule, Hochschule und Erwachsenenbildung einzusetzen.

5.6 Der Ausstieg aus dem Sandwich

Ganz im Gegensatz zum Thema „Einstieg" finden sich in der Literatur nur recht spärliche Überlegungen zu seinem Gegenstück, dem Ausstieg. Es gibt jedoch einige wenige Ausnahmen. Hierzu zählt beispielsweise die Methodensammlung von Rabenstein, Reichel & Thanhoffer (1995), deren vierter Band Auswertungsmethoden, Transfermethoden und Abschlussmethoden enthält. Geißler (1992, 1993) widmet den Anfangs- wie den Schluss-Situationen jeweils ein ganzes Buch. Auch bei Gerbig & Gerbig-Calcagni (1998) wird der Ausstieg aus dem Sandwich in einem Kapitel ebenso thematisiert wie in einem Unterkapitel von Knoll (1995) mit dem Thema „Zurückschauen und weitergehen. Methoden für Auswertung und Nacharbeit.". Bei näherer Betrachtung finden sich jedoch nirgends nachvollziehbare Systematisierungen der bei einem Ausstieg sinnvollen Komponenten. Vielmehr werden meist in recht beliebiger und wenig begründeter Weise verschiedenartige Verfahren gesammelt und dargestellt, die beim Abschluss von Lernprozessen sinnvoll sein könnten. Möglicherweise hängt dieses theoretische Defizit damit zusammen, dass der Ausstieg in der Planungstätigkeit von Lehrenden nur eine sehr geringe Rolle spielt. Anhaltspunkte hierfür lassen sich der Studie von Haas (1998; 2005) zur alltäglichen Unterrichtsplanung von Lehrerinnen und Lehrern entnehmen. Im Dreischritt von Einstieg, Hauptphase und Ausstieg umfasst letzterer empirisch gesehen nur 8 % Prozent der Gesamtplanung (Haas, 1998, S. 180; 2005, S. 12). Gemessen an der durchschnittlichen Vorbereitungszeit von etwa 22 Minuten pro Lektion (Haas, 2005, S. 13) entspricht dieser Prozentsatz weniger als zwei Minuten pro vorzubereitender Lektion. Insgesamt wird der Ausstieg weitgehend mit einer inhaltlichen Ergebnissicherung gleichgesetzt und methodisch zu über 80% mit Tafelanschrieb, Hefteintrag und dem Erteilen von Hausaufgaben gestaltet (ebd. S. 181). Darüber hinaus kann Haas zeigen, dass das Stundenende nicht explizit geplant, sondern eher offen gehalten wird. Es wird meist über die Stunde hinaus geplant. Lehrerinnen und Lehrer haben ein „Gefühl" entwickelt, wann genügend Stoff vorbereitet ist. Was nicht „durchgebracht" wurde, wird in der Folgestunde behandelt. (Haas, 1998, S. 127; 2005, S. 12). Dies hängt verständlicherweise damit zusammen, dass der Verlauf von Lernprozessen viele Unwägbarkeiten enthält. So kann schlecht vorhergesagt werden, wie weit man jeweils in einer Lektion, einem Kurstag oder einer Kurswoche kommen wird. Insofern ist Planungs-Offenheit durchaus sinnvoll. Um dennoch ad hoc einen angemessenen Abschluss gestalten zu können, verwenden Lehrende rasch abrufbare Routinen oder Rituale. In den Schulen sind es die genannten Arten der Ergebnissicherung; in den Hochschulen sind es meist inhaltliche Abrundungen in Form von Zusammenfassungen oder Hinweisen für die Prüfungsvorbereitungen; in der Erwachsenenbildung dominieren Reflexionsprozesse in Form mündlicher Blitzlichter oder schriftlicher Feedbackbögen.

Im Gegensatz dazu ist es sicherlich sinnvoll, einige grundsätzliche Überlegungen zur Gestaltung von Ausstiegs-Situationen anzustellen. Von der Fragestellung dieses Buches her, wie denn der Weg vom trägen Wissen zum kompetenten Handeln zurückgelegt werden könnte, sind Anbahnung und Begleitung des Transfers in die Praxis sicherlich mit das wichtigste Ausstiegs-Element. Transferorientierte Ausstiege sind immer dann relevant, wenn entweder in der eigenen Praxis Aufgaben anstehen, wie es im ersten Lernschritt beim Bearbeitbarmachen handlungssteuernder Strukturen der Fall ist (z.B. Selbstbeobachtungen, WAL, Feedback), oder wenn neues Handeln in Gang gebracht werden soll, wie es im dritten Lernschritt der Fall ist (z.B. Vorsatzbildungen, Erinnerungshilfen, kollegiale Praxisberatung). Aus der Perspektive des Sandwich-Prinzips als einer Lernumgebung, in der die subjektive Auseinandersetzung der Lernenden mit den vermittelten Inhalten im Mittelpunkt steht, sind inhaltsorientierte Ausstiege wichtig. Die Lernenden haben hier die Möglichkeit, individuelle Lernlücken zu schließen, Fragen zu klären oder das Verständnis durch eine Integration der Inhalte in ihre einzigartigen subjektiven Strukturen zu vertiefen. Aus der Perspektive des epistemologischen Subjektmodells kommen Reflexivitätsfähigkeit und Kommunikationsfähigkeit in den Blick. Reflexionsorientierte Ausstiege können dazu beitragen, dass die am Lernprozess beteiligten Personen über dessen Verlauf und Ergebnisse nachdenken, vor allem aber über die Veränderung der eigenen subjektiven Theorien und die damit verknüpften Vorstellungen, in welche Richtung sie sich verändern möchten. Kommunikationsorientierte Ausstiege können die emotionale Verarbeitung der Abschluss-Situation unterstützen, zum bewussten Abschied-

Nehmen beitragen und durch Meta-Kommunikation den Abschluss selbst zum Thema machen. Die noch fehlenden beiden Menschenbild-Annahmen sind in diesen vier Ausstiegsvarianten enthalten. Die Autonomiefähigkeit kommt in der Tendenz zur Selbststeuerung des eigenen Veränderungsprozesses zum Ausdruck. Die Handlungsfähigkeit manifestiert sich in der Chance, durch den gesamten Lernprozess das eigene Denken, Fühlen und Agieren künftig besser integrieren zu können, um sich als Persönlichkeit im Sinne aller Menschenbildannahmen weiterzuentwickeln. Aus diesen Überlegungen heraus schlage ich die nachstehenden Komponenten für die Gestaltung des Ausstieges vor, mit denen verschiedenartig akzentuierte Abschluss-Situationen gestaltet werden können (siehe Abb. 34).

5.6.1 Inhaltlicher Abschluss

Lernlücken schließen: Im Laufe des Lernprozesses haben die Lernenden versucht, die vermittelten Inhalte durch eine Verknüpfung mit den individuellen gedanklichen Strukturen zu verstehen und zu behalten. Da jedoch jede Person eine andere gedankliche Struktur, andere Lernstrategien und andere Lerntempi aufweist, ist es selbstverständlich, dass jede Person auch etwas anderes gelernt hat. In manchen Fällen kann es dennoch sinnvoll sein, am Ende eines Lernprozesses noch einmal sicherzustellen, dass möglichst alle Personen einen besonders bedeutsamen Ausschnitt aus den vermittelten Inhalten sicher beherrschen. Wenn dies das Ziel ist, dann kann eine Form des inhaltlichen Abschlusses darin bestehen, entsprechende Lernlücken zu schließen. Dafür gibt es verschiedene methodische Varianten:
• **Sortieraufgabe:** In der Ausstiegsphase kann als einfache Methode die Sortieraufgabe eingeplant werden. Jeder Sachverhalt wird dabei auf ein eigenes Kärtchen geschrieben. Das können Begriffe, Aufgaben, Vokabeln, Versuche, Bewegungen, Befehle eines EDV Programms usw. sein. In Einzelarbeit prüfen die Lernenden durch Sortieren nach, welche dieser Sachverhalte sie angemessen beherrschen und welche nicht. In Partnerarbeit helfen sie sich gegenseitig, die Lücken zu schließen. Die Lehrperson hilft dort mit, wo ihr Eingreifen erforderlich erscheint.
• **Schwarz-Weiß-Methode:** Möchte sich die Lehrperson einen raschen Überblick über die Kompetenzen der Lernenden verschaffen, so kann sie eine Punktabfrage mit zwei verschiedenen Farben anregen. An Tafel, Pinnwand oder Flipchart sind die entsprechenden Sachverhalte visualisiert (Begriffe, Aufgaben, Vokabeln, Versuche, Bewegungen, Befehle eines EDV Programms usw.). Die Teilnehmenden kleben einen weißen Punkt an jene Sachverhalte, die sie angemessen beherrschen und einen schwarzen Punkt an jene, bei denen sie noch Defizite haben. Es handelt sich sozusagen um eine im Plenum durchgeführte Sortieraufgabe. Zu jedem Sachverhalt bilden sich gemischte Gruppen mit Personen, die den Sachverhalt erläutern oder vormachen können und solchen Teilnehmenden, die Nachholbedarf haben.

Der Ausstieg aus dem Sandwich | 187

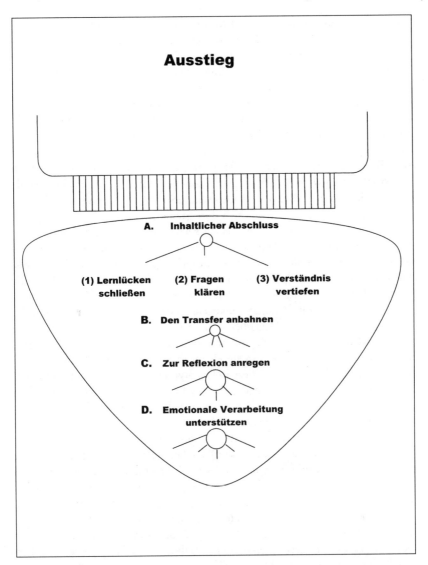

Abb. 34: Vier Komponenten für die Gestaltung von Ausstiegs-Situationen

- **Partner-, Gruppen- oder Multi-Interview:** Die Lernenden prüfen wechselseitig, ob ihre Gegenüber die relevanten Sachverhalte (Begriffe, Aufgaben, Vokabeln, Versuche, Bewegungen, Befehle eines EDV Programms usw.) angemessen beherrschen. Dazu erarbeiten sie sich für einen ausgewählten Teil einen Expertenstatus, so dass es ihnen möglich wird, die Lösungsversuche der „Novizen" zu überwachen und dort zu helfen, wo Defizite erkennbar sind.
- **Gruppenrallye:** Ergibt die Diagnose insgesamt einen erheblichen Übungsbedarf, so lohnt es sich, ein aufwändiges, jedoch äußerst erfolgreiches Verfahren zum Schließen von Lernlücken einzusetzen: die Gruppen-Rallye. Diese wurde unter dem Begriff „Student Teams and Achievement Divisions" (STAD) von Slavin (1978; 1984) entwickelt. Um eine anschauliche Metapher zu schaffen, wurde STAD mit „Gruppen-Rallye" ins Deutsche übersetzt. Der Vergleich mit einer Auto-Rallye wurde gewählt, weil sich dort ganz unterschiedliche Fahrzeuge auf den Weg zu einem gemeinsamen Ziel aufmachen. Im übertragenen Sinne begeben sich bei der Gruppen-Rallye sehr verschiedene Lernende auf einen gemeinsamen Lernweg und kommen dort unterschiedlich voran. Die Gruppen-Rallye (ausführlich beschrieben in Wahl, 2004 d, S. 85–94) umfasst drei Schritte: (1) Zuerst wird der Leistungsstand jeder einzelnen Person erhoben (Einzelarbeit). (2) Dann üben die Lernenden in leistungs-heterogenen Gruppen. (3) Hinterher wird der Lernzuwachs gemessen (Einzelarbeit). Bei der Gruppen-Rallye unterstützen in der zentralen Übungsphase die kompetenteren Lernenden die weniger kompetenten. Die Methode basiert also auf einem Experten-Novizen-Verhältnis unter den Übenden. Allerdings sind diese Rollen asymmetrisch, so dass die Gruppen-Rallye nicht zum „Wechselseitigen Lehren und Lernen" im engeren Sinne gezählt werden kann. Beeindruckend bei der Gruppen-Rallye sind die empirischen Befunde. Slavin (1984, S.63 f.) berichtete schon früh über 11 Studien, in denen die Gruppen-Rallye im Vergleich zu anderen kooperativen Lernmethoden besonders gut abschneidet. In einer Studie von Okebukola (1985) ist die Rallye in ihrer Effektivität dem Gruppenturnier bzw. dem Gruppeninterview, dem Gruppenpuzzle sowie der Methode des gemeinsamen Lernens deutlich überlegen. Ursachen hierfür sind nicht nur das Erleben von persönlichen Lernfortschritten im Sinne einer Psychologie der eigenen Wirksamkeit (Bandura, 1977 und 1997; Flammer, 1990; Helmke, 1992; Rheinberg, 2002), sondern vor allem auch die hohe Autonomie der Lernenden bei der Gestaltung der Übungsphasen. Die Lernenden kooperieren nämlich nach selbst gewählten Strategien, nützen also die zur Verfügung gestellte Lernzeit entsprechend ihrer situationsspezifischen Bedürfnisse und Kompetenzen. Die von den einzelnen Gruppen gewählten Vorgehensweisen werden am Ende jeder Rallye metakommunikativ thematisiert. Dabei werden besonders erfolgreiche Lernstrategien modellhaft weitergegeben. Als besonders geeignet für die Gruppen-Rallye haben sich Mathematik (schon ab der zweiten Klasse der Primarschule), Deutsch, alle Fremdsprachen, EDV-Kurse und

Sport erwiesen, also Fächer, in denen das Üben schon immer besonders wichtig war. An die Lehrenden wie an die Lernenden stellt die Gruppen-Rallye hohe Anforderungen. Die Lehrenden müssen die Gruppen-Rallye gut organisieren können, wobei vor allem die Einteilung in leistungs-herterogene Gruppen so ablaufen sollte, dass die schwächeren Lernenden in ihrem Selbstwertgefühl nicht verletzt werden. Die Lernenden benötigen hohe Kompetenzen in Selbststeuerung, Lernstrategien und Teamfähigkeit, weil die Gruppen-Rallye erhebliche Gestaltungschancen beinhaltet. Weil die Übungsphasen bei der Gruppenrallye in der Regel eine bis zwei Lektionen beanspruchen, lohnt sie sich als Ausstiegs-Methode nur dann, wenn ein zeitlich umfangreicher Lernprozess vorauslief.

Fragen klären: Im Laufe des Lernprozesses hat jede Person einzigartige Wege zurückgelegt. Bei der Verknüpfung der mitgebrachten subjektiven Theorien mit dem angebotenen Expertenwissen kam es teils zur Integration, teils zu Diskrepanzen. Daraus resultierten sicherlich die eine oder andere Frage. Da im nächsten großen Lernschritt neues Handeln in Gang gebracht werden soll, was wiederum individuelle Prozesse voraussetzt, gibt es Klärungsbedarf, wie das Expertenwissen im jeweils persönlichen, spezifischen Handlungsfeld nutzbar gemacht werden kann. Es kann also durchaus sinnvoll sein, am Ende eines Lernprozesses noch einmal ganz ausdrücklich die Gelegenheit zu bieten, verschiedene Fragen zu klären. Dafür gibt es einige methodische Varianten:

• **Vergewisserungsphase:** Eine recht stereotype Aktion von Lehrenden aller Bereiche ist der Standard-Impuls: „Gibt es noch Fragen?" Erfahrungsgemäß warten die Lehrenden dann wenige Sekunden auf Reaktionen. Bis die Teilnehmenden jedoch begonnen haben, zu überlegen, ob sie Fragen haben und bis sie entschieden haben, ob diese Fragen jetzt gut eingebracht werden könnten und bis sie den Mut gefasst haben, sich zu melden, ist die Lehrperson längst beim nächsten Punkt. Folglich ist es nicht sinnvoll, auf diese Weise vorzugehen. Besser ist es, eine Vergewisserungsphase anzukündigen. Die Lernenden erhalten einige Minuten Zeit, um sich in Einzelarbeit, Partnerarbeit oder Kleingruppenarbeit Gedanken zu machen, welche Fragen zu klären sind. Danach werden die Fragen artikuliert und bearbeitet. Die Vergewisserungsphase gibt den Lernenden die Chance, sie interessierende Fragen zu entwickeln. Findet die Vergewisserungsphase in Partner- oder Kleingruppenarbeit als „Bienenkorb" (vgl. Rabenstein, Reichel & Thanhoffer, 1995) oder als „Murmel-Phase" statt, so hilft dies zum besseren Überwinden der Redeschwelle. Im Gegensatz zur recht aufwändigen Gruppen-Rallye ist die Vergewisserungsphase eine ohne jede Vorbereitung einzusetzende Methode, die dennoch erfolgreich angewandt werden kann. Sie kann mit einer Kartenabfrage verbunden werden.

• **Kartenabfrage:** Die Kartenabfrage ist ein „Kernstück der Moderationsmethode" (Weidenmann, 1998, S. 160). In einer Vergewisserungsphase machen sich die

Teilnehmenden Gedanken über jene Fragen oder Probleme, die sie gerne in der Ausstiegs-Phase einbringen möchten. Die Lehrperson stellt Moderationskarten und dazu passende Schreiber zur Verfügung. Die Karten werden von den Teilnehmenden beschriftet, wobei pro Karte nur ein Gedanke, eine Frage oder ein Sachverhalt angesprochen werden soll. Die Teilnehmenden präsentieren ihre Karten und heften diese an eine Pinnwand, die als „Fragenspeicher" oder „Problemspeicher" bezeichnet werden kann. Die Karten werden gruppiert und ggf. mit Oberbegriffen versehen. Danach werden die Frage-Bereiche im Plenum oder in Kleingruppen abgearbeitet. Kartenabfragen sind ein recht zeitraubendes Unternehmen. Umgekehrt erlauben sie den Lernenden, ihre Interessen auf eine recht nachdrückliche Weise einzubringen, entsprechen also dem Autonomie-Bedürfnis. Deshalb ist es wichtig, für die Abfrage sowie für die Behandlung der artikulierten Fragen genügend Zeit einzuplanen. Die Kartenabfrage, so einfach sie aussieht, stellt an die Lehrpersonen hohe Anforderungen. Sie müssen darauf achten, dass die Gruppierung der Karten sachlich begründet und dennoch flüssig vorangeht. Danach müssen sie ein Verfahren finden, durch das in der zur Verfügung stehenden Zeit die wichtigsten Anliegen behandelt werden können. Dies erfordert eine hohe fachliche Expertise und großes methodisches Geschick. Bei Lehrpersonen mit gering ausgeprägten Kompetenzen aber großer Freude an der Moderationstechnik sind nach unseren Erfahrungen Kartenabfragen in der Regel vertane Zeit.

Verständnis vertiefen: Tiefes und nachhaltiges Verstehen setzt voraus, dass die mitgebrachten subjektiven Theorien und das neu vermittelte Expertenwissen sich auf konstruktive Weise miteinander verbinden. Dies bedeutet, dass sich die kognitiven Strukturen verändern. Der Prozess der Umstrukturierung kann durch verschiedene methodische Varianten unterstützt werden:
- **Struktur-Lege-Technik:** Die neu entstandenen kognitiven Strukturen werden in Einzelarbeit durch das Legen von Kärtchen sichtbar gemacht (1. Schritt) und danach einer anderen Person erläutert (2. Schritt). Mit dieser Form haben wir in der Ausstiegsphase hervorragende Erfahrungen gemacht, weil diese Methode trotz der am Ende von Lernwegen typischerweise nachlassenden Motivation und Konzentration noch zu faszinieren vermag.
- **Netzwerk:** Die zentralen Inhalte werden auf Karten geschrieben, die dann ausgeteilt werden. Die Teilnehmenden können tauschen, bereiten sich vor und vernetzen dann durch prägnante Beiträge die einzelnen Sachverhalte. Dadurch machen sie ihr Wissen hörbar. Findet das Netzwerk in Paaren oder kleinen Gruppen statt, können die Karten ergänzend zu einer visuellen Struktur vernetzt werden. In der Ausstiegsphase kommt das Netzwerk in kleinen Sozialformen gut an. Das Netzwerk am Ende eines Lernprozesses jedoch im Plenum einzusetzen, ist zuweilen problematisch. Wenn die Aufmerksamkeit nachlässt, dann sind kollektive Arbeits-

formen besonders betroffen. Geht man davon aus, dass beispielsweise 30 Personen ein Netzwerk im Plenum durchführen, wobei jede Person eine Karte vorträgt, dann ergibt sich daraus bei einer Vortragslänge von 30 bis 60 Sekunden je Person ein kollektive Phase von 15 bis 30 Minuten. Das kann in manchen Zusammenhängen die Konzentrationsfähigkeit der Teilnehmenden in der Ausstiegsphase überfordern.

- **Komplexe Aufgaben:** Ob und wie gut die Lernenden die vermittelten Themen verstanden und nachvollzogen haben, lässt sich an komplexen Aufgabenstellungen besonders deutlich erkennen. Das können Fallbeispiele sein, die mit den durch den Lernprozess gesteigerten Handlungskompetenzen bearbeitet werden. Dieses Vorgehen bevorzugt Gerbig (1997) in EDV-Kursen. Er gibt den Lernenden zu Beginn und am Ende der Kurse komplexe Fälle zu lösen. Die Lernenden erkennen dadurch, was sie dazugelernt haben. Die Rückmeldung des persönlichen Lernzuwachses wirkt nach Rheinberg (1980) wie ein urwüchsiges, natürliches Motivänderungsprogramm. Das Erleben der eigenen Wirksamkeit wird gesteigert, was positive motivationale Konsequenzen und ein erhöhtes Selbstwertgefühl nach sich zieht. Fallbeispiele, Anwendungsaufgaben, Problemlöseaufgaben usw. können bei vielen Inhalten angeboten werden. Sie erfordern eine differenzierte Auseinandersetzung mit der Thematik und eignen sich deshalb gut, um einen Lernprozess abzuschließen.

- **Abschluss-Organizer:** In manchen Fällen kann es sinnvoll sein, am Ende eines Lernprozesses die thematischen Vernetzungen in den Mittelpunkt zu stellen. Das ist vor allem dann nützlich, wenn zwischendurch recht lange an Details gearbeitet wurde, so dass die Gefahr nicht auszuschließen ist, dass manche Lernende die Zusammenhänge aus dem Auge verloren haben. An Stelle kognitiver Landkarten der Lernenden (siehe z.B. Netzwerk oder Struktur-Lege-Technik) steht bei dieser Vorgehensweise die kognitive Landkarte der Expertin oder des Experten. Im Gegensatz zum „Advance Organizer", bei dem viele „Verständlichmacher" benutzt und manche fachliche Details umschrieben oder weggelassen werden mussten, kann bei einem Abschluss-Organizer vorausgesetzt werden, dass die wesentlichen Inhalte verstanden sind. Ist dies der Fall, dann kann es ein Genuss sein, von einer Expertin oder einem Experten die thematischen Zusammenhänge sowie ihre Einbettung in weiterführende Perspektiven auf einem hohen Niveau präsentiert zu bekommen. Als Visualisierung kann dabei durchaus der ursprüngliche „Advance Organizer" dienen, der jetzt aber in einer „anderen Sprache" präsentiert wird. Ein derartiger Abschluss-Organizer macht den Lernenden deutlich, welchen Lernweg sie zurückgelegt haben und in welche Richtungen dieser fortgesetzt werden kann. Insgesamt sollte jedoch mit Abschluss-Organizers eher sparsam umgegangen werden, weil hier die Lehrenden aktiv und die Lernenden passiv sind, während es bei Netzwerk, Strukturlegen oder komplexen Fallbearbeitungen gerade umgekehrt ist.

5. Verändern handlungssteuernder Strukturen

- **Moderiertes Netzwerk:** Die Aktivität der Lernenden in der Schluss-Situation ist deutlich höher, wenn sie am Abschluss-Organizer aktiv beteiligt werden. Dies kann durch eine Kombination der Methoden „Netzwerk" und „Abschluss-Organizer" gelingen. Die Lehrperson bringt die Teilthemen in eine sachlogische Reihenfolge, gibt also die thematischen Verknüpfungen vor. Die Teilthemen werden auf die Lernenden verteilt: Jede Person erhält eines davon. In einer Vorbereitungsphase werden die Lernenden zu Expertinnen bzw. Experten für ihr Teilthema. Zur Unterstützung der Präsentation fertigen sie mehrfachcodierte Visualisierungen an und überlegen sich ein anschauliches Beispiel. In der Präsentationsphase übernimmt eine besonders kompetente Person die Leitung. In der Regel wird dies die Lehrperson sein. Sie moderiert das Netzwerk an. Die Person mit der Startkarte erläutert ihr Teilthema. Nachdem sie geendet hat, führt die moderierende Person mit einigen verbindenden Sätzen vom ersten zum zweiten Thema usw. Sind alle Teilthemen erläutert, spricht die Leitungsperson die Schlussworte. Es handelt sich also um einen gemeinsam gesprochenen Abschluss-Organizer. Dieser kann nur dann gelingen, wenn die Teilnehmenden während des Lernprozesses eine ausreichende fachliche Expertise erworben haben.
Unsere Erfahrungen mit dem moderierten Netzwerk in Abschluss-Situationen sind gut. Die Lernenden sind in der Regel hoch motiviert, einen Beitrag zum Organizer zu leisten und bereiten sich entsprechend gründlich vor. Begrenzt man die Präsentationszeit so, dass das moderierte Netzwerk insgesamt nicht mehr als 15 bis 20 Minuten Zeit in Anspruch nimmt, so kann mit einer zufriedenstellenden Aufmerksamkeit gerechnet werden. Sind es nicht nur 12 Teilnehmende wie im Beispiel, sondern 20, 30 oder mehr, dann kann man verschiedene Lösungen finden: (1) Doppelbesetzung. Für jedes Teilthema sind zwei Personen zuständig. Diese teilen sich die Präsentationszeit. (2) Großgruppen. Die entsprechenden Teilthemen werden mehrfach ausgegeben. Dies geschieht auf verschiedenfarbigen Karten, damit später die Gruppen rasch gebildet werden können. Das moderierte Netzwerk wird in Expertengruppen vorbereitet, wobei die mit den gleichen Teilthemen befassten Personen zusammenarbeiten. Danach läuft es zeitlich parallel in den Großgruppen ab. Voraussetzung hierfür ist, dass für jede Gruppe mindestens eine besonders kompetente Person zur Verfügung steht, die in der Lage ist, das Netzwerk als Expertin bzw. Experte zu moderieren. Das moderierte Netzwerk eignet sich als Abschluss-Methode, wenn ein längerer Lernprozess vorausging und wenn zugleich genügend Zeit (Vorbereitungszeit plus Präsentationszeit) vorhanden ist, um das Verständnis auf diese Weise zu sichern. Insgesamt sollte man ganz grob zwischen 45 und 60 Minuten Zeit zur Verfügung haben. Ein Beispiel findet sich in Abb. 35.

**Arbeitsanweisung
Moderiertes Netzwerk**

Jede Person wählt einen zentralen Gesichtspunkt aus und bereitet eine Präsentation von etwa ein bis zwei Minuten dazu vor. **Minimalanforderung:** (1) Visualisierung (z.B. Symbol, Graphik usw.) und (2) anschauliches Beispiel. Die Überleitungen zwischen den Begriffen spricht eine weitere Person (Moderation).

**Übersicht zum Thema:
Wie kann man Lernprozesse erwachsenengerecht gestalten?**
1. Lernen als individueller Prozess
2. Agenden geben eine gute Übersicht
3. Advance Organizers vernetzen Vorwissen mit den Kursinhalten
4. Eine Phase der Präsentation sollte eine bestimmte zeitliche Länge nicht übersteigen
5. Wissen sollte mehrfachcodiert angeboten werden
6. Phasen der persönlichen Aneignung sollten regelmäßig „eingeschoben" werden
7. Hilfreich sind ordnende Methoden, wie etwa verschiedene Formen gedanklicher Landkarten
8. Besonders nachhaltig wird gelernt, wenn die Teilnehmenden sich wechselseitig etwas beibringen
9. Lernen bedarf einer motivierenden Flankierung, damit die Lernprozesse nicht gestört oder gar abgebrochen werden (Tandems, Kleingruppen)
10. Konflikte sollten systematisch bearbeitet werden
11. Eigene Emotionen sollten nicht zu unüberlegten Reaktionen führen
12. Lernprozesse sollten je nach eigenen Zielen inhaltsorientiert, transferorientiert, reflexionsorientiert oder kommunikationsorientiert abgeschlossen werden

Abb. 35: Beispiel für ein moderiertes Netzwerk. Die 12 Teilnehmenden eines betrieblichen Dozententrainings wählen jeweils eines der 12 Themen aus. Alle erhalten das Übersichtsblatt, damit sie wissen, mit welcher vorausgehenden und welcher nachfolgenden Thematik sie ihr Teilthema vernetzen sollen. Sie bereiten sich in Einzelarbeit mit den Kursunterlagen auf die Präsentation ihrer Teilthemen vor. Die Moderation übernimmt der Kursleiter.

5.6.2 Den Transfer anbahnen

Ziel des Weges vom trägen Wissen zum kompetenten Handeln ist es ja, die Teilnehmenden besser und umfassender als zuvor in die Lage zu versetzen, ihre Praxisanforderungen zu bewältigen. Deshalb ist es besonders wichtig, dafür zu sorgen, dass die vermittelten Inhalte in der Praxis Anwendung finden. Die in Kapitel 2 diskutierte Kluft zwischen Wissen und Handeln belegt, dass bisherige Lernumgebungen es oftmals nicht vermocht haben, die Diskrepanzen zwischen Theorie und Praxis zu überwinden. Umso wichtiger ist es, beim Ausstieg dafür zu sorgen, dass der Lernprozess nicht mit dem Schlussgong endet, sondern dass letzterer in ein motivierendes Startsignal für den Transferprozess uminterpretiert wird. Das ist keine einfache Aufgabe, denn die Möglichkeiten der Lehrperson, Lern-Umgebungen zu gestalten, sind außerhalb von Unterrichtsstunde, Vorlesung oder Kurs sehr beschränkt. Umso wichtiger ist es, in der Schluss-Situation sozusagen die Hände und Arme der Lehrperson so weit zu verlängern, dass diese bis in die konkreten Praxissituationen hineinreichen, um dort wichtige Fingerzeige geben zu können. Wie kann dies ganz konkret geschehen? Betrachtet man das Thema „Transfer" handlungspsychologisch, so geht es darum, ein bisher noch nicht realisiertes Handeln im Praxisfeld ganz konkret umzusetzen. Dazu muss zuerst klar sein, wie denn dieses Handeln aussehen soll, welchen Ausschnitt man davon verwirklichen möchte, wie man sich an den eigenen Vorsatz zu erinnern vermag, wie man sich während des Transfers unterstützen sollte und wie schließlich die Ergebnisse des Transfers reflektiert werden können. Die einzelnen Maßnahmen reichen von Simulationen bis hin zur kommunikativen Praxisbewältigung in Tandems und Kleingruppen. Einige davon sind wegen ihrer hohen Bedeutsamkeit in Kapitel 6 ausführlich beschrieben, das sich damit beschäftigt, wie neues Handeln in Gang gebracht werden kann. Deshalb reichen hier Stichworte.

Simulationen: Verändertes Handeln kann in Gang gebracht werden, indem außerhalb der tatsächlichen Praxissituationen, also außerhalb der „Schonräume" von Unterricht, Seminar oder Kurs gehandelt wird. Dies kann durch Rollen- oder Planspiele geschehen (vgl. hierzu auch Rabenstein, Reichel & Thanhoffer, 1995, Band 4; Knoll, 1995; Geißler, 1992). Die Lernenden versuchen, die ausgearbeiteten Handlungsweisen probeweise zu zeigen, erhalten hierzu Rückmeldungen, sind jedoch nicht den mit konkreten Praxissituationen verbundenen Konsequenzen ausgeliefert. Handeln wird damit als korrigierbar, wiederholbar und erlernbar erlebt. In der Ausstiegsphase kann durch Simulationen der Transfer angebahnt werden.

Micro-Acting: In Anlehnung an den Begriff des Micro-Teaching können Trainingsumgebungen geschaffen werden, die in einer Verkleinerung den realen Bedingungen entsprechen (Wahl, 2002 a). Beim Micro-Teaching werden die Zahl der

Zuhörer, die Zeit und die Themen gegenüber echten Lehrsituationen verringert, um die Teilnehmenden zu entlasten (Havers & Toepell, 2002, 178 f.) Trotzdem ist Micro-Teaching „real teaching"; es handelt sich um echte Lehrsituationen mit Planung, Durchführung und Rückmeldung. Überträgt man das Micro-Teaching-Konzept auf andere Tätigkeitsfelder, so bleibt als Grundidee bestehen, die realen Situationen zu vereinfachen, ansonsten aber wirklichkeitsgetreu zu gestalten, um handeln zu lernen. Ob es nun um Beratungssituationen geht, um Pflegesituationen, um Gespräche mit Kunden usw., stets sind wichtige Variablen wie Zeit, Personenzahl, Inhalte, Aufgaben usw. so vereinfacht bzw. so verringert, dass ein sinnvolles Erproben der geplanten Handlungen möglich ist. Es handelt sich also um einen ganz speziellen Typ von Simulationen. Diese sind vereinfacht, aber in vielen Aspekten dem realen Handeln ähnlich. In der Ausstiegsphase kann Micro-Acting eine hervorragende Unterstützung des Transfers sein.

Vorsatzbildung: Es ist das Verdienst von Wolfgang Mutzeck, auf die enorme Bedeutung von Vorsatzbildungen für das In-Gang-Bringen neuer Handlungen hingewiesen zu haben (Mutzeck, 1988; 2005). Vorsatzbildungen sollten schriftlich erfolgen. Sie sollten eindeutig, konkret und verständlich formuliert sein. Im Rahmen kooperativer Beratungssituationen hat Mutzeck (2002, S. 119 ff.) darüber hinaus vorgeschlagen, die eigenen Entschlüsse gut zu überprüfen („Passt dieses Handeln zu mir?", „Halte ich dieses Vorgehen für machbar?", „Ist mir dieser Handlungsweg wirklich wichtig?" usw.). Seine Überlegungen legen es nahe, die Lernenden in der Ausstiegs-Phase zur Vorsatzbildung zu ermuntern. Damit kann eine Brücke von der Absicht zum Handeln geschlagen werden.

Erinnerungshilfen: Außerhalb gestalteter Lernumgebungen sind viele Einflüsse wirksam. Diese führen häufig dazu, dass Vorsätze in Vergessenheit geraten. Um dem entgegenzuwirken, werden Erinnerungshilfen eingesetzt. Diese sollen im Praxisfeld die Aufmerksamkeit auf die angestrebten Ziele lenken. Erinnerungshilfen können ganz einfach sein: ein Papier in einer auffälligen Farbe, platziert an einer gut sichtbaren Stelle. Mehr Nachdruck erhalten Erinnerungshilfen, wenn sie mit Konsequenzen verbunden sind. Ist beispielsweise ein Nachtreffen bzw. Fortsetzungstreffen geplant, auf dem über das Schicksal der eigenen Vorsätze berichtet werden soll, dann kann eine Vorsatz-Verletzung mit Folgen versehen werden, die allen Anwesenden zugute kommen. Natürlich funktioniert die konsequenzen-beladene Erinnerungshilfe nur dann, wenn sie humorvoll aufgefasst wird. In Hochschuldidaktik und Erwachsenenbildung haben wir damit gute Erfahrungen gemacht. Die Teilnehmenden berichteten immer wieder, dass sie unter keinen Umständen die selbst auferlegte Buße einlösen wollten und deshalb lieber an die Verwirklichung ihres Vorsatzes als „kleineres Übel" gingen. Ein Beispiel findet sich in Abb. 36.

Wirkungsvoll ist es, wenn Erinnerungshilfen zu einem vorher gut ausgewählten Zeitpunkt im Praxisfeld auftauchen. Dies kann per Post geschehen, per Telefon oder per E-Mail. Der Zeitpunkt für die Erinnerungshilfe sollte so gewählt werden, dass die Realisierung des Vorsatzes kurz bevorsteht. Weiß dies die Leitungsperson, so kann sie beispielsweise eine E-Mail an die Teilnehmenden senden, in der an die Handlungsabsicht erinnert wird. Sie kann auch persönlich anrufen bzw. die Teilnehmenden können untereinander vereinbaren, sich zu erinnern. Mutzeck (2002; 2005) nennt solche Personen „Unterstützungspartner". Im Rahmen von KOPING sprechen wirvon „Praxis-Tandems" (Kap. 6.6). Schließlich ist es auch möglich, einen Brief an sich selbst zu schreiben (siebe Abb. 37) und diesen zu einem vereinbarten Termin abzuschicken.

Praxistandems: Noch wirkungsvoller sind Unterstützungspersonen, die im Praxisfeld anwesend sind. Jeweils zwei Teilnehmende schließen sich zu einem Praxistandem zusammen, planen gemeinsam, helfen sich bei der Umsetzung und reflektieren die Ergebnisse. Die empirischen Untersuchungen zeigen die hohe Relevanz dieser Maßnahme (vgl. Schmidt, 2001; 2005). In der Ausstiegs-Phase können Praxis-Tandems gebildet (falls nicht schon vorher geschehen) und mit den entsprechenden Aufträgen versehen werden.

KOPING-Kleingruppen: KOPING ist ein Kunstwort und bedeutet „Kommunikative Praxisbewältigung in Gruppen". Es ist angelehnt an den aus der Stressforschung bekannten Begriff „coping", der von „to cope with" herrührt und mit „fertig werden mit" oder „bewältigen" übersetzt werden kann. In KOPING-Kleingruppen (vgl. z.B. Wahl, 1991; Schmidt & Wahl, 1999; Schmidt, 2001). unterstützen sich die Lernenden gegenseitig bei der Lösung ihrer Praxisprobleme bzw. bei der Umsetzung neuer Handlungsmöglichkeiten.

5.6.3 Zur Reflexion anregen

Menschen als reflexive Subjekte können und sollen am Ende von Lernprozessen darüber nachdenken, wie diese verlaufen sind, welche Ergebnisse sie erbracht und in welcher Weise sich die eigenen subjektiven Theorien dabei verändert haben. Für derartige Reflexionsprozesse gibt es viele bekannte Verfahren, denken wir nur an Feedbackbögen, an Blitzlichter, Punktabfragen und vieles andere mehr (vgl. z.B. Rabenstein, Reichel & Thanhoffer, 1995, Band 4 „Reflektieren"; Knoll, 1995, S. 184 ff.; Fengler, 1998, S. 120 ff.). In einer reflexionsorientierten Ausstiegssituation werden die Teilnehmenden mit methodischer Unterstützung dazu angeregt, auf eine meta-kognitive Ebene zu gehen, Rückschau zu halten und zu bewerten. Einige ausgewählte Möglichkeiten sollen hier dargestellt werden.

Ich nehme mir bis zum nächsten Treffen vor:
Sollte ich diesen Vorsatz nicht einhalten, so erlege ich mir folgende Buße auf: 0   Ich singe ein Lied vor, erzähle einen Witz oder präsentiere einen Sketch 0   Ich trage ein Gedicht im breitesten Dialekt vor, über den ich verfüge 0   Ich backe einen Kuchen für alle 0   Ich bringe für jede Person eine Blume mit 0   ....(eigene Idee)

Abb. 36: Erinnerungshilfe mit Konsequenzen, die beim nächsten Treffen den anderen Teilnehmenden zugute kommen.

Ein Brief an mich selbst

Weingarten, den 20. November 2005

Liebe.............................
(bitte hier passende Anrede einfügen z.b. „kleine Trödlerin", „süßer Schlamper", „nahezu Perfekter" usw.)

weißt du es noch? Du hast vor einiger Zeit in Weingarten an einer dreiteiligen Fortbildung teilgenommen mit den Präsenzphasen „Wirksame Formen des Lehrens und Lernens", „Nachhaltige Wege vom Wissen zum Handeln" und „Erwachsenengerechtes Lehren und Lernen". Du hast dir am Ende dieser Fortbildung an Änderungen, Innovationen, Erprobungen oder Umstellungen Folgendes fest vorgenommen:

Dieser Brief soll dich an deine eigenen Vorsätze erinnern. Prüfe nach, ob du sie eingehalten hast bzw. überlege, was dich daran hinderte,

Liebe Grüße aus deiner Vergangenheit sendet dir

....
(bitte hier passende Unterschrift einfügen, z.B. Spitzname wie Äffchen, Mausi, Krümel usw.)

Abb. 37: Erinnerungshilfe in Form eines Briefes an sich selbst. Die Teilnehmenden geben der Leitungsperson den an sie selbst adressierten Brief in einem verschlossenen Umschlag ab. Auf die Rückseite schreiben sie das Datum, an dem die Leitungsperson den Brief zur Post geben soll.

Feedbackbögen mit Skalen oder Symbolen: Die Teilnehmenden schätzen von 1 bis 5, von − 2 bis + 2 oder auf einer anderen Skala den Lernprozess, die Lernergebnisse und weitere Sachverhalte ein. Bezüglich des Lernprozesses kann etwa nach dem Lerntempo gefragt werden (Beispiel: „Ich konnte im eigenen Tempo lernen und arbeiten" eher ja 5 4 3 2 1 eher nein), nach dem Interesse (Beispiel: „Die Themen haben mich interessiert" −2 −1 0 +1 +2) oder nach dem Lernklima (Beispiel: „Es war angenehm, in dieser Gruppe zu arbeiten" Zustimmung 1 2 3 4 Ablehnung). Bezüglich der Lernergebnisse können vergleichbare Fragen gestellt werden (Beispiel: „Mit dem Ertrag unserer Arbeit war ich zufrieden" sehr zufrieden 6 5 4 3 2 1 sehr unzufrieden), die bis zum Transfer reichen können (Beispiel: „Die Inhalte des Seminars kann ich in meinem Praxisfeld gut anwenden" Ja – Unentschieden – Nein). Statt der Skalen kann man auch Symbole verwenden. Für einen geringen Lernerfolg können einige Ziegelsteine stehen, für einen mittleren Lernerfolg eine Mauer, für einen großen Lernerfolg ein Haus. Gerne werden auch ein Weinglas mit verschieden hoher Füllung gewählt (leeres Glas für eine niedrige Einschätzung, volles Glas für eine hohe) oder ein Baum als Symbol (dürrer Baum für eine geringe Einschätzung, blühender Baum für eine hohe). Häufig sind auch lachende, neutrale und weinende Gesichter (Smilies) in einer Reihe angeordnet als Symbole für positive, neutrale oder negative Bewertungen. Für die Zahl der Zwischenstufen gibt es keine klaren Regeln. Sind es zu wenige Alternativen, fehlt die Differenzierung, sind es zu viele, dann fühlen sich die Teilnehmenden zuweilen überfordert. Bei der Konstruktion von Feedbackbögen mit Skalen oder Symbolen sollte man von den angestrebten Zielen und vom Adressatenkreis her situationsspezifisch entscheiden, welche Sachverhalte in welcher Abstufung und in welcher Darstellungsform verwendet werden sollen.

In vielen Zusammenhängen ist es heutzutage üblich, beim Ausstieg Feedback-Bögen ankreuzen zu lassen. In der betrieblichen Weiterbildung wird auf diese Weise die Qualität der Veranstaltungen überwacht, in den Hochschulen wird die Lehre damit evaluiert und selbst in Schulen setzen die Lehrpersonen ab und zu solche Instrumente ein, zum Beispiel am Ende von Projekten oder längeren Themeneinheiten. So gängig diese Praxis ist, so problematisch ist sie auch. Das hat zwei Gründe. Der erste liegt in der Ausstiegssituation selbst. Der Lernprozess ist zu Ende. In der Regel wurden in seinem Verlauf keine Rückmeldungen eingeholt. Die Lernenden erlebten sich den Lehrpersonen ausgeliefert, oder um in einer Metapher von DeCharms (1968; 1979) zu sprechen, als Marionetten („pawns"). Nun sollen sie plötzlich über den Lernprozess reflektieren. Sie wissen jedoch, dass ihre Feedbackbögen den Lernprozess nicht mehr beeinflussen können, denn der ist ja vorbei. Sie wissen auch, dass sie nicht erfahren werden, wie die Feedbackbögen insgesamt angekreuzt wurden. Denn Metakommunikation über die ausgewerteten Bögen ist in der Regel ja nicht vorgesehen. Die Motivation, sich intensiv mit den Feedback-Instrumenten auseinanderzusetzen ist folglich sehr gering. Dazu mag in manchen Fällen noch kommen, dass immer wieder die gleichen Bögen ausgeteilt werden, so dass das Bearbeiten wie ein sinnarmes Ritual erscheinen muss. Läuft dann dieses noch unter Zeitdruck ab, ist eine angemessene Reflexivität nicht mehr zu erwarten. Das bedeutet umgekehrt, dass die Ergebnisse dieser Feedback-Instrumente nicht ernst genommen werden können. Auch wenn es üblich ist, Durchschnittswerte auszurechnen und diese als valide Maßstäbe zu betrachten, so sind doch erhebliche Zweifel an deren Aussagekraft angebracht. Überspitzt könnte man formulieren: Je weniger Personen von Lernprozessen verstehen, umso mehr klammern sie sich an solch fragwürdige Werte. Wir raten deshalb nur dann in der Ausstiegs-Situation zu Feedbackbögen, wenn (1) schon während des Lernprozesses Rückmeldungen eingeholt wurden und deren Ergebnisse erkennbar auf den Lernprozess zurückgewirkt haben und wenn (2) in der Abschluss-Phase genügend Zeit ist, die Bögen auszuwerten und deren Ergebnisse mit den Teilnehmenden zu besprechen.

Punktabfragen: Die aus der Moderatorentechnik bekannten Punktabfragen (Klebert, Schrader & Straub, 1992; 2002) können in Ausstiegs-Situationen eingesetzt werden, um zu Reflexionen anzuregen. Eine Möglichkeit ist es, an Tafel, Pinnwand oder Flipchart ein Thermometer zu visualisieren. Hohe Temperaturen stehen im übertragenen Sinnen für einen positiven Eindruck, niedrige für einen negativen. Jede Person erhält einen Klebepunkt bzw. soll mit Kreide oder Filzstift einen Punkt eintragen. Sinnvollerweise wird vor die Punktabfrage eine Vergewisserungsphase gesetzt, in der sich die Teilnehmenden alleine, paarweise oder in Kleingruppen Gedanken darüber machen, wo sie ihren Punkt anbringen möchten. Danach werden die Punkte markiert. In kurzer Zeit entsteht ein Gesamtbild, über das kommuniziert werden sollte. Hierbei erläutern einzelne Personen, aus welchen Überlegungen heraus sie ihren Punkt an einer bestimmten Stelle platziert haben. Dabei sollten sich sowohl Personen äußern, die in einem mittleren Bereich markiert haben, als auch solche, die eher die Extreme gewählt haben. Punktabfragen können auch mit einer Zielscheibe (Rabenstein, Reichel & Thanhoffer, 1995, Band 4), mit einer Waage (Knoll, 1995) oder mit anderen Symbolen durchgeführt werden. Dabei sollte man bedenken, dass eine Punktabfrage ein öffentlicher Vorgang ist. Als soziale Wesen orientieren sich die Teilnehmenden an den Wertungen anderer Personen. Da gibt es bei den einen die Tendenz, sich dem Gruppendurchschnitt anzuschließen, um sich nicht der Kritik auszusetzen. Andere wählen dagegen bewusst eine Gegenposition, um sich abzuheben oder um sich sonst zu profilieren. Insofern spiegeln die Punkte nicht die tatsächlichen Einschätzungen wider. Umso wichtiger ist es, von den einzelnen

5. Verändern handlungssteuernder Strukturen

Personen zu hören, welche Überlegungen sie durchlaufen haben. Häufig kommt es vor, dass Punkte weit voneinander entfernt liegen und doch etwas Ähnliches damit gemeint ist. Umgekehrt kann man aus den Stellungnahmen zu eng benachbarten Punkten manchmal herauslesen, dass die Bewertungen sehr unterschiedlich sind. Punktabfragen bilden folglich die tatsächlichen Meinungen nicht exakt ab, sie können dennoch als motivierender Sprechanlass in einer Ausstiegssituation dienen. Nicht sinnvoll ist es, was immer wieder zu beobachten ist, dass Lehrende und Lernende die Ergebnisse der Punktabfrage betrachten und dass sie dann, ohne darüber zu kommunizieren, auseinander gehen. Hier wird die Chance auf differenzierte Stellungnahmen verspielt und zugleich wird Phantasien, wie denn die Punkteverteilung zu interpretieren sei, Tür und Tor geöffnet.

Blitzlicht: Geradezu klassisch sind Blitzlichter in der Ausstiegs-Situation. Sie kosten wenig Vorbereitung und laufen problemlos ab, wenn die Teilnehmenden mit dieser Methode vertraut sind. Die Anmoderation zum Abschluss-Blitzlicht kann unspezifisch sein und es jeder Person überlassen, zu welchem Aspekt sie Stellung nehmen möchte. Sie kann aber auch sehr spezifisch sein. Häufig verwendete Fragestellungen sind: „Was nehme ich mit und was lasse ich hier?", „Was packe ich in meinen Rucksack?", „Was hat mich besonders beeindruckt?", „Woran möchte ich weiterarbeiten?" In jedem Fall sollte vor einem Blitzlicht eine Vergewisserungsphase eingeschoben werden, damit die Teilnehmenden ausreichend Zeit haben, über die Fragestellung zu reflektieren.

Partnerinterview: Die Teilnehmenden stellen sich abwechselnd Fragen zu Verlauf und Ergebnissen des Lernprozesses. Die einzelnen Fragen können sich dabei auf den Lernprozess beziehen („In welchen Phasen warst du besonders aufmerksam, in welchen weniger?), auf das Lernergebnis („Wie zufrieden bist du mit dem Ertrag deiner Arbeit?"), auf den Transferprozess („Was hast du dir ganz konkret vorgenommen?") oder auf eine Fortsetzung der Thematik („Welche Sachverhalte würdest du gerne vertiefen?"). Zu jeder Frage wird ausführlich diskutiert, so dass ein intensiver Reflexionsprozess in Gang kommen kann. Wie immer beim Partnerinterview hat jede Person die Chance auf einen hohen Sprechanteil. Die Redeschwelle ist niedrig. Durch den vorgeschriebenen Wechsel beim Fragenstellen wird eine symmetrische Kommunikation unterstützt. Die unterschiedlichen Fragen sorgen für Abwechslung. Das Partnerinterview hat in der von nachlassender Aufmerksamkeit gekennzeichneten Schlussphase nach unseren Erfahrungen eine belebende Wirkung. Es ist nicht erforderlich, die Ergebnisse des Partnerinterviews ins Plenum einzubringen. Wird dies jedoch angezielt, kann man das Partnerinterview als eine vorauslaufende Reflexionsphase betrachten, die es den Lernenden erleichtert, sich hinterher im Plenum zu artikulieren.

Multi-Interview: In besonderer Weise werden die Teilnehmenden in der Abschluss-Phase durch das Multi-Interview aktiviert. Jede Person erhält dabei eine andere Frage zu Lernprozess, Lernergebnis, Transfer, Fortsetzung der Thematik usw. In einer ersten, kurzen Expertenphase macht sich jede Person mit der ihr zugewiesenen Frage vertraut, denkt über sie nach, stellt dann allen anderen Personen im Raum in alternierenden Paarbildungen diese eine Frage und notiert die Antworten. Umgekehrt wird ihr jedesmal eine andere Frage gestellt. Die wechselnden personellen Gruppierungen wirken ebenso erfrischend wie die mit dem Umhergehen verbundene Bewegung. Hinterher kann jede Person im Plenum berichten, welche Antworten auf die von ihr gestellte Frage gegeben wurden. Bei großen Teilnehmerzahlen wird das Multi-Interview in Gruppen durchgeführt.

Gläserne Lehrende: Reflexionsprozesse sind häufig einseitig: Die Lehrenden wollen zwar wissen, was die Lernenden gedacht und gefühlt haben, jenen aber nicht die eigenen Wahrnehmungen preisgeben. Die Methode „Gläserne Lehrende" dreht den Spieß um. Die Lehrenden sind die Akteure im Reflexionsprozess und die Lernenden das Publikum. Aufgabe der Lehrenden ist es, durch „lautes Denken" die innerlich abgelaufenen Prozesse öffentlich zu machen. Das ist sicherlich eine sehr anspruchsvolle Ausstiegs-Methode, die den Lehrenden hohe Kompetenzen abverlangt. Entsprechend selten wird sie eingesetzt. – Worüber könnten Lehrende „laut nachdenken"? Eine ganz einfache Möglichkeit ist es, Planung und Durchführung miteinander zu vergleichen. Vor Beginn des Lernprozesses hatte sich die Lehrperson einen Ablauf ausgedacht. Nun kann sie darüber reflektieren, ob dieser ursprüngliche Plan beibehalten werden konnte und wo er situationsspezifisch modifiziert werden musste. Für die Lernenden ist dieser Perspektivenwechsel vor allem dann interessant, wenn die behandelten Themen mit Lehren und Lernen zu tun haben, wie etwa in der Lehrerbildung. Hier wird der „pädagogische Doppeldecker" auf besonders elegante Weise „geflogen". Eine zweite Möglichkeit ist es, von den eigenen Emotionen auszugehen. Da gibt es Zeitpunkte, an denen positive Emotionen deutlich spürbar waren und Zeitpunkte, an denen negative Emotionen dominierten. Hierüber zu berichten erfordert Offenheit und Taktgefühl. Offenheit, weil verborgene innerpsychische Prozesse vor anderen Menschen ausgebreitet werden. Taktgefühl, weil positive Emotionen von den Zuhörenden leicht als „das haben wir gut gemacht" interpretiert werden und negative Emotionen als „da haben wir versagt". Dieses Missverständnis sollte unbedingt vermieden werden, denn sonst geraten die „gläsernen Lehrenden" zu einer als metakommunikative Ausstiegsmethode getarnten Zeugnisvergabe. Eine dritte Möglichkeit ist es, das „laute Denken" über Prozess und Ergebnisse unter das Motto: „Was nehme ich mit?" zu stellen. Hier reflektiert die Lehrperson über die Veränderung der eigenen subjektiven Theorien. Sie thematisiert Punkte, an denen sie selbst dazugelernt hat und führt aus, welche Schlüsse sie aus den gemachten Erfahrungen zieht. Insgesamt sind die „gläsernen Lehrenden" sicherlich die anforderungsreichste Ausstiegsmethode. Gute Erfahrungen haben wir gemacht, wenn der Lernprozess von mehreren Lehrenden geleitet wurde. Diese haben sich in die Mitte gesetzt, so getan, als ob das Plenum gar nicht anwesend wäre, und in einer Art „Auswertungssitzung" offen, jedoch stets taktvoll, über Lernprozess und Lernergebnisse gesprochen. Wer es sich zutraut, diese Methode einzusetzen, sollte die Zuhörenden in einer kurzen Anmoderation auf die damit verbundenen Chancen und Gefahren hinweisen und sich bei der Vorbereitung gut überlegen, was er sagt und wie er es sagt. Aus dem Stegreif sind die „gläsernen Lehrenden" nicht zu machen.

5.6.4 Emotionale Verarbeitung unterstützen

Haben die Lernenden über längere Zeit einen gemeinsamen Lernweg zurückgelegt, so sind durch verschiedene Formen der Kooperation menschliche Bindungen entstanden. Am Ende wird die Zusammengehörigkeit wieder aufgelöst und das muss bewältigt werden. Für die emotionale Verarbeitung von Abschluss-Situationen stellt unsere Kultur verschiedene Rituale zur Verfügung: Man kann gemeinsam essen oder trinken, feiern oder festen. Man kann sich persönlich voneinander verabschieden, sich beschenken und sich Wünsche für die Zukunft mitgeben. Dies alles ist auch beim Ausstieg aus Lernprozessen möglich und dafür braucht bestimmt niemand eine methodische Anleitung. Möglich ist es auch, an das Ende eine Entspannungsübung zu setzen, in der in Form einer Phantasiereise der Lernweg nachvollzogen wird. Möglich ist es, materielle Erinnerungshilfen auszuteilen, zum Beispiel Steine, Muscheln oder Glasmurmeln. Diese können in einander zugelosten Paaren überreicht und mit besonderen Wünschen für die Realisierung der Vorsätze versehen werden. Es ist auch möglich, den Teilnehmenden Freiräume zu gewähren, in denen sich die Personen voneinander verabschieden können. Durch diese und andere Formen (vgl. Rabenstein, Reichel & Thanhoffer, 1995, Band 4; Geißler, 1992) kann in der Ausstiegs-Situation die emotionale Verarbeitung unterstützt werden.

5.6.5 Der Ausstieg – selbst wieder ein Sandwich

Steigt man aus einer 45-Minuten-Lektion oder aus einer Doppelstunde aus, dann kann aus Gründen der Verhältnismäßigkeit dem Ausstieg nur wenig Raum gewidmet werden. Je nach Thematik, Zeitpunkt und Adressaten sind kurze, wenig aufwändige Formen zielführend. Eine Sortieraufgabe am Ende einer Lektion nimmt vielleicht ein oder zwei Minuten in Einzelarbeit in Anspruch; danach kann man etwas Zeit für das Lückenschließen in Partnerarbeit lassen und am Ende die offenen Fragen im Plenum besprechen. Insgesamt sind für diesen inhaltsorientierten Ausstieg etwa 5 Minuten einzuplanen. Eine Doppelstunde kann mit einer Struktur-Lege-Technik, einem Netzwerk in Gruppen oder mit der Schwarz-Weiß-Methode enden. Eine Themeneinheit über etliche Lektionen kann man mit einem Partnerinterview, einem Multi-Interview, einer Gruppen-Rallye, einem moderierten Netzwerk oder komplexen Aufgaben abschließen. Je länger der Lernprozess, umso mehr Komponenten sollte die Ausstiegs-Situation umfassen. In Hochschuldidaktik und Erwachsenenbildung sind wegen der größeren Berufsnähe transferorientierte Abschlüsse denkbar mit Simulationen, vereinfachten Praxissituationen (Micro-Acting), Vorsatzbildungen und dem In-Gang-Setzen kollegialer Praxisberatung (Unterstützungspersonen, Praxistandem, KOPING-Kleingruppen). Bei längeren Lernprozessen macht es parallel dazu Sinn, zur Reflexion anzuregen mit Blitzlichtern, Punktabfragen oder Partner-Interviews. Geht ein Teilnehmerkreis auseinander, der längere Zeit zusammen gearbeitet hat, sollte auch die emotionale Verarbeitung der Abschluss-Situation unterstützt werden. Es zeigt sich also, dass jede Lehrperson nach Thema, Zielen, Adressatenkreis, Dauer des Lernprozesses und eigenen Kompetenzen aus den vier Basiskomponenten einen situationsangemessenen Ausstieg selbst kreieren muss. Es gibt hier keine universell gültigen Standardmodelle. Wichtig ist dabei, dass umfangreichere Ausstiege nicht in einer einzigen langen kollektiven Phase ablaufen, sondern dass sie selbst wieder wie ein Sandwich aufgebaut sind. Hierzu ein Beispiel (siehe Abb. 38). In der Erwachsenenbildung tätige Dozentinnen und Dozenten wurden drei Mal zwei Tage für ihr Tätigkeitsfeld weitergebildet. Dazwischen lagen mehrwöchige Transferphasen („großes Sandwich"), in denen sich die Lernenden in Tandems und Kleingruppen bei ihren Umsetzungsversuchen unterstützten. Die Ausstiegs-Situation aus der gesamten Maßnahme enthielt mehrere Basiskomponenten und dauerte knapp zwei Stunden.

5. Verändern handlungssteuernder Strukturen

Gelenkstelle: Ankündigen der Ausstiegsphase, Nennen der einzelnen Teilschritte mit der visualisierten Agenda (Pinnwand). Austeilen der Begriffe für das „moderierte Netzwerk" als Element eines inhalts-orientierten Ausstiegs. Erläutern der Vorbereitungsphase des „moderierten Netzwerkes" (Sequenzierung)
Zeitbedarf: 3 bis 5 Minuten

Expertenphase: Teilnehmende bereiten sich in Einzelarbeit auf ihren Beitrag vor. Sie benutzen dabei ihre Unterlagen.
Zeitbedarf: etwa 10 Minuten

Gelenkstelle: Ein Sitzkreis wird arrangiert. Erläutern der Präsentationsphase des „moderierten Netzwerkes" (Sequenzierung)
Zeitbedarf: etwa 3 Minuten

Lehrperson moderiert; Teilnehmende präsentieren
Zeitbedarf: etwa 20 Minuten

Gelenkstelle: Diskussion über die eben erlebte Methode. Klären inhaltlicher Fragen. Anmoderation des „Multi-Interviews" als Element eines reflexions-orientierten Ausstiegs. Austeilen der Interview-Blätter. Erläutern der Expertenphase des Multi-Interviews (Sequenzierung)
Zeitbedarf: unbestimmt

Expertenphase: Teilnehmende bereiten sich auf ihre Frage vor, indem sie diese in Form einer Selbstreflexion beantworten. (Beispiel: „In welchen Phasen der Weiterbildung hast du mit hoher Motivation mitgearbeitet? In welchen Phasen warst du weniger oder gar nicht motiviert?")
Zeitbedarf: etwa 5 Minuten

Gelenkstelle: Erläutern der Puzzlephase des Multi-Interviews (Sequenzierung). Bilden der ersten Paare in einer Art „Marktplatz-Situation"
Zeitbedarf: etwa 3 Minuten

Puzzlephase: Stellen und Beantworten der Fragen in ständig wechselnden Paaren.
Zeitbedarf: etwa 20 Minuten

Gelenkstelle: Beenden des Multi-Interviews; Rückkehr in den Sitzkreis; Erläutern der Berichtsphase des Multi-Interviews (Sequenzierung)
Zeitbedarf: etwa 3 Minuten

Berichte der einzelnen Teilnehmenden über die Antworten auf die jeweils von ihnen gestellte Frage. Dazu metakommunikative Diskussion über die Inhalte der Berichte.
Zeitbedarf: etwa 15 Minuten

Gelenkstelle: Beenden der Plenumsdiskussion. Erläutern der Methode „Gläserne Lehrende"
Zeitbedarf: etwa 1 bis 2 Minuten

„Gläserne Lehrende": Lehrperson vergleicht ursprüngliche Planung mit dem erlebten Verlauf und berichtet Punkte, aus denen sie für künftige Weiterbildungen etwas gelernt hat. Dazu metakommunikative Diskussion über die Aussagen.
Zeitbedarf: etwa 10 Minuten

Gelenkstelle: Hinweis auf das gemeinsame Abendessen, mit dem die Maßnahme schließt, als Element eines Ausstiegs, der die emotionale Verarbeitung unterstützt.
Zeitbedarf: etwa 5 Minuten

Abb. 38: Zweistündige Ausstiegs-Situation aus einer längeren Maßnahme, als Sandwich aufgebaut

Kommentar zum Beispiel: Die Vorbereitung auf das „moderierte Netzwerk" wurde von den Teilnehmenden sehr ernst genommen. Die geplante Vorbereitungszeit von 10 Minuten musste auf 20 Minuten verlängert werden. Dafür waren die Beiträge selbst sehr kompetent vorgetragen und visualisiert. Inhaltliche Fragen gab es in der anschließenden Gelenkstelle keine mehr. Das Multi-Interview wurde als sehr anregend erlebt. Die Teilnehmenden reflektierten unterschiedlich lange über die einzelnen Fragen. Die Berichte der Interviewer im Plenum gaben wenig Anlass zur Diskussion. Die Statements des „gläsernen Lehrenden" wurden mit großer Aufmerksamkeit verfolgt. Einige der Aussagen wurden diskutiert. Die Stimmung beim abschließenden Abendessen, für das die Teilnehmenden verschiedene Einlagen vorbereitet hatten, war gut. Ein transfer-orientiertes Ausstiegselement war nicht vorgesehen, weil die Teilnehmenden schon zu Beginn der Maßnahme vereinbart hatten, in den gebildeten Praxis-Tandems weiterzuarbeiten.

5.7 Kompetent handeln lernen durch eine sandwichartig aufgebaute Lernumgebung

Die traditionelle kognitivistische Position zum Lehren und Lernen, die über Jahrzehnte unser Bildungssystem geprägt hat und auch heute noch den schulischen Unterricht, die Hochschuldidaktik und die betriebliche Erwachsenenbildung dominiert, geht davon aus, dass Lernen ein rezeptiver Prozess ist, bei dem die Lernenden fremdgesteuert und eher passiv die Inhalte genau in jener Struktur aufnehmen, in der sie ihnen von Expertinnen und Experten dargeboten wird. Versteht man jedoch in Kontrast dazu menschliches Lernen als einen einzigartigen, vom Individuum selbst gesteuerten, aktiven und zugleich konstruktiven Prozess, so gelangt man schnell zu der Erkenntnis, dass dieser *von außen nur bedingt beeinflussbar* ist. Lernen, das muss jede Person selbst. Lehrpersonen können zwar lehren, aber das gibt ihnen keine Garantie dafür, dass die angezielten Lernprozesse auch tatsächlich ablaufen. Das bedeutet, dass die Leiter oder Organisatoren von Lernprozessen keine direkte Kontrolle über die von ihnen beabsichtigten Wirkungen haben. Das Erleben der begrenzten eigenen Wirksamkeit mag einer der Gründe dafür sein, warum Lehrpersonen sich häufig hilflos fühlen und in einem erstaunlich hohen Maße burnout-gefährdet sind (Barth, 1992). In Bezug auf die Begriffe „Lehren" und „Lernen" ist Bescheidenheit am Platze. Statt von Instruieren, Unterrichten oder Lehren sollte man besser von der Entwicklung bzw. *Gestaltung von Lernumgebungen* sprechen. Der Begriff „Lernumgebung" signalisiert die neue Zurückhaltung auf vortreffliche Weise: es wird nicht mehr der Anspruch erhoben, man könne Lernprozesse direkt beeinflussen. Der Anspruch ist deutlich niedriger: Lehrpersonen bzw. Leitungspersonen sehen ihre Aufgabe lediglich darin, günstige Voraussetzungen für Lernprozesse zu schaffen! Sie stellen eine Umgebung bereit, die einzigartiges, selbstgesteuertes, aktives und konstruktives Lernen ermöglicht und fördert.

Eine Lernumgebung kann man als ein planvoll hergestelltes Lern-Arrangement betrachten. Didaktische, methodische, materielle und mediale Aspekte werden so angeordnet, dass die Wahrscheinlichkeit für die erhofften Lernprozesse möglichst hoch wird. In den letzten Jahren wurde versucht, die verschiedenen Arten von Lernumgebungen, die in Schulen, Hochschulen und Erwachsenenbildung anzutreffen sind, einigermaßen trennscharf zu klassifizieren. Bekannt geworden ist dabei der Versuch von Gabi Reinmann-Rothmeier und Heinz Mandl (2001), drei Arten von Lernumgebungen zu typisieren: eine kognitivistisch gefärbte Auffassung, eine konstruktivistisch gefärbte Auffassung sowie eine integrierte Position. Während die beiden „puristischen" Positionen noch einigermaßen deutlich werden, ist die dazwischen liegende dritte Position recht unklar. Das kann man schon an den vier verschiedenen Bezeichnungen erkennen(integriert, pragmatisch, problemorientiert, gemäßigt konstruktivistisch), die gleichbedeutend hierfür verwendet werden: „integriert" im Sinne einer Synthese instruktionaler und konstruktivistischer Elemente; „pragmatisch" im Sinne einer an der Wirklichkeit orientierten Sichtweise; „problemorientiert" im Sinne einer von relevanten Problemen ausgehenden Lehr-Lern-Strategie; „gemäßigt konstruktivistisch" im Sinne einer an den alltäglichen Erfordernissen des Lehrens und Lernens ausgerichteten Relativierung radikal konstruktivistischer Ideen. Möglicherweise ist es noch zu früh für eine Typisierung von Lernumgebungen, die darauf abgestimmt sind, einzigartiges, selbstgesteuertes, aktives und konstruktives Lernen zu fördern. Möglicherweise gibt es auch zwischen den Polen von Instruktion einerseits und Konstruktion andererseits mehrere Typen von Lernumgebungen, je nach organisatorischem Kontext, je nach Adressaten, je nach angestrebten Zielen und je nach dem Kompetenzniveau der Leitenden oder Lehrenden. Deshalb bezeichnen wir die hier vorgestellte Lernumgebung zunächst einmal ganz schlicht nach ihrem Bauplan als „sandwichartig" aufgebaute Lernumgebung. Vielleicht findet sich in den nächsten Jahren eine treffendere Bezeichnung für eine Lernumgebung, die einerseits aktives, selbstgesteuertes Lernen abverlangt, andererseits aber auch genügend inhaltliche und lernstrategische Orientierungen bietet. Die nach dem Sandwich-Prinzip gestaltete Lernumgebung ermöglicht und fördert den *Erwerb von Handlungskompetenzen*; umgekehrt wirkt sie trägem Wissen entgegen. Unter Handlungskompetenz wird hier die Fähigkeit verstanden, auf der Basis fachlicher, sozialer, methodischer und personaler Teilkompetenzen situationsangemessen handeln zu können. Aus handlungspsychologischer Perspektive betrachtet bedeutet dies, dass die Person beim „Handeln unter Druck" in der Lage ist, bisherige eigene Handlungstendenzen, die sie als suboptimal erkannt hat, außer Kraft zu setzen und statt dessen so zu handeln, wie es ihr – aufgrund ihrer durch Lernprozesse gesteigerten Möglichkeiten – nunmehr angemessener erscheint. Umfassendes Ziel ist dabei, die in den Menschenbild-Annahmen des epistemologischen Subjektmodells unterstellten Fähigkeiten in dem Sinne zu steigern, dass Lehrende wie Lernende in immer mehr Situationen und immer umfassender in der Lage sind, autonom, reflexiv und (meta-) kommunikativ zu handeln. Wie werden diese Ansprüche von der sandwichartig aufgebauten Lernumgebung eingelöst? Dies soll an den vier Kernaussagen des „epistemologischen Subjektmodells" (Groeben & Scheele, 1977; Groeben, 1986; Groeben, Wahl, Schlee & Scheele, 1988; Scheele & Groeben, 1988; Wahl, 1991) verdeutlicht werden, nämlich der Autonomiefähigkeit, der Reflexivitätsfähigkeit, der Kommunikationsfähigkeit und der Handlungsfähigkeit. In diesen vier Aspekten manifestiert sich das, was wir als *Handlungskompetenz* bezeichnen. Werden sie unterstützt und gefördert, dann wird der Weg vom trägen Wissen zum kompetenten Handeln erfolgreich zurückgelegt.

Autonomiefähigkeit: Die in Form eines Sandwiches aufgebaute Lernumgebung unterstützt und fördert selbstgesteuertes Lernen durch eine ganze Reihe von Merkmalen. Erstens besteht die Grundidee des Sandwich-Prinzips darin, systematisch *Phasen der subjektiven Auseinandersetzung* einzuschieben. Nimmt man die Erkenntnisse der aktuellen Lernpsychologie ernst, die nahelegen, dass die kognitiv-emotionalen Strukturen jeder Person einzigartig sind, so ist dies unverzichtbar. Für die Leitungs- oder Lehrpersonen ist damit ein enormer Rollenwechsel verbunden: während der Phasen der subjektiven Auseinandersetzung sollen sie sich zurückhalten, möglichst nicht invasiv eingreifen, dafür jedoch beratend und unterstützend zur Verfügung stehen. Aber auch die Lernenden müssen sich umstellen. Sie können in den eingeschobenen Phasen *im eigenen Lerntempo* lernen. Das ist ungewohnt. Die Schnelleren müssen nicht mehr warten, bis die Anderen so weit sind und die Langsameren müssen sich nicht mehr beeilen, um hinterherzukommen. Haben die Lernenden einmal verstanden, welche Chancen sich dadurch für die Selbststeuerung der eigenen Lernprozesse bieten, dann nützen sie in zunehmenden Maße diese Gelegenheit, was sich positiv auf intrinsische Motivation, Kompetenzerleben und persönlichen Lernfortschritt auswirkt. Zweitens unterstützen die Lehrenden die Autonomiefähigkeit in dieser Lernumgebung durch *Transparenz*. Ein einfaches Instrument für die Transparenz des Ablaufs ist die Agenda, die es erlaubt, das geplante Lern-Arrangement gemäß der Interessen der Lernenden zu modifizieren. Inhaltliche Transpararenz schafft der komplexere „Advance Organizer". Beide Instrumente erlauben es den Lernenden, zu durchschauen, was beabsichtigt ist. Sie erhöhen damit die Chance, zu intervenieren. Drittens unterstützen die verschiedenen Formen des *„wechselseitigen Lehrens und Lernens"* das Autonomie-Erleben. Die Lernenden erhalten Teilthemen, die sie sich selbstgesteuert aneignen. Hierfür sind sie in der zweiten Arbeitsphase Expertin oder Experte, nehmen also in Bezug auf das erarbeitete Teilthema eine Ausnahmestellung ein. Die Folgen für Kompetenzerleben und Interesse sind nachweislich günstig. Viertens wird die Autonomiefähigkeit durch die Verwendung *kognitiver Landkarten* gefördert. Die Lernenden (re-)konstruieren ihre subjektiven Wissens- oder Handlungsnetze und erfahren dabei die Einzigartigkeit ihrer kognitiv-emotionalen Strukturen. Die Lernenden erkennen, dass es darauf ankommt, wie sie selbst die neuen Inhalte in die jeweils individuellen Vorkenntnisse integrieren und sie nehmen wahr, dass es nicht das Ziel sein kann, eine für alle Lernenden gleiche, genormte Struktur zu erstellen. Am Beispiel der kognitiven Landkarten wird deutlich, dass durch das Sandwich-Prinzip einzigartige Lernwege in gemeinsame Lernwege eingeflochten werden können. Fünftens wird das Erleben autonomen Handelns dadurch unterstützt, dass – vor allem im Bereich von Erwachsenenbildung und Hochschuldidaktik – die Teilnehmenden ihre Veränderungsziele selbst bestimmen, sich selbst daran erinnern und ohne Führung durch Leitungs- oder Lehrpersonen den Transfer in die Praxis unternehmen. Noch ein letzter Punkt. Wenn einzigartige Lernwege im eigenen Lerntempo in der sandwichartig aufgebauten Lernumgebung eine so große Rolle spielen, dann muss die Autonomiefähigkeit auch im Bereich der Leistungsbewertung unterstützt werden. Dies kann dadurch geschehen, dass Formen der *Selbstbewertung* gleichberechtigt neben die Formen der Fremdbewertung gestellt werden. Bernhart (2005) und Bohl (2004) machen hierfür sinnvolle und gut umsetzbare Vorschläge. Im Bereich der sozial kommunikativen Aspekte sehen diese für wechselseitiges Lehren und Lernen beispielsweise so aus (Bernhart, 2005, S. 246): „Ich habe meinem Lernpartner / meiner Lernpartnerin meinen Text verständlich erklärt (0 – 1 – 2 Punkte). Ich habe meinem Lernpartner / meiner Lernpartnerin aufmerksam zugehört (0 – 1 – 2 Punkte). Ich habe Fragen meines Lernpartners / meiner Lernpartnerin richtig beantwortet (0 – 1 – 2 Punkte). Wir haben die Aufgaben gleichberechtigt gemeinsam bearbeitet (0 – 1 – 2 Punkte)." In zunehmenden Maße autonom und selbstgesteuert handeln zu können, ist ein erstes wesentliches Kennzeichen einer gesteigerten Handlungskompetenz.

Reflexivitätsfähigkeit: Bei den Menschenbildannahmen des Forschungsprogramms Subjektive Theorien spielt die Reflexivitätsfähigkeit eine besondere Rolle. Groeben und Scheele (1977) haben die Initialzündung für dieses Forschungsprogramm mit „Argumente für eine Psychologie des reflexiven Subjekts" überschrieben, weil es ihnen wichtig war, in Abhebung zu anderen Ansätzen zu betonen, dass menschliches Handeln auf dieser Grundvoraussetzung beruht. Dementsprechend wird in der hier skizzierten Lernumgebung die Reflexivitätsfähigkeit systematisch unterstützt. Der gesamte erste Lernschritt ist darauf abgestimmt. Dort werden handlungsleitende subjektive Theorien ins Bewusstsein gehoben, damit sie reflexiv bearbeitet werden können. Unterstützend wirken hierbei Selbstreflexionen, Selbstbeobachtungen, der Perspektivenwechsel, der Pädagogische Doppeldecker, die Methode Szene-Stopp-Reaktion und verschiedene Feedback-Verfahren. In ganz herausgehobener Weise fördert die Weingartener Appraisal Legetechnik (WAL) die Reflexivitätsfähigkeit, weil hierbei die situationsspezifischen Gedanken und Gefühle zu situationsübergreifenden Prototypen gebündelt werden. Dies erlaubt einen so tiefen Einblick in die Strukturen des eigenen Handelns, wie er mit keinem anderen Verfahren erreichbar ist. Auch der zweite Lernschritt fußt auf der Reflexivitätsfähigkeit. Die Entwicklung neuer Problemlösungen ist ohne sie nicht denkbar. Im dritten Lernschritt werden beim In-Gang-Bringen des neuen Handelns in besonders hohem Ausmaße Metakognitionen (Konrad, 2004; 2005) hervorgerufen. Die Teilnehmenden, setzen sich Ziele, planen Handlungen, überwachen deren Ausführung, bewerten die erzielten Ergebnisse und orientieren sich daran bei ihrem weiteren Handeln. In zunehmenden Maße reflexiv zu sein und sein Handeln zunehmend besser planen, überwachen und bewerten zu können, ist ein zweites wesentliches Kennzeichen einer gesteigerten Handlungskompetenz.

Kommunikationsfähigkeit: Obwohl durch die in Form eines Sandwiches aufgebaute Lernumgebung individuelles, einzigartiges Lernen im Mittelpunkt steht, wird dennoch auch die Kommunikationsfähigkeit intensiv gefördert. Dies geschieht schon in der Einstiegsphase durch Hilfen zur Überwindung der Redeschwelle, wie etwa Partnerinterview oder Kugellager. Die Teilnehmenden bzw. Lernenden werden zusätzlich immer wieder in neue Zusammensetzungen gebracht. Dieses Mischen verlangt es dem Einzelnen ab, sich auf alle an einer Lerngruppe teilnehmenden Personen einzustellen. In den gesamten Lernprozess eingestreute Methoden wie Vergewisserungsphasen oder Blitzlichter bieten die Gelegenheit, in kleinen Sozialformen gleichermaßen wie im Plenum konstruktiv zu kommunizieren. Eine Ausnahmestellung nimmt das wechselseitige Lehren und Lernen ein. Es regt zur gemeinsamen Wissenskonstruktion an, bietet höchst reizvolle Sprechanlässe durch die Expertenrolle und mischt die Lernenden permanent durch. Werden Praxistandems und KOPING-Kleingruppen angeboten, so wird die Kommunikationsfähigkeit auf ganz besondere Weise gefördert. In den Praxis-tandems unterstützen sich die Teilnehmenden bei der Entwicklung der jeweils individuellen Problemlösungen, sie planen kooperativ ihr künftiges Handeln, sie evaluieren die Handlungsergebnisse durch Formen der kollegialen Hospitation im Praxisfeld und sie unterstützen sich emotional. Dies alles ist ohne eine äußerst intensive Kommunikation nicht möglich. In den KOPING-Kleingruppen findet, wie schon der Name ausdrückt, eine „kommunikative Praxisbewältigung" statt. Diese setzt, damit die Gruppe arbeitsfähig wird und bleibt, zusätzlich verschiedene metakommunikative Vorgehensweisen voraus. So geht es darum, sich über gemeinsame Ziele klar zu werden, den Arbeitsprozess zu regulieren und mit Störungen umzugehen. Hierbei helfen Rollen (Gastgeber, Moderator usw.), die im systematischen Wechsel von allen Teilnehmenden eingenommen werden. In zunehmendem Maße die anstehenden Aufgaben kommunikativ und metakommunikativ angehen und bewältigen zu können, ist ein drittes wesentliches Kennzeichen einer gesteigerten Handlungskompetenz.

Handlungsfähigkeit: Die vierte Menschenbildannahme bezieht sich in besonderem Maße auf die Thematik dieses Buches. Grundfragestellung war ja, wie wirksame Wege vom trägen Wissen zum kompetenten Handeln gestaltet werden können. Dahinter verbirgt sich das Problem, wie neu aufgenommenes Wissen so in die Handlungssteuerung integriert werden kann, dass es an dieser wirksam beteiligt ist. „Handlungsfähigkeit" als Menschenbildannahme schreibt dem Menschen die Fähigkeit zu, kein „Zerrissener" zu sein zwischen den verschiedenen, gegenläufigen handlungsbeeinflussenden Komponenten. Sie betont die ihm innewohnende Möglichkeit, die verschiedenen Aspekte seines Handelns integrieren zu können, also sein Denken, Fühlen und Agieren „unter einen Hut" zu bekommen. Erst dies versetzt ihn in die Lage, kompetent zu handeln. Ein erster Aspekt sind die Kognitionen. Diese sind Teil der subjektiven Theorien. Neues Wissen wird in die vorhandenen kognitiven Strukturen integriert. Gelingt dies nur eingeschränkt, wird das Wissen als „träge" bezeichnet, weil es (noch) keinen Beitrag zum Handeln leistet. Ein zweiter Aspekt sind die Emotionen. Auch sie sind Teil der subjektiven Theorien. Gefühle spielen eine besondere Rolle beim raschen Reagieren, also beim „Handeln unter Druck'. Hier fungieren sie als „Weichensteller'. Sie wirken maßgeblich bei der (meist impliziten) Entscheidung für einen Situations-Prototypen mit und „legen die Weichen um" zu damit verknüpften Reaktions-Prototypen. Hier kann es vorkommen, dass bisherige Emotionen einer Weiterentwicklung im Wege stehen. Folglich müssen sich nicht nur die Kognitionen ändern, sondern auch die Emotionen. Das ist jedoch gar nicht so einfach. Gefühle haben ein Trägheitsmoment. Möglicherweise ist dieses noch höher als bei den Kognitionen. So ist es sicherlich berechtigt, neben „trägem Wissen" auch von „trägen Emotionen" zu sprechen. Ein dritter Aspekt sind die Gewohnheiten. Sie werden durch die biografisch entstandene Prototypenstruktur repräsentiert.

Wie unsere Langzeituntersuchungen gezeigt haben, ist ihre Stabilität besonders hoch. Trotz neuer Kenntnisse und trotz veränderter Emotionen kann es folglich sein, dass beim raschen Handeln wider besseren Wissens und wider veränderten Fühlens auf bewährte Gewohnheiten zurückgegriffen wird. Kompetentes Handeln bedeutet, das was ich weiß, das was ich fühle und das, was ich gewohnheitsmäßig tue so zu vereinen, dass alle drei Aspekte auf die gleiche Aktion abzielen. Nur so kann die Kluft zwischen Wissen und Handeln, die Kluft zwischen Fühlen und Handeln und die Kluft zwischen bisherigen Gewohnheiten und neuem Handeln überwunden werden. Die hier beschriebene Lernumgebung ist in besonderem Maße darauf hin angelegt, die verschiedenen Diskrepanzen zu überbrücken und hat sich dabei als ungewöhnlich erfolgreich erwiesen. Die Ursachen liegen einmal im gesamten ersten Lernschritt, in dem Diskrepanzen aufgedeckt werden, damit sie gezielt bearbeitbar sind. Sie liegen zum anderen im gesamten dritten Lernschritt, der mit Vorsatzbildung, Erinnerungshilfen, Simulationen, Micro-Acting, Praxis-Tandems und KOPING-Kleingruppen versucht, schrittweise Denken, Fühlen und Agieren zu integrieren. In zunehmendem Maße Kognitionen, Emotionen und Aktionen integrieren und zu einer einheitlichen Handlungssteuerung verbinden zu können, ist das vierte und zugleich das wichtigste Kennzeichen einer gesteigerten Handlungskompetenz.

Die in Form eines Sandwiches aufgebaute Lernumgebung ist ein wirksamer Weg zum kompetenten Handeln. Diese Lernumgebung unterstützt selbstgesteuertes Lernen, fördert Metakognitionen und Reflexivität, steigert kommunikative wie metakommunikative Kompetenzen und erleichtert die Integration von Denken, Fühlen und Agieren. Es ist eine Lernumgebung, die hilft, das Handeln zu lernen.

6. Neues Handeln in Gang bringen

Wurden im ersten Lernschritt handlungssteuernde subjektive Theorien bewusst gemacht und im zweiten Lernschritt neue Problemlösungen entwickelt, so geht es im abschließenden dritten Lernschritt darum, das veränderte Handeln in Gang zu bringen. Das ist ein recht komplexer Vorgang. Die elaborierten subjektiven Theorien müssen umgeformt werden in rasch abrufbare, handlungssteuernde subjektive Theorien. Am Ende dieses Lernprozesses ist der Akteur in der Lage, Situationen anders zu interpretieren, und er kann erkennen, mit welchen neuen Handlungsmöglichkeiten er die Situation zu bewältigen vermag. Ziel des dritten Lernschritts ist es, die Handlungsfähigkeit zurückzugewinnen, und zwar auf einem höheren Kompetenzniveau. Dies setzt einiges voraus. Erstens muss das vermittelte und subjektiv verarbeitete Wissen dadurch seine „Trägheit" verlieren, dass es seine Form verändert. Aus einem differenzierten semantischen Netzwerk wird hoch verdichtetes Expertenwissen, das beim Handeln unter Druck in wenigen Sekunden bei der Analyse komplexer Praxissituationen und bei der Auswahl erfolgreicher Bewältigungsstrategien dienlich ist. Zweites müssen die an Situationsinterpretation und Handlungsauswahl beteiligten Emotionen so beschaffen sein, dass sie die „Weichen" zu den veränderten Situations- und Reaktionsprototypen stellen. Die handlungsleitenden Gefühle dürfen nicht „träge" bleiben und zu jenen früheren Handlungsweisen verleiten, die als wenig angemessen erkannt wurden. Auf diese Weise bilden sich neue Gewohnheiten heraus, die zwar stets wieder durch Reflexionsprozesse außer Kraft gesetzt und durch Problemlösen verändert werden können, die dem Akteur letztendlich jedoch die erforderliche Sicherheit bei der alltäglichen Praxisbewältigung geben.

Zu diesem dritten Lernschritt gibt es ganz konträre Auffassungen. Eine erste weit geteilte Meinung ist, man könne Handeln nur durch Praktizieren lernen. Das führt als Fehlform zum Üben, Trainieren und Erproben ohne die notwendigerweise dazu gehörenden Problemlöse-Prozesse. Die andere weit geteilte Meinung ist, man könne das hohe reflexive Niveau, das bei der subjektiven Auseinandersetzung mit wissenschaftlichem Wissen erreicht wird, auch beim alltäglichen Handeln bewahren. Das führt als Fehlform zum bekannten Phänomen des „trägen Wissens", das beim Handeln unter Druck nicht nutzbar gemacht werden kann. Somit setzen wir uns mit der Auffassung, dass sowohl Problemlösen als auch Praktizieren gleichbedeutend für den Erwerb von Handlungskompetenzen erforderlich sind, exakt zwischen die beiden beschriebenen Stühle. Wir sind davon überzeugt, dass menschliches Handeln zu seiner Veränderung die Reflexion benötigt, weil dadurch begründete Lösungen für Praxisprobleme gefunden werden können. Wir sind aber auch davon überzeugt, dass menschliches Handeln sich nicht nur durch ein Umdenken verändern lässt, sondern dass auch Emotionen und Prototypen-Strukturen sich gleichsinnig verändern müssen. Und das geht nur durch Praktizieren, Üben, Trainieren und Erproben. Beide weit geteilten Meinungen unterschätzen die Komplexität von Veränderungsprozessen und akzentuieren in Unkenntnis handlungspsychologischer Analysen einen jeweils unentbehrlichen, jedoch nicht hinreichenden Ausschnitt. Erst die Verbindung der einzelnen Komponenten, in unserem Fall konkretisiert durch drei Lernschritte, vermag nachhaltig und nachweislich menschliches Handeln zu ändern.

Im dritten Lernschritt, dem dieses abschließende Kapitel gewidmet ist, wird der Weg von den reflexiven Problemlösungen zum praxisrelevanten Handeln beschrieben. Hierbei spielen folgende Verfahren, Methoden und Arrangements eine Rolle:
1. Konkrete Vorstellungen vom veränderten Handeln erhalten
2. Handlungen planen
3. Handlungen simulieren (Rollenspiele, Szene-Stopp, Micro-Acting)
4. Vorgeplantes Agieren in realen Situationen
5. Handeln flankieren durch innere Dialoge
6. Kommunikative Praxisbewältigung in Tandems und Gruppen

6.1 Konkrete Vorstellungen vom veränderten Handeln erhalten durch Praxisberichte, Video- und Lifemodelle

Wer in konkreten Praxissituationen eine Handlungsweise zeigen will, die er in dieser speziellen Weise noch nie realisiert hat, der benötigt zunächst einmal ein inneres Modell dieser Handlung. Er muss sich ein Bild davon machen können, welche Situation vorliegen muss, damit die entsprechende Handlung überhaupt angezeigt ist (Prozess der Situations-Orientierung SO), und ihm muss klar sein, wie die grobe Struktur der Aktion selbst beschaffen sein sollte (Aktionsplanung AP). Nur wenn derartige Vorstellungen vorhanden sind, wird es ihm gelingen, das neue Handeln angemessen in die vorhandenen Situations- und Reaktions-Prototypenstrukturen zu integrieren. Ein ganz alltäglicher Weg, zu derartigen Vorstellungen zu kommen, ist das Beobachtungslernen. Es wird auch Lernen am Modell, Imitationslernen oder stellvertretendes Lernen genannt (vgl. z.B. Edelmann, 2000, S. 188 ff.; Steiner, 2001, S. 158 ff.). Nach der sozial-kognitiven Theorie von Bandura (1979) kommt es zunächst einmal darauf an, dass die Aufmerksamkeit auf den entsprechenden Ausschnitt des Geschehens gelenkt wird. Wichtig ist, dass die Komplexität des Geschehens-Ausschnittes so beschaffen ist, dass die beobachtende Person sie in nachvollziehbare Bestandteile zerlegen kann. Das Aufgenommene wird nun nicht als Kopie gespeichert, sondern in einem Prozess der subjektiven Auseinandersetzung mit dem Gesehenen ganz individuell verarbeitet. Eine Verbalisierung dessen, was man beobachtet hat, vertieft dabei den Aneignungsprozess. Als Ergebnis liegt ein grober Handlungsentwurf vor, der bei den ersten eigenen Gehversuchen Orientierung bietet.

Eine erste Möglichkeit zum Beobachtungslernen ist der **Pädagogische Doppeldecker**: Die Lehrperson hat in der Regel die für ein positives Modell erforderliche Kompetenz und wird entsprechend aufmerksam beobachtet. Das reicht jedoch für das Modell-Lernen nicht aus. Die Lehrperson muss die Lernenden darüber hinaus auf jene Aspekte ihres Handelns aufmerksam machen, die eine besondere Relevanz haben. Geschieht dies nicht, dann besteht die Gefahr, dass das Doppeldecker-Geschehen ganzheitlich (und eben nicht analytisch) erlebt wird und dass Sachverhalte, auf die es ankommt, von den Lernenden gar nicht „gesehen" werden. Diese Gefahr ist besonders groß, wenn der Pädagogische Doppeldecker so schön „fliegt", dass die Aktionen des „Piloten" völlig mühelos aussehen. In Erwachsenenbildung und Hochschuldidaktik ist der Pädagogische Doppeldecker vor allem dann eine der wichtigsten Gelegenheiten für ein Lernen am Modell, wenn es um Lehren und Lernen geht, um Kommunizieren, um das Bewerten von Leistungen, um Problemlösen, um Teamarbeit, um Präsentieren, um Führen, um Beraten, um Begleiten usw. – stets vorausgesetzt, dass die Lernenden solche Dinge selbst beherrschen sollen. Aufgabe der Lehrperson ist es, in einer vorauslaufenden meta-kommunikativen Phase auf die relevanten Aspekte des nun beginnenden Doppeldecker-Geschehens hinzuweisen, gegebenenfalls mitten in der Aktion zu unterbrechen, um etwas zu verdeutlichen und vor allem am Ende des Geschehens in einer zweiten meta-kommunikativen Phase das Beobachtete zu thematisieren. Hilfreich ist es hier, mit eingeschobenen Vergewisserungsphasen zu arbeiten, in denen die Beobachtungen in kleinen Sozialformen verbalisiert werden.

Beispiel:
Die Teilnehmenden, alles Lehramtsstudierende, sollen lernen, wie man präsentiert. Dazu gehört, frei zu sprechen, kurze Sätze zu machen, verständliche Begriffe zu verwenden, den Sachverhalt auf den Punkt zu bringen, angemessenen Blickkontakt zum Publikum aufzunehmen, eine unterstützende Visualisierung zu verwenden, Beispiele einzuflechten, die Lernenden durch Zwischenfragen einzubeziehen usw. Die Lehrperson hält nun einen Vortrag über die Ergebnisse der diese Merkmale begründenden Verständlichkeitsforschung und bittet die Teilnehmenden, auf folgende ausgewählte

6. Neues Handeln in Gang bringen

Punkte ihres realen Agierens besonders zu achten: (1) Länge der Sätze der Lehrperson; (2) Art und Zahl der von ihr verwendeten Beispiele; (3) Blickkontakt der Lehrperson; (4) Einbeziehen der Teilnehmenden. Das dazu gehörende „kleine Sandwich" könnte etwa so aussehen:

Metakommunikation über den ‚pädagogischen Doppeldecker" mit dem Auftrag an die Teilnehmenden, auf ausgewählte Aspekte des Handelns der Lehrperson zu achten
Lehrperson agiert, Teilnehmende arbeiten mit und beobachten darüber hinaus die ausgewählten Aspekte
Gelenkstelle: Lehrperson moderiert Vergewisserungsphase an
Teilnehmende tauschen ihre Beobachtungen aus (Partnerarbeit)
Gelenkstelle: Lehrperson beendet Partnerarbeit und moderiert metakommunikative Phase an
Metakommunikation über die ausgewählten Aspekte. Bewertung: Was ist modellhaft gelungen, was ist misslungen?
Vorsatzbildung: Teilnehmende überlegen, welche Aspekte aus dem Handeln der Lehrperson sie für sich selbst übernehmen könnten (Einzelarbeit)

Abb. 39: Als ‚kleines Sandwich" aufgebauter ‚Pädagogischer Doppeldecker" zum In-Gang-Bringen alternativen Handelns. Beispiel aus der Lehrerbildung.

Praxisberichte: Der Pädagogische Doppeldecker hat große Vorteile. Er ist leicht herzustellen, anschaulich und analytisch zugleich. Er hat aber auch Nachteile. Die Lernenden agieren gleichzeitig in zwei Rollen, was manchmal zu Irritationen führt. Vor allem aber ist die Doppeldecker-Ebene häufig nicht identisch mit der Praxis-Ebene der Teilnehmenden. Beispiel: Bei einem Pädagogischer Doppeldecker über „Wechselseitiges Lehren und Lernen" mit Primarlehrpersonen sind Erwachsene die Adressaten, während in der Praxisebene der Teilnehmenden Kinder ab 6 Jahren die Adressaten sind. Das sind enorme Unterschiede in Konzentrationsfähigkeit, Selbststeuerung und Vorkenntnisniveau. Deshalb gibt der Pädagogische Doppeldecker nicht immer klare Auskunft darüber, wie die wirklichen Adressaten reagieren würden. Um ein der Realität angemessenes Modell entwickeln zu können, sind Praxisberichte hilfreich. Hierbei berichten Expertinnen oder Experten darüber, welche Erfahrungen sie bei der Erprobung im konkreten Praxisfeld gemacht haben. Im Beispiel wäre das etwa ein Bericht über eine Gruppenrallye im Fach Mathematik im zweiten Grundschuljahr. Solche authentischen Erfahrungsberichte enthalten Auskünfte über komplexe Situationen und ermöglichen es, die Wirkungen von Handlungen abzuschätzen. Das funktioniert in

Schule, Hochschule und Erwachsenenbildung gleichermaßen. So kann beispielsweise ein Schüler im Heimat- und Sachunterricht oder im Biologieunterricht oder in einem Projekt berichten, mit welchem Erfolg bzw. Misserfolg er beim Thema „Gesunde Ernährung" versucht hat, die Ernährungs-Gewohnheiten des eigenen Familiensystems zu beeinflussen. Ein Hochschullehrer kann berichten, welche positiven und negativen Erfahrungen er mit dem Sandwich-Prinzip in Massenvorlesungen gemacht hat. Ein Erwachsenenbildner kann berichten, wie arbeitslose Akademiker auf das Thema „Motivation" reagiert haben usw. Der Vorteil authentischer Erfahrungsberichte ist, dass die Zuhörenden nachfragen können, um für ihre spezielle Situation relevante Details zu erfahren. Der Nachteil ist, dass die Erfahrungsberichte rein sprachlicher Art sind und dass es manchmal schwer ist, sich als Zuhörender ein klares Bild zu machen. Darüber hinaus besteht immer die Gefahr, dass die berichtende Person die Realität in die eine oder andere Richtung verzerrt.

Videomodelle und Livemodelle: Einen hervorragenden Einblick in das tatsächliche Geschehen erlauben Videoaufzeichnungen. Sie halten das Geschehen so fest, wie es abgelaufen ist. Zwar können Kameraführung und Schnitt Eindrücke verstärken oder vermindern, aber dennoch können der Aufzeichnung wichtige Informationen entnommen werden. So hat beispielsweise Roland Hepting (2004) verschiedene Unterrichtsmethoden nicht nur beschrieben, sondern darüber hinaus auch noch filmisch in kurzen Ausschnitten dargestellt. Dadurch können sich Lehrpersonen besser vorstellen, wie Hepting seine Methoden verstanden haben will. Leider sind Videomodelle selten, obwohl sie eigentlich leicht herstellbar wären. Man müsste lediglich die Praxis von Expertinnen und Experten ungeschnitten filmen, um diese dann den jeweils Lernenden ganz oder in Ausschnitten zu zeigen. Beispielsweise im Sport oder in der Medizin ist dies eine ganz geläufige Vorgehensweise. Bezogen auf Lernumgebungen hat sich diese Vorgehensweise noch nicht durchgesetzt. Dafür wird hier häufig mit Live-Modellen gearbeitet. Damit ist gemeint, dass man zu den Expertinnen und Experten geht und sich deren reale Praxis über eine oder mehrere Lektionen vorführen lässt. Dadurch bekommt man natürlich ein besonders ganzheitliches und vor allem ein authentisches Bild von jenen Handlungsweisen, die man selbst in naher Zukunft ausführen möchte. In der Erwachsenenbildung haben wir, was Beobachtungslernen anbetrifft, die besten Erfahrungen bei Modellen mit geringer Kompetenzdistanz gemacht (Schmidt, 2001; Fengler, 1980). In Abkehr von der ursprünglichen Idee Banduras (1979), je kompetenter das Modell, desto stärker seine Wirkung, gilt unter Erwachsenen (und sicherlich auch bei weiteren Personengruppen) eine andere Gesetzmäßigkeit. Die von uns ausgebildeten Erwachsenenbildnerinnen und Erwachsenenbildner halten jene Handlungsweisen für am ehesten umsetzbar, die ihnen bei Lehrversuchen im Bereich des Micro-Teaching oder bei Hospitationen im Rahmen kollegialer Praxisberatung von als ebenbürtig eingeschätzten anderen Teilnehmenden präsentiert werden. Das ist nicht schwer zu erklären. Entsprechend der Erfahrung eigener Wirksamkeit (Flammer, 1990) werden Erwartungen gebildet, welche Ergebnisse das eigene Handeln vermutlich haben wird (Rheinberg, 2002, S. 133 ff.). Die Teilnehmenden schätzen dabei ihre eigenen Fähigkeiten ein und bilden Hypothesen darüber, ob es ihnen wohl gelingen wird, die entsprechende Handlungsweise im eigenen Praxisfeld zu realisieren. Bei einem Modell mit geringer Kompetenzdistanz, also jemandem, der etwa so viel kann wie man selbst, entsteht der Eindruck, die Umsetzung des Vorhabens sei leistbar. „Was die kann, das kann ich auch!" ist der typische Gedanke hierzu, der die Person motiviert, es im eigenen Arbeitsbereich zu versuchen. Umgekehrt erwecken Modelle mit großer Kompetenzdistanz, seien es als besonders fähig eingeschätzte andere Teilnehmende oder Personen aus dem Leitungsteam, erhebliche Zweifel daran, ob die angestrebte Änderung des eigenen Handelns tatsächlich im Bereich des Möglichen liege. Gedanken vom Typus: „Ich bin nicht sicher, ob ich das schaffen kann!" führen eher zum Meiden statt zum Aufsuchen. Insofern sind glänzende Vorbilder nicht unbedingt die besten Modelle, weil die Kompetenzdistanz als zu groß erlebt wird.

Insgesamt haben alle beschriebenen Formen (Pädagogischer Doppeldecker, Praxisberichte, Videomodelle, Livemodelle) eines gemeinsam: Die Lernenden erhalten durch Beobachtungslernen bzw. Lernen am Modell eine Vorstellung davon, in welchen Situationen welche Handlungsweisen angemessen erscheinen. Sie verbessern dadurch ihre Situations-Orientierung (SO) und ihre Aktions-Planung (AP). Am Ende verfügen sie über präzisere Handlungsentwürfe als zuvor. An diesen inneren Bildern können sie sich bei der Planung, den Simulationen und bei der Erprobung des neuen Handelns in konkreten Praxisfeldern orientieren.

6.2 Handlungen planen

In der Handlungspsychologie besteht Konsens darüber, das Handlungsgeschehen als hierarchisch organisiert und sequentiell gegliedert zu konzeptualisieren, weshalb auch häufig verkürzend von hierarchisch-sequentieller Handlungsorganisation gesprochen wird. Die höheren Ebenen der Handlungsorganisation, wie etwa situationsübergreifende Ziele und Planungen, umfassen die weiter unten liegenden. Dies hat enorme Folgen für das Erlernen neuer Handlungen. Zuerst müssen sich die situationsübergreifenden Ziele und Pläne verändern, bevor konkrete einzelne Aktionen modifiziert werden. Sind also zum Beispiel durch Lernen am Modell erste konkrete Vorstellungen darüber vorhanden, wie das neue Handeln beschaffen sein soll, dann folgt jetzt nicht das Einüben, wie es so häufig geschieht. Viel-

mehr ist zunächst auf den übergeordneten Ebenen dafür zu sorgen, dass die umfassenden Ziele und Pläne in Einklang mit den angestrebten neuen Handlungen gebracht werden. Diese Top-Down-Strategie (Wahl, 2002 a) ist nicht nur erfolgreich, sondern handlungspsychologisch betrachtet der einzig mögliche Weg. Erst wenn Ziele und Pläne genügend ausdifferenziert und diskutiert sind, das eigene Handeln also eingebettet und vorstrukturiert ist, kann es an das Einüben durch Simulation und vorgeplantes Agieren gehen. Auf diese Weise werden die situationsübergreifenden Ziele und Pläne stimmig und ohne gegenläufige Tendenzen mit den Details der neuen Handlung verbunden. Umgekehrt gefragt: Was würde geschehen, wenn man – ohne die höheren Handlungsebenen zu berücksichtigen – direkt an das Trainieren oder Erproben gehen würde? Dann würde man einen neuen Reaktions-Prototypen schaffen, der durch Simulation und Aktion immer besser handhabbar würde. Das Problem dabei wäre jedoch, dass dieser neue Prototyp keinen rechten Platz in der Gesamtstruktur des Handelns hätte. Er besäße weder zielführende Verknüpfungen mit Situations-Prototypen noch wäre er auf konkurrierende Prototypen abgestimmt. In der Praxis hieße dies, dass der Akteur unsicher wäre, in welchen Situationen er die neue Handlungsweise zeigen sollte und in welchen besser nicht. Weiter hieße dies, dass beim Handeln unter Druck eine Konkurrenz zwischen alten und neuen Prototypen entstehen würde, wobei die gewohnten Reaktionsweisen in der Regel schneller wären. Wer Erfahrung mit Menschen hat, die sich ändern, der kennt beide Phänomene. Manchmal werden Handlungsweisen realisiert, die zwar neu erworben wurden, jedoch gar nicht zur Situation oder zum gesamten Handlungskonzept passen. Da ist häufig von den Adressaten der Seufzer zu hören: „Waren Sie auf einer Fortbildung?" Manchmal kommt es auch zu dem Dilemma, dass der Akteur „eigentlich" die neue Handlungsweise realisieren wollte, das aber nicht kann, weil ihm die bisherige schon „herausgerutscht" ist. Wichtig ist also, die neuen Handlungsweisen in das Handlungs-Gesamt einzubetten. Da ist das Planen von Handlungen ein guter Weg, weil hier eine Verknüpfung zwischen Reflexion und Aktion hergestellt wird, die zunächst nicht dem „Handeln unter Druck" unterliegt.
Wie kann dies ganz konkret in Erwachsenenbildung, Hochschule und Schule realisiert werden? Dazu drei Beispiele.

Beispiel aus der Erwachsenenbildung: Kommunikation
Führungskräfte wollen es lernen, mit ihren Mitarbeiterinnen und Mitarbeitern symmetrisch, kooperativ und problemorientiert zu kommunizieren. Rahmen sind Beratungs- und Zielvereinbarungsgespräche, die regelmäßig anstehen. Bevor in Rollenspielen, Szene-Stopp oder anderen Simulationsformen die neuen Handlungsweisen eingeübt werden, machen sich die Führungskräfte Gedanken darüber, wie sie das Gespräch eröffnen könnten, welche Abschnitte das Gespräch haben sollte, wie sie in bestimmten kritischen Situationen reagieren könnten usw. Diese übergreifenden Pläne strukturieren in der hierarchisch-sequentiellen Handlungsorganisation die Detail-

handlungen, ohne diese vollständig zu determinieren. Es bleibt also genügend Raum, die erlernten Handlungsweisen situationsgerecht einzusetzen.

Beispiel aus der Lehrerbildung: Phantasiereisen
Lehramtsstudierende wollen lernen, mit Schulklassen Phantasiereisen durchzuführen. Bevor ruhiges Sprechen und Einhalten von Sprechpausen geübt werden, machen sich die Studierenden Gedanken darüber, zu welchem Zeitpunkt sie die Phantasiereise im Unterrichtsverlauf einsetzen möchten, wie sie in einer vorauslaufenden metakommunikativen Phase den Adressaten ihr Anliegen verdeutlichen könnten, welche Regeln sie mit diesen für das Verhalten während der Phantasiereise vereinbaren könnten, welche Sitzposition die Adressaten einnehmen sollten, wie sie mit kritischen Situationen während der Phantasiereise umgehen könnten und wie sie von der Phantasiereise zum nachfolgenden Unterrichtsgeschehen überleiten könnten. Derartige Planungstätigkeiten helfen, die neue Handlungsweise in das situations-übergreifende Gesamtkonzept einzufügen und verhindern gleichzeitig, dass sie wie ein Fremdkörper im Handeln der betreffenden Personen wirkt.

Beispiel aus dem schulischen Unterricht: Dialoge in Fremdsprachen
Schülerinnen und Schüler wollen es lernen, sich in einer Fremdsprache vorzustellen, nach der Uhrzeit zu fragen, einen Weg zu beschreiben, sich über Hobbies zu unterhalten usw. Bevor die Dialoge in Form von Partnerinterviews oder im Kugellager beginnen, machen sie sich Gedanken darüber, wie sie das Gespräch eröffnen können, welche Redewendungen hilfreich sind, wie sie reagieren könnten, wenn sie nicht verstanden haben, was die andere Person gesagt hat, was sie tun könnten, wenn ihnen bestimmte Wörter nicht einfallen usw. Die Planungsphase ist hier viel kürzer und bescheidener als in den beiden anderen Beispielen. Dennoch hilft sie bei der Organisation des Handelns.

Es gibt einen weiteren guten Grund, beim Planen anzusetzen, wenn man neues Handeln in Gang bringen will. Planungshandeln findet außerhalb realer Situationen statt und unterliegt deshalb dem „Handeln unter Druck" weitaus weniger als beispielsweise das Interaktionshandeln. Die kognitiven Prozesse sind reflexiv und flexibel. Die emotionalen Prozesse mögen wohl schon spürbar sein, weil man sich ja auf eine konkrete Situation vorbereitet, aber sie sind sicherlich schwächer als bei der Ausführung des geplanten Handelns. Entsprechend sind die mit den Gefühlen korrelierenden physiologischen Prozesse (Herzschlag, Blutdruck, Atmung usw.) schwach und beeinträchtigen den Problemlöseprozess wenig. Der Einfluss von prototypengesteuerten Routinen ist meist gering, so dass die Reflexivität große Chancen hat, zum Zuge zu kommen. Kognitionen sind beweglicher als Aktionen. Planungen sind flexibler als Handlungen. Ändert man, wie hier vorgeschlagen wird, zunächst ganz gezielt die Handlungs-Planungen, so hat man bei diesem Unterfangen gute Chancen, zu veränderten Handlungs-Entwürfen zu kommen. Sorgt man nachfolgend dafür, dass die Handlungs-Entwürfe durch Simulationen zu im Prinzip ausführbaren Handlungen werden und unterstützt man dann durch flankierende Maßnahmen deren erste Erprobungen in der Praxis, so hat man (wie Abb. 40 zeigt) einen fünffach abgestuften und zugleich wirksamen Weg gefunden, neues Handeln in Gang zu setzen.

Ziele	Vorgehensweisen
Konkrete Vorstellungen vom veränderten Handeln gewinnen durch Lernen am Modell	Pädagogischer Doppeldecker, Praxisberichte, Videomodelle, Livemodelle
Verändertes Handeln entwerfen und in das Handlungs-Gesamt einbetten	Handlungen planen
Handlungen ausführen lernen	Rollenspiele, Szene-Stopp-Reaktion, Micro-Teaching und Micro-Acting
Handlungen im Praxisfeld erstmals erproben	Vorgeplantes Agieren
Handlungen zu einem festen Bestandteil der hoch verdichteten subjektiven Theorien machen	Großes Sandwich, inneres Sprechen, Stopp-Codes, Stress-Impfung, Praxistandems, KOPING-Kleingruppen

Abb. 40: Fünf aufeinander aufbauende Stufen, um eine neue Handlung in Gang zu bringen.

6.3 Handlungen simulieren (Rollenspiele, Szene-Stopp, Micro-Acting)

Sind konkrete Vorstellungen vom veränderten Handeln entstanden und wurden diese durch Planen mental in das eigene Handlungs-Gesamt integriert, dann geht es nun darum, die neuen Handlungen auch zu „können". Die Entwürfe müssen in die Praxis umgesetzt werden. Ziel ist es, das veränderte Handeln zunächst einmal „richtig" auszuführen, also so, wie man es sich gedacht hat. Zum anderen soll es aber auch „flüssig" ausgeführt werden können. Dazu gehört, dass es ständig verfügbar, rasch abrufbar und ohne den üblichen Handlungsfluss zu stören realisierbar wird. Das geht, wie wir alle wissen, nicht von selbst und vor allem nicht ohne Praktizieren. Der Sinn „praktischer Übungen" (Havers & Toepell, 2002) ist es, die neuen Handlungsweisen so gründlich zu erlernen, dass sie mit Erfolg in das reale Arbeitsfeld transferiert werden können. Förderlich ist es dabei, wenn die Akteure während des Lernprozesses möglichst von ernsthaften Konsequenzen verschont bleiben. Die Antizipation der Folgen einer Handlung kann vor deren Ausführung zurückschrecken lassen. Noch stärker wirken die Folgen, wenn sie real (belohnend oder bestrafend) eingetreten sind. Diesen Wirkungen kann sich kaum jemand entziehen. Deshalb ist es sinnvoll, die neuen Handlungsweisen in einem vor Konsequenzen weitgehend geschützten Raum vor-zuüben. Derartige Simulationen sind natürlich nicht völlig frei von allen Folgen. Da gibt es erstens die Selbstbewertung. Diese ist bei jeder Handlung automatisch „mit an Bord" und darf in ihren Wirkungen nicht unterschätzt werden. Dann gibt es zweitens die Bewertung durch jene Personen, mit denen die Simulation durchgeführt wird. Das kann lediglich eine Person sein, wenn im Tandem geübt wird, das kann eine Gruppe oder es kann auch das Plenum sein. Selbst wenn diese Personen sehr förderlich miteinander umgehen, werden stets relevante Wirkungen von ihnen ausgehen. Dann gibt es drittens noch die Lehr- oder Leitungspersonen, die ebenfalls durch ihre Anwesenheit wie ihre fachlichen Rückmeldungen Auskunft darüber geben, wie gut es dem Akteur gelungen ist, die angestrebte Handlungsweise zu realisieren. Ein Schonraum, der völlig frei von Konsequenzen wäre, ist also nicht herstellbar. Dennoch erleichtert es den Lernprozess, wenn die Folgen deutlich schwächer sind als jene, die man im konkreten Praxisfeld befürchten müsste. Im Trainingsfeld können auf mehreren Wegen neue Handlungen eingeübt werden. Rollenspiele sind sicherlich am bekanntesten. Die Methode Szene-Stopp-Reaktion als spezielle Simulationsform des Handelns unter Druck kann auch im dritten Lernschritt nützlich sein. Schließlich ist es möglich, das Trainingsfeld so zu arrangieren, dass es wie eine vereinfachte Kopie des Praxisfeldes beschaffen ist. Diese aus dem Micro-Teaching abgeleitete Idee kann über Lehrsituationen hinaus verallgemeinert werden auf alle Handlungsfelder und analog als „Micro-Acting" bezeichnet werden.

Rollenspiele: Es gibt ganz verschiedene Funktionen, denen Rollenspiele dienen können (vgl. z.B. Weidenmann, 1998, S. 106 ff.; Rabenstein, Reichel & Thanhoffer, 1995; Knoll, 1995, S. 166 ff.; Wahl, Weinert & Huber, 1984, S. 438 ff.). In unserem Zusammenhang soll es nur um eine von ihnen gehen, nämlich um das Einüben neuer Handlungsweisen. Die Teilnehmenden versuchen dabei, sich in sog. „Vorwärts-Rollenspielen" (Weidenmann, 1998, S. 108) auf das reale Handeln im eigenen Praxisfeld vorzubereiten. Dazu simulieren sie im Trainingsfeld die entsprechenden Interaktionen. Vorausgesetzt werden zwei Dinge: Die Akteure müssen eine Vorstellung davon haben, wie die neue Handlungsweise beschaffen ist und sie müssen diese detailliert geplant haben. Nun steht das Ausführen im Mittelpunkt.

Beispiel:
Die Teilnehmenden sollen lernen, ein Konflikt-Gespräch mit einer anderen Person zu führen. Sie haben das Gespräch bei der Vorbereitung in folgende Phasen gegliedert: (1) Mit dem Gegenüber ein meta-kommunikatives Vorgespräch mit dem Ziel führen, dieses für eine Aussprache zu gewinnen; (2) das Gegenüber durch personenzentrierte Gesprächsführung bei der Artikulation der persönlichen Sichtweise des Problems unterstützen; (3) danach die eigene Perspektive kontrastierend verbalisieren; (4) gemeinsam nach Lösungen suchen; (5) gemeinsam eine angemessene Lösung auswählen und (6) Wege zur verbindlichen Umsetzung der Lösung suchen. (7) Am Ende soll wieder ein meta-kommunikatives Nachgespräch stehen, in dem die (gelungene bzw. misslungene) Interaktion während des Gespräches selbst wieder zum Thema gemacht wird.

Wie können die Rollenspiele in diesem Beispiel ablaufen? Die Teilnehmenden suchen sich jeweils ein Gegenüber, vereinbaren einen konflikthaften Gesprächsanlass aus dem eigenen Praxisfeld und versuchen dann, ihre Planungen auszuführen. Alle Rollenspiele finden zeitlich parallel statt, damit möglichst wenig Öffentlichkeit und möglichst wenig antizipierte Konsequenzen das praktische Üben beeinträchtigen. Bei der Komplexität der einzuübenden Handlungsweisen und bei der Vielzahl der Interaktionen ist es günstig, jedem Paar eine dritte Person zuzuordnen, die beobachtet, wie gut es dem Akteur gelingt, die eigenen Planungen in die Tat umzusetzen. Hinterher werden die Rollenspiele unter dem Aspekt ausgewertet, wie gut Planung und Realisierung übereingestimmt haben. So umstritten und schwierig Rollenspiele sind – mit der hier beschriebenen Form hatten wir bisher wenig Probleme. Das, was die Akteure in der Interaktion leisten sollen, haben sie zuvor selbst planend entwickelt. Sie wissen also, was sie zu tun und zu lassen haben. Das Rollenspiel erscheint ihnen nicht als methodischer Gag, sondern als notwendiger nächster Schritt auf dem Weg vom Wissen zu Handeln. Die zu befürchtenden Konsequenzen sind so gering wie möglich gehalten, weil alle Rollenspiele parallel ablaufen. Symmetrie ist dadurch gegeben, dass jede Person einmal in die Rolle des Akteurs kommt. Das bekannte und zugleich gefürchtete Phänomen des „Widerstands" gegen Rollenspiele (vgl. Weidenmann, 1998, S. 110 f.) tritt hier in der Regel nicht auf. Dieser „Widerstand" rührt meist daher, dass sich einige wenige Personen, die sich meist unzureichend oder auch gar nicht vorbereiten konnten, im Plenum profilieren sollen. Die Gefahr des Scheiterns ist einerseits groß. weshalb sich Freiwillige meist nur zögerlich melden. Andererseits ist der Lerngewinn nicht immer klar erkennbar, weil ja nicht alle Teilnehmenden in die Akteurs-Rolle schlüpfen können. Somit ist die Ablehnung von Rollenspielen dieser Art eigentlich eher als ein Zeichen für die Vernunft der Teilnehmenden zu interpretieren denn als Zeichen für mangelnde Motivation. Rollenspiele zum Einüben neuer Handlungsweisen lassen sich überall dort einsetzen, wo es um menschliche Interaktionen geht. Im Unterricht können dies alltägliche Situationen ebenso sein wie das semi-professionelle Handeln als „Schlichter" in einem

Mediationsprogramm. In der Lehrerbildung können es Formen des Classroom-Managements sein, die Gesprächsführung mit verschiedenen Personengruppen bis hin zum gekonnten Umgang mit sich selbst in kritischen Situationen. In der Erwachsenenbildung können es Formen der Beratung und des Coaching sein, aber auch verschiedene Gesprächsformen (Bewerbungsgespräch, Verkaufsgespräch, Führungsgespräch usw.). Wichtig ist es dabei, dass Rollenspiele nicht für sich selbst stehen, sondern dass sie als eine sinnvolle Variante erlebt werden, durch das Ausführen der selbst entwickelten Planungen in einem konsequenzen-armen Raum die eigenen Handlungskompetenzen zu steigern.

Szene-Stopp-Reaktion: Im Zusammenhang mit dem Bearbeitbarmachen subjektiver Theorien wurde vorgeschlagen, die an der Handlungssteuerung maßgeblich beteiligten Prototypen-Strukturen dadurch bewusst zu machen, dass auf eine anregungsreiche Szene rasch gehandelt werden muss. Dieses „Handeln unter Druck", so wurde gezeigt, fördert dem realen Handeln ähnliche Kognitionen, Emotionen und Routinen zu Tage. Die Methode Szene-Stopp-Reaktion lässt sich hierbei mit dem Ziel einsetzen, die neuen Handlungsstrukturen so zu komprimieren, dass sie in Sekundenschnelle abgerufen werden können. Das klingt einfach, ist aber doch recht schwierig. Voraussetzung ist wiederum, dass die Teilnehmenden eine Vorstellung von jener Handlungsweise besitzen, die sie „auf Knopfdruck" zeigen sollen und dass sie in der Planungsphase versucht haben, diese Handlungsweise so zu konkretisieren, dass sie realisierbar erscheint. Da man nie zweimal in den gleichen Fluss steigt, die Badeszenen sich jedoch ähneln, steht der Akteur bei der Methode „Szene-Stopp-Reaktion" vor folgender Schwierigkeit: Er weiß „im Prinzip", wie er gleich handeln soll, aber er kennt die Details der Situation nicht. Die ausgearbeitete Handlung muss also eine gewisse Unschärfe enthalten. Der Akteur präzisiert die fehlenden Details seiner Handlung im Vollzug, indem er sozusagen die Leerstellen seines Entwurfes füllt. Das steht in völligem Einklang mit der zugehörigen Grundlagenforschung. Hier konnte gezeigt werden, dass die für das menschliche Handeln unentbehrlichen Prototypen-Strukturen im Flusse des Handelns als Ausgangspunkt für Situations-Orientierung und Aktionsplanung dienen, dass die Anpassung an die situationsspezifischen Besonderheiten jedoch spontan geschieht (Wahl, 1991). Insofern nimmt die Methode „Szene-Stopp-Reaktion" auf eine ganz ausgezeichnete Weise jene Prozesse vorweg, die später im Praxisfeld zu leisten sind. Sie ist damit eine wichtige Methode zum Einüben der Handlungsausführung. Der Ablauf der Methode Szene-Stopp-Reaktion gleicht dem schon in Kapitel 4.5 diskutierten Vorgehen. Der wesentliche Unterschied besteht darin, dass der Akteur in einer vorauslaufenden Planungsphase einen Grobentwurf seiner Handlung entwickelt und diesen gedanklich bereithält. Danach wird der Kontext erläutert. Ist dieser verstanden, handelt der Akteur „unter Druck", d.h. ohne jeden zeitlichen Aufschub. Anschließend verbalisiert der Akteur, was ihm beim Handeln durch den Kopf ging und welche Emotionen wichtig waren. Nun wird der Planungsentwurf mit dem situationsspezifisch realisierten Agieren verglichen. Es wird überlegt, wo es Übereinstimmungen und Abweichungen gab. Abschließend wird entschieden, ob es weiteren Übungsbedarf gibt oder ob der Akteur es sich (schon) zutraut, die neue Handlungsweise in die eigene Praxis zu übertragen. Abb. 41 veranschaulicht das allgemeine Vorgehen.

Einschub: Die Teilnehmenden entwickeln in Einzelarbeit neue Handlungsweisen

Gelenkstelle: Leitungsperson erläutert den Teilnehmenden die Methode „Szene-Stopp-Reaktion" und schafft das entsprechende Lern-Arrangement.

Kollektive Lernphase: Leitungsperson präsentiert den Kontext einer authentischen Situation.

Gelenkstelle: Leitungsperson vergewissert sich, dass der Kontext der Situation verstanden wurde. Die Teilnehmenden sehen ihre Handlungsentwürfe noch einmal durch und machen sich für das rollenspielartige Reagieren bereit.

Kollektive Lernphase: Leitungsperson präsentiert die entscheidende Szene als Höhepunkt des Geschehens

Einschub: Die Teilnehmenden reagieren ohne jeden Zeitaufschub in Form eines Partnerrollenspiels

Einschub: Die Teilnehmenden verbalisieren die beim raschen Reagieren introspektiv wahrgenommenen Gedanken und Gefühle. Sie weiten die Reflexion auf Kritik - Situationen aus, die sie im eigenen Praxisfeld bisher erlebt haben. (Partnerarbeit)

Gelenkstelle: Teilnehmende kommen zu einem vereinbarten Zeitpunkt in das Plenum zurück

Kollektive Lernphase: Vergleich der geplanten mit den „unter Druck" realisierten Handlungen. Diskurs über die Angemessenheit der verschiedenen Lösungs-Varianten. Überlegungen zum weiteren Übungsbedarf.

Abb. 41: Die Methode Szene-Stopp-Reaktion zum Einüben der Handlungsausführung in Form eines kleinen Sandwiches.

Beispiel:
Beim Thema „Umgang mit Kritik" entwickeln die an der Weiterbildung teilnehmenden Kursleiterinnen und Kursleiter Handlungsweisen für den Fall, dass fachliche oder methodische Einwände artikuliert werden. Die Handlungsentwürfe sind unterschiedlich, enthalten jedoch als Basiselemente (1) die Kritik äußernde Person zu Wort kommen lassen, (2) dabei personenzentriert zuhören, (3) die Diagnose durch Nachfragen verbessern, (4) die eigene Position darstellen, (5) Bereitschaft für verschiedene Lösungswege signalisieren. Mit der Methode Szene-Stop-Reaktion sollen nun die einzelnen Handlungsentwürfe sekundenschnell realisiert werden.

6. Neues Handeln in Gang bringen

Kontext
Ein Elternseminar an der Volkshochschule. Erster Abend. Der Seminarleiter, selbst Vater zweier Kinder, stellt die einzelnen Themen vor. Danach bittet er zur Methode Kugellager, in der die Eltern in 6 Runden recht ausführlich ihre Erfahrungen über typische Eltern-Kind-Probleme austauschen (Zeiten für das Zubettgehen, Zähneputzen, Hausaufgaben, Fernsehkonsum, Übernachtung bei anderen Kindern, Verwendung von Schimpfworten). Im Anschluss an das Kugellager meldet sich eine Teilnehmerin. Der Kursleiter erteilt ihr das Wort.

Den Akteuren ist aufgrund des Themas „Umgang mit Kritik" und aufgrund der persönlichen Handlungsentwürfe klar, dass die Teilnehmerin aus dem Fallbeispiel Kritik anbringen wird. Sie sehen ihren Entwurf noch einmal durch und machen sich dann für das Partnerrollenspiel bereit. Das jeweilige Gegenüber spricht, wie beim rollenspielartigen Reagieren üblich, den entscheidenden Satz nach. Der Akteur reagiert sofort darauf.

Szene
Die Teilnehmerin sagt mit deutlichem Ärger in der Stimme:
„Ich musste einen Babysitter nehmen, um an diesem Seminar teilnehmen zu können. Und jetzt wird nur geplappert. Das ist für mich verlorene Zeit. Das hilft mir nicht, meine Probleme zu lösen!"

Die Akteure realisieren im Partnerrollenspiel recht verschiedene Lösungen. Einige versuchen, den groben Handlungsentwurf auf die Situation abzustimmen, indem sie zunächst akzeptierend zuhören, diagnostisch nachfragen, die Wahl des Kugellagers als Einstiegsmethode begründen und schließlich auf eine für beide Konfliktparteien akzeptable Lösung zusteuern. Andere sind durch die harsche und verärgert vorgetragene Kritik überrascht und nicht in der Lage, den Handlungsentwurf zu realisieren. Sie sind im Moment handlungsunfähig, weil sie sich das frühere Handeln verbieten, das neue aber noch nicht realisieren können. Dritte wiederum lassen ihren Handlungsentwurf völlig beiseite, sind also durchaus handlungsfähig, jedoch nicht im Sinne der selbst entwickelten neuen Handlungsweisen. Sie reagieren so, wie sie es immer getan haben. Die verschiedenen Formen der Situationsbewältigung werden im Plenum artikuliert und es werden von Person zu Person verschiedene Wege gesucht, wie in weiteren Übungsschritten der Weg von der Vorstellung zum Handeln gegangen werden kann.

Micro-Teaching und Micro-Acting: Noch komplexer als Rollenspiele und Szene-Stopp-Reaktion sind Micro-Teaching und Micro-Acting. „Unter „Micro-Teaching" versteht man einen Unterrichtsversuch, der unter erheblich vereinfachten

Bedingungen stattfindet und wesentlich kürzer ist als eine normale Unterrichtsstunde" (Havers & Toepell, 2002, S. 178). „Micro" kommt vom griechischen Wort „mikri" und bedeutet „klein". Verkleinert wird einmal die Zeit. Manche Micro-Teaching-Einheiten dauern nur 5 bis 10 Minuten. Auch die Zahl der Lernenden wird minimiert. Sie liegt meist unter 10. Ebenso wird der Umfang der Inhalte eingeschränkt: Durch die kurze Zeitdauer kann nur wenig Stoff vermittelt werden. Durch die Minimierung von Zeit, Stoff und Teilnehmerzahl wird die Komplexität des Geschehens reduziert. Das erleichtert das Einüben neuen Handelns. Havers & Toepell (2002, S. 181) schätzen die Wirksamkeit von Micro-Teaching hoch ein: „Microteaching eignet sich besonders gut zum Üben komplexer, aber relativ klar definierter didaktischer und kommunikativer Fertigkeiten. Diese können sowohl allgemeiner Art sein, wie z.B. „die Fähigkeit sich klar auszudrücken", oder sie können sehr unterrichtsbezogen sein, wie „Informationsübermittlung mithilfe des Tageslichtprojektors bzw. der Tafelzeichnung". Microteaching ist außerdem eine sehr vielseitige Lehrmethode. Sie wird im Hochschulunterricht ebenso erfolgreich angewandt wie in der Seminarausbildung, in der Allgemeinen Didaktik ebenso wie in der Fachdidaktik. Sie hat ihre Grenzen wahrscheinlich da, wo es um sehr interaktionsabhängige Formen der Kommunikation geht, wie z.B. beim Umgang mit Konflikten oder mit Verhaltensauffälligkeiten im Unterricht."

Zifreund (1966) griff das in Stanford entwickelte Konzept auf und machte es zu einem zentralen Bestandteil seines Tübinger „Zentrums für Neue Lernverfahren", an dem ich diese Vorgehensweise als Student kennen lernte. Im deutschen Sprachraum wurde in den folgenden Jahren eine Fülle verschiedener Micro-Teaching-Modelle entwickelt. Das Interesse an dieser Methode schwand jedoch, als sich zunehmend die Erkenntnis durchsetzte, dass komplexes Lehr-Handeln mehr ist als eine Anhäufung eingeübter Lehrfertigkeiten. Das ist nachvollziehbar, denn aus handlungstheoretischer Perspektive lässt sich Lehr-Handeln nicht mosaikartig aus einzelnen Teilen zusammensetzen. Vielmehr kann Handeln nur durch eine Top-Down-Strategie in Gang gebracht werden, bei der Handlungs-Vorstellungen und Handlungs-Pläne so komprimiert werden, dass sie am Ende „unter Druck" als Expertenhandeln abgerufen werden können. Da jedoch innerhalb dieser (fünfstufigen) Top-Down-Strategie auch gelernt werden muss, wie man Handlungen ausführt, bevor man sie im konkreten Praxisfeld erprobt, erhalten Micro-Teaching bzw. Micro-Acting eine neue, wenn auch deutlich eingeschränktere Funktion. Sie helfen, Handlungen in realitätsnahen und zugleich begrenzt komplexen Situationen zu simulieren, um die notwendigen Kompetenzen für die Handlungsausführung zu erwerben. In dieser nachgeordneten Funktion sind Micro-Teaching und Micro-Acting ungemein wertvolle Verfahren beim In-Gang-Bringen neuen Handelns. Wir arbeiten seit vielen Jahren mit dieser Methode und möchten nun darstellen, wie die von uns konzipierte Variante aufgebaut ist und wie sie sich insgesamt in den dritten Lernschritt einfügt.

6. Neues Handeln in Gang bringen

Unser Micro-Teaching-Konzept (sihe Abb. 42) beginnt beim Planungshandeln. Die Teilnehmenden erhalten die Aufgabe, eine Lehreinheit von etwa 30 Minuten zu entwickeln. Das Thema hierfür entnehmen sie ihrem eigenen Praxisfeld. EDV-Kursleiter bereiten ein EDV-Thema vor, das sie unterrichten, Sprachkursleiter ein Sprachthema, Lehrer eine Unterrichtsstunde, Professoren eine Vorlesung usw. Damit Planungsroutinen nicht bewirken, dass eine als defizitär erkannte Praxis schlichtweg reproduziert wird, erhalten die Teilnehmenden ausdrücklich den Auftrag, neue Handlungselemente in die Lehreinheit aufzunehmen. Das Planungshandeln erstreckt sich über eine deutliche längere Zeit als die Lehreinheit selbst. Nach den Untersuchungen von Haas (1998 und 2005) zur alltäglichen Unterrichtsvorbereitung wird normalerweise für die erstmalige Planung einer Unterrichtsstunde mit ca. 31 Minuten zwar mehr Zeit verwendet als für eine Stunde, die schon einmal gehalten wurde (ca. 22 Minuten), die gesamte Planungszeit liegt aber immer noch deutlich unterhalb der Lektionsdauer von 45 Minuten. Um den Routinen der alltäglichen Unterrichtsplanung zu entkommen, werden von uns mindestens 60 Minuten Planungszeit für die 30-Minuten-Einheit angesetzt. Dies gilt für den Fall, dass die Teilnehmenden die Lehreinheiten während der Präsenzzeiten planen. Findet die Planungstätigkeit zwischen den Präsenzzeiten

| Planung der Lehreinheit (min. 60 Min.) |
| Diskussion der Planung, jeweils getrennt mit Leitungsperson, Praxistandem und KOPING - Gruppe |
| Gelenkstelle: Bilden der Übungsgruppen von vier bis sechs Personen, moderiert von einer Leitungsperson. |
| Metakommunikative Einführung in die Lehreinheit (max. 5 Min.) |
| Durchführung der Lehreinheit (max. 30 Min.) |
| Vergewisserungsphase zur Vorbereitung des Feedbacks (max. 5 Min.) |
| Einführende Stellungnahme der trainierenden Person (max. 1 Min.) |
| Feedback durch die teilnehmenden Personen (max. 10 Min.) |
| Abschließende Stellungnahme der trainierenden Person (max. 1 Min.) |
| Transferorientiertes Schlusswort der Leitungsperson (max. 3 Min.) |
| Pufferzeit oder Pause |

Abb. 42: Aufbau einer Micro-Teaching-Sitzung und ihre Einbettung in eine Top-Down-Strategie

statt, dann sitzen die Teilnehmenden noch deutlich länger an ihren Ausarbeitungen. Die Tätigkeit der Leitenden besteht darin, die Teilnehmenden beim Planungshandeln zu unterstützen und mit dazu beizutragen, dass die entwickelten Problemlösungen angemessen in den Entwürfen zum Ausdruck kommen. Jede Person erhält eine detaillierte Rückmeldung zu ihrem Entwurf. Darüber hinaus werden die Teilnehmenden ermuntert, ihre Planungen im Praxis-Tandem und in der KOPING-Kleingruppe zu diskutieren, um durch erhöhte Reflexivität gegen Routinen anzuarbeiten.

Sind die 30-minütigen Lehreinheiten vorbereitet, dann werden die Übungsgruppen gebildet. Diese umfassen neben einer Leitungsperson weitere vier bis sechs Teilnehmende. Adressaten des Micro-Teaching sind folglich die „Peers", also die der übenden Person Gleichgestellten. Es hat sich als nicht praktikabel erwiesen, die tatsächlichen Adressaten (z.B. Schülerinnen und Schüler, Studierende, Besucher von Volkshochschulkursen usw.) an den Übungen teilhaben zu lassen, wie dies in den Ursprüngen des Micro-Teaching noch angezielt wurde. Daraus ergibt sich eine Erschwerung und eine Erleichterung. Erschwerend ist, dass die „Peers" die Rollen der realen Adressaten in der Regel nicht einnehmen können, weil sie ein anderes Alter, andere Vorkenntnisse, eine andere Motivation, andere Lernstrategien usw. haben. Das Vorkenntnis-Problem wirkt sich dabei besonders situationsverzerrend aus. Stellen wir uns vor, die Lehreinheit wird zum Thema „Portieren von Programmen in ein Großrechnernetz" durchgeführt. Die echten Adressaten sind Systemprogrammierer mit einer langjährigen Spezialausbildung. Die Peers hingegen haben außer dem eigenen PC zu Hause kaum EDV-Kenntnisse. Folglich können die Peers nichts anderes tun, als nach besten Kräften mitzuarbeiten, ohne die Inhalte voll verstehen zu können. Erleichternd ist umgekehrt, dass die Trainierenden freundliche, motivierte und ihnen wohlgesonnene Teilnehmende vor sich haben. So können sie ohne große Belastung die geplanten Handlungen ausführen. Prinzipiell hat jede Simulation Vor- und Nachteile. Das stellt ihren grundsätzlichen Wert nicht in Frage, denn die Erprobungen im Praxisfeld folgen ja noch in den Stufen vier und fünf. So ist in unseren Augen die eingeschränkte ökologische Validität von Micro-Teaching-Lehreinheiten kein Argument, dieses Verfahren als minderwertig zu betrachten. Diese Einschätzung wäre nur dann gerechtfertigt, wenn die Micro-Teaching-Lehreinheit die einzige Form wäre, um neues Handeln in Gang zu bringen. Das ist sie aber nicht. Sie ist nur eine von mehreren Stufen, die zu einer immer realitätsadäquateren Ausführung des neuen Handelns führt.

Jede Person hat eine Übungszeit von 60 Minuten zur Verfügung. Diese ist wie folgt aufgeteilt:
Metakommunikative Einführung in die Lehreinheit, maximal 5 Minuten: Die trainierende Person erläutert auf einer metakommunikativen Ebene, in welchem Zusammenhang der gewählte Ausschnitt steht, wer die Adressaten sind, welche

Vorkenntnisse diese haben, wie viele Adressaten es normalerweise sind, was inhaltlich davor und danach kommt usw. Die Peers fragen nach, bis sie die reale Lehrsituation verstanden haben. Diese Einführung zählt nicht zur Micro-Teaching-Lehreinheit, sondern dient dazu, dass die Peers das Handeln der trainierenden Person besser einordnen können.

Micro-Teaching-Lehreinheit, maximal 30 Minuten: Die trainierende Person gestaltet entsprechend ihrer Planungen die Lernumgebung. Sie schafft dabei eine „echte" Lernumgebung, das heißt sie verhält sich möglichst so, wie sie sich bei ihren tatsächlichen Adressaten auch verhalten würde. Wenn Informationen zu vermitteln sind, dann werden diese präsentiert, auch wenn den Peers zum Verständnis Vorkenntnisse fehlen. Wenn Einschübe vorgesehen sind, dann werden diese so mit Arbeitsanweisungen und Materialien gestaltet, wie im tatsächlichen Unterricht bzw. Kurs bzw. Seminar. Es gibt keine „Schnitte" wie etwa im Film. Es ist untersagt, auf eine Meta-Ebene zu gehen im Sinne von: „Hier würde ich ein Partner-Puzzle machen mit Expertenpaaren von 30 Minuten und Puzzlepaaren von 20 Minuten". Oder: „Der Vortrag ginge in Wirklichkeit noch eine halbe Stunde länger, aber ich unterbreche an dieser Stelle und mache jetzt gleich die dazugehörige Ampelmethode." Derartige „Schnitte" entwerten das Micro-Teaching, weil die Trainierenden auf der Ebene der Entwürfe bleiben. Sinn des Micro-Teaching ist es hingegen, die Ausführung der Handlungsentwürfe zu üben, also auf die Ebene des Agierens zu gehen.

Feedback zur Lehreinheit, maximal 20 Minuten: Ist die Lehreinheit beendet, erhält die trainierende Person Rückmeldung. Hierfür haben wir das nachstehende Feedback-Verfahren entwickelt.

(1) Vergewisserungsphase von maximal 5 Minuten: Die feedbackgebenden Personen diskutieren paarweise über die Lehreinheit, um sich darüber klar zu werden, welche Punkte sie im Feedback ansprechen möchten. Jene Person, die die Lehreinheit durchgeführt hat, wählt sich parallel dazu eine Person aus und diskutiert mit ihr über das abgelaufene Geschehen. Das hat den Sinn, dass sie während der Vergewisserungsphase mit ihren Gedanken und Gefühlen nicht alleine gelassen wird.

(2) Einführende Stellungnahme der trainierenden Person von maximal 1 Minute: Wenn sie es möchte, dann kann die trainierende Person ein kurzes Statement abgeben, zum Beispiel zu Diskrepanzen zwischen Planung und Durchführung, zu auffälligen Geschehnissen, zur momentanen Befindlichkeit usw.

(3) Feedback durch die beobachtenden Personen von maximal 10 Minuten: Jene Personen, die am Lehrversuch teilgenommen haben, geben Rückmeldungen entsprechend der in der Vergewisserungsphase besprochenen Punkte. Dabei geben sie vor allem ihre Beobachtungen zur Ausführung der geplanten Handlungen wieder. Sie versuchen, Interpretationen entweder zu vermeiden oder klar zu kennzeichnen. Die trainierende Person sollte sich in dieser Phase nicht

rechtfertigen, sondern aufmerksam zuhören. Sie kann aber präzisierend nachfragen, wenn sie nicht verstanden hat, was die feedbackgebenden Personen ausdrücken wollen.

(4) Abschließende Stellungnahme der trainierenden Person von maximal 1 Minute: Wenn sie es möchte, dann kann die trainierende Person ein zweites kurzes Statement abgeben. Dieses kann sich auf gewonnene Einsichten beziehen, auf die momentane Befindlichkeit oder auf im Feedback angesprochene Aspekte.

(5) Transferorientiertes Schlusswort der Leitungsperson von maximal 3 Minuten: Die Person, welche die Übungsgruppe wie auch die Feedbackrunde leitet, fasst die wichtigsten Erkenntnisse der Besprechung zusammen. Daraus entwickelt sie eine Anregung für die trainierende Person. Diese bezieht sich auf eine mögliche Vorsatzbildung für die nächste Transferphase. Die trainierende Person hört sich den Vorschlag an, nimmt dazu jedoch keine Stellung. Wie sie mit der Anregung umgeht, soll sie in Ruhe entscheiden.

Die letzten 5 Minuten der Übungszeit haben die Funktion eines Puffers. Werden sie nicht benötigt, dienen sie als Pause.

Die Erfahrungen mit dem hier skizzierten Micro-Teaching-Konzept in Erwachsenen- und Lehrerbildung sind gut. Die Planungen sind reflektiert und differenziert. Die Teilnehmenden nutzen in der Regel Praxistandems und KOPING-Kleingruppe als Foren zur Diskussion der Entwürfe. Beratung und Rückmeldungen durch die Leitungspersonen geben weitere Anstöße für eine elaborierte Planungstätigkeit. Damit wird die Top-Down-Strategie eingelöst: Neue Lösungen werden entwickelt, bisherige Routinen durchbrochen, blindes Üben vermieden. Die kleinen Übungsgruppen werden als angstmindernd erlebt. Die Auftrittsängste der Trainierenden sind zwar beachtlich. Die vertrauensvolle, stützende Atmosphäre der Kleingruppe führt jedoch meist dazu, dass sich Aufgeregtheit und Besorgtheit im Laufe der Lehreinheit vermindern. Große Probleme haben die Trainierenden stets mit der Zeit. Weil sie es einerseits nicht gewohnt sind, lediglich 30 Minuten für das Gestalten einer Lernumgebung zur Verfügung zu haben und weil sie dennoch ein Thema abschließen möchten, setzen sie sich selbst häufig unter Leistungsdruck. Dieser kommt in der Tendenz zum Ausdruck, alle Prozesse beschleunigen zu wollen. Die Idee, durch begrenzte Zeit die Trainierenden zu entlasten, wird durch die subjektive Interpretation des Trainings-Settings in ihr Gegenteil verkehrt: Die knappe Zeit wird als erschwerende Bedingung erlebt. Die in fünf Abschnitten verlaufende, 20-minütige Feedbackphase hat sich hingegen in ganz besonderem Maße bewährt. Die Vergewisserungsphase hilft, die eigenen Eindrücke zu systematisieren. Die kurzen Eingangs- und Abschluss-Statements der trainierenden Person erlauben es dieser, besonders wichtige Gedanken und Gefühle zu artikulieren. Durch die Regel, beim Feedbackgeben Beobachtungen und Interpretationen zu trennen, erhalten die einzelnen Rückmeldungen Transparenz und Präzision. Das transferorientierte Schlusswort der Leitungsperson regt gleichermaßen zu Reflexion und Vorsatzbildung an. So überrascht es nicht, wenn am Ende der Micro-Teaching-Einheiten von den Trainierenden normalerweise zurückgemeldet wird, dass sie dieses Verfahren als einen ungemein wichtigen, nützlichen und konstruktiven Abschnitt in ihrem Veränderungsprozess erlebt haben.

Micro-Acting: Die Idee des Micro-Teaching kann verallgemeinert werden. Handelt es sich um Tätigkeiten, die sich nicht auf Lehren oder Lernen beziehen, so kann auch hier ein verkleinertes, weniger komplexes Abbild des Praxisfeldes geschaffen werden. Aus dem Micro-Teaching wird somit ein „Micro-Acting". Beispiel: Im Bereich der Pflegedidaktik zeigt Schwarz-Govaers (2005 a, Kapitel 10.3), wie Pflegehandlungen in sogenannten „Skillslabs" trainiert werden können. In einer Orientierungsphase werden durch Wissensvermittlung, Visualisierung und Modelling Vorstellungen von den auszuführenden Handlungen in Bereichen wie vitale Funktionen, Spitalhygiene, Mobilisation, Körperpflege, Wundversorgung usw. geschaffen. In einer Übungsphase wird die Ausführung der Handlungen so weit vorangetrieben, bis diese selbständig geübt werden können. In der abschließenden Beherrschungsphase wird die jeweilige Handlung so stark komprimiert, dass sie „unter Druck" abgerufen werden kann. Vergleichbare Handlungsfelder werden auch beim situativen Handlungstraining der Polizei Baden-Württembergs geschaffen. So werden beispielsweise im Schulungszentrum der Bereitschaftspolizei Biberach wiederkehrende Grundsituationen des Polizeidienstes wie etwa eine Fahrzeugkontrolle, Umgang mit angetrunkenen Personen in einer Gaststätte, Verhaftung einer Person usw. simuliert. Dabei werden sowohl Videofilme als auch mit konkreten Personen, Fahrzeugen, Hunden usw. nachgestellte Szenarien verwendet. Auch hier entwickeln die Trainierenden in einer Orientierungsphase die für das professionelle Agieren erforderlichen Handlungsentwürfe. In einer Übungsphase steht anschließend die Ausführung der Handlungen im Mittelpunkt. In einer abschließenden Reflexionsphase erhalten die Trainierenden Rückmeldungen zur Übereinstimmung bzw. zu Diskrepanzen zwischen Handlungsentwürfen und simulierter Handlungsausführung. Derartige Vorgehensweisen sind in allen Bereichen möglich, in denen es um den Erwerb von Handlungskompetenzen geht. Das können berufliche Kompetenzen (beraten, therapieren, verhandeln, verkaufen usw.) ebenso sein wie private Kompetenzen (Umgang mit Konflikten, Umgang mit den eigenen Kindern, Umgang mit pflegebedürftigen Familienangehörigen, Umgang mit älteren Menschen usw.). Entscheidend ist dabei stets, dass die Szenarien in ihrer Komplexität so vereinfacht oder verkleinert werden, dass es gut möglich wird, die Ausführung gedanklich entworfener Handlungen zu üben. Dies schafft günstige Voraussetzungen für Erprobungen im Praxisfeld, weil der Verdichtungsprozess damit eingeleitet wurde.

6.4 Vorgeplantes Agieren in realen Situationen

Die ersten drei Stufen zum In-Gang-Bringen neuer Handlungen sahen so aus: Es wurden konkrete Vorstellungen vom neuen Handeln geschaffen, diese wurden in Handlungspläne umgesetzt und deren Ausführung simuliert. Nun kommt die entscheidende vierte Stufe. Diese führt aus dem Trainingsfeld heraus und in das Praxisfeld hinein. In Anlehnung an Mutzeck (2005) kann dieser wichtige Übergang so charakterisiert werden (siehe Abb. 43): In der ersten Phase, Aneignungsphase genannt, erbringt ein mehrstufiger Trainingsprozess die geplante und zugleich vorgeübte Handlung als Trainingsprodukt. In der zweiten Phase, Transferphase genannt, wird das neue Handeln in einfachen, alltäglichen und schwierigen Situationen erprobt. Als Transferprodukt ist angestrebt, dass sich die neuen Handlungen unter verschiedenen Bedingungen bewähren und auf diese Weise nach und nach zu handlungsleitenden subjektiven Theorien werden. Durch die mehrfache Ausführung verdichten sie sich in zunehmendem Maße zu Situations- und Reaktionsprototypen, so dass am Ende auch „unter Druck" gekonnt gehandelt werden kann.

Der Übergang vom geschützten Trainingsfeld ins konsequenzenreiche Praxisfeld ist nicht einfach. Er erscheint ein wenig wie der oberitalienische Fluss Rubikon, den Caesar 49 v. Chr. nach langem Abwägen mit den Worten überschritt: „Die Würfel sind gefallen!" Das war der Startpunkt seines Handelns, allerdings seines

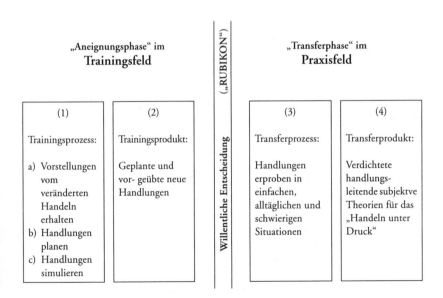

Abb. 43: Schematische Struktur des Lerntransfers in Anlehnung an Mutzeck (2005, S. 81)

recht kriegerischen. Diese historische Episode haben Heckhausen, Gollwitzer und Weinert (1987) als Metapher für willentliche Entscheidungen gewählt. Beim Übergang „von der Absicht zum Handeln" (Mutzeck, 1988) spielt der Wille eine ganz erhebliche Rolle. Er überbrückt den „Rubikon". Ein derartiger, willentlicher Entschluss am Handlungsbeginn ist zu verstehen als eine „bewusste Kognition am Anfang des Handelns, die Hemmungen überwindet, Handlungsenergie freisetzt und damit das Handeln in Gang setzt" (von Cranach et al., 1983, S. 24). Jede Handlung beginnt also mit einem Entschluss. In Heckhausens Rubikon-Theorie (vgl. Rheinberg, 2002, S. 184 ff.) wird der Startpunkt der Handlungsausführung mit „Intentionsinitiierung" bezeichnet: Die dem Agieren im Praxisfeld vorauslaufende Phase ist vorbei; jetzt werden die beabsichtigten, geplanten und vorgeübten Handlungsweisen in die Tat umgesetzt. Genau an diesem Punkt benötigt der Akteur verschiedene flankierende Maßnahmen, denn das Handeln im Praxisfeld ist wesentlich schwieriger zu modifizieren als das Handeln im Trainingsfeld. Hier können Vorsatzbildungen und Erinnerungshilfen (vgl. Kap. 5.6.2) Hemmungen überwinden und Handlungsenergie freisetzen.

Warum ist es schwierig, beim Eintreten in das Praxisfeld neue Handlungen in Gang zu bringen? Nehmen wir als Ausgangspunkt vier wichtige Komponenten menschlichen Handelns: Emotionen, physiologische Prozesse, kognitive Prozesse und Routinen. „Handeln unter Druck" in einem Praxisfeld hat reale Konsequenzen. Der Schonraum der Planungen und Simulationen wird verlassen. Es kann nicht mehr damit gerechnet werden, dass die Interaktionspartner – so wie etwa beim Micro-Teaching – in vorbildlicher Weise freundlich, verständnisvoll und wohlwollend sind. Die antizipierten Konsequenzen, vor allem aber das antizipierte Scheitern lösen deutlich spürbare Emotionen aus. Ärger und Angst können wie „Weichensteller" wirken. Entsprechend sind die korrelierenden physiologischen Prozesse ausgeprägt. Weil das Handeln rasch abläuft, hat der Akteur wenig Zeit zum Nachdenken. Die Reflexivität ist eingeschränkt. Das engt auch die Flexibilität ein, denn es fehlt die Muße, um alternative Pläne zu entwickeln. Folglich ist der Einfluss von Routinen stark. Diese manifestieren sich in den Situations- und Reaktionsprototypen, auf die beim raschen Agieren zurückgegriffen wird, um handlungsfähig zu bleiben.

Wenn es so schwierig ist, das neue Handeln im Praxisfeld zu zeigen, dann ist es klug, die Startbedingungen zu erleichtern. Sinnvollerweise beginnt man mit dem Erproben der neuen Handlungsweise in einem Bereich, der hierfür besonders günstig erscheint. Der Idee des Micro-Teaching bzw. Micro-Acting folgend kann man versuchen, die zu befürchtenden negativen Konsequenzen zu „verkleinern". Man sucht also Situationen aus, in denen man mit einer gewissen Wahrscheinlichkeit die vorgeplanten Handlungen erfolgreich realisieren kann. Je einfacher die Situation, desto größer die Erfolgsaussichten. Im schulischen Bereich könnte dies eine besonders leicht zu führende Klasse sein oder eine Situation, in der man es nur mit wenigen Lernenden zu tun hat (Förderunterricht, Kursunterricht, geteilte Klasse usw.). In der Hochschuldidaktik könnte es ein Colloquium sein, ein willige Arbeitsgruppe oder eine Lehrveranstaltung, in der man sich fachlich besonders sicher fühlt. Sind solche erleichternden Bedingungen nicht von alleine gegeben, so kann man überlegen, ob es nicht möglich ist, sich solche Bedingungen aktiv zu schaffen, um bei den ersten Erprobungen die Erfolgsaussichten zu erhöhen. Stabilisierend kann es wirken, die Tandemperson einzuladen. Deren körperliche Anwesenheit wirkt wie eine Erinnerungshilfe. Dadurch erhält der gefasste Vorsatz, die neue Handlung auszuführen, eine personifizierte Unterstützung. Das erleichtert es, den Entschluss zur Handlungsausführung zu fassen und macht es dem Akteur fast unmöglich, im letzten Moment „vor dem Hindernis zu scheuen". Ist es gelungen, die Handlung unter vereinfachten oder einfachen Bedingungen zu realisieren und hatte dieses Vorgehen auch die erhofften positiven Konsequenzen, so wäre der zweite Schritt, das neue Handeln unter alltäglichen Bedingungen auszuführen. Erst danach sollte man sich an das Erproben des neuen Handelns unter schwierigen Bedingungen heranwagen. Der Begriff „schwierig" sagt ja aus, dass die Erfolgsaussichten generell recht gering sind. Handlungsweisen, die man noch nicht kompetent und flüssig ausführen kann, werden in solchen Bereichen wenig zu einer konstruktiven Bewältigung beitragen. Deshalb sollte man so lange auf den Einsatz der neuen Handlungsweisen in brenzligen, kritischen oder schwierigen Situationen verzichten, bis die Handlungsausführung in den wesentlichen Grundzügen beherrscht wird.

Beim Erproben im Praxisfeld sind grundsätzlich zwei verschiedene Zeitpunkte zu unterscheiden: Der erste Zeitpunkt kann als „Eintritt in das Interaktionshandeln" bezeichnet werden. Damit ist der Fall charakterisiert, dass man selbst den Anfang einer Interaktionssequenz bestimmt. Verglichen mit Sportarten wie Tennis, Tischtennis oder Volleyball wäre das die Situation, in der man selbst Aufschlag hat. Hier kann man ohne Einwirkung der Kontrahenten zumindest den Anfang des Geschehens bestimmen. Dies ist günstig, denn dann weiß man ganz genau, was zu einem exakt definierten Zeitpunkt zu tun oder zu lassen ist. Man kann vor dem Eintritt in das Interaktionshandeln noch einmal die eigenen Planungsentwürfe durchgehen, mit einem bewussten Entschluss in die Interaktion eintreten und als Auftakt die neue Handlung situationsgerecht ausführen. Der zweite Zeitpunkt kann als „Agieren zu einem nicht genau vorhersehbaren Zeitpunkt" charakterisiert werden. Damit ist gemeint, dass erst abgewartet werden muss, bis jene Situation eintritt, auf die man in der geplanten neuen Weise reagieren möchte. Dies ist weniger günstig. Erstens ist jede Situation neu: Man steigt nie zweimal in den gleichen Fluss. Da die Situations-Prototypen unscharf sind, muss der Akteur zuerst prüfen, ob die reale Situation dem entsprechenden Situations-Prototypus zugeordnet werden kann. Zweitens muss der Akteur das neue Handeln stets abrufbereit halten, denn er weiß ja nicht, wann die entsprechende Situation auftauchen und wie sie beschaffen sein wird. Vielleicht fehlt die Zeit, sich den Handlungsentwurf vorher noch einmal zu vergegenwärtigen. Eventuell kommt die Situation so unerwartet, dass der Akteur sich schwer damit tut, den Entschluss zur Handlungsinitiierung zu fassen. Möglicherweise sind die Emotionen so stark, dass die „Weichen" zu den bisherigen Handlungs-Prototypen gestellt werden und eben (noch) nicht zu den neu gebildeten. Es gibt also viele „Stolpersteine" auf dem Weg vom Wissen zum Handeln, d.h. viele Ursachen, die ein Ausführen der neuen Handlung in nicht genau vorhersehbaren Situationen in Frage stellen. Damit sind einige Gründe dafür genannt, warum spontanes Interaktionshandeln bzw. „Handeln unter Druck" so schwer zu verändern ist. Um unter solch ungünstigen Voraussetzungen dennoch die eigenen Veränderungsziele nicht aus den Augen zu verlieren, ist es vorteilhaft, stabilisierende Maßnahmen zu ergreifen. Hierzu zählen einmal zwei Formen der kollegialen Praxisberatung, das sind die schon häufiger erwähnten Paxistandems und KOPING-Kleingruppen. Diese helfen, die Veränderungsmotivation zu erhalten. Zum anderen sind es Verfahren zur Erhöhung der Handlungskontrolle. Hierzu gehören handlungssteuernde Formen des inneren Sprechens bzw. der Selbstverbalisation (vgl. Meichenbaum, 1979), insbesondere aber das Unterbrechen unerwünschter Handlungen durch Stopp-Codes (vgl. Schlottke & Wahl, 1973; Wahl, Weinert & Huber, 1984; Wahl, 1991; Wahl, 2005).

6.5 Handeln flankieren durch inneres Sprechen

Bei der fünften Stufe des In-Gang-Bringens neuer Handlungsweisen geht es darum, diese zu einem festen Bestandteil der hoch verdichteten subjektiven Theorien zu machen. Eine wirksame Form, um die Kompetenz des Individuums für die Situations-Bewältigung zu erhöhen, ist das innere Sprechen, auch innerer Dialog, Selbstverbalisation oder Selbstinstruktion genannt (vgl. Fliegel et al., 1981). Innere Dialoge haben die Funktion, für eine bewusste, permanente und zugleich kleinschrittige Handlungsregulation zu sorgen. Vor allem sollen sie helfen, das Problem der Konkurrenz zwischen den bisherigen Prototypen und den veränderten, neuen Prototypen zu lösen. Die bisherigen Prototypen-Zuordnungen verlaufen „schnell", das bedeutet, dass es in der Regel ohne größere Aufmerksamkeitszuwendung gelingt, eine reale Situation einem Situations-Prototypus zuzuordnen. Ist jener gefunden, dann wird nahezu zeitgleich damit „gesehen", welche Handlungs-Prototypen zur Bewältigung herangezogen werden könnten. Die neuen Prototypen-Zuordnungen hingegen sind „langsam". Es muss genau geprüft werden, ob die reale Situation dem veränderten Situations-Prototypus zugeordnet werden kann. Dies erfordert hohe Aufmerksamkeit und verhältnismäßig viel Zeit. Entsprechend muss bei der Handlungsauswahl überlegt werden, ob der neue

Handlungs-Prototypus der Situation angemessen ist und wie er situationsgerecht umgesetzt werden kann. Die Konkurrenz zwischen beiden Systemen wird so aufgelöst, dass die „langsameren", neuen handlungssteuernden Strukturen so lange den Vorzug vor den „schnelleren", alten Strukturen erhalten, bis es möglich ist, das neue Handeln auch „unter Druck" kompetent und flüssig auszuführen. Das kann dadurch geschehen, dass man durch Formen des inneren Sprechens ganz bewusst die gewohnten handlungssteuernden Prozesse blockiert, also abstoppt, und durch willentliche Entschlüsse die neuen Handlungsweisen initiiert, also in Gang bringt.

Was ist unter „inneren Dialogen" oder „innerem Sprechen" zu verstehen? Meichenbaum (1979, S. 202) geht von der Hypothese aus, dass Selbstanweisungen auf eine ähnliche Art wirken wie interpersonale Anweisungen: Sie lenken die Aufmerksamkeit der Person auf relevante Sachverhalte, lösen bewältigungsbezogene Handlungen aus und bringen ungünstige Verhaltensweisen unter Kontrolle. Entwicklungspsychologisch betrachtet entsteht nach den Hypothesen von Vygotsky (1962) und Luria (1969) aus dem handlungsbegleitenden, egozentrischen Sprechen des Kindes ein eigenständiges Denkinstrument, das in zunehmendem Maße die Funktionen von Planbildung und Problemlösung übernimmt. Wollte man Hans Aeblis Buchtitel (1980, 1981) auf diesen Sachverhalt übertragen, so müsste man formulieren: „Inneres Sprechen: das Ordnen des Tuns." Meichenbaum (1979, S. 209) ist davon überzeugt, und darauf basiert sein Ansatz, „dass wir vor dem Handeln denken müssen, wenn wir eine Verhaltensweise verändern wollen. Dieses Denken (d. h. dieses innere Sprechen) „entautomatisiert" fehlangepasstes Verhalten und liefert die Grundlage für die Entwicklung von neuartigem, angepasstem Verhalten." Inneres Sprechen bzw. innere Dialoge werden folglich als eine Form des Denkens aufgefasst. Innere Dialoge erhalten aus Sicht der Handlungspsychologie deshalb eine so große Bedeutung, weil im Handlungsprozess die bewusste Aufmerksamkeit immer dorthin gelenkt wird, wo sie für eine erfolgreiche Ausführung benötigt wird. Inneres Sprechen hat folglich die Funktion, das menschliche Handeln an den entscheidenden Punkten bewusst zu steuern. Wird das bisherige Handeln verändert, so ist der erste entscheidende Punkt, zu erkennen, ob die reale Situation einem bestimmten Situations-Prototypus zugeordnet werden kann. Der zweite entscheidende Punkt ist, herauszufinden, welcher Reaktions-Prototypus am ehesten zur Bewältigung dienen kann. Der dritte entscheidende Punkt ist, die grob umrissene Handlung situationsgemäß auszugestalten. Der vierte entscheidende Punkt ist, die als Entwurf vorliegende Handlung mit einem Entschluss zu intiieren. Inneres Sprechen hilft, die Aufmerksamkeit auf diese vier zentralen Punkte zu lenken und damit für ein Handeln zu sorgen, bei dem Handlungsabsicht und Handlungsausführung übereinstimmen. Bei genauer Betrachtung erkennt man, dass hierbei drei unterschiedliche Systeme ineinander greifen: (1) die überdauernden subjektiven Theorien, die sich in den Prototypen-

Strukturen manifestieren; (2) die handlungsvorbereitenden, kognitiv-emotionalen Prozesse der Situationsorientierung SO und Aktionsplanung AP, die durch inneres Sprechen kleinschrittig reguliert werden können und (3) die durch einen Entschluss initiierte Ausführung des real ablaufenden Agierens. Diese Systeme sind funktional untereinander verbunden und wirken wechselseitig aufeinander ein. Bei der Modifikation menschlichen Handelns müssen sich alle drei Systeme gleichsinnig ändern. Meichenbaum (1979, S. 217) drückt dies so aus: „Kurz: ich behaupte, dass Verhaltensänderung eine Folge von Vermittlungsprozessen durchläuft, in denen inneres Sprechen, kognitive Strukturen, beobachtbares Verhalten und die Ergebnisse daraus sich gegenseitig beeinflussen." Die Konsequenz daraus formuliert er wie folgt: „Wenn sich meine kühnen Behauptungen über die dargestellte kognitive Theorie der Verhaltensänderung als „gültig" und heuristisch wertvoll erweisen sollten, dann müssten wir uns als Therapeuten mit allen drei grundlegenden Prozessen beschäftigen – den kognitiven Strukturen, dem inneren Sprechen, dem beobachtbaren Verhalten und der Interpretation ihrer Bedeutung. Die Beschränkung auf nur einen Schwerpunkt wird sich wahrscheinlich als ungenügend erweisen." (Meichenbaum, 1979, S. 225). Wenn wir innere Dialoge in den Prozess der Modifikation menschlichen Handelns integrieren, dann kommen wir der Forderung Meichenbaums nach, überdauernde Strukturen, handlungssteuernde Prozesse und beobachtbares Agieren miteinander zu verbinden. Dadurch wird es möglich, neues Handeln auf Dauer in Gang zu bringen.

Basierend auf den eben beschriebenen, grundsätzlichen Überlegungen haben wir Formen des inneren Sprechens entwickelt, erprobt und evaluiert, mit denen bisherige Handlungsweisen abgestoppt und neue Handlungsweisen in Gang gebracht werden können. Diese besonderen Formen von Selbstinstruktionen nennen wir Stopp-Codes (vgl. Abb. 44). Sie können auch als „Handlungs-Unterbrechungs-Strategien" bezeichnet werden (vgl. Schlottke & Wahl, 1983, S.38). Üblicherweise setzen Stopp-Codes beim Prozess der Aktionsplanung (AP) bisherige Reaktions-Prototypen außer Kraft und lassen damit die „langsameren", neuen Reaktions-Prototypen zum Zuge kommen. *Beispiel:* Ein Referent hat Unruhe beim Vortrag bisher dadurch bewältigt, dass er auf diese nicht direkt einging, sondern einfach lauter sprach. Dies führte dazu, dass sich Unruhe und eigene Lautstärke ständig steigerten, was zu einer strapazierten Stimme einerseits und zur eigenen Unzufriedenheit andererseits führte. Mit einem innerlich gesprochenen Stopp-Code verbietet es sich der Referent künftig selbst, die Stimme zu heben. Als Alternative legt ihm der Stopp-Code nahe, entgegen der eigenen Hemmungen den Vortrag zu unterbrechen und die Zuhörenden auf eine freundliche, jedoch konsequente Art und Weise um Ruhe zu bitten.

Es ist aber auch möglich, dass Stopp-Codes beim Prozess der Situationsorientierung (SO) eingesetzt werden. Sie sorgen in diesem Falle dafür, dass die reale Situation einem anderen Situations-Prototypen zugeordnet wird, d. h. die Situation wird anders aufgefasst. Dies macht es leichter, die Situation alternativ zu beantworten.

Handeln flankieren durch inneres Sprechen | 239

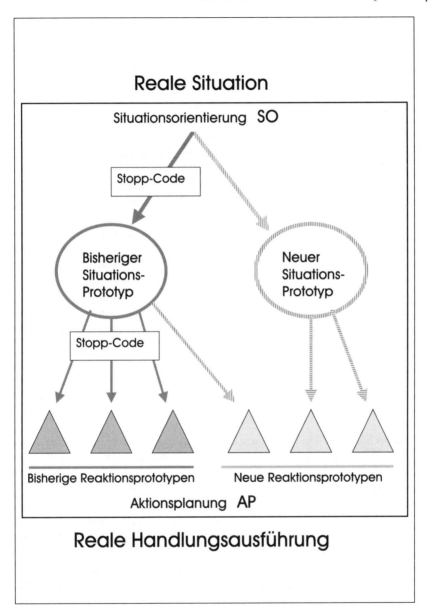

Abb. 44: Inneres Sprechen – „das Ordnen des Tuns". Eine kleinschrittige Handlungsregulation kann durch sogenannte „Stopp-Codes" erreicht werden. Diese Form des inneren Sprechens setzt bisherige Prototypen-Strukturen außer Kraft und bringt neue Prototypen-Strukturen in Gang.

Beispiel:
Durch Selbstbeobachtung hat der Referent herausgefunden, dass er selbst Unruhe erzeugt, wenn er Zuhörer bei einem Vortrag ist. Wenn es besonders spannend ist, dann will er sich mit seinem Nachbarn unverzüglich über die Inhalte austauschen. Aber auch dann, wenn er lange passiv zuhören muss, sucht er aktiv das Seitengespräch. Er hat in beiden Fällen bemerkt, dass er in der Rolle eines Zuhörers Seitengespräche aus diesen beiden Motiven heraus recht spontan anzettelt und dabei nicht darüber nachdenkt, dass sein Handeln die anderen Zuhörenden oder den Referenten stören könnte. Diese Selbsterfahrungen können ihm dabei helfen, Unruhe bei seinen eigenen Vorträgen nicht als persönlichen Affront aufzufassen, sondern als Unruhe aus Interesse an den Inhalten (neuer Situations-Prototyp Y) oder als Unruhe aus einer zu langen passiven Phase heraus (neuer Situations-Prototyp Z). Er erlebt die neuen Situations-Prototypen als weniger belastend, weil er sich dadurch weniger selbst in Frage gestellt sieht. Anstatt die Stimme zu heben, kann er die neuen Situations-Prototypen nun auch mit anderen, neuen Handlungsweisen verknüpfen. Ist der von ihm referierte Sachverhalt besonders spannend, dann kann er den Teilnehmenden Zeit einräumen, die angesprochenen Sachverhalte zu diskutieren oder er kann den Vortrag unterbrechen, um in eine gemeinsame Diskussion einzutreten. Sprechen die Anzeichen jedoch dafür, dass die Zuhörenden einen zu langen Abschnitt passiv ertragen mussten, dann kann er entweder rasch zum Ende kommen oder früher als eigentlich vorgesehen zum nächsten „Einschub" im Sandwich überleiten.

Wie können derartige Stopp-Befehle ganz konkret aussehen? In Weiterführung einer früheren Systematik (Wahl, Weinert & Huber, 1984, S. 395–406) ergeben sich folgende Formen:

Inneres Sprechen: Die Grundform eines Stopp-Befehls beruht auf innerem Sprechen. Unhörbar leitet sich der Akteur dazu an, eine Situation auf seine Prototypen-Struktur zu beziehen und / oder Handlungsprototypen auszuwählen und auszuführen. Das bewusste innere Sprechen hat das Ziel, die Handlungssteuerung zu verbessern. Günstig ist es, wenn die Selbstanweisungen zwei Aspekte abdecken: Erstens sollen sie auf den Umgang mit den eigenen Emotionen einwirken, denn Gefühle wirken als „Weichensteller". Sie ver-leiten den Akteur, Situationen in einer bestimmten Weise aufzufassen und zu beantworten. Werden die Emotionen vermindert, kann der Akteur sein Handeln eher so steuern, wie er es „eigentlich" beabsichtigt hat. Häufig gewählte Stopp-Codes für ein „Cooling Down" der Emotionen sind beispielsweise „Ruhig!" oder „Locker!" oder „Entspanne dich!" oder „Langsam!" oder „Atme tief und gleichmäßig!" oder „Du schaffst es!". Der zweite Aspekt bezieht sich auf die ausgearbeitete Lösungsstrategie. Hier geht es darum, sich bewusst zu machen, wie man die Situation auffassen möchte und welche Lösung man zu ihrer Beantwortung vorbereitet hat. Deshalb können für den zweiten Aspekt keine allgemein verwendbaren Beispiele gegeben werden. Je nach Art des zu lösenden Handlungsproblems werden die Stopp-Codes ganz verschieden ausfallen. Ein Tennisspieler, der seinem Gegner den Ball zu häufig auf dessen Schokoladen-Seite spielt und deshalb ins Hintertreffen gerät, könnte zum Beispiel die Absicht, dem Gegner mehr in dessen schwache Seite zu spielen, in die Selbstinstruktion „Platzieren" kleiden. Eine Lehrerin, die vom fragend-entwickelnden Unterrichten wegkommen will, indem sie die Zahl ihrer Fragen reduziert und umgekehrt pro Frage mehr Zeit zum Nachdenken gibt, könnte diese Absicht in die Selbstanweisung „Zeit geben!" verpacken. Ein Hochschullehrer, der zu viele Aufgaben annimmt, könnte die Absicht, an ihn herangetragene Anliegen gründlich zu analysieren, bevor er über deren Annahme entscheidet, mit dem Stopp-Code „Auswählen!" unterstützen. Durch die Kombination beider Aspekte des inneren Sprechens ergibt sich ein Umgang mit den eigenen Emotionen, der es möglich macht, die Handlungsabsichten zu realisieren. Dabei wird in der Regel zuerst der auf das „Cooling Down" abzielende Teil des Stopp-Codes innerlich gesprochen und danach jener Teil, der auf die Einhaltung der Lösungsstrategie abzielt. Auf diese Weise ergeben sich innere Dialoge vom Typus: „Du schaffst es – Platzieren!" oder „Langsam – Zeit geben!" oder „Ruhig – Auswählen!". Aus diesen Überlegungen wird deutlich, dass Stopp-Codes sehr spezifisch sind. Sie beziehen sich exakt auf jene neue Handlung, die in Gang gebracht werden soll. Voraussetzungen für das Gelingen sind, dass erstens die bisherigen handlungssteuernden Prozesse und Strukturen gut analysiert wurden (1. Lernschritt), dass zweitens neue Problemlösungen entwickelt wurden (2. Lernschritt) und dass drittens durch Planung und Simulation das beabsichtigte Handeln klare Konturen gewonnen hat (dritter Lernschritt).

Lautes Sprechen: Zur Steigerung der Wirkung von Stopp-Codes kann es in manchen sozialen Zusammenhängen sinnvoll sein, für alle Anwesenden hörbar zu verbalisieren, was man in Abkehr von den bisherigen Handlungsweisen künftig beabsichtigt. Es handelt sich hier um offen gelegte Selbstanweisungen. Diese beinhalten einen höheren Verpflichtungsgrad, weil nun weitere Personen über die Einlösung der artikulierten Absicht wachen. Durch das laute Sprechen geht der Akteur das Risiko ein, in der Bewertung durch andere Personen zu fallen, wenn er seine Absichten nicht umsetzt. Es kann auch sein, dass die anwesenden Personen die Selbstanweisungen aufgreifen und spielerisch oder ernsthaft in interpersonale Anweisungen umformen. Die Wirkungen, die von anderen Personen ausgehen, lenken die Aufmerksamkeit des Akteurs in besonderer Weise auf die Ausführung der ausgearbeiteten und vorgeübten Lösungen. Sie machen es ihm schwer, entgegen der eigenen Absicht auf Handlungsweisen zurückzugreifen, die nicht in Einklang damit stehen. Natürlich muss gut abgewogen werden, ob die Stopp-Codes sich dafür eignen, laut ausgesprochen zu werden. Im Sport ist es sicherlich nicht sinnvoll, dem Gegner laut die eigenen taktischen Pläne mitzuteilen, die man mit Hilfe von Stopp-Codes umsetzen will. Aber in sozialen Kontexten, in denen man auf ein gemeinsames Ziel hinarbeitet, können laut gesprochene Stopp-Codes sehr wirksam sein. So kann eine Kursleiterin, die bisher selbst besonders aktiv war und viel geredet hat, wodurch die Teilnehmenden wenig zu Wort kamen und in eine passive Rolle gedrängt wurden, durchaus in jenen Situationen, in denen sie in dieses ungünstige Verhalten zurückfällt, laut verbalisieren, dass sie stattdessen beabsichtigt, die Teilnehmenden aktiv arbeiten zu lassen. Da Stopp-Codes beim inneren Sprechen auf wenige Wörter verdichtet sind, ist es beim lauten Sprechen sicherlich nicht förderlich, lediglich „Langsam! – Aktivieren!" zu den Teilnehmenden zu sagen. Die hätten Mühe, zu verstehen, was gemeint ist. Die Kursleiterin könnte aber sinngemäß sagen: „Ich merke, dass ich selbst zu viel rede. Nun sollen Sie wieder aktiv werden." Um den Entschluss zu fassen, den Stopp-Code laut auszusprechen und dadurch das eigene unerwünschte Handeln zu blockieren, könnte sie vor dem lauten Sprechen innerlich zu sich „Langsam!" sagen, um die handlungsleitenden Emotionen zu dämpfen, die sie dazu verleiten, sich ständig in eine Mittelpunktsrolle zu begeben.

Stopp-Code mit sekundenschneller Entspannung: Wer es versucht hat, in realen Situationen mit Stopp-Codes zu arbeiten, der hat sicherlich schon die folgende Erfahrung gemacht: Man spricht innerlich zu sich, ist aber emotional so aufgewühlt, dass man sich selbst gar nicht zuhört! Inneres Sprechen ist also nur dann eine erfolgreiche Strategie zur kleinschrittigen Handlungssteuerung, wenn günstige Voraussetzungen für reflexives Handeln vorliegen. Kommen jedoch Situationen überraschend auf einen zu, kann man sich in komplexen Situationen schwer orientieren, sind die Situationen brenzlig und die Emotionen entsprechend stark, dann reichen reine Selbstinstruktionen oftmals nicht aus. Deshalb wurde der Versuch unternommen, die Wirkung innerlich gesprochener Stopp-Codes durch Kombination mit einer eingeübten Entspannungsreaktion zu verstärken. Wir haben dazu schon vor längerer Zeit ein Programm entwickelt (Schlottke & Wahl, 1983), bei dem vier verschiedene Elemente miteinander verknüpft werden: (1) die tiefe Bauchatmung als eine in vielen Entspannungsverfahren bewährte Maßnahme zur Dämpfung der physiologischen und emotionalen Erregung; (2) die systematische An- und Entspannung von Muskelpartien in Anlehnung an Jacobson (1929) als besonders schnell erlernbarer Weg, um zu einer tiefen Entspannung zu gelangen; (3) imaginative Ruhebilder zur Vertiefung der Entspannungsreaktion und (4) inneres Sprechen von Stopp-Codes als Teil einer Handlungs-Unterbrechungs-Strategie. Bei diesem Verfahren lernen es die Trainierenden zuerst, sich im Liegen mit einer 30-Minuten-Langform (Tonkassette) zu entspannen. Mit einer 20-Minuten-Form wird die Kompetenz erworben, sich gleich tief, jedoch in kürzerer Zeit zu entspannen. Im Sitzen wird der Entspannungszeitraum weiter verkürzt auf 5 Minuten. Abschließend geht es in der Sekundenform darum, sich im Gehen oder Stehen, also mitten in Handlungen entspannen zu können. Ziel ist es also, durch konsequentes Üben sich in immer kürzerer Zeit entspannen zu lernen. Da während des Lernprozesses ständig inneres Sprechen in Form von Stopp-Codes mit tiefer Bauchatmung und systematischer Muskelentspannung verbunden werden, erhält der Stopp-Code selbst einen deutlich größeren Nachdruck. Wird er in kritischen Situationen innerlich gesprochen und durch ein- oder zweimalige tiefe Bauchatmung unterstützt, so stellt sich die erlernte Entspannungsreaktion ein. Diese dämpft physiologische wie emotionale Erregung und ermöglicht reflexives, am innerlich gesprochenen Stopp-Code orientiertes Handeln. Die Kombination von innerem Sprechen und sekundenschneller Entspannung ist derart wirkungsvoll, dass sie selbst bei ungemein raschem Handeln greift. Bei Spitzensportlern in Tennis, Tischtennis, Karate und Ringen, also Sportarten, bei denen in weniger als 0,5 Sekunden agiert bzw. reagiert werden muss, optimieren mit sekundenschneller Entspannung unterstützte Stopp-Codes das Handeln deutlich. Das entsprechende Programm (CD ROM mit Begleitbuch) für die Sportarten Tischtennis und Tennis (Wahl, 2005) enthält darüber hinaus ergänzende Elemente zur Verbesserung der Handlungskontrolle. Dazu zählen das innerliche Visualisieren sportspezifischer Bewegungen, Erinnerungen an positiv bewältigte Wettkampfsituationen sowie die mentale Auseinandersetzung mit der zeitlich nächsten sportlichen Herausforderung. Insgesamt sind mit sekundenschneller Entspannung kombinierte Stopp-Codes eine besonders wirksame Form, das eigene Handeln in kleinen Schritten so zu steuern, dass Absichten in beobachtbares Handeln umgesetzt werden. Derartige Stopp-Codes unterstützen den Veränderungsprozess, indem sie mithelfen, neue Handlungsweisen in Gang zu bringen.

Stopp-Codes, die von außen auf das Handeln einwirken: Beim inneren wie beim lauten Sprechen führen jeweils vorauslaufende innerpsychische Prozesse zur Verwendung von Stopp-Codes. Der Akteur muss sich selbst während des Handlungsvollzugs daran erinnern, dass er auf diese besondere Weise mit sich selbst umgehen und damit sein Handeln künftig in eine andere Richtung lenken will. Dabei kann es geschehen, dass die durchlebten Situationen so anforderungsreich sind, dass er es vergisst, die vorgesehenen Stopp-Codes anzuwenden. Besteht diese Gefahr, dann ist es sinnvoll, Stopp-Codes von außen auf das Handeln einwirken zu lassen. Die sicherlich wirksamste Form ist hierbei, wenn eine zweite Person im Praxisfeld anwesend ist, wie es beispielsweise bei der Tandembildung der Fall ist. Diese Person ist in die Pläne des Akteurs eingeweiht. Im günstigsten Fall war sie an der Ausarbeitung der Pläne in Form der kollegialen Praxisberatung beteiligt. Erkennt die beobachtende Person, dass der Akteur beim Eintritt in die kritische Situation dazu neigt, das bisherige (ungünstige) und nicht das veränderte (günstige)

Handeln zu realisieren, dann lenkt sie dessen Aufmerksamkeit auf seine Handlungssteuerung. Wie dies im Detail aussehen kann, hängt von den Bedingungen des Praxisfelds ab. Im Sport kann dies durch einen Zuruf der Tandemperson geschehen, die beispielsweise „Stopp-Code!" ruft oder die bei einer Unterbrechung (Satzende, Time-Out usw.) an den Stopp-Code erinnert. Im Hörsaal, Kursraum oder Klassenzimmer wären solche Zurufe recht ungewöhnlich. Hier kann die beobachtende Person mit dem Akteur beispielsweise vereinbaren, dass sie auf eine bestimmte Art und Weise den Arm hebt, aufsteht oder sich langsam auf den Akteur zubewegt, um zu signalisieren, dass aus ihrer Sicht genau jetzt eine Handlungs-Unterbrechungs-Strategie angezeigt wäre. Für die übrigen Personen sollten diese Signale unauffällig sein. Dem Akteur sollten sie jedoch „ins Auge springen". Besteht keine Möglichkeit, die Tandemperson ins Praxisfeld mitzunehmen, dann können auch Gegenstände diese Funktion übernehmen. Im Sport kann es ein besonderes Handtuch sein. Nimmt man jenes in die Hand, dann erinnert man sich automatisch daran, dass man mit Stopp-Codes arbeiten will. Der von mir betreute Karate-Weltmeister Lazar Boskovic schrieb beispielsweise auf seine im Wettkampf getragenen Handschuhe das Wort „Stopp-Code", um sich ständig vor Augen zu führen, dass er sein Handeln an seinem Stopp-Codes ausrichten wollte. In Hörsaal, Kursraum oder Klassenzimmer kann man mit Tischreitern, Klebepunkten, Plakaten oder Fotografien arbeiten. Der Kreativität sind hier keine Grenzen gesetzt. Platziert man Gegenstände im Praxisfeld, die einen an die Realisierung von Handlungsentwürfen erinnern sollen, dann muss man jedoch einkalkulieren, dass diese – werden sie mehrmals oder gar ständig verwendet – leicht übersehen werden. Es kommt also darauf an, die Gegenstände so auffällig auszuwählen, dass sie auch dann die Aufmerksamkeit auf sich ziehen, wenn unter großer emotionaler Belastung gehandelt wird.

Handlungsbegleitendes inneres Sprechen nach dem Modell der Stress-Impfung: Stopp-Codes wirken punktuell. Manche Handlungsänderungen können jedoch so schwierig sein, dass sie ständig durch Selbstinstruktionen begleitet werden müssen. Meichenbaum (1979, S. 140 ff.) hat hierfür einen sehr anschaulichen Begriff geprägt: die „Stress-Impfung". Damit wird eine Analogie zum biologischen Prozess der Immunisierung hergestellt. So wie man sich gegen eine Krankheit impfen kann, die man kennt, so kann man sich sehr gezielt auf Stress-Situationen vorbereiten. Voraussetzung dafür ist, dass die belastenden Situationen und vor allem die hierbei auftretenden eigenen Gedanken, Gefühle und Reaktionsgewohnheiten vorher gut analysiert wurden. Dies geschieht in einer ersten Phase, die Meichenbaum als „Phase des Unterrichts" bezeichnet. In der zweiten Phase, der „Übungsphase", werden spezifische Selbstanweisungen ausgearbeitet, die in einer dritten Phase, dem „Anwendungstraining" unter Stressbedingungen abzurufen sind. (Man kann gewisse Parallelen ziehen zu dem von uns vorgeschlagenen dreischrittigen Veränderungsprozess.) Der entscheidende Unterschied zum Instrument der Stopp-Codes besteht darin, dass inneres Sprechen nicht nur zu einem einzigen Zeitpunkt das Handeln in kleinen Schritten kontrolliert leiten soll, sondern dass dies zu mindestens vier verschiedenen Zeitpunkten geschieht (Meichenbaum, 1979, S. 153):

(1) „Vorbereitung auf eine Stressbedingung". Der Akteur steuert sein Handeln durch inneres Sprechen schon lange bevor er in das Praxisfeld eintritt.

(2) „Auf die Stressbedingung stoßen und sich mit ihr beschäftigen". Beim Eintritt in die belastende Situation begleitet der Akteur das vorgeplante Interaktionshandeln durch inneres Sprechen.

(3) „Sich mit dem Gefühl des Überwältigt-Werdens auseinandersetzen". Der Akteur legt sich Formen des inneren Sprechens für den Fall zurecht, dass mitten in der belastenden Situation die emotionalen und physiologischen Prozesse so stark werden, dass die kognitiven Prozesse ihre Reflexivität einbüßen und damit die bisherigen, unangemessenen Handlungsroutinen die Oberhand gewinnen.

(4) „Selbstanweisungen zum Zweck der Belohnung". Ist die Stressbedingung durchlaufen, bewertet der Akteur sein eigenes Handeln und achtet dabei besonders auf Lernfortschritte. Auch in dieser evaluierenden Phase steuert er sein Handeln durch inneres Sprechen.

Zurück zu unserem Zusammenhang. Will man neue Handlungsweisen unter schwierigen Bedingungen zu einem festen Bestandteil der hoch verdichteten subjektiven Theorien machen, dann kann man den eigenen Lernweg permanent (und nicht nur punktuell) mit innerem Sprechen nach dem Modell der „Stress-Impfung" begleiten. Dazu arbeitet man zweiteilige Selbstanweisungen für jeden der vier Zeitpunkte aus. Der eine Aspekt der Selbstanweisungen bezieht sich, wie wir das schon kennen, auf das Dämpfen der emotionalen und physiologischen Erregung. Der andere Aspekt bezieht sich auf das Einhalten der ausgearbeiteten Handlungsstrategien. Weil jede Person einzigartig und jede Situation spezifisch ist, können keine für alle Personen und Situationen gültigen Selbstanweisungen genannt werden. Es ist aber möglich, auf Grund umfangreicher Praxiserprobungen folgende Empfehlungen zu geben:

(1) Für die Zeit vor dem Eintritt in die Praxissituation
(a) „Cooling Down" der Emotionen durch eine 20 Minuten-Entspannungsform im Liegen oder eine 5-Minuten-Entspannungsform im Sitzen, abhängig davon, wie gut die Entspannungsreaktion eingeübt ist und wie kurz der Eintritt ins Praxisfeld bevorsteht. Sportlern wird beispielsweise empfohlen, direkt vor dem Match die 5-Minuten-Form im Sitzen oder Stehen durchzuführen.

(b) Einhalten der Handlungsstrategien durch mehrfaches, ausführliches gedankliches Durchlaufen der (zum Beispiel in Praxistandem oder KOPING-Kleingruppe) ausgearbeiteten Problemlösungen. Hierbei ist es sinnvoll, sich verschiedene, wahrscheinliche Verläufe der auf einen zukommenden Interaktionssituation vorzustellen und die Problemlösungen gedanklich darauf abzustimmen: Wenn meine Interaktionspartner so reagieren, dann reagiere ich mit Variante A der Problemlösung; wenn meine Interaktionspartner anders reagieren, dann mit Variante B der Problemlösung usw. Im Grunde geht es also darum, die ausgearbeitete Problemlösung auf eine flexible Weise situationsspezifisch umsetzen zu können. Diese Handlungsentwürfe werden gedanklich bereitgehalten.

(2) Für den Eintritt in die Praxissituation
(a) „Cooling Down" der Emotionen durch eine sekundenschnelle Entspannung. Parallel zur tiefen Bauchatmung wird jener Stopp-Code innerlich gesprochen (z.B. „Ruhig!", „Ich schaffe es!", „Langsam!", „Locker!" usw.), der die trainierte Entspannungs-Reaktion auslöst.
(b) Einhalten der Handlungsstrategien durch Abruf jener vorgeplanten Aktionen, mit denen die Interaktionen eröffnet werden sollen. Dies geschieht durch inneres Sprechen jenes Stopp-Codes, der das vorgeplante Agieren auslösen soll (z.B.: „Mache jetzt den ersten Schritt!").

(3) Für den Fall des Überwältigt-Werdens
(a) „Cooling Down" der extrem starken Emotionen durch sekundenschnelle Entspannung, tiefe Bauchatmung und innerlich gesprochenen Stopp-Code. Wenn es die Situation erlaubt, sollte ein Handlungs-Aufschub ausgehandelt werden. Damit ist gemeint, dass es dem Akteur zugestanden wird, dass er nicht sofort reagieren muss. Im Sport ist dies in manchen Sportarten dadurch möglich, dass sich der Akteur ein „Time-Out" nimmt. Im Hörsaal, Kursraum oder Klassenzimmer ist dies nicht so einfach. Je nach Situation muss geprüft werden, ob es möglich ist, eine Pause zu machen, die Interaktionspartner auf einen späteren Zeitpunkt zu vertrösten usw. Bei der Ausarbeitung der Stress-Impfung ist abzuwägen, ob Handlungs-Aufschub im spezifischen Praxisfeld generell sinnvoll ist und wie er ausgehandelt werden kann. (*Beispiel*: In mündlichen Hochschulprüfungen hat sich folgender Handlungs-Aufschub bewährt: Stellt der Prüfer eine Frage, auf die man im Moment keine Antwort weiß, dann gibt man dem Prüfer die Frage zurück, zum Beispiel mit den Worten: „Bitte können Sie die Frage noch einmal stellen? Ich habe nicht ganz verstanden, worauf Sie abzielen!" Allein das Stellen des wörtlich für diese Situation vorbereiteten Satzes gibt schon einen ersten kleinen, zusätzlichen Zeitraum, sich wieder zu sammeln. In der Regel sind die Prüfer durch die Rückfrage

verunsichert und bemühen sich, ausführlicher als zuvor zu erläutern, worauf die Frage zielt. Diese Reaktion erbringt einen zweiten zusätzlichen Zeitraum, mit sich selbst im Sinne eines „Cooling Down" umzugehen und liefert in etlichen Fällen zusätzliche Hinweise, wo Antworten auf die Frage zu finden sind.)
(b) Einhalten der Handlungsstrategien. Zentral ist es hier, sich an die ausgearbeiteten Problemlösungen zu erinnern. Das innere Sprechen sollte darauf abzielen, jene Varianten zu aktualisieren, die für den Fall des Überwältigt-Werdens bereitgelegt wurden. Meichenbaum (1979, S.153) schlägt hierfür folgende Selbstinstruktion vor: „Konzentriere dich auf das Jetzt: Was hast du zu tun?" Die Rückkehr zu den bisher verfolgten Handlungsstrategien wird aber nur gelingen, wenn das „Cooling Down" erfolgreich war. Insofern liegt dort der Schwerpunkt.

(4) **Für die Zeit nach dem Austritt aus der Praxissituation**
(a) „Cooling Down" der abklingenden Emotionen entweder durch eine 20-Minuten-Entspannungs-Form im Liegen oder bei positiver Bewältigung mit inneren Sprechen vom Typ „Du hast es geschafft!" oder „Du kannst mit deinen Fortschritten zufrieden sein!"
(b) Einhalten der Handlungsstrategien. Hier ist es wichtig, dass sich der Akteur mit Selbstanweisungen zur bewertenden Auseinandersetzung mit den verwendeten Strategien motiviert und diese modifiziert, wo es angezeigt erscheint. Als hilfreich haben sich innere Dialoge vom Typ erwiesen: „Was war gut? – Was muss noch besser werden?"

Innere Dialoge sind ein außerordentlich wirksames Instrument, um das eigene Handeln in kleinen Schritten zu steuern. Im Grunde sind sie nichts anderes als besonders herausgehobene und zugleich bewusste Teile der ablaufenden handlungssteuernden Prozesse. Da wir auch in wenig belastenden Alltagssituationen unser Handeln durch innere wie laute Dialoge mit uns selbst steuern (Autofahren, Einkaufen, Kochen Kofferpacken, Sporttreiben, Unterricht vorbereiten usw.), ist der Weg nicht weit zum gezielten Einsatz von Selbstanweisungen, um damit neue Handlungen in Gang zu bringen. Achtet man hierbei darauf, dass sich die Selbstinstruktionen gleichermaßen auf Emotionen wie Handlungsstrategien beziehen, unterstützt man ihre Wirkung durch Entspannungsverfahren sowie Interaktionspartner, und begleitet man schließlich das gesamte Handeln in besonders schwierigen Situationen damit, dann wird es einem gelingen, die neuen Handlungen in die umfassenden handlungssteuernden Strukturen zu integrieren.

6.6 Kommunikative Praxisbewältigung in Tandems und Gruppen

Ziel des dritten Lernschrittes ist es, das neue Handeln zu einem festen Bestandteil der hoch verdichteten subjektiven Theorien zu machen. Dazu werden die geplanten und simulierten Handlungen im Praxisfeld erprobt und in flüssig ablaufendes, kompetentes Handeln umgeformt. Deshalb ist der gesamte Modifikationsprozess so konstruiert, dass zwischen die Reflexions- bzw. Trainingsphasen Zeiträume „eingeschoben" werden, in denen in der Praxis agiert wird. Diese systematische Abfolge von Reflexion und Transfer bzw. von Training und Transfer nennen wir „großes Sandwich" (siehe Kap. 3, Abb. 8). Das „große Sandwich" bringt Probleme mit sich. Im Gegensatz zum „kleinen Sandwich", bei dem die Lehrperson präsent und deshalb stets in der Lage ist, die Lernumgebung zu überwachen und zu gestalten, findet der Transfer im „großen Sandwich" jeweils dort statt, wo die Lernenden ihr Praxisfeld haben. Es ist schwierig und in manchen Fällen sogar unmöglich, als Lehrperson auf die dort ablaufenden Modifikationsprozesse Einfluss zu nehmen. Die Lernenden sind jedoch dringend auf Unterstützung angewiesen. Das Erproben der neuen Handlungen im Praxisfeld (Stufen 4 und 5) ist sicherlich der anforderungsreichste und zugleich störungsanfälligste Abschnitt im gesamten Lernprozess. Die Sicherheit des bisherigen, unhinterfragten Handelns wird mit der Erprobung der neuen Lösung aufgegeben. Sie wird eingetauscht gegen noch nicht beherrschte Handlungsweisen, deren Ausführungen mühevoll mit innerem Sprechen gesteuert werden müssen. Kognitionen und Emotionen sind noch „träge". Sie werden sich nur dann in die angezielte Richtung verändern, wenn das neue Handeln die erhofften günstigen Konsequenzen nach sich zieht. Die Effekte oder Folgen des neuen Handelns bestätigen, revidieren oder widerlegen die ausgearbeitete Lösung. Sie wirken damit stabilisierend oder verändernd auf die handlungssteuernden Strukturen zurück (vgl. v. Cranach et al., 1983, S. 34). Derartige Rückmeldungsprozesse gehören zu den effektivsten Modifikationsfaktoren (Semmer & Frese, 1979, S. 123). Sie stellen eine Chance dar, aber auch eine Gefahr. Misslingen die ersten Gehversuche im Praxisfeld, werden die erarbeiteten Lösungen schnell wieder verworfen. Damit werden Lernprozesse in Frage gestellt, die mehrere Monate oder gar Jahre gedauert haben können. Bedenkt man, dass das Erproben in der Praxis und das dort angestrebte „Verflüssigen" der neuen Handlungsweisen über Erfolg oder Misserfolg einer ganzen Ausbildung (wie etwa der Lehrerausbildung) oder einer Weiterbildungsmaßnahme entscheiden, dann staunt man darüber, wie wenig theoretische Überlegungen bisher zu diesem zentralen Punkt angestellt wurden.
Wie kann man den Transferprozess unterstützen und dafür sorgen, dass die sandwichartig aufgebaute Lernumgebung auch im Praxisfeld erfolgreich wirkt?

Einige Möglichkeiten haben wir schon beschrieben: Das Initiieren neuer Handlungen wird beim Ausstieg aus dem „kleinen Sandwich" durch nachdrückliche Vorsatzbildung und geschickt gewählte Erinnerungshilfen vorbereitet. Die Handlung selbst wird durch passende Formen des inneren Sprechens in kleinen Schritten bewusst gesteuert. Nach unseren Erfahrungen sind dies wichtige flankierende Maßnahmen, die jedoch nicht ausreichen. Die Lernenden benötigen beim In-Gang-Bringen neuer Handlungen nicht nur Maßnahmen, die „von innen her" wirken. Sie brauchen dringend auch Hilfe „von außen". Theoretische Überlegungen wie empirische Untersuchungen zeigen, dass der Weg vom trägen Wissen zum kompetenten Handeln dringend der sozialen Unterstützung bedarf (Wahl, 1991; Mutzeck, 1993; Nold, 1998; Schmidt, 2001; Schlee, 2004). Kleine, dauerhafte, dichte, intensive und reziproke „Netzwerke" (Bullinger & Nowak, 1998; Diewald, 1991; Franz, 1986; Schmidt, 2001) sorgen für den erforderlichen „Social Support". Darunter sind Unterstützungsleistungen zu verstehen, die eine Person von ihrer sozialen Umwelt bei der Bewältigung ihrer Lebenssituationen erfährt. Social Support ist in doppelter Funktion für unseren speziellen Fall der Handlungsmodifkationen wichtig. Dies hat Schmidt (2001, S. 28 ff.) überzeugend herausgearbeitet. Erstens benötigen die Akteure eine sozio-emotionale Stabilisierung. Diese wirkt jener Unsicherheit entgegen, die durch das In-Frage-Stellen der bisherigen handlungssteuernden Strukturen und Prozesse notwendigerweise entsteht. Die Mitglieder der kleinen sozialen Netzwerke geben Sicherheit, zeigen Verständnis, machen Mut und motivieren zum Handeln. Damit bilden sie ein „Schutzschild", wie Mutzeck (2005, S. 92 f.) es nennt, gegen die prinzipiell bei jedem Transferprozess auftretenden Schwierigkeiten. Zweitens benötigen die Akteure konkrete Hilfe bei ihren Problemlösungen. Die Mitglieder der kleinen sozialen Netzwerke geben Anregungen, machen auf mögliche Schwierigkeiten aufmerksam, stellen Materialien zur Verfügung und helfen bei der Reflexion der gemachten Erfahrungen.

Es gibt eine ganze Reihe von Verfahren, die in wirkungsvoller Weise mit Social Support den Weg vom Wissen zum Handeln begleiten. In der Lehrerbildung bekannt geworden sind das auf Tandemarbeit basierende Konstanzer Trainingsmodell von Humpert & Dann (2001) sowie die auf Gruppenarbeit basierenden Konzepte von Mutzeck (2002), Rotering-Steinberg (1992) und Schlee (2004). Im Rahmen des hier beschriebenen, dreischrittigen Modifikationskonzeptes haben wir schon früh erkannt, dass Änderungen des Handelns nachhaltiger sozialer Unterstützung bedürfen und hierfür das KOPING-Konzept entwickelt (Wahl, 1987; 1991). Im Gegensatz zu den oben genannten Tandem- bzw. Gruppenkonzepten, die jeweils eine der beiden Sozialformen in den Mittelpunkt stellen, begleiten beim Social Support durch KOPING sowohl das Tandem als auch die Kleingruppe gleichrangig den gesamten Lernprozess. KOPING bedeutet „Kommunikative Praxisbewältigung in Gruppen". Dieses künstliche Wort ist in be-

6. Neues Handeln in Gang bringen

wusster Anlehnung an das englische Wort „coping" entstanden. „Coping" kommt von „to cope with", was sinngemäß bedeutet, es mit jemandem aufzunehmen oder mit einer Sache fertig zu werden. In der Stressforschung besitzt der Begriff „Coping" eine zentrale Bedeutung. Er charakterisiert jene Handlungen, die zur Bewältigung von Anforderungen unternommen werden. In unserem Zusammenhang kann das Bearbeiten der eigenen handlungssteuernden Strukturen mit dem Ziel, neue Lösungen zu finden als eine hochwirksame Coping-Strategie verstanden werden. Der Begriff KOPING signalisiert, dass die angestrebte Praxisbewältigung in gegenseitigem, reziprokem Austausch geschehen soll, also kommunikativ. Die Kommunikationsfähigkeit als Menschenbildannahme ist hier Ausgangspunkt und Ziel zugleich. Kommuniziert wird einmal in der Kleingruppe, auch KOPING-Gruppe genannt. Diese setzt sich in der Regel aus etwa 6 Personen zusammen. Im Gegensatz zum Praxis-Tandem sollte der Konzeption nach die KOPING-Gruppe vor allem sozio-emotional stabilisieren, während das Tandem konkrete Hilfe bei den Problemlösungen geben sollte. Diese Hypothese erwies sich jedoch als unzutreffend. In ihrer empirischen Untersuchung konnte Schmidt (2001, S. 182) zeigen, dass beide Teilsysteme sowohl die Änderungsmotivation erhalten als auch konkrete Lösungshilfen bereitstellen. KOPING-Gruppen bilden sich in der Regel nach regionalen Gesichtspunkten, also nach dem Prinzip der räumlichen Nähe. Sympathie und Symmetrie sind nur dann ausschlaggebende Merkmale für die Gruppenbildung, wenn die geografischen Distanzen keine Rolle spielen. Je heterogener Persönlichkeitsstrukturen und Praxisfelder, umso anregungsreicher verläuft die Arbeit in den KOPING-Gruppen. Diese Erfahrung widerspricht den Alltagstheorien, die suggerieren, derartige Gruppen würden dann besonders erfolgreich arbeiten, wenn sie so homogen wie möglich sind.

Die KOPING-Gruppe spaltet sich in der Regel in 3 Praxis-Tandems auf. Unter einem „Tandem" versteht man nicht nur einen Wagen, der von zwei hintereinander gespannten Pferden gezogen wird oder – was wesentlich bekannter ist – ein Doppelsitzerfahrrad, auf dem zwei Personen sitzen, sondern auch zwei hintereinander geschaltete Antriebe, die auf die gleiche Welle wirken. Dieses Bild hat uns bewogen, zwei auf Dauer kooperierende Personen als „Praxis-Tandem" zu bezeichnen. Damit kommt zweierlei zum Ausdruck. Einmal addieren sich die Kräfte bei der Problembearbeitung. Zum anderen ist das Tandem auch dann noch in Bewegung, wenn die Kräfte der einen Person nachlassen. Die Bildung von Praxis-Tandems erfolgt nach Sympathie und Symmetrie. Die beiden Kooperationspartner sollen sich akzeptieren und verstehen. Darüber hinaus soll keine der beiden Personen die andere dominieren. Die Beziehungen sollen dauerhaft, intensiv, verständnisvoll und reziprok sein. Dabei kann nicht verschwiegen werden, dass bei 6 Personen je Gruppe die Auswahlmöglichkeiten für einen Tandempartner von vorne

Kommunikative Praxisbewältigung in Tandems und Gruppen | 251

herein begrenzt sind. Wichtig ist, dass Gruppenbildungen und Tandembildungen nicht vorgegeben werden, sondern dass die Teilnehmenden diese selbst gestalten. KOPING gibt es in zwei Zusammenhängen. Erstens sind KOPING-Gruppen und Praxis-Tandems Teile einer umfassenderen Lernumgebung (vg. Abb. 45). Sie sind Elemente, die den Transferprozess maßgeblich unterstützen. Darauf haben wir in diesem Buch bei der Skizzierung aller drei Lernschritte immer wieder hingewiesen. Zweitens ist KOPING eine für sich selbst stehende Form der kollegialen Praxisberatung. KOPING ist, wie die Verfahren von Schlee, Mutzeck, Humpert & Dann, Nold, Rotering-Steinberg usw., auch ohne eine umfassende Lernumgebung wirksam. Bei beiden Formen greifen Gruppenarbeit und Tandemarbeit – und das ist das ganz Spezielle an diesem Konzept – auf eine wohldefinierte Weise ineinander. Dieser systematische Wechsel hat mit dem Problemlöse-Prozess zu tun. Wie bei anderen Verfahren der kollegialen Praxisberatung gibt es für das KOPING-Konzept eine Struktur für die Kommunikation (vgl. Abb. 46). Für die Einhaltung dieser Struktur ist eine Person verantwortlich, Moderatorin oder Moderator genannt. Diese Person leitet die Sitzung. Wichtig ist, dass jede KOPING-Sitzung von einer anderen Person geleitet wird. Die Rollen wechseln also systematisch. Wir haben sehr schlechte Erfahrungen damit gemacht, dass

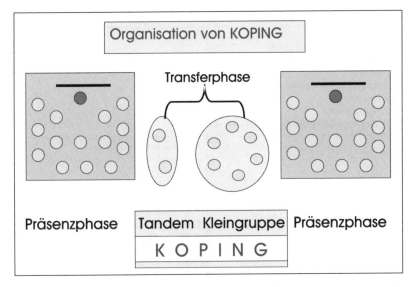

Abb. 45: Mit Social Support vom Wissen zum Handeln: Der Änderungsprozess in der Transferphase wird durch KOPING-Kleingruppen und Praxistandems unterstützt. Beide Sozialformen sind in Funktion und Bedeutung gleichrangig und bestehen während des gesamten Lernprozesses.

6. Neues Handeln in Gang bringen

In der KOPING-Gruppe	Im Praxis - Tandem
1. Problemauswahl a) Erste Problemskizzen: „Woran möchte ich arbeiten?" b) Probleme ordnen: „Welche sind in der Gruppe bzw. im Tandem und welche sind nicht durch KOPING zu bearbeiten?" c) Reihenfolge der Bearbeitung festlegen: „Wer beginnt?"	
2. Rekonstruktion a) Beschreibung des Problems: personenzentriert zuhören, präzisierend nachfragen b) Wechsel zur Perspektive der Gruppe: „Was löst die schwierige Situation in mir aus?" c) Wechsel zur Perspektive des Kontrahenten: „Ich (Kontrahent) verhalte mich so, weil ..." d) Diagnoseaufträge für die Tandem-Arbeit zur Rekonstruktion der Außensichtperspektive und Innensichtperspektive	
	3. Diagnostizieren a) Befragen mit dem Strukturiertem Dialog: „Was lief innerlich in dir ab?" b) Beobachten mit MFB, BIRS usw. c) Triangulieren (wenn möglich)
4. Problemlösen a) Diagnose-Ergebnisse berichten b) Zusammenhänge erkennen (Bilden von Hypothesen) c) Zukunftsbild beschreiben (Zielsetzung) d) Lösungssuche e) Lösungsauswahl f) Realisierungsaufträge für die Tandem - Arbeit	
	5. Handeln in Gang bringen a) Klare Vorstellung vom neuen Handeln schaffen b) Handeln planen und simulieren c) Umsetzung flankieren mit Vorsatzbildung, innerem Sprechen usw. d) Lösung erproben e) Effekte erfassen durch Befragung und Beobachtung f) Ergebnisse der Erprobung diskutieren
6. Evaluation a) Umsetzungsergebnisse berichten b) Bearbeitung weiterführen oder abschließen	

Abb. 46: Methodisches Vorgehen bei der kommunikativen Praxisbewältigung in Gruppen (KOPING)

immer die gleiche Person die Moderation leitet. Dies wirkt der Symmetrie in der Gruppe entgegen und bringt diese aus der Balance. Die zweite Rolle ist die der Gastgeberin oder des Gastgebers. Diese Person sorgt für den Ort, an dem sich die KOPING-Gruppe trifft. Sie ist auch für Getränke und Mahlzeiten verantwortlich, falls die Gruppe diese Dinge vorsieht. Auch diese Rolle wechselt der Rollenbalance wegen in jeder Sitzung. Manche Gruppen sehen noch eine dritte Rolle vor, jene des „Zeitwächters". Diese Person achtet darauf, dass die Gruppe die selbst erstellte Agenda zeitlich einhält. Ansonsten sind alle Gruppenmitglieder gleichermaßen für die Einhaltung der Problemlösestrategie verantwortlich, können sich also jederzeit und an allen Stellen in den Beratungsprozess einschalten. Die moderierende Person trägt Sorge dafür, dass der Beratungsprozess ingesamt eine klare Struktur behält. Dieser umfasst die folgenden Schritte (vgl. hierzu auch Wahl, 1991, S. 196 ff.), in die alle Gruppenmitglieder eingeführt und eingeübt sind:

0. Einführung
Die Sitzung beginnt mit einem Blitzlicht. Dabei sagt jede Person, welche Themen aus ihrer Sicht heute besprochen werden sollen. Danach wird unter Leitung der moderierenden Person das Sitzungsprogramm (Agenda) zusammengestellt. Dieses wird z.B. in Form von Karten an einer Pinnwand visualisiert (Moderationstechnik). Wenn eine Problembearbeitung ansteht, dann erfolgt diese in sechs Schritten.

1. Problemauswahl
Jede in der KOPING-Gruppe mitarbeitende Person legt einen einzigartigen Lernprozess zurück. Sie arbeitet an einer ganz speziellen Veränderung ihres eigenen Handelns. Folglich gibt es so viele verschiedene Lernwege wie Personen in einer Gruppe sind. Dennoch gibt es auch verbindende Elemente. Erstens benötigen alle Personen, so unterschiedlich ihre inhaltlichen Schwerpunkte auch sein mögen, Gruppe und Tandem als soziale Unterstützung, um zu ihrem Ziel zu gelangen. Zweitens befinden sich alle Personen in einem Modifikationsprozess, wollen also bisherige Handlungsweisen bearbeitbar machen, Lösungen für ihre Probleme entwickeln und neues Handeln in Gang bringen. Einzigartigkeit und Verschiedenheit sind im KOPING-Konzept keine Widersprüche, sondern vorzüglich miteinander vereinbar. Dies zeigt sich schon im ersten Schritt, der Problemauswahl. Hier geht es darum, für sich selbst zu definieren, welches der persönliche Schwerpunkt des Lernprozesses sein soll. Dies geschieht in den Teilschritten a, b und c.

(a) **Erste Problemskizzen: „Woran möchte ich arbeiten?"**
Reihum erläutert jede Person, an welchem Problem sie arbeiten möchte. Die anderen Gruppenmitglieder hören personenzentriert bzw. klientenzentriert (Rogers, 1973; 1976) zu. Unter einer personenzentrierten Gesprächsführung

ist eine professionelle Form der Interaktion auf der Basis von Akzeptanz und Empathie zu verstehen, strukturiert durch Gesprächstechniken. Hierzu gehören Anteilnahme zu zeigen, Zeit zu geben, Gefühle zu verbalisieren, Gedanken anzusprechen, zur Konkretisierung zu veranlassen usw. (vgl. Mutzeck, 2002, S. 81 ff.). Ziel des ersten Teilschrittes ist es, der Gruppe offen zu legen, welchen Ausschnitt des eigenen Handelns jede Person systematisch bearbeiten möchte. Es kommt (noch) nicht darauf an, die Probleme ausführlich zu schildern. Es reicht aus, wenn das jeweilige Problem in seinen Umrissen so skizziert wird, dass die Zuhörenden einen ersten Eindruck erhalten. Pro Person reichen wenige Minuten für die Problemskizze aus.

(b) **Probleme ordnen: „Welche sind in der Gruppe bzw. im Tandem und welche sind nicht durch KOPING zu bearbeiten?"**
Sind alle Probleme geschildert, dann wird gemeinsam überlegt, welche sich davon für eine Bearbeitung in Gruppe bzw. Tandem eignen. Möglicherweise sind Probleme geschildert worden, die so einfach zu lösen sind, dass dies dem Akteur alleine zugetraut werden kann. Möglicherweise sind aber auch Probleme geschildert worden, die so schwierig sind, dass die Gruppe in ihrer Kompetenz überfordert erscheint. KOPING ist ja eine Form der kollegialen Praxisberatung. Darunter verstehen wir eine kontinuierliche, horizontale Beratung in einer Gruppe oder einem Tandem mit Personen, die für diese Beratungsarbeit ausgebildet sind und die mit einem strukturierten Beratungskonzept arbeiten, um ausgewählte berufliche Probleme zu bewältigen. Die Gruppenmitglieder sind zwar einerseits mit dem Beratungsverfahren vertraut, können also strukturiert vorgehen, aber sie besitzen andererseits in der Regel keine professionellen therapeutischen Kompetenzen. Insofern müssen die Grenzen jeder kollegialen Praxisberatung klar gesehen werden. Es wäre gefährlich, der KOPING-Gruppe jede Art von Problemen zuzutrauen bzw. zuzumuten. Die Mitglieder müssen bei schwierigen, tiefgehenden Problemen prüfen, ob eine Bearbeitung in Gruppe bzw. Tandem zielführend erscheint oder ob dem Akteur nicht empfohlen werden sollte, sich an professionelle Beratungsstellen zu wenden. Am Ende dieses Auswahlprozesses entscheidet sich jede Person für einen einzigen Arbeitsschwerpunkt, der in Gruppe bzw. Tandem angegangen werden soll. Nach unseren Erfahrungen ist es nicht sinnvoll, sich mehrere Schwerpunkte vorzunehmen. Dies hängt damit zusammen, dass jede Veränderung mit Verunsicherungen verbunden ist. Die Arbeit an mehreren Aspekten des eigenen Handelns bringt das Handlungs-Gesamt zu sehr durcheinander. Besser ist es, sich im Laufe des Lernprozesses immer dann einen neuen Arbeitsschwerpunkt zu setzen, wenn die Bearbeitung des vorangegangenen erfolgreich abgeschlossen ist.

(c) **Reihenfolge der Bearbeitung festlegen: „Wer beginnt?"**
Im Laufe der KOPING-Arbeit schildern alle Mitglieder ihr Problem und die Gruppe bearbeitet es mit dem strukturierten Beratungskonzept. Dabei wird

nicht jedes Problem, wie es bei den anderen kollegialen Beratungsverfahren der Fall ist, „am Stück" durchgearbeitet und abgeschlossen, bevor das nächste angegangen wird. Vielmehr läuft die Bearbeitung aller (sechs) Probleme parallel ab. Dies hängt damit zusammen, dass die Änderung menschlichen Handelns Monate oder gar Jahre dauert. Eine Gruppensitzung allein kann hierfür zwar einen wichtigen Anstoß geben, reicht aber in der Regel nicht aus, um eine nachhaltige Modifikation zu gewährleisten. Folglich geht es im dritten Teilschritt lediglich darum, eine Reihenfolge festzulegen, in der die einzelnen Akteure ihr Problem ausführlich schildern. Es sollte dabei jene Person beginnen, deren Problem die höchste „Situationsdyamik" aufweist. Damit ist gemeint, dass deren Praxisfeld so beschaffen ist, dass ein Aufschub der Problembearbeitung die Situation am ehesten verschlimmern würde. Weiter hinten können sich jene Mitglieder einreihen, deren Praxisfeld trotz der Unzufriedenheit mit bestimmten eigenen Handlungsweisen einigermaßen stabil ist. Nach unseren Erfahrungen bereitet es keine größeren Schwierigkeiten, die Reihenfolge der Bearbeitung festzulegen. Jedes Gruppenmitglied weiß, dass die KOPING-Gruppe über längere Zeit, z.B. über eineinhalb Jahre, zusammen arbeitet und dass es genügend Raum gibt, das eigene Problem zu thematisieren. Gewöhnungsbedürftig ist allerdings die Vorstellung, dass alle Probleme parallel bearbeitet werden. Doch das ist einfacher als es sich anhört. Durch die Überschaubarkeit der Gruppe und die Regelmäßigkeit der Kontakte ist es bald selbstverständlich, dass beispielsweise die erste Person am Umgang mit ihrem Vorgesetzten arbeitet, die zweite Person mit Unruhe im Unterricht zu kämpfen hat, die dritte Person ihr Lehrverhalten verbessern möchte, die vierte Person die eigene Hektik bewältigen möchte, die fünfte Person es mit „Burnout" zu tun hat und die sechste Person mit ihrem Arbeitsteam nicht zurechtkommt. Da diese Probleme wiederholt thematisiert werden sowie durch Diagnosen und Lösungsbemühungen immer deutlichere Konturen erhalten, werden sie nicht nur als gut nachvollziehbar, sondern mehr noch als „spannend" erlebt. Es besteht großes Interesse daran, zu erfahren, welche Fortschritte jeweils bei der Problembearbeitung gemacht werden. Insgesamt ist der erste Schritt der „Problemauswahl" mit seinen drei Teilschritten „Problemskizzen", „Probleme ordnen" und „Reihenfolge festlegen" recht einfach zu durchlaufen.

2. Rekonstruktion
(a) Beschreibung des Problems
Die moderierende Person bittet den Akteur, sein Problem so präzise wie möglich zu beschreiben. Diese Vorgehensweise ist in der kollegialen Praxisberatung üblich (vgl. z.B. Mutzeck, 2002, S. 106 f.; Schlee, 2004, S. 86 f.). Standard ist es auch, dass die Gruppenmitglieder personenzentriert zuhören auf der Basis der Grundhaltungen Empathie, Akzeptanz und Echtheit. Dies geschieht „sorgfältig und anteilnehmend", wie es Schlee (2004, S.86) formuliert. Signalisiert

wird dies durch Mimik, Gestik, Körperhaltung, Verbalisieren von Gedanken und Gefühlen und präzisierende Rückfragen, verbunden mit dem unvermeidlichen „therapeutischen Grunzen" (hmhm, aha, so usw.). Spezielle Fragen wie „Was ist dir noch am lebendigsten in Erinnerung?", „Was hat das Geschehen in dir ausgelöst?", „Was macht dieses Problem so bedeutsam für dich?", „Welche Lösungsversuche hast du bisher unternommen" usw., wie sie Mutzeck (2002, S. 178 f.) vorschlägt, können zwar gestellt werden, sind aber nicht zwingend erforderlich. Damit die Beratungsstruktur nicht durch gegenläufige alltagstheoretische Handlungsweisen entwertet wird, sind Fragen nach dem Warum und alle Ratschläge oder Lösungshinweise an dieser Stelle verboten. Es ist die Aufgabe der moderierenden Person, auf die Einhaltung dieser Regeln zu achten. Die für die Problembeschreibung erforderliche Zeit variiert erheblich. Dem Akteur wird so viel Zeit zugestanden, wie erforderlich erscheint. Manche Probleme lassen sich in 15 Minuten beschreiben, andere benötigen mehr als eine Stunde.

(b) **Wechsel zur Perspektive der Gruppe: „Was löst die schwierige Situation in mir aus?"**

Als Alltagsmenschen gibt es wohl nur wenige Probleme, die wir nicht in irgendeinem Zusammenhang direkt erlebt oder indirekt miterlebt haben. Folglich kann man davon ausgehen, dass während der Problembeschreibung in allen Gruppenmitgliedern viele vertraute Gedanken und Gefühle aktiviert werden. Wie schon in Kap. 4.3 (Wechsel der Perspektiven) diskutiert, können diese Eindrücke für die Rekonstruktion genutzt werden. Die Gruppenmitglieder versetzen sich in die Rolle der Kontrahentin oder des Kontrahenten der berichtenden Person hinein. Aus deren Perspektive sprechen sie in der Ich-Form. Bevor diese spezielle Form des Perspektivenwechsels durchgeführt wird, klärt die moderierende Person mit allen Anwesenden, ob dieses Vorgehen als zielführend eingeschätzt wird. In vielen Fällen, jedoch nicht in allen, wird die Problembearbeitung durch den Wechsel zur Perspektive der Gruppe intensiver und zugleich lebendiger, weil zur bisher monologischen Perspektive der berichtenden Person weitere Wahrnehmungen und neue Eindrücke hinzutreten.

(c) **Wechsel zur Perspektive des Kontrahenten: „Ich (Kontrahent) verhalte mich so, weil ..."**

Alternativ oder ergänzend kann eine zweite Form des Perspektivenwechsels durchgeführt werden. Die berichtende Person versucht, sich selbst in die Rolle der Kontrahenten zu versetzen, also beispielsweise in die Situation von Schülerinnen und Schülern, die mit geringer Motivation, jedoch hoher Geräuschentwicklung am Unterrichtsgeschehen teilnehmen. Der Perspektivenwechsel kann dabei mit großem Aufwand betrieben werden, indem die berichtende Person den Namen der Kontrahentin oder des Kontrahenten annimmt, sich als sichtbares Zeichen des Rollenwechsels auf einen freien Stuhl setzt und dann in der Ich-Form sagt: „Ich verhalte mich so, weil ..." Nicht alle Personen möchten sich in der KOPING-Gruppe auf diese Weise exponieren. Etliche wollen lieber am bisherigen Platz sitzen bleiben und den eigenen Namen behalten. In diesen Fällen reicht es aus, wenn einfach die jeweils andere Perspektive eingenommen und in der Ich-Form gesprochen wird. Obwohl der Wechsel der Perspektiven ein geläufiges Vorgehen ist, das in etlichen Konzepten der kollegialen Praxisberatung eine Rolle spielt (vgl. z.B. Mutzeck, 2002, S. 108 f.; Schlee, 2004, S. 89 ff.), ist er nicht immer angezeigt und auch nicht immer erfolgreich. Dies hat kognitive wie emotionale Gründe. Für manche Akteure ist es nicht einfach, sich kognitiv in die Situation ihrer Gegenüber zu versetzen. Sie haben sich manche Erklärungen für deren Handeln zurechtgelegt und sind auf diese fixiert. Die mentale Flexibilität, auch andere Sichtweisen in die Überlegungen einzubeziehen, ist nicht immer vorhanden. Dazu kommt die emotionale Seite. Oftmals haben sich durch das Andauern einer Problematik so starke, abweisende Emotionen verfestigt, dass der Akteur keine wirkliche Bereitschaft für einen Perspektivenwechsel hat. Auch hier erweist sich dieses Verfahren als wenig fruchtbar. Es ist Aufgabe der moderierenden Person, eine Einigung in der Gruppe darüber herbeizuführen, ob der berichtenden Person einer der beiden Perspektivenwechsel, beide oder keiner vorgeschlagen werden sollen. Die berichtende Person prüft den Vorschlag und entscheidet, ob sie diesen annehmen oder lieber auf andere Weise in der Problembearbeitung fortfahren möchte. Wichtig ist, dass sie ihre Autonomie behält und nicht von der Gruppe oder der moderierenden Person zu Vorgehensweisen gezwungen wird, die sie „eigentlich" gar nicht möchte.

(d) **Diagnoseaufträge für die Tandem-Arbeit zur Rekonstruktion der Außensichtperspektive und Innensichtperspektive.**
Subjektive Theorien haben es an sich, die Welt aus der eigenen Perspektive zu interpretieren. Deshalb wird jeder Rekonstruktionsbericht das im Praxisfeld ablaufende Geschehen auf eine recht einseitige Art und Weise darstellen. (Hinter-)fragt man nicht, was dort an beobachtbarem Geschehen abläuft, so kann man oftmals die beschriebenen Probleme nicht oder nur unzureichend lösen, weil wesentliche Informationen fehlen. Im Gegensatz zu anderen Konzepten der kollegialen Praxisberatung ist deshalb im KOPING-Verfahren ausdrücklich vorgesehen, dass die Problembearbeitung nach den Schritten 1 und 2 unterbrochen wird. Ziel ist es, vor der Lösungssuche Informationen aus dem Praxisfeld einzuholen. Diese sollen helfen, die Problemrekonstruktion abzurunden. Sie sollen es der Gruppe ermöglichen, realitätsangemessene Problemlösungen zu entwickeln. Als Instanz für die Diagnosephase kommt das Praxistandem ins Spiel. Es erhält den Auftrag, in das Praxisfeld zu gehen, um durch

Beobachtung, Befragung und im Idealfall durch Triangulation weitere Daten zu gewinnen. Sind Akteur und Tandemperson hierzu bereit und ist es auch organisatorisch wie institutionell möglich, eine Person in die alltägliche Praxis mitzunehmen, dann schlägt die KOPING-Gruppe zielführende diagnostische Maßnahmen vor. Das Tandem prüft, welche es davon umsetzen möchte. Die moderierende Person schließt die Problembearbeitung vorerst ab und nimmt diese in einer späteren Sitzung wieder auf.

3. Diagnostizieren
(a) **Befragen mit dem Strukturierten Dialog: „Was lief innerlich in dir ab?"**
Kommt eine Person mit einer beruflichen Anforderung nicht zurecht, so kann dies bedeuten, dass ihre Situationsorientierung und / oder ihre Aktionsplanung defizitär sind. Folglich muss analysiert werden, wie sie das Geschehen auffasst. Dies kann durch verschiedene Formen des Befragens geschehen. Am sinnvollsten ist es sicherlich, dass die Tandemperson den Akteur in dessen Praxisfeld besucht – stets vorausgesetzt, dass dies möglich ist. Tritt die Problemsituation auf, so führt die Tandemperson in möglichst geringem Zeitabstand einen „Strukturierten Dialog" mit dem Akteur durch. Dies kann in einer Pause geschehen oder direkt im Anschluss an die Intervision. Ziel des „Strukturierten Dialoges" ist es, die Innensicht-Perspektive des Akteurs zu erfassen. In Vereinfachung des „Strukturierten Dialoges" als Forschungsmethode (Wahl, 1979; 1991, S. 68 ff.) kann die Tandemperson wie folgt vorgehen:

> (1) **Metakommunikatives Vorgespräch:** Dem Akteur wird deutlichgemacht, dass seine handlungsleitenden Gedanken und Gefühle erfasst werden sollen. Er soll diese so schildern, wie er sie als innerliche Eindrücke wahrgenommen hat, auch wenn es nur Gedankenfetzen oder Anmutungen sind.
> (2) **Situationsauswahl:** Es wird ein Konsens darüber hergestellt, zu welcher konkreten Problemsituation die Befragung durchgeführt werden soll.
> (3) **Dialog:** Der Bericht des Akteurs über dessen innerpsychische Prozesse wird durch folgende Frage eingeleitet: „Was lief in dieser Situation innerlich in dir ab?" Ergänzend kann nach der Situationsorientierung und der Aktionsplanung gefragt werden, falls diese nicht schon differenziert berichtet wurden. Zur Situationsorientierung: „Bitte beschreibe so genau wie möglich, was du beobachtet hast." „Was ging dir durch den Kopf, was hast du gefühlt?" Zur Aktionsplanung: „Bitte beschreibe so genau wie möglich, wie du selbst gehandelt hast." „Was ging dir durch den Kopf, was hast du gefühlt?" Während der Akteur berichtet, hört die Tandemperson personenzentriert zu.

(4) **Dialog-Konsens:** Die Tandemperson notiert die berichteten Kognitionen und Emotionen und legt diese Rekonstruktion dem Akteur vor. Dieser stimmt zu oder korrigiert.

(5) **Metakommunikatives Nachgespräch:** Die beiden Personen kommunizieren darüber, ob die Befragungssituation so geartet war, dass der Akteur offen und ohne bewusste Verstellung über die von ihm innerlich wahrgenommenen Prozesse berichten konnte.

Mit dem „Strukturierten Dialog" kann nicht nur der Akteur, sondern es können auch dessen Interaktionspartner im Praxisfeld befragt werden. Dies können Teilnehmende an einem Kurs, Studierende in einer Lehrveranstaltung, Schülerinnen oder Schüler im schulischen Unterricht usw. sein. Stets ist vorher zu klären, ob dies der Akteur möchte, ob es institutionell und organisatorisch möglich ist und ob die Interaktionspartner hierzu bereit sind. Insgesamt ist der „Strukturierte Dialog" – wie alle Formen der Befragung – eine relativ anspruchsvolle Methode, deren Anwendung eine gewisse Übung voraussetzt. Ist es möglich, den Akteur häufiger im Praxisfeld zu besuchen, dann können die durch Befragung erfassten Daten auch in die WAL (vgl. Kap. 4.6) integriert werden.

(b) **Beobachten:** Die Tandemperson kann im Praxisfeld das problematische Geschehen beobachten. Dazu verwendet sie Methoden wie die MFB, BIRS, usw., die in Kapitel 4.7 ausführlicher beschrieben wurden.

(c) **Triangulation:** Besteht die seltene Möglichkeit, Akteur, dessen Interaktionspartner und die Tandem-Person an einen „runden Tisch" zu bekommen, um die drei Wahrnehmungs-Perspektiven miteinander zu vergleichen, dann ist dies besonders zu begrüßen (vgl. Kap. 4.3).

4. Problemlösen

(a) **Diagnose-Ergebnisse berichten:** In der nächstmöglichen Sitzung der KOPING-Gruppe berichtet das Tandem, welche Ergebnisse bei Befragung, Beobachtung und Triangulation erzielt wurden. Dies sind für die Gruppe ungewöhnlich spannende Momente im Bearbeitungsprozess, weil hierdurch bisherige Überlegungen bestätigt, relativiert oder ganz außer Kraft gesetzt werden.

(b) **Zusammenhänge erkennen (Bilden von Hypothesen):** Jetzt ist die Zeit reif, an die Analyse des Problems zu gehen. Gemeinsam wird überlegt, welchen Beitrag zur Problematik die berichtende Person mit ihrem mittlerweile aus Außen- und Innensichtperspektive bekannten Handeln leistet. Ebenso wird gefragt, welche Rolle die Interaktionspartner beim Zustandekommen des Problems spielen. Auch die Bedeutung umfassender systemischer Bedingungen wird in die Überlegungen einbezogen. Ergebnis sind einige Hypothesen. Diese können einerseits in weitere Diagnoseaufträge an das Praxistandem einmünden. In diesem Fall wird die Beratungsarbeit erst dann fortgesetzt, wenn das Tandem erneut berichtet hat. Andererseits sind die Hypothesen Ausgangspunkt für Überlegungen, wie das Problem zu bewältigen ist. Dabei stellt sich unter dem Gesichtspunkt neuen Handelns insbesondere die Frage, welchen Beitrag der Akteur hierzu selbst leisten kann.

(c) **Zukunftsbild beschreiben (Zielsetzung):** Damit eine Vorstellung davon entwickelt werden kann, in welcher Richtung mögliche Problemlösungen zu suchen sind, soll der Akteur jenen Zustand definieren, den er anstrebt. Dieses Ziel oder Zukunftsbild ist so eindeutig wie möglich zu beschreiben. Aufgabe der Gruppe ist es, mit dem Akteur in einen Diskurs einzutreten, in dem die Angemessenheit der Zielsetzung bezogen auf das geschilderte Problem geprüft wird.

(d) **Lösungssuche:** Alle Mitglieder überlegen sich nun Lösungen. Dies geschieht in Form eines Brainstorming, d.h. zunächst werden möglichst viele verschiedenartige Ideen gesammelt. Es hat sich hierbei bewährt, mit der Methode „Kartenabfrage" zu arbeiten. Bei dieser Moderationstechnik wird jeder Lösungsvorschlag mit Filzstiften gut leserlich auf eine eigene Karte geschrieben. Die Zahl der Karten bzw. Lösungsvorschläge je Person ist freigestellt. Jedes Gruppenmitglied erläutert ihre Vorschläge. An einer Pinnwand, auf dem Tisch oder am Boden werden die Vorschläge geordnet.

(e) **Lösungsauswahl:** Die berichtende Person kommentiert die Angemessenheit der Lösungsideen aus ihrer Perspektive. Sie schließt Vorschläge aus, die für sie nicht in die engere Wahl kommen. Sie greift Anregungen auf, die ihr sinnvoll erscheinen. Auf diese Weise reduziert sie die Zahl der Lösungen auf möglichst wenige. Die Entscheidung, welche Lösung gewählt wird, hat der Akteur. An dieser Stelle entsteht häufig enormer Gruppendruck. Lösungen, eingebracht von dem einen oder anderen Gruppenmitglied, leuchten der Mehrheit ein und diese versucht, den Akteur mit allen Mitteln von dieser Lösung zu überzeugen. Hier ist die moderierende Person gefordert. Sie sorgt dafür, dass die Entscheidung über das eigene Handeln beim Akteur verbleibt, so kränkend es auch für andere Gruppenmitglieder sein mag, dass ihr schöner Vorschlag nicht ausgewählt wurde. In etlichen Fällen schwankt der Akteur zwischen mehreren Lösungen oder er kombiniert einzelne Aspekte unterschiedlicher Lösungen. Beide Ergebnisse sind durchaus akzeptabel. Probleme sind eben manchmal so schwierig, dass selbst die Ideen einer ganzen Gruppe es nicht vermögen, sofort die Ideallösung zu finden. Umgekehrt benötigt der Akteur auch Zeit, um die verschiedenen Alternativen durchzudenken. Deshalb kommt nun wieder die Tandem-Arbeit ins Spiel.

(f) **Realisierungsaufträge für die Tandem-Arbeit:** Die häufig recht lange Phase des Problemlösens schließt mit Aufträgen an das Praxistandem ab. Erstens sollen im Tandem die ins Auge gefassten Lösungen noch einmal gründlich durchdacht werden mit dem Ziel, eine davon auszuwählen. Diese soll erprobt werden. Die Umsetzungsergebnisse sollen dann wieder in der KOPING-Gruppe berichtet werden. Die moderierende Person schließt die Problembearbeitung das zweite Mal ab und nimmt diese in einer späteren Sitzung wieder auf.

5. Handeln in Gang bringen
(a) **Klare Vorstellung vom neuen Handeln schaffen:** Das Praxistandem beginnt seine Arbeit mit einem Rückblick auf die von der Gruppe vorgeschlagenen Lösungen. Die in die engere Wahl genommenen Ideen werden noch einmal durchgegangen und bewertet. Da beide, Akteur und Tandemperson, den Tätigkeitsbereich kennen, in dem die Lösungen realisiert werden sollen, hat diese Diskussion einen besonders fundierten Praxisbezug. Als Ergebnis wird jene Lösung ausgewählt, die als erste erprobt werden soll. Nun geht es darum, dass beide konkretisieren, wie diese Lösung in der Praxis aussehen soll. Innerhalb der fünf Stufen zum In-Gang-Bringen neuer Handlungen ist diese die erste. Es soll eine klare Vorstellung vom neuen Handeln geschaffen werden.

(b) **Handeln planen und ggf. simulieren:** Auf der Basis der Vorstellung des neuen Handelns arbeitet das Tandem die gewählte Maßnahme detailliert aus. Dies können die einzelnen Schritte sein, in denen vorgegangen wird. Dies können auch wörtliche Formulierungen sein. Erscheint es schwierig, die gewählte Lösung „aus dem Stand" in die Praxis umzusetzen, so können Simulationen (Szene-Stopp-Reaktion, Rollenspiel, Micro-Acting usw.) helfen, die neue Handlung ausführen zu lernen.

(c) **Umsetzung flankieren mit Vorsatzbildung, innerem Sprechen usw.:** Der Akteur schlägt die „Brücke" über den „Rubikon", indem er einen konkreten Zeitpunkt nennt, zu dem das neue Handeln erstmals gezeigt werden soll. Er lädt die Tandemperson hierzu ein. Dies erhöht einerseits die Verbindlichkeit zum Einhalten des Vorsatzes, andererseits schafft es die Gelegenheit, die Effekte des Handelns aus einer zweiten Perspektive zu erfassen. Gemeinsam wird überlegt, ob es notwendig erscheint, die Handlungsausführung mit innerem Sprechen zu begleiten. Ist dies der Fall, dann wird ein Stopp-Code ausgearbeitet oder es werden im Sinne der Stress-Impfung Formen des inneren Sprechens für verschiedene Zeitpunkte des Handelns entwickelt.

(d) **Lösung erproben:** Zum vereinbarten Zeitpunkt versucht der Akteur, die ausgearbeitete Lösung in der Form eines „vorgeplanten Agierens" in die Praxis umzusetzen. Dabei achtet er bewusst auf die Beschaffenheit der Situation („Handelt es sich genau um jene Art von Situationen, für die ich eine Lösung gesucht habe?"), auf seine Handlungsausführung („Führe ich die Handlung genau so aus, wie ich es geplant habe?") und auf die Effekte seines Handelns. Wenn es erforderlich ist, dann macht er sich Notizen zur Situation, zu seiner Handlung und zu den beobachteten Effekten.

(e) **Effekte erfassen durch Befragung und Beobachtung:** Kann die Tandemperson bei der Erprobung anwesend sein, so beobachtet sie das Geschehen mit einem hierfür geeigneten Verfahren (MFB, BIRS, Beobachtungsbogen usw.). Zur Erfassung der Innensichtperspektive kann sie sowohl den Akteur als auch dessen Interaktionspartner z.b. mit dem Strukturierten Dialog befragen.

(f) **Ergebnisse der Erprobung diskutieren:** So zeitnah wie möglich setzt sich das Praxistandem zusammen und diskutiert den Verlauf und die Ergebnisse der Erprobung. Anschließend bereitet es den Bericht für die KOPING-Gruppe vor.

6. Evaluation

(a) **Umsetzungsergebnisse berichten:** In der KOPING-Gruppe berichtet das Praxistandem über die durchgeführte Erprobung. Dies ist sicherlich der faszinierendste Moment im KOPING-Prozess, weil sich hier zeigt, ob der durchlaufene Bearbeitungsprozess erfolgreich war oder nicht.

(b) **Bearbeitung weiterführen oder abschließen:** Je nach Ergebnissen wird gemeinsam überlegt, ob es erforderlich ist, das Problem weiterhin in der KOPING-Gruppe zu bearbeiten, ob es an das Praxis-Tandem delegiert werden oder ob es als abgeschlossen gelten kann. Nach unseren Erfahrungen ist es selten so, dass eine einmalige Erprobung so erfolgreich ist, dass das Problem nicht mehr weiter bearbeitet werden muss. Deshalb ist eine Wiederaufnahme des Problems in der Gruppe oder eine Weiterverfolgung im Tandem die Regel.

Das in seinen sechs Arbeitsschritten beschriebene KOPING-Konzept mit dem systematischen Wechsel von Kleingruppen- und Tandemarbeit ist recht komplex und geht von längeren Umstrukturierungsprozessen aus. Es verlangt den Teilnehmenden ein erhebliches Maß an Offenheit und Engagement ab. Diese Voraussetzungen treffen jedoch auch auf die anderen Verfahren der kollegialen Praxisberatung zu. Es ist mühevoll und langwierig, menschliches Handeln zu ändern, weil die komprimierten subjektiven Theorien sehr stabil sind. Nun könnte man annehmen, es würde wohl nur wenige Personen geben, die sich auf solch lang andauernde und aufwändige Modifikationsprozesse einlassen. Das ist nicht zutreffend. Seit 1984 führen wir an der Pädagogischen Hochschule Weingarten ein Kontaktstudium in Erwachsenenbildung durch. Seit 1987 ist darin das KOPING-Verfahren ein fester Bestandteil. Nach anfänglichen Schwierigkeiten mit der Implementation der kommunikativen Praxisbewältigung in Tandems und Gruppen (vgl. Schmidt, 2001; 2005) wurde KOPING zunehmend zu einem zentralen Element innerhalb der sandwichartig strukturierten Lernumgebung. Dies zeigt sich einmal am empirisch festgestellten Lernerfolg, wie er eingangs in Abb. 1 dargestellt wurde. Dies ist jedoch auch an der Zahl der Tandem- und Kleingruppensitzungen abzulesen. Hier ist zu beobachten, dass die von uns vorgegebenen Mindestzahlen zum Teil recht deutlich überschritten werden. Den wohl wichtigsten Beleg dafür, dass das KOPING-Konzept eine gut leistbare und zugleich äußerst nachhaltige Form der kollegialen Praxisberatung ist, liefern Langzeiteffekte. Diese waren zunächst nicht intendiert. Es wurde davon ausgegangen, dass die am Kontaktstudium Erwachsenenbildung teilnehmenden Personen nach Ablauf der drei Semester nicht nur ihr Studium beenden, sondern auch die kommunikative Praxisbewältigung in Tandems und Gruppen einstellen würden. Entgegen dieser Erwartungen zeigte es sich jedoch, dass die Absolventen die erfahrene soziale Unterstützung in kleinen Netzwerken nicht missen wollten (Schmidt, 2005, S. 185 f.). Viele Teilnehmende arbeiteten über eine gewisse Zeit in KOPING-Gruppen weiter, obwohl das Studium zu Ende war. Dabei waren Zeiten von ein bis zwei weiteren Jahren keine Seltenheit. Eine der Gruppen brachte es bislang auf eine zusätzliche Existenzdauer von 6 Jahren. Eine weitere Gruppe ist seit dem Ende des Erwachsenenbildungsstudium 11 Jahre zusammen. Die längste Dauer der zusätzlichen KOPING-Arbeit beträgt im Moment 13 Jahre. Auch diese Gruppe existiert noch.

Besonders erstaunlich sind zwei weitere Ergebnisse, die in dieser Form ebenfalls nicht vorhergesagt wurden. (1) Eingebunden in die umfassende, sandwichartige Lernumgebung werden dem Tandem im Vergleich zur Kleingruppe die stärkere sozio-emotionale Stabilisierung (z.B. 4,4 vs. 3,6 auf einer Skala von 6 bis 1 beim Studiengang Nr. 6) sowie die effektivere konkrete Hilfe (4,3 vs. 3,5) zugeschrieben (Schmidt, 2001, S. 167). Insgesamt wird das Praxistandem signifikant höher bewertet als die Kleingruppe (Schmidt, 2001, S. 190). Dies spiegelt sich auch in der Zahl der Tandemtreffen wieder, die bis zu 50% über den vorgegebenen Mindestzahlen lag und damit die Zahl der Gruppentreffen übertraf. Wenn also eine der beiden Formen nach Beendigung der sandwichartigen Lernumgebung hätte überdauern müssen, dann wäre dies vom emotional angenehmen und für die Praxisbewältigung hilfreichen Tandem zu erwarten gewesen. Dies war jedoch nicht der Fall. Das Tandem erwies sich weniger stabil als die KOPING-Gruppe. (2) Erstaunlich ist auch die Stabilität der Sozialform „Plenum". In drei der letzten Kontaktstudiengänge gelang es den Teilnehmenden, dieses „am Leben" zu erhalten. Ohne Hilfe und Beisein des Leitungsteams organisieren die Absolventen jeweils für ihren eigenen Studiengang ein bis zwei Mal im Jahr zweitägige Plenumstreffen, zu denen fast alle ursprünglichen Teilnehmenden kommen. Die umfassende, sandwichartige Lernumgebung wird also in selbstorganisierter Form weitergeführt.

6. Neues Handeln in Gang bringen

Daraus lässt sich ablesen, dass auch das Plenum – wie in Abb. 9 dargestellt – zu einem wichtigen Netz geworden ist, das Social Support auf dem Weg vom Wissen zum Handeln bietet.

Das beschriebene sechsschrittige KOPING-Konzept ist auch ohne umfassende Lernumgebung wirksam. Darauf wurde oben schon hingewiesen. Hier dient es als typisches Verfahren der kollegialen Praxisberatung, bei dem sich Kolleginnen und Kollegen des gleichen Berufsfeldes zusammenschließen, um mit einem strukturierten Beratungskonzept ausgewählte berufliche Probleme zu bewältigen. Erprobungen an selbstorganisierten KOPING-Gruppen, an von einem ausgebildeten Moderator geleiteten KOPING-Gruppen sowie an vom Autor selbst geleiteten Lehrer- und Hochschullehrergruppen (vgl. zusammenfassend Wahl, 1991, S. 207 ff.) zeigen, dass das KOPING-Konzept gut in die Praxis umgesetzt und mit Erfolg angewendet werden kann. Allerdings ergeben sich einige Unterschiede zu den weiter oben berichteten Befunden. Erstens ist es nicht einfach, Lehrerinnen oder Lehrer, Erwachsenenbildnerinnen oder Erwachsenenbildner bzw. Hochschullehrerinnen und Hochschullehrer anzuregen, künftig ihre Probleme mit diesem Verfahren zu bearbeiten. Erfahrungsgemäß ist meist nur ein kleiner Teil jener Personen, die über ein kollegiales Praxisberatungskonzept informiert werden, auch bereit, sich einer Gruppe anzuschließen. Zweitens sind diese Gruppen nicht sehr langlebig. Sie arbeiten bei gutem Verlauf etwa ein Jahr lang. Gruppen von Hochschullehrenden schaffen es in der Regel ein Semester lang gut und ein zweites Semester lang schleppend. Dann ist wieder neu anzusetzen. Natürlich gibt es auch Ausnahmen. Manchmal arbeiten Gruppen bis zu 3 Jahre zusammen. Dennoch fallen die Stabilitäts-Differenzen zu jenen Gruppen, die in eine umfassende Lernumgebung eingebunden sind, deutlich ins Auge. Dort arbeiten die Teilnehmenden in nahezu allen Fällen mindestens eineinhalb Jahre zusammen und setzen dann zu einem erfreulich großen Teil ihre Beratungstätigkeit selbstorganisiert fort. Die Schwierigkeit, kollegiale Praxisberatungsgruppen zu implementieren, zu betreuen und „am Leben zu erhalten", ist sicherlich allen derartigen Beratungsformen (wie beispielsweise Rotering-Steinberg, 1992; Nold, 1998; Humpert & Dann, 2001; Mutzeck, 2002; Schlee, 2004 usw.) eigen. Die Gründe dafür sind organisatorischer, institutioneller und systemischer Natur. Folglich sollte man die genannten zwei Formen kollegialer Praxisberatung gut auseinanderhalten und vor allem mit unterschiedlichen Erwartungen an sie herangehen.

Insgesamt zeigt sich, dass neues Handeln nur dann in Gang gebracht werden kann, wenn der Weg dorthin einerseits durch flankierende Maßnahmen „von außen", also Social Support, und flankierende Maßnahmen „von innen", also eine bewusste Handlungssteuerung durch inneres Sprechen, abgesichert wird. Gerade an diesen beiden letzten Vorgehensweisen wird noch einmal ganz deutlich, wie weit der Weg vom trägen Wissen zum kompetenten Handeln wirklich ist.

7. Literaturverzeichnis

Aebli, H. (1968). Psychologische Didaktik. Stuttgart: Klett. 3. Aufl.
Aebli, H. (1980). Denken: Das Ordnen des Tuns. Band I. Stuttgart: Klett-Cotta
Aebli, H. (1981). Denken: Das Ordnen des Tuns. Band II. Stuttgart: Klett-Cotta
Altrichter, H. (1987). Austauschperspektive und Action Research. Einige Fragen aus Anlass eines Vergleiches. In: Schlee, J. & Wahl, D. (Hrsg.), Veränderung Subjektiver Theorien von Lehrern. Oldenburg: Zentrum fdür pädagogische Berufspraxis, 23–44
Ausubel, D.P. (1974). Psychologie des Unterrichts. Band 1 und 2. Weinheim: Beltz.

Bandura, A. (1977). Self-efficacy: Towards a unifying theory of behavioral change. Psychological Review, 84, S. 191–215.
Bandura, A. (1979). Sozial-kognitive Lerntheorie. Stuttgart: Klett
Bandura, A. (1997). Self-efficacy: The exercise of control. New York: Freeman
Barth, A.-R. (1992). Burnout bei Lehrern. Göttingen: Hogrefe.
Barth, A.-R. (2002). Handeln wider (besseres) Wissen? Denken und Handeln von Lehrkräften während des Gruppenunterrichts. Hamburg: Kovac
Barth, A.-R. (2005). Ist der Weg vom Wissen zum Handeln wirklich so weit? – Nachbemerkungen. In: Huber, A. A. (Hrsg.). Vom Wissen zum Handeln – Ansätze zur Überwindung der Theorie – Praxis – Kluft in Schule und Erwachsenenbildung. Tübingen: Ingeborg Huber, S. 251–257
Bernhart, A. (2004). WELL – Wechselseitiges Lehren und Lernen. Broschüre. Weingarten: Pädagogische Hochschule
Bernhart, A. (2005). Entwicklung und Analyse eines Schulentwicklungskonzeptes für eine Grundschule im Rahmen der Schulcurriculumsgestaltung. In: Huber, A. A. (Hrsg.). Vom Wissen zum Handeln – Ansätze zur Überwindung der Theorie – Praxis – Kluft in Schule und Erwachsenenbildung. Tübingen: Ingeborg Huber, S. 145–158
Bernhart, D. (2005). Leistungsbewertung beim Wechselseitigen Lehren und Lernen. In: Huber, A. A. (Hrsg.). Vom Wissen zum Handeln – Ansätze zur Überwindung der Theorie – Praxis – Kluft in Schule und Erwachsenenbildung. Tübingen: Ingeborg Huber, S. 233–249
Bloom, B.S. (1973). Individuelle Unterschiede in der Schulleistung: ein überholtes Problem? In: Edelstein,W. & Hopf,D. (Hrsg.) Bedingungen des Bildungsprozesses. Stuttgart: Klett, Seiten 251–270
Bohl, T. (2000). Unterrichtsmethoden in der Realschule. Eine empirische Untersuchung zum Gebrauch ausgewählter Unterrichtsmethoden an staatlichen Realschulen in Baden-Württemberg. Bad Heilbrunn: Klinkhardt
Bohl, T. (2004). Prüfen und Bewerten im Offenen Unterricht. Weinheim: Beltz.
Bosch, M. (2001). Lehren und Lernen: Vergleich verschiedener schulischer Lernumgebungen. Weingarten: Pädagogische Hochschule. Unveröff. Wiss. Hausarbeit
Bromme, R. (1992). Der Lehrer als Experte. Zur Psychologie des professionellen Wissens. Bern: Huber

7. Literaturverzeichnis

Brühwiler, H. (1994). Methoden der ganzheitlichen Jugend- und Erwachsenenbildung. Opladen: Leske und Budrich, 2. Aufl.
Bullinger, H. & Nowak, J. (1998). Soziale Netzwerkarbeit: eine Einführung für soziale Berufe. Freiburg: Lambertus
Burns, R.A. (1990). Designing presentations to help students remember. College Science Teaching, 19, 301–305.
Buzan, T. (1974). Use Both Sides of Your Brain. New York: Dutton.
Buzan, T. & Buzan, B. (1997). Das Mind-Map-Buch. Landsberg: Verlag moderne Industrie

Collins, A.M. & Loftus, E.F. (1975). A Spreading Activation Theory of Semantic Processing. Psychological Review, 82, 407–428
Cranach, M. v. (1983). Über die bewusste Repräsentation handlungsbezogener Kognitionen. In: L. Montada, K. Reusser & G. Steiner (Hrsg.), Kognition und Handeln. Stuttgart: Klett-Kotta, S. 64–76
Cranach, M. v. et al. (1983). Die Organisation zielgerichteter Handlungen: Ein Forschungsbericht. Bern: Psychologisches Institut der Universität Bern
Dann, H.-D. et al. (1982): Arbeits- und Ergebnisbericht des Projekts „Aggression in der Schule". Zentrum für Bildungsforschung, SFB 23, Universität Konstanz.
Dann, H.-D. (1992). Variation von Lege-Strukturen zur Wissensrepräsentation. In: Scheele, B. (Hrsg.) (1992). Strukturlegeverfahren als Dialog – Konsens – Methodik. Münster: Aschendorff, S. 2–41
Dann, H.-D., Diegritz, T. & Rosenbusch, H.S. (1999). Gruppenunterricht im Schulalltag. Realität und Chancen (Erlanger Forschungen, Reihe A, Bd. 90). Erlangen: Universitätsbund Erlangen-Nürnberg e.V.
DaRos, D. & Onwuegbuzie, A. (1999). The Effect of Advance Organizers on Achievement in Graduate – Level Research Methodology Courses. National Forum of Applied Educational Research Journal Electronic, 12, 3, S. 83–91
De Charms, R. (1968). Personal Causation. New York: Academic Press
De Charms, R. (1979). Motivation in der Klasse. München: Moderne Verlagsgesellschaft.
Deci, E.L. & Ryan, R. M. (1993). Die Selbstbestimmungstheorie der Motivation und ihre Bedeutung für die Pädagogik. Zeitschrift für Pädagogik, 39, S. 223–238
Diewald, M. (1991). Soziale Beziehungen: Verlust oder Liberalisierung? Soziale Unterstützung in informellen Netzwerken. Berlin: edition sigma
Döring, K.W. (1992). Lehren in der Weiterbildung. Ein Dozentenleitfaden. Weinheim: Deutscher Studien Verlag. 4. Auflage

Eckert, S. (1990). Auch Lehrende haben Lernbarrieren! Zur Wirksamkeit und Veränderung subjektiver Theorien in Bildungsprozessen Erwachsener. Tübingen: Deutsches Institut für Fernstudien an der Universität Tübingen.
Edelmann, W. (2000). Lernpsychologie. Beltz: Weinheim. 6. Aufl.
Edgar, S.E. & Shepherd, M.J. (1983). The Use of Advance Organizers to Aid Learning and Recall. Technical Report 34. New York: Columbia University
Elliott, J. (1976–77). Developing Hypothesis about Classrooms from Teachers' Practical Constructs. An Account of the Work of the Ford teaching Projekt. Interchange, 7, 2–22

Fengler, J. (1980). Selbstkontrolle in Gruppen. Theorie, Praxis, Evaluation. Stuttgart: Kohlhammer.
Flammer, A. (1990). Erfahrung der eigenen Wirksamkeit. Bern: Huber
Flick, U. (1987). Methodenangemessene Gütekriterien in der qualitativ-interpretativen Forschung. In: J.B. Bergold & U.Flick (Hrsg.), Ein-Sichten. Zugänge zur Sicht des Subjekts mittels qualitativer Forschung. Tübingen, 247–262

7. Literaturverzeichnis

Fliegel, S. et al. (1981). Verhaltenstherapeutische Standardmethoden. München: Urban & Schwarzenberg

Franz, H.J. (1986). Bewältigung gesundheitsgefährdender Belastungen durch soziale Unerstützung in kleinen Netzen. Konstanz: Hartung-Gorre

Fraser, B.J., Walberg, H.J., Welch, W.W. & Hattie, J.A. (1987). Synthesis of Educational Productivity Research. International Journal of Educational Research, 11, 2, S. 145–252.

Friedrich, H.F. & Ballstädt, S.-P. (1995). Strategie für das Lernen mit Medien. Tübingen: DIFF

Fuhrer, U. (1984). Mehrfachhandeln in dynamischen Umfeldern. Göttingen: Hogrefe

Gasser, P. (2002). Was lehrt uns die Neuropsychologie? Bern: Hep

Geissler, K.A. (1985) (Hrsg.). Lernen in Seminargruppen. Studienbrief 3 des Fernstudiums Erziehungswissenschaft „Pädagogisch-psychologische Grundlagen für das Lernen in Gruppen". Tübingen: Deutsches Institut für Fernstudien

Geissler, K.A. (1992). Schluss-Situationen. Die Suche nach dem guten Ende. Weinheim:Beltz

Geissler, K.A. (1993). Anfangs-Situationen. Was man tun und besser lassen sollte. Weinheim: Beltz, 5. Aufl.

Gerbig, C. (1997). Der Wechsel von Informationsaufnahme und aktiver Verarbeitung beim Lernen. Universität Tübingen: Unveröff. Dissertation.

Gerbig, C. & Gerbig-Calcagni, I. (1998). Moderne Didaktik für EDV-Schulungen. Weinheim: Beltz.

Gerbig, C. (2005). Das Sandwich-Prinzip beim Lernen – Eine Anwendung in der IT. In: Huber, A. A. (Hrsg.). Vom Wissen zum Handeln – Ansätze zur Überwindung der Theorie – Praxis – Kluft in Schule und Erwachsenenbildung. Tübingen: Ingeborg Huber, S. 191–199

Groeben, N. & Scheele, B. (1977). Argumente für eine Psychologie des reflexiven Subjekts. Darmstadt: Steinkopff.

Groeben, N. (1986). Handeln, Tun, Verhalten als Einheiten einer verstehend-erklärenden Psychologie. Tübingen: Francke.

Groeben, N., Wahl, D., Schlee, J. & Scheele, B. (1988). Das Forschungsprogramm Subjektive Theorien. Eine Einführung in die Psychologie des reflexiven Subjekts. Tübingen: Francke.

Gruber,H., Mandl,H. & Renkl,A. (2000). Was lernen wir in Schule und Hochschule: Träges Wissen? In: Mandl, H. & Gerstenmaier, J. (Hrsg.). Die Kluft zwischen Wissen und Handeln. Göttingen: Hogrefe, S. 139–156

Gürtler, L. (2005 a). Die Rekonstruktion von Innensicht und Außensicht humorvollen Handelns in Schule und Erwachsenenbildung: Universität Tübingen: Fakultät Sozial- und Verhaltenswissenschaften. Unveröff. Dissertation.

Gürtler, L. (2005 b). Körperempfindungen und ihr Einfluss auf die Entwicklung von Handlungsautonomie. In: Huber, A. A. (Hrsg.). Vom Wissen zum Handeln – Ansätze zur Überwindung der Theorie – Praxis – Kluft in Schule und Erwachsenenbildung. Tübingen: Ingeborg Huber, S. 59–76

Hage, K., Bischoff, H., Dichanz, H. et al. (1985). Das Methoden-Repertoire von Lehrern. Eine Untersuchung zum Schulalltag der Sekundarstufe I. Opladen: Leske & Budrich

Haag, L. (2004). Traditionelle Partner- und Gruppenarbeit – neu betrachtet. In: Huber, A. A. (2004). (Hrsg.). Kooperatives Lernen- kein Problem! Effektive Methoden der Partner- und Gruppenarbeit. Leipzig: Klett. Seiten 29–37

Haas, A. (1998). Unterrichtsplanung im Alltag. Eine empirische Untersuchung zum Planungshandeln von Hauptschul-, Realschul- und Gymnasiallehrern. Regensburg: S. Roderer.

Haas, A. (2005). Unterrichtsplanung im Alltag von Lehrerinnen und Lehrern. In: Huber, A. A. (Hrsg.). Vom Wissen zum Handeln – Ansätze zur Überwindung der Theorie – Praxis – Kluft in Schule und Erwachsenenbildung. Tübingen: Ingeborg Huber, S. 5–19

7. Literaturverzeichnis

Havers, N. & Toepell, S. (2002). Trainingsverfahren für die Lehrerausbildung im deutschen Sprachraum. Zeitschrift für Pädagogik, 48, 2, S. 174–193

Heckhausen, H. (1975). Naive und wissenschaftliche Verhaltenstheorie im Austausch. In: S. Ertel et al. (Hrsg)., Gestalttheorie in der modernen Psychologie. Darmstadt: Steinkopff, 106–112

Heckhausen, H. (1977). Motivation: Kognitionspsychologische Aufspaltung eines summarischen Konstrukts. Psychologische Rundschau, 28, S. 175–189.

Heckhausen, H. , Gollwitzer, P.M. & Weinert, F. (1987). (Hrsg.). Jenseits des Rubikon: Der Wille in den Humanwissenschaften. Berlin: Springer

Helmke, A. (1992). Selbstvertrauen und schulische Leistung. Göttingen: Hogrefe

Helmke, A. & Weinert, F.E. (1997). Bedingungsfaktoren schulischer Leistungen. In: Weinert, F.E. (Hrsg.), Psychologie des Unterrichts und der Schule. Göttingen: Hogrefe. S. 71–176.

Helmke, A. (2002). Unterrichtsqualität. Kallmeyer: Seelze

Hepting, R. (2004). Zeitgemäße Methodenkompetenz im Unterricht. Eine praxisnahe Einführung in neue Formen des Lehrens und Lernens. Mit Unterrichtsvideos auf CD-ROM. Bad Heilbrunn: Klinkhardt

Hepting, R. (2005). Das Markdorfer Modell – Ein erfolgversprechender Weg zur Implementation zeitgemäßer Lehr- und Lernformen im Unterricht. In: Huber, A. A. (Hrsg.). Vom Wissen zum Handeln – Ansätze zur Überwindung der Theorie – Praxis Kluft in Schule und Erwachsenenbildung. Tübingen: Ingeborg Huber, S. 159–174

Herron, C., York, H. Cole, S.P. & Linden, P. (1998). A Comparison Study of Student Retention of Foreign Language Video: Declarative versus Interrogative Advance Organizer. Modern Language Journal, 82, 2, S. 237–247

Hofer, M. (1977). Entwurf einer Heuristik für eine theoretisch geleitete Lehrer- und Erzieherbildung. Diskussionspapier Nr. 10 der Berichte aus dem Psychologischen Institut der Universität Heidelberg.

Huber, G.L., Rotering-Steinberg, S. & Wahl, D. (1984). Kooperatives Lernen. Weinheim: Beltz

Huber, G.L. (1985). (Hrsg.). Fernstudium Erziehungswissenschaft. Pädagogisch-psychologische Grundlagen für das Lernen in Gruppen. Studienbrief „Lernen in Schülergruppen. Tübingen: DIFF

Huber, A.A. (1999). Bedingungen effektiven Lernens in Kleingruppen unter besonderer Berücksichtigung von Lernskripten. Schwangau: Verlag Ingeborg Huber

Huber, A. A. (2005 a, in Vorb.). Wechselseitiges Lehren und Lernen. Weingarten: Habilitationsschrift

Huber, A. A. (2005b). (Hrsg.). Vom Wissen zum Handeln – Ansätze zur Überwindung der Theorie – Praxis – Kluft in Schule und Erwachsenenbildung. Tübingen: Ingeborg Huber

Huber, A.A. (2005 c). Förderung fachlicher und überfachlicher Kompetenzen durch Wechselseitiges Lehren und Lernen. In: Huber, A. A. (Hrsg.). Vom Wissen zum Handeln – Ansätze zur Überwindung der Theorie – Praxis – Kluft in Schule und Erwachsenenbildung. Tübingen: Ingeborg Huber, S. 201–215

Huber, A. A. (2004). (Hrsg.). Kooperatives Lernen – kein Problem! Effektive Methoden der Partner- und Gruppenarbeit. Leipzig: Klett.

Huber, A., Konrad, K. & Wahl, D. (2001), Lernen durch wechselseitiges Lehren. Pädagogisches Handeln, 5 (2), Seiten 33–46

Hugi, R. (1991). Die Bedeutung der Vorwissensorganisation beim Lernen. Universität Freiburg, Schweiz: Dissertation

Humpert, W. & Dann, H.-D. (2001). KTM kompakt. Bern: Huber

Humpert, W., Tennstädt, K.-Ch. und Dann, H.-D. (1983). Zur empirischen Erfassbarkeit subjektiver Situationsdefinitionen. Die Aggressionsbegriffe von Lehrern. Zeitschrift für Sozialpsychologie, 14, S. 44–58

Innerhofer, P. & Rotering-Steinberg, S. (19889. Gruppen leiten – aber wie? Wien

Jacobson, E. (1929). Progressive Relaxation. Chicago: University of Chicago Press

Kenny, R. (1993). The Effectiveness of Instructional Orienting Activities in Computer Based Instruction. In: Proceedings of Selected research and development Presentations at the Convention of the Association für Educational Communications an Technology. New Orleans, Louisiana.

Kim, S.Y. (1990). Zur Vertiefung des Textverstehens: Elaborationseffekte von Advance Organizers und selbstgestellten Fragen. Universität Heidelberg: Dissertation

Kirkhoff, M. (1998). Mind Mapping. Einführung in eine kreative Arbeitsmethode. Offenbach: Gabal. 12. Aufl.

Klauer, K.J. (1993). Trainingsforschung: Ansätze, Theorien, Ergebnisse. In: Klauer, K.J. (Hrsg.), Kognitives Training. Göttingen: Hogrefe, Seiten 15–63

Klebert, K., Schrader, E. & Straub, W.G. (1992). Kurz-Moderation. Hamburg: Windmühle

Klebert, K., Schrader, E. & Straub, W.G. (2002). Moderations-Methode. Hamburg: Windmühle

Klieme, E. (2002). Kreatives Problemlösen im Mathematik- und Naturwissenschaftsunterricht. Pädagogisches Handeln, 6, 229–236.

Kloster, A. & Winne, P.H. (1989). The Effects of Different Types of Organizers on Students' Learning from Text. Journal of Educational Psychology, 81, 1, S. 9–15

Knoll, J. (1995). Kurs- und Seminarmethoden. Weinheim: Beltz. 6. Aufl.

Konrad, K. und Wagner, A. (1999): Lernstrategien für Kinder. Band 1. Schneider Verlag Hohengehren

Konrad, K. (2004). Förderung und Analyse von selbstgesteuertem Lernen in kooperativen Lernumgebungen. Habilitationsschrift. Konstanz/Weingarten

Kooy, T. (1992). The Effect of Graphic Advance Organizers on the Math and Science Comprehension with High School Special Education Students. Journal of Special Education, 16, 2, S. 101–111

Kounin, J.S. (1976). Techniken der Klassenführung. Bern: Hans Huber

Kozlow, M.J. (1978). A Meta-Analysis of Selected Advance Organizer Research Reports from 1960–1977. Ohio State University: Dissertation

Krapp, A. & Weidenmann, B. (Hrsg.), Pädagogische Psychologie. Weinheim: Beltz.

Lane, D.S. et al. (1988). The Relationship of Student Interest and Advance Organizer Effectiveness. Contemporary Educational Psychology, 13, 1, S. 15–25

Langner-Geißler, T. & Lipp, U. (1994). Pinwand, Flipchart und Tafel. Beltz: Weinheim, 2. Aufl.

Lazarus, R.S., Averill, J.R. & Opton, E.M. (1973). Ansatz zu einer kognitiven Gefühlstheorie. In: Birbaumer, N. (Hrsg.), Neuropsychologie der Angst. München, Berlin, Wien: Urban & Schwarzenberg. S. 158–183

Lazarus, R.S. (1981). Stress und Stressbewältigung. – Ein Paradigma. In: Filipp, S. H. (Hrsg.), Kritische Lebensereignisse. München, Wien, Baltimore, S. 198–232.

Luiten, J. et al. (1980). A Meta – Analysis of the Effects of Advance Organizers on Learning and Retention. American Educational Research Journal, 17, 2, S. 211–218

Luria, A. (1969). Speech and Formation of Mental Processes. In: Cole, M. & Maltzmann, I. (Eds.), A Handbook of Contemporary Soviet Psychology. New York: Basic Books

Mandl, H. & Fischer, F. (2000) (Hrsg.). Wissen sichtbar machen. Wissensmanagement mit Mapping – Techniken. Göttingen: Hogrefe.

Mandl, H. & Gerstenmaier, J. (Hrsg.) (2000). Die Kluft zwischen Wissen und Handeln. Göttingen: Hogrefe

7. Literaturverzeichnis

Martin, J.P. (1994). Zur Geschichte von „Lernen durch Lehren". In: Graef, R. & Preller, R.D. (Hrsg.), Lernen durch Lehren. Rimbach: Verlag im Wald, S. 12–18

Martin, J.P. et al. (2002). Lernen durch Lehren. Schulleitung, Heft 4/2002, S. 3–9

Mayer, R.E. (1979). Twenty Years of Research on Advance Organizers. Technical Report Series in Learning an Cognition. Report Nr. 79–1. Santa Barbara: California University

McEneany, J.E. (1990). Do Advance Organizers Facilitate Learning? A Review of Subsumption Theory. Journal of Research and Development in Education, 23, 2, S. 89–96

Meichenbaum, D.W. (1979). Kognitive Verhaltensmodifikation. München: Urban & Schwarzenberg

Meier, F. (2005). „Alles fließe von selbst – Gewalt sei ferne den Dingen" – Wechselseitiges Lehren und Lernen im Geschichtsunterricht. In: Huber, A. A. (Hrsg.). Vom Wissen zum Handeln – Ansätze zur Überwindung der Theorie – Praxis – Kluft in Schule und Erwachsenenbildung. Tübingen: Ingeborg Huber, S. 217–231

Messner, H. & Reusser, K. (2000). Berufliches Lernen als lebenslanger Prozess. Beiträge zur Lehrerbildung, 18 (3), 277–294.

Mischke, W. et al. (1982). Methoden und Medien. Lerneinheit 3 der NQ Materialien. Weinheim: Beltz

Müller, P. (1982). Methoden in der kirchlichen Erwachsenenbildung. München: Kösel

Mutzeck, W. (1988). Von der Absicht zum Handeln. Weinheim: Deutscher Studien Verlag.

Mutzeck, W. (1993). Kooperative Beratung. Habilitationsschrift. Oldenburg: Universität

Mutzeck, W. (2002). Kooperative Beratung. Grundlagen und Methoden der Beratung und Supervision im Berufsalltag. 4. Auflage. Weinheim: Beltz

Mutzeck, W., Schlee, J. & Wahl, D. (2002). (Hrsg.). Psychologie der Veränderung. Subjektive Theorien als Zentrum nachhaltiger Modifikationsprozesse. Weinheim: Beltz

Mutzeck, W. (2005). Von der Absicht zum Handeln – Möglichkeiten des Transfers von Fortbildung und Beratung in den Berufsalltag. In: Huber, A. A. (Hrsg.). Vom Wissen zum Handeln – Ansätze zur Überwindung der Theorie – Praxis – Kluft in Schule und Erwachsenenbildung. Tübingen: Ingeborg Huber, S. 79–97

Nold, B. (1998). Kollegiale Praxisberatung in der Lehrerausbildung. Tübingen: Köhler

Nürnberger Projektgruppe. (2001). Erfolgreicher Gruppenunterricht. Praktische Anregungen für den Schulalltag. Stuttgart: Klett

Palinscar, A.S. & Brown, A.L. (1984). Reciprocal Teaching of Comprehension-Fostering and Comprehension-Monitoring Activities. Cognition and Instruction, 1, S. 117–175

Patry, J.L. & Gastager, A. (2002). Subjektive Theorien von Lehrerinnen und Lehrern: Der Übergang von der Ideographie zur Nomothethik. In: Mutzeck, W., Schlee, J. & Wahl, D. (2002). (Hrsg.). Psychologie der Veränderung. Subjektive Theorien als Zentrum nachhaltiger Modifikationsprozesse. (S. 53–78). Weinheim: Beltz

Pekrun, R. & Schiefele, U. (1996). Emotions- und motivationspsychologische Bedingungen der Lernleistung. In: Weinert, F. E. (Hrsg.), Psychologie des Lernens und der Instruktion. Göttingen: Hogrefe, S. 153–180.

Purdom, D.M., Komrey, J.D. (1992). A Comparison of Different Instructor Intervention Strategies in Cooperative Learning Groups at the College Level. Paper presented at the Annual Meeting of the American Educational Research Association. San Francisco

Rabenstein, R., Reichel, R. & Thanhoffer, M. (1995). Das Methoden-Set. 5 Bücher für Referenten und Seminarleiterinnen. Münster: Ökotopia, 7. Aufl.

Reinmann-Rothmeier, G. & Mandl, H. (2001). Unterrichten und Lernumgebungen gestalten. In A. Krapp & B. Weidenmann (Hrsg.), Pädagogische Psychologie (S.601–646). Weinheim: Beltz.

Renkl, A. (1996). Träges Wissen: Wenn Erlerntes nicht genutzt wird. Psychologische Rundschau, 47(2), 78–92
Renkl, A. (1997). Lernen durch Lehren. Zentrale Wirkmechanismen beim kooperativen Lernen. Wiesbaden: DUV
Renkl, A. (1998). Lernen durch Lehren. In: Rost, D.H. (Hrsg.), Handwörterbuch Pädagogische Psychologie. Weinheim: Psychologie Verlags Union, S. 305–308
Reusser, K. & Reusser – Weyeneth, M. (Hrsg.). (1994). Verstehen: psychologischer Prozess und didaktische Aufgabe. Bern: Huber
Rheinberg, F. (2002). Motivation. Stuttgart: Kohlhammer. 4. Aufl.
Rheinberg, F., Bromme, R., Minsel, B., Winteler, A. & Weidenmann, B. (2001). Die Erziehenden und Lehrenden. In A. Krapp & B. Weidenmann (Hrsg.), Pädagogische Psychologie (S.271–355). Weinheim: Beltz.
Rheinberg, F. (1980). Leistungsbewertung und Lernmotivation. Göttingen: Hogrefe
Rogers, C.R. (1973). Die klientbezogene Gesprächstherapie. München: Kindler
Rogers, C.R. (1976). Die nicht-direktive Beratung. München: Kindler
Rotering – Steinberg, D. (1992). Ein Modell kollegialer Supervision. In: Pühl, H. (Hrsg.), Handbuch zur Supervision. Berlin: Spiess S. 428–440
Roth, G. (1997). Das Gehirn und seine Wirklichkeit. Kognitive Neurobiologie und ihre philosophischen Konsequenzen. Frankfurt: Suhrkamp
Rumelhart, D.E. & Norman, D.A. (1978). Das aktive strukturelle Netz. In: Rumelhart, D.E. & Norman, D.A. (Hrsg.), Strukturen des Wissens. Klett: Stuttgart, S. 51–77
Ruthkosky, K.O. & Dwyer, F.M. (1996). The Effect of Adding Visualization and Rehearsal Strategies to Advance Organizer in Long-Term Retention. International Journal of Instructional Media, 23,1, S. 31–40.

Sauter, W. (2005). Das Konzept des Blended Learning in der betrieblichen Weiterbildung – Handlungsorientiertes Lernen und Neue Medien in der betrieblichen Bildung. In: Huber, A. A. (Hrsg.), Vom Wissen zum Handeln – Ansätze zur Überwindung der Theorie – Praxis – Kluft in Schule und Erwachsenenbildung. Tübingen: Ingeborg Huber, S. 131–143
Schaeper, H. (2001). Lehrkulturen, Lehrhabitus und die Struktur der Universität: eine empirische Untersuchung fach- und geschlechterspezifischer Lehrkulturen. Weinheim: Deutscher Studien Verlag.
Scheele, B. (1980). Subjektive Theorien über Ironie als Heuristik für einen wissenschaftlichen Hypothesenkorpus. Berichte aus dem Psychologischen Institut der Universität Heidelberg. Diskussionspapier Nr. 21
Scheele, B. & Groeben, N. (1984). Die Heidelberger Struktur – Lege – Technik (SLT). Eine Dialog – Konsens – Methode zur Erhebung Subjektiver Theorien mittlerer Reichweite. Weinheim: Beltz
Scheele, B. & Groeben, N. (1988). Dialog-Konsens-Methoden zur Rekonstruktion Subjektiver Theorien. Tübingen: Francke
Scheele, B. (Hrsg.) (1992). Strukturlegeverfahren als Dialog – Konsens – Methodik. Münster: Aschendorff
Schlee, J. (2004). Kollegiale Beratung und Supervision für pädagogische Berufe. Stuttgart: Kohlhammer
Schlottke, P.F. & Wahl, D. (1983). Stress und Entspannung im Unterricht. München: Hueber
Schmidt, E. (2001). Mit Social Support vom Wissen zum Handeln. Aachen: Shaker.
Schmidt, E. & Wahl, D. (1999). Kooperatives Lehren lernen: Die Wirkung kommunikativer Praxisbewältigung in Gruppen (KOPING) auf den Lernprozess von ErwachsenenbildnerInnen. Gruppendynamik, 30 (3), Seiten 281–293

7. Literaturverzeichnis

Schmidt, E. (2005). Kommunikative Praxisbewältigung in Gruppen (KOPING) – Ein in der Praxis bewährtes Konzept zur Handlungsmodifikation. In: Huber, A. A. (Hrsg.). Vom Wissen zum Handeln – Ansätze zur Überwindung der Theorie – Praxis – Kluft in Schule und Erwachsenenbildung. Tübingen: Ingeborg Huber, S. 175–187

Schoy-Lutz, M. (2005). Fehlerkultur im Mathematikunterricht. Hildesheim, Berlin: Franzbecker

Schwäbisch, L. & Siems, M. (1974). Anleitung zum sozialen Lernen für Paare, Gruppen und Erzieher. Reinbek: Rowohlt

Schwarz-Govaers, R. (2005 a). Subjektive Theorien als Basis von Wissen und Handeln. Ansätze für ein handlungstheoretisch fundiertes Pflegedidaktikmodell. Bern: Hans Huber

Schwarz – Govaers, R. (2005 b). Wissen und Handeln in der Berufsausbildung von Pflegekräften. In: Huber, A. A. (Hrsg.). Vom Wissen zum Handeln – Ansätze zur Überwindung der Theorie – Praxis – Kluft in Schule und Erwachsenenbildung. Tübingen: Ingeborg Huber, S. 21–36

Seifert, J. (2004). Visualisieren – Präsentieren – Moderieren. Bremen: Gabal Verlag

Semmer, N. & Freese, M. (1979). Handlungstheoretische Implikationen für kognitive Therapie. In: Hoffmann, N. (Hrsg.), Grundlagen kognitiver Therapie. Bern: Huber, S. 115–153

Slavin, R.E. (1978). Student Teams – Achievement Divisions. Journal of Research and Development in Education, 12, S. 39–49

Slavin, R.E. (1984). Gruppen Rallye: Lernen in Gruppen – Leistungsbewertung nach Vorkenntnisniveau. In: Huber, G.L., Rotering-Steinberg, S. & Wahl, D. (1984). (Hrsg.) Kooperatives Lernen. Weinheim: Beltz, S. 60–69

Slavin, R.E. (1995). Cooperative Learning: Theory, Research and Practice. (2. Aufl.). Englewood Cliffs, N.J.: Prentice-Hall

Spitzer, M. (2002). Lernen. Gehirnforschung und die Schule des Lebens. Heidelberg: Spektrum

Steiner, G. (2001). Lernen und Wissenserwerb. In: In A. Krapp & B. Weidenmann (Hrsg.), Pädagogische Psychologie. Weinheim: Beltz. S. 137–205

Svantesson, I. (1996). Mind Mapping und Gedächtnistraining. Offenbach: Gabal

Tajika, H. et al. (1988). Effects of Pictoral Advance Organizers on Passage Retention. Contemporary Educational Psychology, 13, 2, S. 133–139.

Thompson, R.F. (1994). Das Gehirn. Von der Nervenzelle zur Verhaltenssteuerung. 2. Auflage. Heidelberg: Spektrum.

Traub, S. (1999). Auf dem Weg zur Freiarbeit. Entwicklung und Analyse eines Lehrerbildungskonzeptes zur Vermittlung von Handlungskompetenz. Weingarten: Pädagogische Hochschule, Fakultät Erziehungswissenschaften, unveröffentlichte Dissertation.

Traub, S. (2005). Lehrerfortbildung am Ende? Gedanken für einen Neuanfang am Beispiel der Umsetzung von Freiarbeit. In: Huber, A. A. (Hrsg.). Vom Wissen zum Handeln – Ansätze zur Überwindung der Theorie – Praxis – Kluft in Schule und Erwachsenenbildung. Tübingen: Ingeborg Huber, S. 99–114

Vroon, P. (1994). Drei Hirne im Kopf – Warum wir nicht können, wie wir wollen. Zürich: Kreuz Verlag

Vygotsky, L. (1962). Thought and Language. New York: Wiley

Wahl, D. (1975). Erwartungswidrige Schulleistungen. Weinheim: Beltz (Dissertation).

Wahl, D. (1976). Naive Verhaltenstheorien von Lehrern. Projektbericht Nr. 1. Weingarten: Pädagogische Hochschule

Wahl, D. (1979). Methodische Probleme bei der Erfassung handlungsleitender und handlungsrechtfertigender subjektiver psychologischer Theorien von Lehrern. Zeitschrift für Entwicklungspsychologie und Pädagogische Psychologie, 11, S. 208–217

Wahl, D. et al. (1983). Naive Verhaltenstheorie von Lehrern. Oldenburg: Zentrum für pädagogische Berufspraxis.

Wahl,D., Weinert, F.E. & Huber, G.L. (1984). Psychologie für die Schulpraxis. München: Kösel

Wahl, D. (1987). Kommunikative Praxisbewältigung in Gruppen: KOPING. Ein von subjektiven Theorien ausgehendes Konzept zur Veränderung menschlichen Handelns. In: Schlee, J. & Wahl, D. (Hrsg.), Veränderung subjektiver Theorien von Lehrern. Oldenburg: Zentrum für Pädagogische Berufspraxis, S. 253–266

Wahl, D. & Mutzeck, J. (1990). Wie Lehrende und Lernende miteinander umgehen. Probleme der sozialen Interaktion. Bausteine für die erwachsenenpädagogische Weiterbildung. Tübingen: Deutsches Institut für Fernstudien.

Wahl, D. (1991). Handeln unter Druck. Der weite Weg vom Wissen zum Handeln bei Lehrern, Hochschullehrern und Erwachsenenbildnern. Weinheim: Deutscher Studien Verlag.

Wahl, D., Wölfing, W., Rapp,G. & Heger, D. (1995). Erwachsenenbildung konkret: Mehrphasiges Dozententraining; eine neue Form der erwachsenendidaktischen Ausbildung von Referenten und Dozenten. Weinheim: Deutscher Studien-Verlag.

Wahl, D. (1997). Wie wirksam ist kollegiale Praxisberatung? Schweizer Schule, Heft 3/97, Seiten 21–26

Wahl, D. (2000 a). Das große und das kleine Sandwich: Ein theoretisch wie empirisch begründetes Konzept zur Veränderung handlungsleitender Kognitionen. In C. Dalbert & J. Brunner (Hrsg.), Handlungsleitende Kognitionen in der pädagogischen Praxis (S. 155-168). Baltmannsweiler: Schneider Verlag Hohengehren.

Wahl, D. (2000 b), Ein theoretisches Konzept zur grundsätzlichen Gestaltung von Train-the-trainer-Kursen. In: V.Strittmatter-Haubold (Hrsg.), Konzepte und Tools für das Training der Zukunft. Weinheim: Beltz, Seiten 11–20

Wahl, D. (2001a). Nachhaltige Wege vom Wissen zum Handeln. Beiträge zur Lehrerbildung, 19, 157–174.

Wahl, D. (2001b). Wissen sichtbar machen (1). Nachhaltig lernen mit der „Struktur-Lege-Technik". Praxis Schule, Heft 5, 63–65.

Wahl, D. (2001c). Wissen sichtbar machen (2). Nachhaltig lernen mit der „Netzwerk" - Methode. Praxis Schule, Heft 6, 66–65.

Wahl, D. (2002a). Mit Training vom trägen Wissen zum kompetenten Handeln? Zeitschrift für Pädagogik, 48. Jg., Nr. 2, 227–241

Wahl, D. (2002 b). Veränderung Subjektiver Theorien durch Tele-Learning? In: Mutzeck, M., Schlee, J. & Wahl, D. (2002), Psychologie der Veränderung. Subjektive Theorien als Zentrum nachhaltiger Modifikationsprozesse. Weinheim: Beltz, Seiten 10–21

Wahl, D. (2004a), Das Lerntempoduett. In: A.Huber (Hrsg.) (2004), Kooperatives Lernen – kein Problem. Effektive Methoden der Partner- und Gruppenarbeit. Leipzig: Klett, S. 57–67

Wahl, D. (2004b), Das Partner- bzw. Gruppeninterview. In: A.Huber (Hrsg.) (2004), Kooperatives Lernen – kein Problem. Effektive Methoden der Partner- und Gruppenarbeit. Leipzig: Klett, S. 68–74

Wahl, D. (2004c), Das Multi-Interview als spezielle Variante des Partner- bzw. Gruppeninterviews. In: A.Huber (Hrsg.) (2004), Kooperatives Lernen – kein Problem. Effektive Methoden der Partner- und Gruppenarbeit. Leipzig: Klett, S. 75–78

Wahl, D. (2004d), Die Gruppen-Rallye. In: A.Huber (Hrsg.) (2004), Kooperatives Lernen – kein Problem. Effektive Methoden der Partner- und Gruppenarbeit. Leipzig: Klett, S. 85–94

Wahl, D. (2005). Mentales Training für Tischtennis und Tennis. (CD mit Booklet). Reutlingen: TSP.

Weidenmann, B. (1978). Lehrerangst. Ein Versuch, Emotionen aus der Tätigkeit zu begreifen. München: Ehrenwirth

7. Literaturverzeichnis

Weidenmann, B. (1998). Erfolgreiche Kurse und Seminare. Weinheim: Beltz.

Wellenreuther, M. (2004). Lehren und Lernen – aber wie? Schneider: Hohengehren.

Widulle, W. (2005). Mit Angehörigen kooperieren lernen – Ein Konzept zur Überwindung der Theorie – Praxis – Kluft in der sozialpädagogischen Ausbildung. In: Huber, A. A. (Hrsg.). Vom Wissen zum Handeln – Ansätze zur Überwindung der Theorie – Praxis – Kluft in Schule und Erwachsenenbildung. Tübingen: Ingeborg Huber, S. 115–130

Will, H. (2004). Das große Workshop – Buch. Weinheim: Beltz. 7. Aufl.

Zifreund, W. (1966). Konzept für ein Training des Lehrverhaltens mit Fernseh-Aufzeichnungen in Kleingruppen – Seminaren. Berlin: Cornelsen

8. Methodenverzeichnis
(50 im Text beschriebene Methoden)

Advance Organizer 125, 139, 191
Agenda 123
Ampelmethode 74
Aquarium 157
Beobachtung in relevanten Situationen BIRS 91
Blitzlicht 131, 200
Erinnerungshilfen 195
Feedback 89, 230
Feedbackbögen mit Skalen oder Symbolen 198
Gläserne Lehrende 201
Gruppen-Interview 156
Gruppenpuzzle 156, 160
Gruppenrallye 189
Hitparade 133
Inneres Sprechen 236, 240
Kartenabfrage 189
Kognitive Landkarten 176
KOPING-Gruppe 248
Kugellager 127
Lerntempoduett, -terzett, -quartett 156, 162, 164, 166, 168
Micro-Acting, Micro-Teaching 194, 226
Minutenweise freie Beobachtung MFB 91
Moderiertes Netzwerk 192
Multi-Interview 156, 201
Netzwerk 181, 190
Pädagogischer Doppeldecker 62, 215
Partnergespräch 127
Partner-Interview 129, 137, 156, 200
Partner-Puzzle 156, 163
Praxis-Tandem 248
Punkt-Abfrage 199
Rollenspiel 72, 222
Sandwich-Prinzip 31, 103, 156
Schwarz-Weiss-Methode 186
Sekundenschnelle Entspannung 242
Selbstbeobachtungen 51
Selbstreflexionen 44

8. Methodenverzeichnis

Sortieraufgabe 134, 178, 186
Stopp-Codes 238
Stress-Impfung 244
Strukturierte Kontroverse 156
Strukturierter Dialog 258
Struktur-Lege-Technik 178, 190
Szene-Stopp-Reaktion 67, 224
Vergewisserungsphase 124, 189
Vier-Ecken-Methode 168
Vorsatzbildung 195
Wechsel der Perspektiven 56
Wechselseitiges Lehren und Lernen (WELL) 154
Weingartener Appraisal Legetechnik (WAL) 80

Methodensammlung von Annette Bernhart

Alphabetische Methodenübersicht

1. Advance Organizer
2. Agenda
3. Ampelmethode
4. Aquarium
5. Beobachtungsbogen
6. BIRS- Beobachtung in relevanten Situationen
7. Blitzlicht
8. Feedback-Feedbackbögen
9. Gläserne Lehrende
10. Gruppenpuzzle (WELL)
11. Gruppenrallye
12. Hitparade
13. Kartenabfrage
14. Kugellager
15. Lerntempoduett (WELL)
16. MFB-Minutenweise freie Beobachtung
17. Moderiertes Netzwerk
18. Netzwerk-Methode
19. Pädagogischer Doppeldecker
20. Partner-/Gruppen-/Multiinterview (WELL)
21. Partnerpuzzle (WELL)
22. Partnerrollenspiel
23. Punktabfrage
24. Schwarz-Weiß-Methode
25. Selbstbeobachtung
26. Selbstreflexion
27. Sortieraufgabe
28. Stopp-Codes
29. Strukturierte Kontroverse (WELL)
30. Strukturlegetechnik
31. Szene-Stopp-Reaktion
32. Vergewisserungsphase
33. Vier-Ecken-Methode
34. Vorstellungsrunde
35. WAL: Weingartner Appraisal Legetechnik
36. Wechsel der Perspektiven

Advance Organizer

Beschreibung

Ein Advance Organizer (A.O.) ist eine vorausgehende Themenvernetzung mittels **Ankerbegriffe**. Die Lehrkraft bietet hierbei den Lernenden die zu vermittelnden Lerninhalte in einer allgemeinen, logisch zusammenhängenden Struktur zu Beginn einer Lernsequenz dar. Hierzu werden **20-40 Begriffe** visualisiert (durch Bilder, Symbole,…) und in einer **logischen Weise** miteinander verknüpft. Die Erklärung des A.O. durch die Lehrkraft sollte zwischen **5-15 Minuten** lang sein.
Es ist günstig, wenn der A.O. den Lernenden während der gesamten Lerneinheit schriftlich zur Verfügung steht (z.B. als Arbeitsblatt, als Plakat,…).

Sozialform

Plenum; Frontal

Zeit / Material

5-15 min; A.O. auf Folie, Plakat, PowerPoint-Präsentation…

Begründung

Ein Advance Organizer erleichtert die Verknüpfung neuen Wissens mit dem vorhandenen Vorwissen. Er dient der Übersicht und der Vernetzung neuer Stoffgebiete.
Der Advance Organizer sorgt durch die logische Verknüpfung für besseres Verstehen, langfristigeres Behalten und bessere Transferleistungen.

Einsatzort

Zu Beginn einer Lernsequenz um im Vorfeld das zu erwerbende Wissen in einer logisch zusammenhängenden Struktur zu präsentieren.
Während einer Lernsequenz um aufzuzeigen, was bisher gelernt wurde und wie es weiter geht.
Am Ende einer Lernsequenz als Abschluss-Organizer um den Zusammenhang des Gelernten nochmals zu verdeutlichen.

Wer hat's erfunden?

Ausubel (1974): Weiterentwicklung durch die Forschungsgruppe der PH Weingarten

Literatur

In diesem Buch: Wahl, D. (2006): Kap. 5.2, 5.3, 5.6; Hepting, R. (2004); Huber, A. (Hrsg.) (2004)

Agenda

Beschreibung

Eine Agenda gibt eine **Übersicht** über den **zeitlichen** und (grob) **inhaltlichen Verlauf** der geplanten Lernsequenz (mit Pausen,…). Die Agenda sollte **schriftlich** präsentiert werden. Hierzu eignen sich Tafel, Overhead, Flipchart, Moderationskärtchen usw. Die Schrift sollte groß und gut lesbar sein, die Verwendung von Symbolen (z.B. Kaffeetasse) empfiehlt sich. Sind zeitlich umfangreichere Lernprozesse geplant, erhalten die Lernenden die Agenda in Form eines **Handouts**. Bei der Präsentation sollte deutlich werden, dass die Agenda **veränderbar** ist und die Lernenden darauf Einfluss nehmen können. Die Agenda bleibt während des Lernprozesses für alle sichtbar.

Sozialform

Plenum; Frontal

Zeit / Material

1-3 min; Agenda auf Tafel, Moderationskärtchen, Folie,…

Begründung

Aufgrund der Transparenz können die Teilnehmenden klare Erwartungen an das Unterrichtsgeschehen aufbauen. Auf dieser Basis können sie ihr Vorwissen mit einbringen, rechtzeitig intervenieren und im Rahmen des Möglichen ihren Lernweg mitgestalten. Während des Lernprozesses können die Lernenden an der Agenda Schritt für Schritt den Lernprozess verfolgen, was sehr motivierend wirken kann.

Einsatzort

Zu Beginn einer Lernsequenz um den Lernenden einen Überblick über den geplanten Verlauf zu geben. **Während** einer Lernsequenz um aufzuzeigen, wo man sich gerade befindet, was bisher gelernt wurde und wie es weiter gehen soll. **Am Ende** einer Lernsequenz zur Reflexion des Lernprozesses.

Wer hat's erfunden?

Literatur

In diesem Buch: Wahl, D. (2006), Kap. 5.2; Innerhofer et al (1988); Rabenstein et al (1995); Klebert, K. et al (1992)

Ampelmethode

Beschreibung

Alle Teilnehmenden erhalten entsprechend einer Verkehrsampel **drei Kärtchen in den Farben grün, gelb und rot**. Jede Farbe steht für eine Antwort bzw. eine Lösungsmöglichkeit. Die Lehrperson präsentiert nun eine Frage (oder bei der „Szene-Stopp-Reaktion" eine Szene) und drei Lösungsmöglichkeiten, die mit den Farben grün, gelb oder rot gekennzeichnet sind. Nach einer kurzen **Vergewisserungsphase** (wurde die Frage verstanden?) oder auch **Austauschphase** (kurzes Partnergespräch über die Frage) halten möglichst alle Teilnehmenden **gleichzeitig** diejenige der drei Karten hoch, von der sie meinen, dass sie die Farbe der richtigen Antwort hat. Die gewählten Antworten werden anschließend besprochen.

Sozialform

Plenum

Zeit / Material

ab 5 min (je nach Zahl der Durchgänge); 3 farbige Kärtchen für alle und schriftliche Lösungsmöglichkeiten mit den entsprechenden Farben markiert

Begründung

Die Ampelmethode zeigt auf spielerische Weise, wie der Kenntnisstand einer Gruppe ist bzw. welche Lösungsmöglichkeiten bevorzugt werden. Die Teilnehmenden agieren im sicheren Plenum, da alle möglichst gleichzeitig die ausgewählten Karten präsentieren.

Einsatzort

Zu Beginn einer Lernsequenz um Vorwissen einzuschätzen. **Am Ende** einer Lernsequenz als spielerische Ergebniskontrolle und durch das Besprechen der Antwortmöglichkeiten auch als Ergebnissicherung. Bei der Methode „Szene-Stopp-Reaktion" als eine Reaktionsmöglichkeit.

Wer hat's erfunden?

Literatur

In diesem Buch: Wahl, D. (2006), Kap. 4.5, 5.1, 5.4; Rabenstein et al (1995): „Ampel-Feedback"

Aquarium

Beschreibung

Einige Teilnehmende sitzen in einem **Innenkreis** um dort **stellvertretend für das Plenum** über einen Sachverhalt zu diskutieren und auch abzustimmen. Alternativ können auch Dinge vorgemacht werden, z.B. eine neue Methode. Die Kursleitung kann eine moderierende Funktion übernehmen. Die anderen sitzen **außen** und hören bzw. sehen zu („in ein Aquarium sehen"). In der Regel gibt es **ein bis zwei freie Stühle**, auf denen sich die Außenstehenden setzen und einen Diskussionsbeitrag einbringen können. Danach müssen sie den Platz wieder verlassen. Die Außenstehenden geben im Anschluss an das Aquarium den Personen des Innenkreises **Rückmeldung**.

Sozialform

Gruppenarbeit

Zeit / Material

10-45 min; kein Material

Begründung

Durch die überschaubare Personenzahl im Innenkreis ist eine flüssige Diskussion möglich. Eher zurückhaltende Teilnehmende können aus dem Außenkreis beobachten. Das Verhalten im Innenkreis kann Modellcharakter haben (Lernen durch Beobachtung) und zu sensiblerer Wahrnehmung von Gruppenprozessen führen.

Einsatzort

Besonders günstig, wenn das **Plenum zu groß** für eine fruchtbare Diskussion ist. Gut geeignet auch, wenn Sprecher von Meinungsgruppen ihre **Argumente austauschen** (z.B. nach „Strukturierte Kontroverse"). Neben Diskussionen können auch Methoden im Innenkreis vorgemacht werden (z.B. eine Struktur legen).

Wer hat's erfunden?

Literatur

In diesem Buch: Wahl, D. (2006), Kap. 4.7

Beobachtungsbogen

Beschreibung

Im **Vorfeld** werden von der Lehrperson und der beobachtenden Person festgelegt, welche Handlungen **beobachtet und eingeschätzt** werden sollen. Dies setzt Einigkeit über Qualitätsmerkmale von verschiedenen Handlungen voraus. So werden **zum Beispiel** einzelne Schritte einer gelungenen Arbeitsanweisung definiert. Diese Schritte werden dann von der beobachtenden Person während des Unterrichtsgeschehens auf einem Beobachtungsbogen in einer **Skala** von z.B. 1-5 bewertet.

Sozialform

Beobachtende Person; beobachtete Person im Unterricht

Zeit / Material

Eine oder mehrere Lektionen; Beobachtungsbogen

Begründung

Gemeinsam festgelegte Aspekte können gezielt beobachtet und in einer Skala bewertet werden. Dies kann sehr hilfreich sein, wenn Lehrhandlungen gezielt verändert bzw. verbessert werden sollen.

Einsatzort

Lehrende und beobachtende Person müssen sich über Qualitätsmerkmale bestimmter Handlungen einig werden. Um eine Bewertung anzunehmen, sind eine kollegiale Zusammenarbeit und Vertrauen Voraussetzung. Einfacher ist es, wenn dem Einsatz von Beobachtungsbögen eine **MFB** zum Aufspüren auffälliger Situationen oder eine unbewertete **BIRS** vorausgeht.

Wer hat's erfunden?

Literatur

In diesem Buch: Wahl, D. (2006), Kap. 4.7

BIRS –
Beobachtung in relevanten Situationen

Beschreibung

Vor der Unterrichtsbeobachtung wird entschieden, für welche **relevante Unterrichtssituation** Rückmeldung gegeben werden soll (z.B. Formulierung der Arbeitsanweisungen, Umgang mit Störungen,…). Für die ausgewählte Situation macht die beobachtende Person **detaillierte Notizen**. Neben diesen geplanten Schwerpunkten können während der Beobachtung aber auch ungeplante Situationen relevant werden. Alternativ zu einer „normalen" Unterrichtssequenz können von der Lehrperson auch bewusst verschiedene Varianten einer Aktion erprobt werden. Die beobachtende Person beobachtet die Auswirkungen und meldet diese zurück.

Sozialform

Beobachtende Person; beobachtete Person im Unterricht

Zeit / Material

Eine oder mehrere Lektionen; ein leeres Papier

Begründung

BIRS ist ein sehr **ökonomisches Verfahren** der Unterrichtbeobachtung, weil nicht das gesamte Lehrerhandeln abgedeckt wird sondern nur ausgewählte Situationen. Durch die Rückmeldung der Außenperspektive können Probleme im Lehrverhalten oft schnell entdeckt werden.

Einsatzort

BIRS ist gut geeignet, wenn im Unterricht durch die Lehrperson **etwas Neues** ausprobiert wird (z.B. der Einsatz einer neuen Methode). Hier kann die beobachtende Person gezielt Erfolge zurückmelden bzw. Problempunkte aufzeigen. BIRS ist auch geeignet, wenn die Lehrperson wie in einem Experiment **verschiedene Verhaltensweisen** erproben möchte.

Wer hat's erfunden?

Wahl D., Weinert F.E. , Huber G.L. (1984)

Literatur

In diesem Buch: Wahl, D. (2006), Kap. 4.7; Wahl, D. et (1984)

Blitzlicht

Beschreibung

Reihum sagen alle Teilnehmenden ihre **Meinung** zu einer persönlichen oder inhaltlichen Frage. Es bietet sich an, dem Blitzlicht eine Vergewisserungsphase zur Reflexion voraus gehen zu lassen. Wer keine Aussage machen will, gibt das Wort weiter. Zwischen den einzelnen Aussagen darf **nicht diskutiert** werden, jede Stellungnahme bleibt unkommentiert stehen. Ein **Sprechstein** oder Ähnliches macht deutlich, wer gerade an der Reihe ist.Beispiel:
„Welche Erfahrung haben Sie mit XY gemacht?"
„Welche Erwartungen haben Sie an diesen Kurs?"
„Was packe ich in meinen Rucksack?"
Nach dem Blitzlicht können wichtige Aussagen aufgegriffen und zur Diskussion gestellt werden.

Sozialform

Plenum

Zeit / Material

5-20 min; Sprechstein möglich

Begründung

Beim Blitzlicht wird die Meinung aller Teilnehmenden eingeholt. Auch Zurückhaltende kommen so zum Sprechen. Übermäßige Redner können durch Zeiteinschränkungen diszipliniert werden (z.B. pro TN max. zwei Aussagen). Durch das Verbot, zwischen den Beiträgen zu diskutieren, stehen zunächst alle Aussagen gleichberechtigt nebeneinander und geben ein momentanes Stimmungsbild ab.

Einsatzort

Zu Beginn einer Lernsequenz um Erwartungen, Befindlichkeiten und Interessen festzustellen.
Während der Lernsequenz als Zwischenbilanz um Probleme oder offene Fragen aufzuzeigen.
Am Ende einer Lernsequenz um Befindlichkeiten oder Rückmeldungen zu erheben.

Wer hat's erfunden?

Literatur

In diesem Buch: Wahl, D. (2006), Kap. 5.2, 5.4, 5.6; Brühwiler, H. (1994); Innerhofer, P. et al (1988); Rabenstein, R. et al (1985)

Feedback – Feedbackbögen

Beschreibung

Feedback kann mündlich (z.b. im „Blitzlicht"), schriftlic (leere Kärtchen ohne oder mit Themenvorgabe) durc Punktabfragen (z.b. „Hitparade", „Schwarz-Weiß-Meth(de",...), durch kreative Darstellungen (z.b. „Bild", „leben(Skulptur") oder mittels Feedbackbögen eingeholt werde Zum gezielten Feedback von Lehrverhalten sind die Meth(den „MFB", „BIRS" oder ein „Beobachtungsbogen" geei net.
Auf **Feedbackbögen** bewerten die Teilnehmenden verschi dene Aspekte mittels einer Skala (z.b. von 1-5) oder mitte Symbolen (z.B. vom dürren bis hin zum „ertragreiche Baum).
Empfehlenswert: Feedback sollte nur dann eingeholt we den, wenn es ausgewertet und besprochen wird und Au wirkungen auf das weitere Unterrichtsgeschehen hat.

Sozialform

Einzelarbeit; Partnerarbeit, Gruppenarbeit, Plenum möglic

Zeit / Material

5-60 min; evtl. Feedbackbögen, Klebepunkte,...

Begründung

Die Methode „Feedback" wird bewusst eingesetzt um Rüc meldungen zum eigenen Lehrverhalten, zum Methode einsatz, zur Stimmung, zum Klima, zum Lernerfolg o. einzuholen. Durch das Feedback werden Reflexionsproze in Gang gesetzt, im günstigsten Fall wird unerwünsch Handeln verändert. Die Feedbackgebenden fühlen sich i Prozess ernst genommen.

Einsatzort

Zu Beginn einer Lernsequenz um Wünsche, Stimmunge Vorkenntnisse der Teilnehmenden zu ermitteln.
Während einer Lernsequenz, wenn Störungen auftreten.
Am Ende einer Lernsequenz um Rückmeldungen zur Z friedenheit, dem Lernerfolg, dem eigenen Lehrverhalten, einzuholen.

Wer hat's erfunden?

Literatur

In diesem Buch: Wahl, D. (2006), Kap. 4.7, 5.6;
Brühwiler, H. (1994); Rabenstein et al (1985)

Gläserne Lehrende

Beschreibung

Bei dieser Methode sind die **Lehrenden die Akteure** im Reflexionsprozess und die Lernenden das Publikum. Die Lehrenden machen durch „**lautes Denken**" ihre innerlich abgelaufenen Prozesse hörbar, z.B. Reflexion über die eigenen veränderten subjektiven Theorien oder die Abweichungen des Kursverlaufes von der ursprünglichen Planung. Dabei müssen die Lehrenden **offen, aber mit Taktgefühl** vorgehen: einzelne Lernende dürfen z.B. nicht verletzt werden. Die Zuhörenden sollten durch eine kurze Anmoderation auf die damit verbundenen Chancen und Risiken hingewiesen werden.

Sozialform

Einzelarbeit, Plenum

Zeit / Material

5-15 min; kein Material

Begründung

Reflexionsprozesse sind häufig einseitig. Bei der Methode „Gläserne Lehrende" werden nun die Rollen getauscht. Hier erhalten die Lehrenden die Möglichkeit, ihre eigenen Gedanken, Gefühle,... zu veröffentlichen. Den Lernenden wird dadurch vieles bewusst, auch können Missverständnisse dadurch aufgeklärt werden.

Einsatzort

Am Ende einer Lernsequenz als eine sehr anspruchsvolle Ausstiegsmethode.
Variante: Gut geeignet, wenn der Lernprozess von **mehreren Lehrenden** geleitet wurde. Diese setzen sich in die Mitte und reflektieren in einer Art „Auswertungssitzung" den Lernprozess bzw. das Lernergebnis ohne das Plenum weiter zu beachten.

Wer hat's erfunden?

Literatur

In diesem Buch: Wahl, D. (2006), Kap. 5.6

Gruppenpuzzle (WELL)

Beschreibung

Die zu vermittelnden Lerninhalte werden in gleich große Teile aufgeteilt (3-5).
Aneignungsphase: Zu Beginn arbeiten die Gruppen in Expertengruppen, d.h. sie machen sich innerhalb ihre Teilaufgabe zu Experten (z.B. durch Textarbeit…).
Vermittlungsphase: Der Austausch der erarbeiteten Informationen erfolgt in Puzzlegruppen. Jede Puzzlegruppe setzt sich aus je einem Vertreter der Expertengruppen zusammen
Vertiefungsphase: Wiederholende und vertiefende Aufgaben zu den Teilbereichen aller Expertengruppen werden bearbeitet.
Alle Phasen werden durch **Lernhilfen** unterstützt.

Sozialform

Gruppenarbeit (alternativ Partnerpuzzle)

Zeit / Material

30 min bis mehrere Stunden; 3-5 verschiedene Teilaufgabe auf verschieden farbigem Papier

Begründung

Für das Gelingen des Gesamtprozesses sind alle Teilnehmenden gleich verantwortlich. In den Puzzlegruppen ist jeder als Experte für seinen Teil zuständig. Durch die aktive Wiedergabe des angeeigneten Wissens wird dieses besser verarbeitet.
Zudem erleben sich Lernende in dieser Verantwortung als wirksam, sind dadurch mehr motiviert und das führt zu meist zu einem größeren Lernerfolg.

Einsatzort

Gut geeignet für die Erarbeitung umfangreicher Themen die sich in gleich große Teile untergliedern lassen.
Das Gruppenpuzzle ist auch für praktische Übungen geeignet, z.B. für das Einstudieren verschiedener Techniken im Sport.

Wer hat's erfunden?

Huber A.A./ Konrad K./ Wahl D. (2001) in Anlehnung an Aronson, Blaney, Stephan, Silkes & Snapp (1978)

Literatur

In diesem Buch: Wahl, D. (2006), Kap. 5.4; Bernhart, A. Bernhart, D. (2006); Hepting, R. (2004); Huber, A./ (Hrsg.) (2004)

Gruppenrallye

Beschreibung

Die Gruppenrallye hat drei Phasen.
1. **Der Wissensstand** der einzelnen Teilnehmenden wird z.B. durch **einen Test** ermittelt. Dies geschieht nach einer Instruktionsphase oder einer ganzen Lerneinheit.
2. In **heterogenen Kleingruppen** üben und erarbeiten sich die Lernenden die Lerninhalte.
3. Beim erneuten Überprüfen des Wissenstandes wird der **persönliche Leistungszuwachs** der TN festgestellt.

Am Ende werden die verschiedenen Vorgehensweisen (z.B. Einsatz von Lernstrategien) der Gruppen reflektiert.

Sozialform

Gruppenarbeit

Zeit / Material

Eine bis mehrere Lektionen; Darstellungsmöglichkeit z.B. Tafel, Flipchart, Moderationskarten,…

Begründung

Die Rückmeldung des persönlichen Lernzuwachses ist eine der wichtigsten Motivationsquellen und steigert das Selbstwertgefühl der Lernenden (= Orientierung an der individuellen Bezugsnorm).

Das Lernen in heterogenen Gruppen führt zu höherer Leistung: die Stärkeren strengen sich an, den Schwächeren die Lerninhalte gut zu erklären, da diese mehr Punkte für die Gruppe erreichen können. Gleichzeitig vertiefen sie durch das Erklären ihr eigenes Wissen.

Einsatzort

Die Gruppenrallye ist günstig zum Üben und Wiederholen von Lerninhalten und zum Reflektieren eingesetzter Lernstrategien. Ein heterogenes Vorwissen ist Voraussetzung, in jeder Kleingruppe müssen Experten sein.

Wer hat's erfunden?

Slavin (1984)

Literatur

In diesem Buch: Wahl, D. (2006), Kap. 5.6; Huber, A. A. (Hrsg.) (2004); Huber, G.L. (1985); Wahl, D. et al (1995)

Hitparade

Beschreibung

Die Hitparade ist eine Moderationstechnik.
Zu vorgegebenen Themen oder Begriffen wird von den Teilnehmenden eine festgelegte Anzahl von **Klebepunkten** an eine vorbereitete Wand oder ein Plakat geklebt.
Dies ist ohne Reibungsverluste z.B. vor Beginn einer Veranstaltung oder in einer Pause gut möglich.
Nach dem Zählen der Punkte werden die einzelnen Themen vom Leiter in eine **Rangreihe** gebracht. Diese Hitparade wird nun den Teilnehmenden vorgestellt. Gemeinsam wird besprochen, welche Konsequenzen sich daraus für den weiteren Verlauf ergeben.

Sozialform

Einzelarbeit, Plenum

Zeit / Material

ca. 15 min mit Auswertung; Klebepunkte

Begründung

Jede teilnehmende Person kann so auf einfache Weise Erwartungen, Interessen oder Kenntnisstand mitteilen und hat dadurch direkten Einfluss auf die weitere Kursgestaltung.
Durch die Visualisierung sind die Ergebnisse sofort allen zugänglich.

Einsatzort

Zu Beginn einer Lernsequenz um Erwartungen, Interessen und Vorkenntnisse festzustellen.
Während der Lernsequenz, um festzustellen, wie der weitere Verlauf (inhaltlich oder methodisch) gewünscht wird.
Am Ende einer Lernsequenz um herauszufinden, welche Aspekte wiederholt und nochmals erklärt werden müssen.

Wer hat's erfunden?

Literatur

In diesem Buch: Wahl, D. (2006), Kap. 5.2; Klebert, K. et al. (1992); Müller, P. (1982); Seifert, J.W. (2004)

Kartenabfrage

Beschreibung
Die Kartenabfrage ist eine Moderationstechnik.
Die Lernenden überlegen sich vor einer Lerneinheit, wo ihre **Interessen** liegen. Diese notieren sie auf **Moderationskarten**.
Alle Karten werden nun an einer Pinnwand **thematisch geordnet** und das Ergebnis wird im Plenum besprochen.

Sozialform
Einzelarbeit, Plenum

Zeit / Material
5-30 min (themenabhängig); leere Karten, Eddings, Pinnwand

Begründung
Jede teilnehmende Person kann so auf einfache Weise Interessensschwerpunkte mitteilen und somit den weiteren Kursverlauf mitgestalten.
Durch die thematische Ordnung der Karten ist das Ergebnis sofort allen zugänglich. Bleibt es auch während des Kursverlaufes sichtbar, so kann immer wieder darauf verwiesen werden.

Einsatzort
Zu Beginn einer Lernsequenz um Erwartungen oder Interessensschwerpunkte festzustellen. Nicht geeignet, wenn zu einem Thema noch gar keine Vorkenntnisse vorhanden sind.
Während der Lernsequenz um festzustellen, welche Aspekte weiter vertieft werden sollen.
Am Ende einer Lernsequenz um herauszufinden, welche Themen eine Weiterführung oder eine Wiederholung verlangen.

Wer hat's erfunden?

Literatur
In diesem Buch: Wahl, D. (2006), Kap. 5.2, 5.6;
Klebert, K. et al (1992); Seifert, J.W. (2004)

Kugellager

Beschreibung

Die Teilnehmenden bilden einen **Innen- und einen Außenkreis**, so dass sich immer zwei Personen gegenüber stehen oder sitzen. Diese unterhalten sich zu einem von der Lehrperson vorgegebenen Thema.
Nach einer begrenzten Zeit (z.B. 3 min) bewegen sich die Kreise in entgegengesetzter Richtung. Mit einem neuen Gegenüber findet zum gleichen oder zu einem anderen Thema eine neue Gesprächsrunde statt.

Sozialform

Plenum bzw. Partnerarbeit mit wechselnden Personen

Zeit / Material

5-20 min; Handout mit den Themen der Gesprächsrunde

Begründung

Diese Methode hilft Kontakte zu knüpfen und gemeinsame Erfahrungen und Wissen auszutauschen. Durch das vorgegebene Thema wird eine anfängliche Redeschwelle überwunden.
Das Kugellager dient auch zur Orientierung bei der Meinungsbildung.

Einsatzort

Zu Beginn einer Lernsequenz um Vorwissen zu aktivieren, Vorerfahrungen auszutauschen und Kontakte zu knüpfen.
Am Ende einer Lernsequenz um das neu erlernte Wissen wiederholen oder mit bisher gemachten Erfahrungen unterfüttern.

Wer hat's erfunden?

Literatur

In diesem Buch: Wahl, D. (2006), Kap. 5.2; Brühwiler, (1994); Rabenstein et al (1985); „Zwiebel"; „Kugellager-Diskussion"; Wahl, D. et al (1995)

Lerntempoduett (WELL)

Beschreibung

Die zu vermittelten Lerninhalte werden in zwei gleich große Teile aufgeteilt.
Aneignungsphase: Zu Beginn erarbeiten die Lernenden in Einzelarbeit einen Lerninhalt (z.B. durch das Erschließen eines Textes). Dabei erarbeitet die Hälfte des Kurses Text A und die andere Hälfte Text B. Jeder arbeitet in seinem Tempo. Wer fertig ist, wartet an einem vereinbarten Treffpunkt, z.B. an der Tür bis jemand mit dem jeweils anderen Text fertig ist.
Vermittlungsphase: Zwei gleich schnell Lernende mit den Texten A und B vermitteln sich gegenseitig den Inhalt ihres Textes – möglichst in einem separaten Raum (Aula, Nebenräume, Gänge,…).
Vertiefungsphase: Wiederholende und vertiefende Aufgaben.

Sozialform

Einzelarbeit, Partnerarbeit

Zeit / Material

30 min bis mehrere Stunden; 2 Teilthemen auf verschieden farbigem Papier

Begründung

Die individuellen Lerntempi der Lernenden sind stark unterschiedlich. Im Lerntempoduett erhalten die Lernenden die Gelegenheit, ohne Druck in ihrem eigenen Tempo zu arbeiten. Damit dies möglich ist, sind ausreichend Differenzierungsaufgaben für die Schnelleren von Nöten. Alle Teilnehmenden sind für ihren Teilbereich und damit für das Gelingen des gesamten Lernprozesses gleich verantwortlich.

Einsatzort

Gut geeignet für die Erarbeitung von Themen, die sich in **zwei gleichgroße Teile** untergliedern lassen (auch als Terzett oder Quartett möglich).
Das Lerntempoduett eignet sich hervorragend für **Textarbeit**. Aber auch das Lösen von Mathematikaufgaben oder das Erarbeiten von Techniken in praktischen Fächern ist denkbar.

Wer hat's erfunden?

Wahl, D. (In: Huber A.A. 2004)

Literatur

In diesem Buch: Wahl, D. (2006), Kap. 5.4; Bernhart, A./ Bernhart, D. (2006); Hepting, R. (2004); Huber, A.A. (Hrsg.) (2004)

MFB – Minutenweise freie Beobachtung

Beschreibung

MFB ist eine einfache Beobachtungsmethode um das Geschehen im Unterricht festzuhalten.
Im Vorfeld wird nur der **Zeittakt** festgelegt (z.B. Beobachtung im 1-Minutentakt). Von der beobachtenden Person wird nun das Geschehen in einer Tabelle im Minutentakt protokolliert.
Da in einer Minute viele Handlungen vonstatten gehen, kommt es hierbei automatisch zu einer subjektiven Auswahl der Ereignisse durch die beobachtende Person.

Sozialform

Beobachtende Person; beobachtete Person im Unterricht

Zeit / Material

Eine oder mehrere Lektionen; Papier mit Zeittabelle

Begründung

Mit der MFB entstehen recht **detaillierte Aufzeichnungen** die vor allem den **zeitlichen Verlauf** (z.B. Störungen treten immer nach den Arbeitsanweisungen auf) sowie die Häufigkeit bestimmter Ereignisse (z.B. Seitengespräche) widerspiegeln.

Einsatzort

Da die Beobachtung nicht zielgerichtet ist und viele Facetten des Unterrichtsgeschehens erfasst, empfiehlt sich MFB bei einer **Erstbeobachtung**. Auffällige Handlungen können in einem zweiten Schritt mit BIRS genauer betrachtet werden.

Wer hat's erfunden?

Wahl, D., Weinert, F.E., Huber, G.L. (1984)

Literatur

In diesem Buch: Wahl, D. (2006), Kap. 4.7; Wahl, D. et (1984)

Moderiertes Netzwerk

Beschreibung

Die **zentralen Begriffe** eines Themas werden von der Lehrperson in eine sachlogische Reihenfolge gebracht, die thematische Verknüpfung wird also vorgegeben. Alle Teilnehmenden erhalten eine Karte mit einem Teilthema. Nützlich ist es, wenn die Teilnehmenden erfahren (z.B. auf einem Übersichtsblatt), welche Themen vor bzw. nach ihnen behandelt werden, damit sie ihren Beitrag thematisch einordnen können.

In einer **Vorbereitungsphase** eignen sich die Lernenden einen Expertenstatus an und fertigen eine mehrfachcodierte Visualisierung an bzw. überlegen sich Beispiele zu ihren Karten.

Der **Moderator** bittet nun die Person mit der Karte 1 zu beginnen. Nach der ersten Erklärung leitet der Moderator auf die 2. Karte, später auf die 3. Karte usw. über. Nach der Präsentation aller Karten spricht die moderierende Person die Schlussworte.

Sozialform

Gruppenarbeit, Plenum: Bei mehr als 12 Teilnehmenden können die Rollen gedoppelt oder die Gruppe in 2-3 Großgruppen geteilt werden, die zeitgleich die gleichen Themen präsentieren.

Zeit / Material

45-60 min; nummerierte Begriffskarten, Übersichtsblatt mit allen Themen

Begründung

Beziehungen zwischen Begriffen werden verbalisiert: Wissen wird **hörbar** gemacht. Beim „Moderierten Netzwerk" handelt es sich um einen gemeinsam gesprochenen Abschluss-Organizer. Durch die Moderation und die vorgegebene Reihenfolge können große Wissensgebiete nochmals in ihrem Zusammenhang wiederholt und in eine logische Struktur gebracht werden.

Einsatzort

Am Ende einer Lernsequenz um das neu erlernte Wissen zu wiederholen und gedanklich zu ordnen. Durch die moderierte Form ist diese Methode auch für große Stoffmengen geeignet.

Wer hat's erfunden?

Wölfing, W. (ursprünglich „Moderierte Ankerbegriffe")

Literatur

In diesem Buch: Wahl, D. (2006), Kap. 5.6

Netzwerk-Methode

Beschreibung

Die zentralen Begriffe eines Themas werden auf Kärtchen geschrieben. Die Kärtchen werden per Zufall an die Teilnehmenden verteilt.
In einer „Tauschphase" können die Teilnehmenden Kärtchen untereinander tauschen.
In einer „Vergewisserungsphase" überlegen die Lernenden wie sie den Begriff erklären können.
In der Gruppe beginnt nun eine beliebige Person mit der Erklären eines Begriffes. Es fährt jene Person fort, die glaubt ihr Begriff passe dazu.

Sozialform

Partnerarbeit, Gruppenarbeit, Plenum

Zeit / Material

10-30 min; Begriffskarten

Begründung

Beziehungen zwischen Begriffen werden verbalisiert: Wissen wird **hörbar** gemacht.
Durch die offene Reihenfolge werden vielfältige Verknüpfungen der Begriffe deutlich.
Der Tauschhandel und die Vergewisserungsphase geben Sicherheit und hemmen die Auftrittsangst. Die spielerische Form ist motivierend.

Einsatzort

Zu Beginn einer Lernsequenz um Vorwissen zu erfassen.
Am Ende einer Lernsequenz um das neu erlernte Wissen zu wiederholen und gedanklich zu ordnen.
Empfehlenswert als Vorbereitung für die Strukturlegetechnik.

Wer hat's erfunden?

Wahl, D. (1990)

Literatur

In diesem Buch: Wahl, D. (2006), Kap.5.5, 5.6; Wahl, D. et al (1995)

Pädagogischer Doppeldecker

Beschreibung

In pädagogischen Doppeldeckersituationen **werden Lehr- und Lernprozesse gedoppelt**. Dies bedeutet, dass im Kurs genau das geschieht um was es inhaltlich geht. Im Anschluss daran wird der Prozess **reflektiert** und überlegt, welche Konsequenzen das Erlebte für einen selbst hat.
Beispiel: Bei einem Lerntempoduett geht es inhaltlich um die Vor- und Nachteile des Lerntempoduetts. Die Lernenden setzen sich also theoretisch mit dem Lerntempoduett auseinander und erfahren es gleichzeitig ganz praktisch. Die Reflexion über das eigene Erleben der Methode ergänzt und verändert ganz automatisch die (subjektive) Theorie.
Variante: Der **Negativ-Doppeldecker**. Die Lernenden erfahren am eigenen Leib z.B. das ermüdende Verfahren langer und zäher Gruppenpräsentationen im Plenum. In einer Reflexionsphase wird die Doppeldecker-Situation aufgelöst und das subjektive Erleben der Situation eingeholt.

Sozialform

Hat den Charakter eines Unterrichtsprinzips. Sozialform je nach „gedoppelter" Methode.

Zeit / Material

Begründung

Lernende erfahren über Handeln und Reflektieren wie alternative Handlungsweisen aussehen können und verstehen diese sehr viel schneller, als wenn man auf einer theoretischen Ebene verharrt (=**Zeitersparnis**). Die **Bewusstmachungschancen** sind enorm. Widersprüche aber auch Übereinstimmungen zu den eigenen subjektiven Theorien werden sichtbar. Durch die anschließenden Reflexionsprozesse können subjektive Theorien verändert werden.

Einsatzort

Sehr geeignet in der Aus-, Fort- und Weiterbildung von Personen, die selbst in der Aus-, Fort- und Weiterbildung tätig sind. Sie erfahren Planungsprinzipien, Methoden usw. aus der Schülerrolle und können einzelne Bausteine davon reflektierter in ihren eigenen Kursen einsetzen.

Wer hat's erfunden?

Geissler, K.A. (1985)

Literatur

In diesem Buch: Wahl, D. (2006), Kap. 4.4, Kap. 6; Geissler, K.A. (1985)

	Partner-/Gruppen-/Multiinterview (WELL)
Beschreibung	Zu einem bereits bekannten Gebiet wird eine gerade Anzahl von Aufgaben schriftlich (Tafel, Blatt, Folie,...) gestellt. **Aneignungsphase:** In Einzel- oder Partnerarbeit werden die gestellten Fragen beantwortet bzw. die Aufgaben gelöst. Die Hälfte des Kurses wird dadurch zu Experten der ungeraden Aufgaben 1-3-5..., die andere Hälfte für die geraden Aufgaben 2-4-6... **Vermittlungsphase:** In Mischpaaren (Partnerinterview, Multiinterview) oder Mischgruppen (Gruppeninterview) stellen sich die Lernenden wechselseitig ihre Fragen, lassen sie bearbeiten und coachen sich gegenseitig. **Beim Multiinterview** wird jeder Lernende Experte für eine Aufgabe. Die TN gehen im Raum herum und bilden immer wieder neue Paare...
Sozialform	(Einzelarbeit) Partnerarbeit, Gruppenarbeit
Zeit / Material	15-45 min; schriftlich gestellte Aufgaben, leere Blätter
Begründung	Alle Lernenden haben die Chance auf einen hohen Sprechanteil. Durch die Partnerarbeit werden die Auftrittsängste und der Leistungsdruck minimiert. In der Vermittlungsphase ist jeder als Experte für seine Aufgaben zuständig. Kann eine Frage vom Partner nicht beantwortet werden, so muss der Experte helfend eingreifen. Nach Slavin ist das Erklären eine der wichtigsten Elaborationstechniken.
Einsatzort	**Am Ende** einer Lernsequenz zum Wiederholen von Lerninhalten (z.B. verschiedene Mathematikaufgaben, inhaltliche Fragen,...). Das Partnerinterview ist auch zur **Meinungsbildung** oder **Entscheidungshilfe** möglich. Hierzu stellen sich die Partner ohne anfängliche Expertenphase abwechselnd vorgegebene Fragen. **Bei Kursbeginn** zum Erfassen von Vorwissen und Interessen oder zum besseren Kennen lernen.
Wer hat's erfunden?	
Literatur	In diesem Buch: Wahl, D. (2006), Kap. 5.6; Bernhart, A. Bernhart, D. (2006); Hepting, R. (2004); Huber, A. (Hrsg.) (2004)

Partnerpuzzle (WELL)

Beschreibung

Die zu vermittelnden Lerninhalte werden in zwei gleich große Teile aufgeteilt.
Aneignungsphase: Zu Beginn arbeiten jeweils zwei Lernende in Expertenpaaren (A1A2 und B1B2) zusammen, d.h. sie machen sich innerhalb ihrer Teilaufgabe zu Experten (z.B. durch Textarbeit).
Vermittlungsphase: Der Austausch der erarbeiteten Informationen erfolgt in Puzzlepaaren (A1B1 und A2B2).
Vertiefungsphase: Wiederholende und vertiefende Aufgaben zu beiden Teilbereichen werden bearbeitet. Alle Phasen werden durch **Lernhilfen** unterstützt (z.B. Erklären des Textinhaltes anhand von Begriffskärtchen).

Sozialform

Partnerarbeit innerhalb einer Vierergruppe
(alternativ Gruppenpuzzle)

Zeit / Material

30 min bis mehrere Lektionen; 2 Teilaufgaben auf verschieden farbigem Papier

Begründung

Alle Teilnehmenden sind gleich verantwortlich für das Gelingen des Lernprozesses. In der Vermittlungsphase ist jeder als Experte für seinen Teil zuständig. Durch die aktive Wiedergabe des angeeigneten Wissens wird dieses besser verarbeitet. Zudem erleben sich Lernende in dieser Verantwortung als wirksam und sind dadurch mehr motiviert, was zumeist auch zu einem größeren Lernerfolg führt.

Einsatzort

Gut geeignet für die Erarbeitung von Themen, die sich in **zwei gleichgroße Teile** untergliedern lassen. Das Partnerpuzzle ist auch für praktische Übungen oder Experimente geeignet, z.B. das Einstudieren verschiedener Maltechniken (mit Pinsel, mit Schwamm,...) im Kunstunterricht.

Wer hat's erfunden?

Huber, A./ Konrad, K./ Wahl, D. (2001)

Literatur

In diesem Buch: Wahl, D. (2006), Kap. 5.4; Bernhart, A./ Bernhart, D. (2006); Hepting, R. (2004); Huber, A.A. (Hrsg.) (2004)

Partner-Rollenspiel

Beschreibung

Es werden zwei Gruppen gebildet. Die eine Gruppe bereitet die **Rolle A** vor, die andere Gruppe die **Rolle B** (z.B. Lehrerreaktion auf einen rauchenden Schüler auf dem Schulgelände). Bei der Vorbereitung wird jeweils in den Gruppen überlegt, wie die Rollen gestaltet werden könnten.
Danach treffen sich beide Gruppen. Es werden AB-Paare gebildet, die anschließend alle **gleichzeitig** das Rollenspiel ohne Beobachter durchführen. **Im Plenum** berichten die Paare anschließend über den Verlauf und die Ergebnisse des Rollenspiels.

Sozialform

Gruppenarbeit, Partnerarbeit

Zeit / Material

10-45 min; Handouts mit Arbeitsanweisungen

Begründung

Bei der intensiven Vorbereitung der einzelnen Rolle innerhalb einer Gruppe erhalten die Teilnehmenden Tipps, wie sie ihr Rollenspiel durchführen könnten. Dadurch wird die Auftrittsangst vermindert. Weitere Sicherheit erfahren die Teilnehmenden durch das Fehlen einer beobachtenden Person. Beim Rollenspiel kann Erlerntes in konkret beobachtbares Handeln übertragen werden.

Einsatzort

Das Partnerrollenspiel ist günstig für eine erste Umsetzung von Lernergebnissen und für ein erstes Einüben von **Handlungskompetenzen**.

Wer hat's erfunden?

In der beschriebenen Form von Wahl, D. (1990) entwickelt

Literatur

In diesem Buch: Wahl, D. (2006), Kap. 4.5, 5.6, 6.3; Wahl, D. et al (1995);
Literatur zum Rollenspiel allgemein: z.B. Knoll, H.J. (2003); Rabenstein, R. et al (1995)

Punktabfrage

Beschreibung

Die Punktabfrage gehört zu den Moderationstechniken. Zu einem **vorgegebenen Thema** (z.B. Zufriedenheit mit dem Seminar) werden von den Teilnehmenden Positionen mit **Klebepunkten** oder gemalten Punkten markiert. Hierfür wird vom Lehrenden ein **Bild zur Visualisierung** (Tafel, Flipchart...) gewählt, z.B. ein Thermometer (hohe Temperaturen für positive, niedrige Temperaturen für negative Eindrücke), Zielscheibe zu verschiedenen Themen (in der Mitte sehr zufrieden,...), Smilies oder andere Symbole. Über das entstandene Gesamtbild sollte kommuniziert werden. Hierbei erläutern die Teilnehmenden, warum sie ihre Punkte an einer bestimmten Stelle platziert haben (Achtung! Bei der Punktung orientieren sich die TN oft an der Gruppe).

Sozialform

Einzelarbeit, Plenum

Zeit / Material

ca. 15 min mit Auswertung; Klebepunkte und vorbereitetes Bild (z.B. Zielscheibe, Thermometer,...)

Begründung

Jede teilnehmende Person kann so auf einfache Weise ihre Position zu einer vorgegebenen Fragestellung deutlich machen. Durch die Visualisierung sind die Ergebnisse sofort allen zugänglich und bieten dadurch einen motivierenden Sprechanlass.

Einsatzort

Am Ende einer Lernsequenz um Reflexionen anzuregen. Sinnvoll ist es, den Teilnehmenden zuvor in einer **Vergewisserungsphase** die Möglichkeit zu geben, sich zu überlegen, wo sie den Punkt anbringen möchten.

Wer hat's erfunden?

Literatur

In diesem Buch: Wahl, D. (2006), Kap. 5.6; Klebert, K. et al (1992); Seifert, J.W. (2004)

Schwarz-Weiß-Methode

Beschreibung

Die Schwarz-Weiß-Methode gehört zu den Moderationstechniken.
Bei einer **Punktabfrage** punkten die Teilnehmenden mit zwei **verschiedenen Farben**, z.b. mit Weiß für „da kenn ich mich schon aus" und mit Schwarz für „da weiß ich noch nichts darüber".
Dadurch wird deutlich, wie viele **Experten** und wie viele **Novizen** zu einem Thema unter den Teilnehmenden sind und der weitere Kursverlauf kann entsprechend darauf abgestimmt werden.
Erweiterung: Während der Lernsequenz kann man die „Experten" bitten, sich im Raum zu verteilen um bei den „Novizen" die Kenntnislücken zu schließen.

Sozialform

Einzelarbeit, Plenum

Zeit / Material

5-15 min; schwarze und weiße Klebepunkte

Begründung

Die bereichsspezifischen Vorkenntnisse von Lernenden sind sehr unterschiedlich. Für den Lernprozess ist es wichtig, auf welcher Basis neue Erkenntnisse aufbauen bzw. mit welchem Vorwissen sie verknüpft werden können. Die Lernenden fühlen sich nur ernst genommen, wenn ihre Vorkenntnisse berücksichtigt bzw. mit einbezogen werden.

Einsatzort

Zu Beginn einer Lernsequenz um vorhandene oder fehlende Vorkenntnisse zu ermitteln.
Am Ende einer Lernsequenz um herauszufinden, welche Themen gut oder noch weniger gut verstanden worden sind.

Wer hat's erfunden?

Studierende des Kontaktstudiums „Erwachsenenbildung" der PH Weingarten

Literatur

In diesem Buch: Wahl, D. (2006), Kap. 5.2, 5.6

Selbstbeobachtung

Beschreibung

Während des Unterrichtens wird von der Lehrperson versucht, die **eigene Innensicht** besser wahrzunehmen. Was empfinde ich, wenn zu Unterrichtsbeginn keine Ruhe einkehrt? Was geht mir durch den Kopf, wenn Schüler zu spät kommen?
Auch die **Außensicht** kann Gegenstand einer Selbstbeobachtung sein. Wie verhalte ich mich, wenn ich mich ärgere? Wie häufig stelle ich Fragen?... Die wahrgenommenen innerpsychischen oder äußeren Prozesse werden **schriftlich festgehalten**.
Als **Hilfsmittel** können eine Uhr, ein Spiegel, Aufzeichnungsgeräte u.v.m. nützlich sein.

Sozialform

Einzelarbeit

Zeit / Material

Eine oder mehrere Lektionen; Papier, evtl. Hilfsmittel s.u.

Begründung

Durch die Selbstbeobachtung der Innensicht oder der Außensicht werden handlungsleitende Prozesse besser wahrgenommen. Durch das Fokussieren der Aufmerk-samkeit auf die Innen – oder Außensicht, kann das all-tägliche Handeln verlangsamt oder vollständig unterbrochen werden. Dadurch wird bisheriges Handeln besser bearbeitbar gemacht, das heißt Änderungen in äußeren Handlungen oder inneren Prozessen können leichter – da bewusster – vonstatten gehen.

Einsatzort

Im Gegensatz zur „Selbstreflexion" ist eine „Selbstbeobachtung" nur **während** einer Praxisphase möglich. Je nach „Gegenstand" der Selbstbeobachtung kann eine Beobachtung unterschiedlich lang nötig sein.
Selbstbeobachtung bietet sich immer dann an, wenn man mit einer Situation nicht zufrieden ist und diese ändern möchte.

Wer hat's erfunden?

Literatur

In diesem Buch: Wahl, D. (2006), Kap. 4.2; Wahl, D. (1991)

Selbstreflexion

Beschreibung

Die Akteure gehen gedanklich in der eigenen Biograph[ie] zurück um sich an typisches eigenes oder fremdes Handeln [in] ganz bestimmten Situationen zu erinnern.
Dies kann aus der „**Opferperspektive**" geschehen (z.B. su[b]jektives Erleben als Schülerin einer ungerechtfertigt[en] Strafe), aus der „**Täterperspektive**" (z.B. subjektives Erleb[en] als Lehrerin, die Kollektivstrafen verhängt) oder aus d[er] **Beobachterperspektive** (z.B. subjektives Erleben bei ein[er] beobachteten Stunde, in der Strafen wahllos verteilt wu[r]den). Die Selbstreflexion kann z.B. unterstützt werden dur[ch] gezielte Fragen oder einen schriftlichen Selbstreflexion[s]bogen.
Vorgehensweise: 1. Eigene biografische Erlebnisse sammel[n], 2. in PA die erinnerten Eindrücke schildern, 3. Erfahrung[en] werden in der Gruppe analysiert und systematisiert.

Sozialform

Einzelarbeit bzw. im Tandem oder in der Kleingruppe

Zeit / Material

15 min bis mehrere Stunden; Selbstreflexionsanweisungen

Begründung

Durch die Selbstreflexion bestimmter Situationen könn[en] die erinnerten Sachverhalte und Empfindungen die eigen[en] subjektiven Theorien verunsichern und dadurch einen erst[en] Beitrag zum Bearbeitbarmachen leisten.

Einsatzort

Die Selbstreflexionen sind auf jene Handlungsbereic[he] bezogen, in denen sich die Akteure verändern wollen. D[ie] Selbstreflexion sollte **innerhalb eines sozialen Netzwerk[s]** durchgeführt werden, wie z.B. mit einem Tandempartner, einem Kurs oder einer KOPING-Kleingruppe.

Wer hat's erfunden?

Literatur

In diesem Buch: Wahl, D. (2006), Kap. 4.1; Rabenstein, et al (1995): „Reflexionsbogen"; „Reflexionshilfe"

Sortieraufgabe

Beschreibung

Die **zentralen Begriffe** eines Themas werden auf Kärtchen geschrieben. **In Einzelarbeit** werden die Kärtchen in **zwei Stapel** aufgeteilt. Auf die eine Seite kommen alle Begriffe, die bereits sicher erklärt werden können. Auf die andere Seite werden alle Begriffe gelegt, die noch nicht beherrscht werden oder erst teilweise verstanden worden sind.
Nach dem Sortiervorgang wird in **Einzel- oder Partnerarbeit** versucht, die **Informationslücken zu schließen** (z.B. durch Nachschlagen im Skript, in einem Fachbuch, durch Nachfragen,…). Jeder geklärte Begriff wandert auf den anderen Stapel.

Sozialform

Einzelarbeit, Partnerarbeit

Zeit / Material

5-30 min; Begriffskarten

Begründung

Die Teilnehmenden können ihre eigenen Wissenslücken identifizieren und schließen. Die Lehrenden können Wissenslücken erkennen und den weiteren Lernprozess darauf abstimmen.

Einsatzort

Zu Beginn einer Lernsequenz um Vorwissen zu aktivieren.
Während einer Lernsequenz um den aktuellen Wissensstand herauszufinden.
Am Ende einer Lernsequenz um individuelle Wissenslücken zu schließen und den Inhalt zu wiederholen.
Empfehlenswert als Vorbereitung für die Strukturlegetechnik.

Wer hat's erfunden?

Wahl, D. (1990)

Literatur

In diesem Buch: Wahl, D. (2006), Kap. 5.2, 5.5, 5.6; Wahl, D. et al (1995)

Stopp-Codes

Beschreibung

Unter Stopp-Codes versteht man **Selbstanweisungen** m denen alte Handlungsweisen abgestoppt und neue Hand lungsweisen in den Gang gebracht werden können. Folgend Formen werden unterschieden:
Inneres Sprechen: Bewusst gibt sich der Handelnde „innere Selbstanweisungen, die auf wenige Wörter verdichtet werde (1. zum „Cooling Down": „Entspann dich", „Du schaffst es 2. zum Einhalt der angestrebten Lösungsstrategie, z.B „Nicht schreien!"...)
Lautes Sprechen: Die Selbstanweisungen werden durc lautes Sprechen „öffentlich" gemacht. Dadurch erhalten d Selbstanweisungen einen höheren Verpflichtungsgrad. Hie zu eignen sich ganze Sätze besser als wenige Wörter (z.B. „Ic merke, dass ich wütend werde und gleich schreie. Ich möch ruhig darüber sprechen.").

Sozialform

Selbstinstruktionen, die allein oder in PA bzw. in Klein gruppen als mögliche Handlungsanweisung überlegt werde

Zeit / Material

In den angestrebten Situationen einen Bruchteil ein Sekunde. Als Hilfe eignen sich sichtbare Erinnerungshilfe im Raum.

Begründung

Innere Dialoge sorgen für eine bewusste, permanente un kleinschrittige Handlungsregulation. Die Selbstanweisung lenken die Aufmerksamkeit der Person auf relevante Sac verhalte, lösen bewältigungsbezogene Handlungen aus un bringen ungünstige Verhaltensweisen unter Kontrolle.
Nach Meichenbaum (1979) müssen wir vor dem Hande denken, wenn wir Verhaltensweisen verändern wollen.

Einsatzort

In Situationen, in denen das eigene unerwünschte Verhalt auftaucht, z.B. bei der Leitung eines Kurses, in Plenum diskussionen,...

Wer hat's erfunden?

Meichenbaum (1979)

Literatur

In diesem Buch: Wahl, D. (2006), Kap. 6.5; Schlottke, P. Wahl, D. (1983); Wahl et al (1994)

Strukturlegetechnik

Beschreibung

Die zentralen Begriffe eines Themas werden auf Kärtchen geschrieben. Die Kärtchen werden nun so gelegt, dass sie eine **sinnvolle Struktur** ergeben. Bei Partner- oder Gruppenarbeit geschieht das in gemeinsamer Diskussion.
Die Strukturen können sehr unterschiedlich aussehen. Wichtig ist, dass die Lernenden begründen können, warum sie ihre Struktur so gelegt haben. Die gelegten Strukturen werden anschließend miteinander verglichen und besprochen. Dies ist durch gegenseitiges „Besuchen" der einzelnen Strukturen oder im Plenum möglich.

Sozialform

Einzel-, Partner- oder Gruppenarbeit

Zeit / Material

10-30 min; ca. 20 Begriffskarten

Begründung

Beziehungen zwischen Begriffen werden visualisiert: Wissen wird **sichtbar** gemacht.
Durch das individuelle Legen einer logischen Struktur wird die Speicherung der Lerninhalte unterstützt.
Ein Vergleich unter den Strukturen zeigt, wie vielfältig Verknüpfungen unter den Begriffen möglich und sinnvoll sind. Die Flexibilität bei der Informationsverarbeitung wird angeregt.

Einsatzort

Zu Beginn einer Lernsequenz um Vorwissen zu aktivieren und die Zusammenhänge der Lerninhalte zu verdeutlichen.
Am Ende einer Lernsequenz um das neu erlernte Wissen zu wiederholen und in eigenen Strukturen zu ordnen.
Empfehlenswert im Anschluss an die „Sortieraufgabe" oder die „Netzwerk-Methode".

Wer hat's erfunden?

Wahl, D. (1990)

Literatur

In diesem Buch: Wahl, D. (2006), Kap. 5.5, 5.6; Wahl, D. et al (1995)

Strukturierte Kontroverse (WELL)

Beschreibung	Ein kontroverses Thema wird mit Texten oder anderen Informationsquellen vorbereitet (z.B. Pro/Kontra Ökosteuer). Die Lernenden werden innerhalb einer Vierergruppe in ein Pro- und ein Kontrapaar eingeteilt. **Aneignungsphase:** Die Paare werden zu Experten zu einem Standpunkt A bzw. einem Standpunkt B (z.B. durch Textarbeit). **Vermittlungsphase:** Die Paare präsentieren sich ihre Pro- bzw. Kontraargumente innerhalb der Vierergruppe. **Vertiefungsphase:** Die Positionen werden miteinander diskutiert. Danach tauschen die Paare die Rollen und machen sich zu Experten der bisherigen Gegenposition. Danach erfolgt ein erneuter Schlagabtausch in der Vierergruppe. Als Ziel wird eine Konsensfindung innerhalb der Vierergruppe angestrebt.
Sozialform	Partnerarbeit, Gruppenarbeit in Vierergruppen
Zeit / Material	45 min bis mehrere Lektionen; Pro und Kontra auf verschieden farbigem Papier
Begründung	Die Diskussionen werden „gehaltvoller", da die Lernender im Gegensatz zu freien Diskussionen die Möglichkeit erhalten, sich auf ihre Position vorzubereiten. Da die Argumente in Kleingruppen statt im Plenum ausgetauscht werden, kommt allen Lernenden eine aktive Rolle zu. Der Rollenwechsel zwingt zum Perspektivenwechsel und erleichtert dadurch später die Konsensfindung.
Einsatzort	Gut geeignet für die Erarbeitung von Themen, zu denen es zwei oder mehr Positionen gibt. Im Anschluss an die „Strukturierte Kontroverse" eignet sich die Methode „Aquarium" sehr gut. Hier können nochmal Argumente stellvertretend für alle Positionen ausgetauscht werden. Auch eine Diskussion im Plenum ist denkbar.
Wer hat's erfunden?	Huber, A.A. (2004) in Anlehnung an Johnson/Johnson (1994)
Literatur	In diesem Buch: Wahl, D. (2006), Kap. 5.4; Bernhart, A. Bernhart, D. (2006); Hepting, R. (2004); Huber, A.A. (Hrsg.) (2004)

Szene-Stopp-Reaktion

Beschreibung

Eine Problemsituation (z.B. Störung des Lernprozesses) wird anschaulich präsentiert (z.B. durch Rollenspiel, Filmszene). An einem vorgegebenen Punkt **stoppt** die Darstellung abrupt und die Teilnehmenden müssen sofort auf die Problemsituation **reagieren**. Um Unsicherheiten und Auftrittsängste zu vermeiden, eignen sich hierfür zeitlich **parallele Partnerrollenspiele**.
Eine andere Möglichkeit ist die, dass alle Teilnehmenden unmittelbar nach dem Stopp notieren, wie sie mit der Situation umgehen würden. Auch eine Auswahl von vorgegebenen Reaktionsmöglichkeiten mit der Ampelmethode ist möglich. Die notierten, gezeigten oder gespielten Lösungen werden **ausgewertet und diskutiert**.

Sozialform

Partnerarbeit (zeitlich parallele Partnerrollenspiele), Gruppenarbeit, Plenum

Zeit / Material

Mind. 30 min; evtl. Videosequenz oder Folie

Begründung

Die gespielte Szene veranschaulicht eine Situation und motiviert die Teilnehmenden zu Reaktionen. Durch den Stopp werden unmittelbare Reaktionen erzwungen. Damit kommt das simulierte Handeln dem „Handeln unter Druck" des Alltags sehr nahe.
Es können dadurch bisherige Reaktionstypen außer Kraft gesetzt werden und alternative Handlungsmöglichkeiten für den Alltag im „geschützten Raum" trainiert werden.

Einsatzort

Die Methode „Szene-Stopp-Reaktion" ist günstig zum **Bewusstmachen** unangemessener Verhaltensweisen bzw. zum **Aufbau** angemessener und alternativer Verhaltensweisen.

Wer hat's erfunden?

Wahl, D. (1990)

Literatur

In diesem Buch: Wahl, D. (2006), Kap. 4.5, 6.3; Wahl, D. et al. (1983); Wahl, D. et al (1995)

Vergewisserungsphase

Beschreibung

Bevor sich die Teilnehmenden im Plenum oder in der Gruppe äußern, bekommen sie Gelegenheit, sich in Einzel- oder Partnerarbeit Gedanken zu einer gestellten Aufgabe zu machen. Dies kann eine Frage, ein Problem, ein Fallbeispiel oder aber auch eine Graphik, ein Filmausschnitt u.v.m. sein. Durch **Nachschlagen, Nachlesen oder im gegenseitigen Gespräch** vergewissern sich die Lernenden, ob sie mit ihren Antworten richtig liegen.

Sozialform

Einzel-, Partner- oder Kleingruppenarbeit, dem Plenum vorangestellt

Zeit / Material

2-10 min; evtl. Material zum Nachschlagen

Begründung

Die „Vergewisserungsphase" gibt allen Lernenden die Chance, sich vorhandenes Wissen nochmals ins Gedächtnis zu rufen um es auf die geforderte Aufgabenstellung zu beziehen. Dadurch haben auch langsamere und schwächere Lernende die Möglichkeit, sich auf die gestellte Frage einzustellen. Zudem verringert sich die Auftrittsangst und die Bereitschaft zu einem aktiven Beitrag steigt.

Einsatzort

Diese Methode ist gut **vor Plenumsdiskussionen** geeignet, wenn es wichtig ist, dass sich möglichst viele qualifiziert am Gespräch beteiligen.
Die Vergewisserungsphase ist zudem Bestandteil der „Netzwerk-Methode".

Wer hat's erfunden?

Literatur

In diesem Buch: Wahl, D. (2006), Kap. 5.2, 5.6

Vier-Ecken-Methode

Beschreibung

Zu einem Thema, bei dem es **verschiedene Sichtweisen** gibt, wird in **jeder Ecke** des Raumes eine Aussage befestigt.
„Ich halte Strafen für unumgänglich…"
„Ich halte Strafen für ein ungeeignetes pädagogisches Mittel,…"
Die Teilnehmenden ordnen sich jener Aussage zu, der sie am ehesten zustimmen können, indem sie sich in die entsprechende Ecke begeben. Dort **diskutieren** die Lernenden, wie sie zur gewählten Aussage stehen.
Im Anschluss daran diskutieren „Stellvertreter" jeder Ecke im Aquarium oder die Thematik wird im Plenum diskutiert.

Sozialform

Diskussion in Gruppen

Zeit / Material

10-20 min.; 4 oder mehr Plakate

Begründung

Die unterschiedlichen, oft provokativ gestalteten Aussagen vereinfachen die eigene Meinungsbildung. Das Festlegen auf eine Position regt zudem dazu an, begründende Argumente zu suchen. Auf diese Weise wird ein aktiver Meinungsaustausch im Plenum bzw. im Aquarium erleichtert.

Einsatzort

Die „Vier-Ecken-Methode" ist günstig zur **Meinungsbildung** oder zur **Vorbereitung von Entscheidungen**.
Zu Beginn eines Kurses als Sprechanreiz.
Am Ende eines Kurses um eine abschließende Bewertung vorzunehmen.

Wer hat's erfunden?

Literatur

In diesem Buch: Wahl, D. (2006), Kap. 5.4; Rabenstein, R. et al (1985): „4-6 Ecken Gruppe"; „Meinungsecken"; Wahl, D. et al (1995)

Vorstellungsrunde

Beschreibung

In der „Vorstellungsrunde" stellen sich die Teilnehmenden entweder selbst oder eine andere Person der Gruppe vor (Partnervorstellung). Zumeist wird nach einem **vorgegebenen Schema** vorgestellt, z.B. Name, Alter, Beruf, Bezug zum Thema,...
Bei der **Partnervorstellung** erhalten die Paare Zeit um sich gegenseitig nach dem vorgegebenen Raster zu interviewen. Nachdem sich alle Paare gegenseitig interviewt haben, werden die Partner dem Plenum vorgestellt.
Alternative: Kennen sich die Teilnehmenden bereits gut, so kann auch vom Plenum geraten werden, wer mit der beschriebenen Person gemeint ist.

Sozialform

Plenum; Frontal

Zeit / Material

10 -20 min; evtl. Stift und Papier für Notizen

Begründung

Die Teilnehmenden lernen sich durch solche Kennlernmethoden besser kennen.
Dadurch wird die Redeschwelle untereinander überwunden. Oft werden durch die detaillierte Vorstellung Anknüpfungspunkte für spätere Gespräche gefunden, z.B. gleiches Hobby,...

Einsatzort

Die „Vorstellungsrunde" sollte **nicht zu Beginn** eines Kurses erfolgen. Hier ist die Redehemmung besonders hoch und zudem ist die Vorstellung einer unbekannten Person (Partnervorstellung) nochmals anspruchsvoller. Gut geeignet, wenn sich die Gruppe schon etwas kennt und man etwas Sicherheit gewonnen hat.

Wer hat's erfunden?

Literatur

In diesem Buch: Wahl, D. (2006), Kap. 5.2; Knoll, H. J. (2003)

WAL- Weingartener Appraisal Legetechnik

Beschreibung	Die WAL ist eine Legetechnik zur Bewusstmachung eigener Handlungsroutinen in 6 Schritten. 1. **Situationen sammeln**: Der Akteur beobachtet sich in verschiedenen Praxissituationen und notiert die konkrete Situation auf einer ersten und die darauf erfolgte Reaktionen auf einer zweiten Karte. 2. **Situationen berichten**: In PA bzw. GA wird gegenseitig berichtet. 3. **Ordnen und Oberbegriffe bilden**: In EA werden die Situationskärtchen und die Reaktionskärtchen getrennt voneinander geordnet und Oberbegriffen zugeordnet. 4. **Struktur legen und aufkleben**: Die geordneten Situationen werden oben, die Reaktionen unten gelegt und so miteinander verbunden, wie sie auftraten. 5. Handlungssteuernde **Gedanken** und **Gefühle** werden **hinzugefügt**. 6. **Festlegen von Veränderungszielen** (z.B. durch Kollegiale Praxisberatung.)
Sozialform	Einzelarbeit; Partner- oder Kleingruppenarbeit
Zeit / Material	1-2 Stunden; leere Karten, große Papierbögen
Begründung	Mit der WAL kann man herausfinden, wie eine Situation gedanklich und gefühlsmäßig aufgefasst wird bzw. mit welchen Reaktionen man üblicherweise reagiert. Diese Selbstbeobachtungen bzw. Selbstreflexionen beinhalten allein durch die erhöhte Bewusstheit des eigenen Handelns ein erhebliches Veränderungspotential, in dem z.B. gewohntes Agieren unterbrochen wird.
Einsatzort	Bietet sich an, wenn man gewohntes Handeln unterbrechen und verändern will. Dies können z.B. immer wiederkehrende **Problemsituationen** sein. Hier kann die WAL aufschlüsseln, was genau in diesen Situationen in einem vorgeht und wie man reagiert. WAL ist eine gute Methode innerhalb Kollegialer Praxisberatung.
Wer hat's erfunden?	Wahl, D. (1983)
Literatur	In diesem Buch: Wahl, D. (2006), Kap. 4.6; Schlottke, P.F., Wahl, D. (1983)

Wechsel der Perspektiven

Beschreibung

Der Akteur wechselt die Perspektive, indem er in die Rolle des Interaktionspartners schlüpft. Dies kann gedanklich oder durch ein fiktives Interview mit dem Kontrahenten geschehen.

Gut geeignet ist die Durchführung eines **Stuhlwechsels**: hier wird der Akteur auf einen leeren Stuhl gesetzt, der seinem bisherigen Sitzplatz gegenüber steht. Der Akteur wird nur mit dem **Namen des Kontrahenten** angesprochen und e antwortet auf die gestellten Fragen in der „Ich-Form". Wichtig ist, dass die vermutete Innensicht des Kontrahenten geschildert wird. Der Perspektivenwechsel wird durch den erneuten Stuhlwechsel und dem Ansprechen mit dem eigenen Namen abgeschlossen.

In einer anderen **Variante** schlüpfen die nicht am Geschehen beteiligten Gruppenmitglieder in die Rolle des Kontrahenten.

Sozialform

Partnerarbeit, Kleingruppe

Zeit / Material

10-20 min; kein Material

Begründung

Ziel ist es, die subjektiven Theorien bewusst und damit bearbeitbar zu machen. Dabei ist der „Wechsel der Perspektiven" auch eine große Hilfe bei der Analyse unterrichtlicher Probleme.

Schlüpft man in die Rolle der an einer problematischen Situation beteiligten anderen Person, so können vorschnelle Fehlinterpretationen vermieden werden. Der Stuhlwechsel erleichtert den Rollenwechsel und das Herausgehen aus der eigenen Rolle.

Einsatzort

Gut geeignet, um sich der bisherigen subjektiven Theorie zu einer Situation **bewusst zu machen** und diese **bearbeiten** zu können (z.B. bei Problemen). Der Perspektivwechsel ist zudem ein Baustein anderer Methoden, z.B. ist er ein Beratungsschritt innerhalb der kooperativen Beratung nach Mutzeck.

Wer hat's erfunden?

Literatur

In diesem Buch: Wahl, D. (2006), Kap. 4.3; Mutzeck, W (2002); Schlee, J. (2004); Wahl, D. & Mutzeck, W. (1990)

Weiterführende Literatur

Bernhart A., Bernhart D. (2006): Kooperatives Lernen durch Methoden des wechselseitigen Lehrens und Lernens (WELL-Methoden). Donauwörth: Auer Verlag. (voraussichtlicher Titel; erscheint im Sommer 2006).

Brühwiler H. (1994): Methoden der ganzheitlichen Jugend- und Erwachsenenbildung. Opladen: Leske und Budrich, 2. Aufl.

Geissler K.A. (1985) (Hrsg.). Lernen in Seminargruppen. Studienbrief 3 des Fernstudiums Erziehungswissenschaft „Pädagogisch-psychologische Grundlagen für das Lernen in Gruppen." Tübingen: Deutsches Institut für Fernstudien.

Hepting R. (2004). Zeitgemäße Methodenkompetenz im Unterricht. Bad Heilbrunn: Klinkhardt Verlag.

Huber A.A. (2004) (Hrsg.). Kooperatives Lernen- kein Problem! Effektive Methoden der Partner- und Gruppenarbeit. Leipzig: Klett.

Huber G.L. (1985). Lernen in Schülergruppen. Studienbrief des Fernstudienprojekts „Pädagogisch-psychologische Grundlagen für das Lernen in Gruppen". Tübingen: DIFF.

Innerhofer P., Rotering-Steinberg, S. (1988). Gruppen leiten – aber wie? Wien: Universitätsverlag.

Klebert K., Schrader E. , Straub W. G. (1992). Kurzmoderation. Hamburg: Windmühle Verlag.

Knoll, H.J. (2003). Kurs- und Seminarmethoden. Weinheim und Basel: Beltz Verlag.

Müller P. (1982). Methoden in der kirchlichen Erwachsenenbildung. München: Kösel Verlag.

Rabenstein R., Reichel R., Thanhoffer M. (1995). Das Methoden-Set. 5 Bücher für Referentinnen und Seminarleiterinnen. Münster: Ökotopia Verlag. 7. Aufl.

Schlottke P.F., Wahl D. (1983). Stress und Entspannung im Unterricht. Trainingshilfen für Lehrer. München: Max Huber Verlag.

Seifert, J.W. (2004). Visualisieren-Präsentieren-Moderieren. Bremen: Gabal Verlag.

Wahl D. et al (1983). Naive Verhaltenstheorie von Lehrern. Oldenburg.

Wahl D., Weinert, F.E. & Huber G.L. (1984). Psychologie für die Schulpraxis. München: Kösel.

Wahl D. (1991). Handeln unter Druck. Der weite Weg vom Wissen zum Handeln bei Lehrern, Hochschullehrern und Erwachsenenbildnern. Weinheim: Deutscher Studien Verlag.

Wahl D., Wölfing W., Rapp G., Heger D. (1995). Erwachsenenbildung konkret. Mehrphasiges Dozententraining. Eine neue Form erwachsenendidaktischer Ausbildung von Referenten und Dozenten. Weinheim: Deutscher Studien Verlag. 4. Aufl.